权威・前沿・原创

皮书系列为
“十二五”“十三五”国家重点图书出版规划项目

智库成果出版与传播平台

顾问／仇保兴　张大卫

国家中心城市建设报告（2020）

ANNUAL REPORT OF THE CONSTRUCTION OF NATIONAL CENTRAL CITIES (2020)

后疫情背景下我国特大型城市建设

主　　编／赵　健　孙先科
执行主编／陈　耀　喻新安
副 主 编／蒋丽珠　杨东方

社会科学文献出版社
SOCIAL SCIENCES ACADEMIC PRESS (CHINA)

图书在版编目(CIP)数据

国家中心城市建设报告．2020：后疫情背景下我国特大型城市建设／赵健，孙先科主编．-- 北京：社会科学文献出版社，2020.12
（国家中心城市蓝皮书）
ISBN 978－7－5201－7292－9

Ⅰ．①国… Ⅱ．①赵… ②孙… Ⅲ．①城市建设－研究报告－中国－2020 Ⅳ．①F299.2

中国版本图书馆 CIP 数据核字（2020）第 255550 号

国家中心城市蓝皮书
国家中心城市建设报告（2020）
后疫情背景下我国特大型城市建设

主　　编／赵　健　孙先科
执行主编／陈　耀　喻新安
副 主 编／蒋丽珠　杨东方

出 版 人／王利民
组稿编辑／任文武
责任编辑／丁　凡

出　　版／社会科学文献出版社·城市和绿色发展分社（010）59367143
地址：北京市北三环中路甲 29 号院华龙大厦　邮编：100029
网址：www.ssap.com.cn
发　　行／市场营销中心（010）59367081　59367083
印　　装／天津千鹤文化传播有限公司

规　　格／开　本：787mm×1092mm　1/16
印　张：31.25　字　数：518 千字
版　　次／2020 年 12 月第 1 版　2020 年 12 月第 1 次印刷
书　　号／ISBN 978－7－5201－7292－9
定　　价／168.00 元

《国家中心城市建设报告（2020）》
编 委 会

主要编撰者简介

赵　健　天津大学管理学博士，郑州师范学院党委书记，教授、研究员，中国区域经济学会国家中心城市专业委员会主任委员，郑州市财政局原局长，郑州市第十一、十二、十三届人大代表，河南省第十二届人大代表。全国财政系统先进工作者，河南省优秀党务工作者，河南省教育厅优秀教育管理人才。

专业研究领域：区域经济、精益管理。出版学术专著6部，代表性论著《地方财政发展论》，主持省级重点课题“都市农业发展模式创新研究——以郑州为例”“国家实施扩大内需政策给郑州市经济发展带来的机遇和对策问题研究”，发表论文70余篇，其中国家核心期刊20余篇，获得省部级科技成果奖、省部级优秀成果奖5项。

孙先科　文学博士，现任郑州师范学院院长，教授，河南大学现当代文学专业博士生导师，享受国务院政府特殊津贴专家，河南师范大学原副校长。

主要研究领域：中国当代文学思潮和当代小说研究。出版学术著作《颂祷与自诉——新时期小说的叙述特征及其文化意识》《叙述的意味》《说话人及其话语》，在《文学评论》《文艺理论研究》等权威学术期刊发表论文60余万字。主持国家社科基金项目3项，主持完成河南省哲学社会科学规划项目3项，获“河南省社会科学优秀成果奖”一等奖2项、二等奖1项。

陈　耀　经济学博士，郑州师范学院国家中心城市研究院院长，中国社会科学院工业经济研究所研究员、教授、博士生导师，中国区域经济学会副会长兼秘书长，中国社会科学院西部发展研究中心副主任，《区域经济评论》主编，国家社会科学基金重大项目首席专家。享受国务院政府特殊津贴，中央组织部“院士专家西部行”、全国政协常委视察团和国家发展改革委等受邀专家，中国区域经济50人论坛成员。

专业研究领域：区域经济、产业空间组织和政府政策。代表性论著有《国家中西部发展政策研究》《中国区域经济学前沿》《区域经济学》《区域经济辞典》等，在《经济研究》《中国工业经济》《经济管理》《区域经济评论》等刊物发表论文和各项研究报告数百篇，获得国家科技进步奖、中国发展研究奖、中国社会科学院优秀成果奖等十余项。

喻新安　经济学博士，郑州师范学院国家中心城市研究院名誉院长，首席专家，河南省社会科学院原院长，二级研究员。享受国务院政府特殊津贴，河南省优秀专家，河南省首批杰出专业技术人才，第二届河南经济年度人物（2011）。兼任中国区域经济学会副会长，河南省社科联副主席，国家统计局“中国百名经济学家信心调查”特邀经济学家，郑州大学、河南大学、河南工业大学等高校客座教授。

专业研究领域：区域经济、产业经济、经济体制改革。代表作有《大省崛起》《中国新城区建设研究》《全面建设小康社会的目标体系》《中原经济区研究》《新型城镇化引领论》《中原崛起之路》《工农业协调发展的河南模式》等，主持完成国家级、省部级课题30余项；在《求是》《中国工业经济》《中国改革》《改革》《人民日报》《光明日报》《经济日报》等报刊发表论文400多篇，获省部级特等奖、一等奖12项。

蒋丽珠　北京师范大学教育学博士，现任郑州师范学院副院长、教授，中国区域经济学会国家中心城市专业委员会副主任委员，英国伯明翰城市大学访问学者，硕士研究生导师。教育部第二届全国教师教育课程资源专家委员会委员，教育部“国培计划”教师培训理论与实践专家，河南省“四个一批”理论人才，河南省首批教师教育专家，郑州市第十批专业技术拔尖人才，河南省教育厅优秀教育管理人才。

主要研究方向：教育经济与管理。提出CEA混成学习模式（C – class learning，E – e-learning，A – action learning）和场馆学习模式，被收入教育部编写的《国培计划经典案例》一书。主持省部级课题六项，获得省部级奖励2项、地厅级奖励多项，出版专著一部，主编5部、参编3部，发表论文20余篇。

杨东方 郑州市发展和改革委员会党组书记、主任，国家注册造价工程师、注册监理工程师、注册咨询工程师（投资）、注册一级建造师。

专业研究领域：城市发展。主编或组织编制、编译了《郑州国家中心城市规划建设纲要》《国家中心城市郑州指数研究》《郑州桥梁》《国家航空经济区规划创新与实践》《纽约街道设计手册》《郑州规划》等书籍或期刊；推动开展的“郑州航空港经济综合实验区规划中生态智慧低碳关键技术研究与应用”项目荣获河南省科学技术成果奖和郑州市科学技术进步奖二等奖，“郑州市规划‘一张图’系统”项目荣获河南省优秀工程勘察设计行业奖（城市规划设计）二等奖和郑州市优秀城乡规划设计奖一等奖。

摘　要

《国家中心城市建设报告（2020）》是由郑州师范学院国家中心城市研究院（简称“国中院”）牵头组织，国内外近30个科研机构、50多位专家学者参与创研的第三本国家中心城市蓝皮书。为贯彻落实党中央、国务院关于应对新冠肺炎疫情，做好“六稳”工作，落实“六保”任务的重大决策部署，本蓝皮书以“后疫情背景下我国特大型城市建设”为主题，客观地评估了2019年我国国家中心城市的现状水平和发展态势，同时也分析了2020年上半年国家中心城市在统筹防疫与经济社会发展方面的情况，全面反映了北京、上海、天津、重庆、广州、成都、武汉、郑州、西安等九个城市在承担国家中心城市建设使命和特大型城市韧性建设方面的积极探索与实践，特别是探讨了后疫情背景下，特大型城市韧性建设的热点和前沿问题，对充分发挥以国家中心城市为代表的特大型城市的功能和比较优势，持续推进高质量建设特大型城市具有重要理论价值和实践指导意义。

本书共分为六个部分，其结构和内容如下。

第一部分，总报告。《国家中心城市与特大城市韧性建设报告》指出：抗击新冠肺炎疫情，既使国家中心城市对强化韧性建设有了更清楚的认识，也对其强化韧性建设提出了新的更高要求。2019年以来，九个国家中心城市在综合服务、科技创新、营商环境、城市管理等方面取得了显著成效，通过实施区域协调发展、全方位深化改革开放创新、数字化推动产业转型升级等举措，城市能级和核心竞争力得到有效提升，发挥了超大型和特大型城市对区域高质量发展的引领作用。2020年上半年，九个国家中心城市经受住了新冠肺炎疫情的严峻考验，率先实现了经济重启，并以强劲势头引领中国经济持续复苏和高质量发展。在构建以国内大循环为主体、国内国际双循环相互促进的新发展格局背景下，推进包括国家中心城市在内的特大型城市的韧性建设意义重大。

第二部分，评价篇。《2019年国家中心城市建设指数及成长性指数评价分析》综合考虑后疫情背景下城市韧性建设的代表性、数据来源的连续性、指标数据可获取性、指标的有效性等，优化了原国家中心城市建设评价指标体系。在建设指数上，与 2018 年各城市建设指数排名相比，2019 年北京赶超上海居第一位，而天津排名再次下滑，处第九位。从成长性指数上看，2019 年成都发展步伐加快，成长性指数排第一位；西安和郑州分别排名第二和第三，各城市发展正逐步从高速发展转为高质量发展。本研究结合各国家中心城市建设和发展情况，提出了今后在抗击疫情常态化的过程中有效建设韧性国家中心城市的对策建议。特别需要指出的是，本研究与以往研究相比有新的探索，增选了 10 个特大型城市和大城市进行发展潜力评价，评价结果显示，深圳、沈阳、南京发展潜力居前三位，杭州、青岛和厦门排第四、第五和第六位，宁波、长沙、济南和合肥排在后四位，从侧面反映出各城市所在区域经济发展的不平衡性，尤其是一些城市在朝着国家中心城市建设目标迈进的前景。

第三部分，城市篇。这一部分由反映北京、上海、天津、广州、重庆、成都、武汉、郑州、西安九个国家中心城市 2019 年以来建设进展和未来展望的报告组成。各报告全方位地展现了 2019 年以来九个国家中心城市立足城市战略定位，坚持新发展理念着力推动高质量发展中城市建设的进展、特点和成效，剖析了城市发展中存在的问题；同时提出了后疫情时代，作为特大型城市，国家中心城市如何更好发挥其在区域协调发展中辐射和带动作用的对策建议。相关研究成果为其他特大型城市的韧性建设，实现引领区域高质量发展目标提供了有效参考。

第四部分，案例篇。这一部分选取了部分国家中心城市和代表性特大型城市在城市建设与治理中的特色实践，如上海“一网通办”实践下的智慧政府建设、北京城市副中心建设面临的问题与发展思路、以遂潼一体化示范区建设助推成渝中部崛起、“成德眉资同城化”现状考察及深入推进、郑州以“中优”为抓手推动城市更新和功能完善的思路与举措、深圳推动科技创新发展的特色实践、南京发挥中心城市作用的强省会战略等。以上针对特大型城市、中心城市建设中的热点问题进行的专题研究，有效丰富和补充了城市篇的内容。

第五部分，探索篇。这一部分选取了部分国家中心城市韧性建设中的热点和难点问题进行研究和分析。比如，未来中心城市的韧性设计、以区域经济高质量发展应对外部环境新变化、国家中心城市建设的时间窗口与功能建构、国家中心城市建设功能和作用、城市能级提升、生态环境保护治理体系、特大型城市疫情防控的社区防线等。相关研究具有很强的问题导向性，目的是通过相关问题的探讨，推动解决后疫情时代特大型城市韧性建设及引领区域高质量发展中遇到的最迫切的难题。

第六部分，附录。由 3 个重要资料组成，即 2019 年及 2020 年上半年国家中心城市主要统计数据汇总、中共中央国务院及地方相关政策文件汇编、国家中心城市建设大事记等。这几项资料真实呈现 2019 年以来国家中心城市建设的客观进程，能够为广大科研工作者跟踪和深化国家中心城市建设重大问题的研究提供基础资料。

关键词： 国家中心城市　特大型城市　后疫情　韧性建设

Abstract

This publication is the third bluebook on China's national central cities. It is the fruition of innovative research of over 50 specialists and scholars from around 30 research institutions in and outside China who participated in this project under the initiation and mobilization of the Academy for National Central Cities at Zhengzhou Normal University. In response to the strategic decision of the Central Committee of the Communist Party of China and the State Council of China to combat the Covid – 19 pandemic and ensure stability in employment, financial operations, foreign trade, foreign investment, domestic investment and expectations, as well as security in job, basic living needs, operations of market entities, food and energy security, stable industrial and supply chains, and the normal functioning of primary-level governments, this bluebook is centered on the topic of "the Development of China's metropolises under the Covid – 19 Pandemic" . It strives to produce an objective evaluation of the status quo and development trends of China's nine national central cities (Beijing, Shanghai, Tianjin, Chongqing, Guangzhou, Chengdu, Wuhan, Zhengzhou and Xi'an) in 2019, provide an analysis of those cities' efforts to prevent Covid – 19 in a coordinated manner and promote economic growth and social progress in the first half of 2020, and offer a comprehensive view of their active exploration and practice of taking on the responsibilities of building themselves into national central cities and fostering resilience as metropolises, especially with a focus on hotspot and frontier issues relating to metropolises' efforts to build resilience against the backdrop of combatting the Covid – 19 pandemic. This discussion provides important theoretical principles and practical guidelines to help metropolises as represented by national central cities give full play to their functions and comparative advantages, and facilitate their continued efforts to foster high-quality development at the metropolitan level.

This bluebook is composed of six parts. Its structure and overview are provided as follows:

Part Ⅰ: General Report. The Report on Resilience Building of China's National Central Cities and Metropolises states that even though national central cities already have a clearer understanding of how to strengthen their resilience, the need to contain the Covid – 19 pandemic has set a higher standard for such efforts. Since 2019, China's nine national central cities have made remarkable progress in integrated services, scientific and technological innovation, the business environment, urban management and other areas. By taking measures such as regional coordinated development, deepened reform, opening-up and innovation in an all-round manner and industrial transformation and upgrading through digitalization, they effectively improved their urban function level and core competitiveness, and lived up to the role expected of megacities and metropolises in leading regional high-quality development. In the first half of 2020, withstanding challenges posed by the Covid – 19 pandemic, China's national central cities were among the first cities to succeed in rebooting their economy, and started to lead the whole country on the path to economic recovery and high-quality development with strong momentum. In the face of building a new growth pattern in which the domestic circulation system and the international circulation system complement each other to create a dual-circulation system, with the domestic circulation system acting as the mainstay, it is of vital importance for national central cities and other metropolises to build resilience.

Part Ⅱ: Evaluation Report. In the Evaluation and Analysis of China's National Central Cities' Development Index and Growth Index in 2019, the old evaluation system for China's national central cities has been optimized with a full consideration of the representativeness of cities' resilience building efforts, the continuity of data sources, the accessibility of indicator data, the validity of indicators, and other factors, all of which are adjusted according to the impact of the Covid – 19 pandemic. As the development index shows, compared with the 2018 rankings, Beijing surpassed Shanghai to be on the top of the list, while Tianjin's ranking continued to drop, standing at the ninth place in 2019. As the growth index shows, Chengdu saw accelerated growth in 2019, ranking first in terms of the growth rate; Xi'an and Zhengzhou ranked second and third respectively. The index also indicates a shift from high-speed growth to high-quality development. Taking into account the status quo of each national central city's development, strategies and suggestions are put forth to help national central cities effectively foster resilience for the coming years when the prevention and control of Covid – 19 will require efforts on a regular basis. What is worth noting is that a new exploration has been made for the current report. Ten additional metropolises and large cities are evaluated for their development potential. The results show that Shenzhen, Shenyang and Nanjing ranked top three, followed by Hangzhou, Qingdao and Xiamen, and that Ningbo, Changsha, Jinan and Hefei claimed the last four places. This list reflects imbalanced economic development in the region where those cities are located. The imbalance becomes especially stark when one considers the fact that some of those cities are embarking on a promising path to meet the requirements of a national central city.

Part Ⅲ: Cities' Reports. This part consists of a series of city-specific reports on the development progress of nine national central cities (Beijing, Shanghai, Tianjin, Guangzhou, Chongqing, Chengdu, Wuhan, Zhengzhou and Xi'an) in 2019 and their future outlook. Each report gives a panoramic account of the progress, unique features and achievement of a national central city's urban development as part of its effort to push for high-quality development on the basis of its strategic positioning and as a result of its implementation of new development concepts since 2019. It probes into existing problems impeding a national central city's development and sets out counter-measures and suggestions for a metropolitan national central city to play a better role in influencing and leading other cities to achieve regional coordinated development in the post – Covid – 19 age. The research findings arising from this investigation can provide valid references for other metropolises to foster resilience and lead their region to achieve high-quality development.

Part Ⅳ: Case Reports. In this part, a few national central cities and some other typical metropolises are selected for case studies to reveal their distinctive approaches to urban development and governance. Those approaches include Shanghai's smart government under a national online platform for government services, Beijing's subcenter as a new urban center (with its challenges and development vision explored in the case study), the Suining – Tongnan Demonstration Zone for Integrated Development stimulating the growth of the central region of Sichuan Province and Chongqing, the co-urbanization drive of Chengdu, Deyang, Meishan and Ziyang (with a scrutiny of its current situation and future endeavors in the case study), Zhengzhou's "Preeminent Center" initiative acting as a gateway to its grander vision and measures of urban upgrading and functional improvement, Shenzhen's unique initiative to facilitate scientific and technological innovation, and Nanjing's strategy to build a strong provincial capital that amplifies the pivotal role of a central city. The cases studies in this part focus on the hotspot issues facing those metropolises and national central cities, greatly enriching and complementing city-specific discussions in Part Ⅲ.

Part Ⅴ: Exploration Reports. In this part, the hotspot and thorny issues facing a number of selected national central cities and their efforts to build resilience are placed under close scrutiny and analysis. Those issues include resilience design for future central cities, the ability to respond to new changes in external environments with high-quality development of a regional economy, the timing for the development of a national central city and the creation of its functions, the functions and implications of building a national central city, the elevation of a city's urban function level, the management system for ecological conservation and environmental protection, and a metropolis' community-level line of defense against a pandemic disease. The problem-oriented discussions in this part aim to shed light on how to solve pressing issues hindering a metropolis' efforts to build resilience and lead regional high-quality development in the post - Covid - 19 age.

Part Ⅵ: Appendices. The appendices are composed of three types of important materials: (1) Key statistics relating to nine national central cities' development in 2019 and the first half of 2020; (2) A compilation of policies and documents issued by the Central Committee of the Communist Party of China and the State Council of China; and (3) A chronicle of national central cities' development since 2019. With a trustworthy and objective account of national central cities' development trajectories since 2019, those materials provide researchers with the primary source of reference to follow and further research on major issues relating to national central cities' development.

Keywords: National Central Cities, Metropolis, Combatting the Covid - 19 Pandemic, Resilience Building

序

呈现在我们面前的，是由郑州师范学院国家中心城市研究院、中国区域经济学会国家中心城市专业委员会组织创研的第三本国家中心城市蓝皮书，主题为“后疫情背景下我国特大型城市建设”。

组织创研国家中心城市蓝皮书，是郑州师范学院国家中心城市研究院成立以来重点打造的学术平台并形成的智库成果。经过三年多的实践和探索，国家中心城市蓝皮书在创研范式、皮书框架和创研队伍方面，不断探索，趋于完善。

这里说的“创研范式”，是指每年的国家中心城市蓝皮书，都聚焦和侧重一个主题，以体现国家中心城市建设的年度特征，反映了作者持续跟踪研究的着力点和探索轨迹。第一本国家中心城市蓝皮书（2018），主题为“国家中心城市的使命与担当”；第二本（2019）主题为“国家中心城市建设与区域协调发展”；今年是第三本，确定主题为“后疫情背景下我国特大型城市建设”。还有就是每年的蓝皮书与年度国家中心城市建设高层论坛衔接，且主题一致，便于皮书吸纳论坛的最新成果。所谓“皮书框架”，是指国家中心城市蓝皮书的主要结构和核心内容，也已基本稳定下来，主要包括四个板块：第一个板块是总报告和评价篇，包括对九个国家中心城市年度建设情况的总体分析及展望、国家中心城市建设指数及成长性指数评价分析两个综合性报告；第二个板块是城市篇，目前的九个国家中心城市各一篇，分别介绍每个国家中心城市的建设进展情况以及探讨相关的问题；第三个板块是案例篇，选取若干与主题密切联系的国家中心城市具有创新特色的鲜活实践案例加以剖析；第四个板块是探索篇，选登专家学者从不同角度对皮书主题问题的深层次分析报告。这四个板块的内容，相互联系，彼此呼应，形成对国家中心城市建设的总体认识和深入探讨。就创研队伍而言，基本形成了以九个国家中心城市所在地的社会科学院、高校、党校、行政学院、专业研究机构以及专家为主，涉及 30 多个单位、

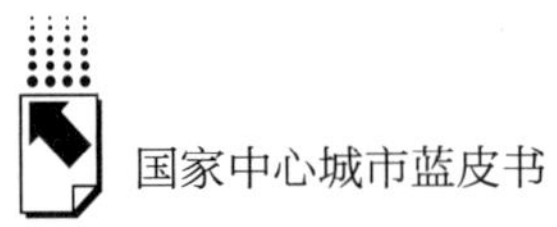

上百人的主创队伍，有几十位专家连续三年为国家中心城市蓝皮书撰稿，成为这个学术平台的核心支撑力量。

今年的国家中心城市蓝皮书，策划、创研和出版都有一定的特殊性。按照惯例，蓝皮书一般在上半年出版发行，新冠肺炎疫情的暴发打乱了原定的计划，也打破了惯常的节奏。原计划今年的国家中心城市蓝皮书主题，是研究国家中心城市高质量发展问题，且在去年年底已经做了安排，展开了工作。新冠肺炎疫情的暴发，改变了世界，迫使我们重新审视国家中心城市建设更紧迫更突出的现实问题。于是在全国疫情趋于稳定后，经研究，我们在 7 月 10 日，通过腾讯会议 App，在郑州发起举办了第三届国家中心城市高层论坛，主题定为“后疫情背景下我国特大型城市建设”。提前与特邀嘉宾议定的研究参考选题包括：①深刻领会习近平总书记关于新冠肺炎疫情防控工作的重要讲话和指示批示精神；②新冠肺炎疫情暴发对我国特大型城市管理提出的新挑战；③抗疫与我国国家中心城市建设思路的调整；④抗疫背景下我国特大型城市的功能完善与提升；⑤国家中心城市公共卫生应急体系建设问题；⑥关于推动大城市组团式、郊区化发展问题；⑦关于提高特大型城市的韧性和智能化水平问题；⑧关于加快城市群多中心、多层次、多节点网络化发展问题；⑨关于统筹中心城市、都市圈和县域经济发展问题。国内知名专家黄奇帆、仇保兴、张大卫、范恒山、李国平、赵弘、杨继瑞、秦尊文、张学良等应邀通过线上方式，出席论坛并发表了主旨发言，引起了良好的社会反响，也为蓝皮书的撰稿做了必要的准备，奠定了较为坚实的基础。这些专家的发言，经过充实完善后，已悉数收入今年的国家中心城市蓝皮书。

当然，与第三届国家中心城市高层论坛主题相一致，今年的国家中心城市蓝皮书的主题，也确定为“后疫情背景下我国特大型城市建设”。众所周知，发生在 2019 年岁末和 2020 年年初的新冠肺炎疫情，是新中国成立以来我国遭遇的传播速度最快、感染范围最广、防控难度最大的重大突发公共卫生事件。突如其来的新冠肺炎疫情和复杂多变的国际形势，给我国国家中心城市建设带来了前所未有的严重冲击，城市经济一度出现严重的下滑和萎缩。在以习近平同志为核心的党中央坚强领导下，九个国家中心城市坚决贯彻党中央的决策部署，把人民群众生命安全和身体健康放在首位，采取最全面、最严格、最彻底的防控举措，坚决遏制疫情扩散蔓延势头。在确保疫情防控到位的前提下，各国家中心城市坚决贯彻落实习近平总书记的重要指示精神，化危为机，变压力为动力，统筹推进疫情防控和经济社会发展工作，牢牢把握稳中求进工作总基调，扎实做好“六稳”工作、落实“六保”任务，推动经济呈现总体回升态势。认真总结、深刻反思新冠肺炎疫情对国家中心城市的影响及其应对策略，是“国家中心城市蓝皮书”必须正视的问题和不容回避的任务。今年的蓝皮书主题，之所以聚焦“特大型城市”，而不仅仅是“国家中心城市”，是为了用更为宽广的视野，审视新冠肺炎疫情对包括国家中心城市在内的特大型城市的影响及应对策略。为此，在本书国家中心城市建设指数及成长性指数评价报告中，首次尝试增选了九个国家中心城市以外的10个特大城市和大城市，进行发展潜力评价，并从加强公共卫生体系建设、加强科技创新引领、提升城市枢纽功能、完善全产业链结构、优化城市布局等方面，提出了今后抗击疫情常态化的过程中建设韧性城市的对策建议。

新冠肺炎疫情已呈现全球大流行趋势。数据显示，受新冠肺炎疫情冲击等因素影响，七国集团（G7）2020年二季度国内生产总值均遭遇历史性下滑。其中，美国国内生产总值按年率计算下滑31.7%，是有记录以来最大季度降幅；英国二季度国内生产总值环比萎缩20.4%，是自1955年有记录以来最糟糕的记录；法国经济继一季度环比下滑5.9%后，第二季度继续下滑13.8%；意大利二季度国内生产总值环比下滑12.4%，创下自1995年开始统计以来最大跌幅；加拿大二季度国内生产总值较一季度下滑11.5%，是自1961年有记录以来最大跌幅；德国和日本的国内生产总值二季度也遭遇大幅下降，分别环比下滑9.7%和7.8%，都创下本国有相关经济可比数据以来的最大降幅。中国经济已深度融入世界经济。新冠肺炎疫情在全球扩散蔓延，势必会对中国的产业链、供应链形成冲击，造成影响，国内许多外贸企业不同程度地遇到了接单难、履约难、国际物流不通畅、贸易壁垒增多等问题。在这种背景下，国家中心城市应该也能够在应对疫情方面有更大的担当。

自2020年5月以来，以习近平同志为核心的党中央多次提出和阐释构建以国内大循环为主体、国内国际双循环相互促进的新发展格局，并就如何贯彻落实提出明确要求，做出战略部署。这是党中央立足于世界经济正经历百年未有之大变局、着眼我国“十四五”和中长期发展大势主动做出的战略性调整。我们希望并坚信，包括国家中心城市在内的特大城市一定能深入学习贯彻习近平总书记关于构建以国内大循环为主体、国内国际双循环相互促进的新发展格局的一系列重要讲话精神，牢牢把握构建新发展格局的丰富内涵和基本要求，坚持目标导向和问题导向，为畅通产业循环、市场循环、经济社会循环奠定坚实基础，为构建我国新发展格局提供有力支撑，做出新的更大的贡献。

我们也希望这本蓝皮书的创研成果能够得到广大读者的认可，并为当前和今后一个时期包括国家中心城市在内的我国特大型城市的规划、建设和治理提供有益的思想启迪。

目　录

Ⅰ　总报告

Ⅱ　评价篇

Ⅲ　城市篇

Ⅳ　案例篇

Ⅴ　探索篇

Ⅵ 附录

皮书数据库阅读使用指南

CONTENTS

Ⅰ General Report

Ⅱ Evaluation Report

Ⅲ Cities' Reports

Ⅳ Case Reports

V Exploration Reports

Ⅵ Appendices

总 报 告

General Report

B.1 国家中心城市与特大城市韧性建设报告

郑州师范学院国家中心城市研究院课题组*

摘 要： 2019年，9个国家中心城市建设在综合服务、科技创新、营商环境、城市管理等方面取得了显著成效，通过实施区域协调发展、全方位深化改革开放创新、数字化推动产业转型升级等举措，城市能级和核心竞争力得到有效提升，发挥了超大型和特大型城市对区域高质量发展的引领作用。新型冠状肺炎疫情的暴发给中国和世界经济造成了严重影响，复杂多变的国际形势对国家中心城市建设提出了许多新挑战。2020年上半年，国家中心城市经受住了疫情的严峻考验，率先实现了经济重启，并以强劲势头引领中国经济持续复苏和高质

* 课题组组长：陈耀、喻新安。课题组成员：杜学霞、闫德民、周岩壁、张弘韬、徐艳红、辛绢、苗金科、王丹、常阳、聂蓓、杨柳。执笔：闫德民，河南省社会科学院党建与政治研究所原所长，二级研究员，郑州师范学院国家中心城市研究院特聘研究员，研究方向为党的建设、社会治理；徐艳红，博士，郑州师范学院讲师，研究方向为城市发展、城市生态；辛绢，博士，郑州师范学院讲师，研究方向为城市发展、城市环境。

量发展。在构建国内国际双循环新发展格局背景下，推进包括国家中心城市在内的特大型城市的韧性建设意义重大。

关键词： 国家中心城市　特大城市　六稳六保　韧性建设　高质量发展

近年来，习近平总书记高度重视重大风险防范和化解工作，强调面对波谲云诡的国际形势、复杂敏感的周边环境、艰巨繁重的改革发展稳定任务，必须始终保持高度警惕，既要高度警惕“黑天鹅”事件，也要防范“灰犀牛”事件；既要有防范风险的先手，也要有应对和化解风险挑战的高招。抗击新冠肺炎疫情，既使国家中心城市对强化韧性建设有了更清楚的认识，也对其强化韧性建设提出了新的更高要求。现阶段，强化城市韧性建设概念不仅是城市对突发自然灾害和突发公共卫生事件的应急管理，同时还包括经济、社会、环境等方面的城市治理。强化韧性建设，对提升国家中心城市的国际竞争力、区域协调发展引领力具有重要意义。2019 年，9 个国家中心城市持续推进城市韧性建设，在综合服务、科技创新、营商环境、城市管理等方面均取得显著成效，有效带动了区域协调高质量发展。

一　国家中心城市建设发展态势及主要特点

（一）国家中心城市建设总体发展态势

1. 2019年国家中心城市发展基本情况

2019 年是新中国成立 70 周年，是全面建成小康社会的关键之年，也是国家中心城市推进高质量发展的重要的一年。过去的一年，在外部经济环境总体趋紧、国内经济存在下行压力的形势下，9 个国家中心城市在以习近平同志为核心的党中央坚强领导下，全面贯彻落实党的十九大和十九届二中、三中、四中全会精神，坚持新发展理念，坚持稳中求进工作总基调，坚持以供给侧结构性改革为主线，深化改革开放，着力提升城市能级和核心竞争力，统筹做好稳增长、促改革、调结构、惠民生、防风险、保稳定各项工作，在推进高质量发展上迈上新台阶，取得新成绩。

根据国家和各国家中心城市公布的相关数据，2019 年，在人口规模上，9 个国家中心城市的常住人口总量为 16029.3 万，占全国总人口的 11.45%；在经济规模上，9 个国家中心城市的 GDP 总量达 189012.02 亿元，占全国 GDP 总量的 19.08%；在经济增长速度上，广州、重庆、成都、武汉、郑州、西安的 GDP 增速超过全国（6.1%）；在人均 GDP 上，9 个国家中心城市人均 GDP 为 122021 元，是全国人均水平（70892 元）的 1.72 倍；在产业结构上，9 个国家中心城市第三产业增加值为 129443.01 亿元，约占全国第三产业增加值（534233.00 元）的 1/4；在对外贸易上，9 个国家中心城市进出口总额达 101480.80 亿元，占全国进出口总额（315505.00 亿元）的近 1/3；在城乡居民人均可支配收入上，9 个国家中心城市居民人均可支配收入 47133 元，约是全国人均水平（30733 元）的 1.5 倍；在城镇化率上，9 个国家中心城市平均城镇化率 79.5%，是全国平均水平（60.6%）的 1.3 倍（见表 1 和图 1）。

表 1　2019 年 9 个国家中心城市主要经济社会发展指标

类别	常住人口（万人）	GDP（亿元）	GDP 增速（%）	人均 GDP（元）	进出口总额（亿元）	第三产业增加值（亿元）	城乡居民人均可支配收入（元）	城镇化率（%）
全国	140005.0	990865.00	6.1	70892	315505.00	534233.00	30733	60.60
九市	16029.3	189012.02	—	122021	101480.80	129443.01	47133	79.50
北京	2153.6	35371.30	6.1	164000	28663.50	29542.50	67757	86.60
天津	1561.8	14104.28	4.8	90306	7346.03	8949.87	42404	83.48
上海	2428.1	38155.32	6.0	157300	34046.82	27752.28	69442	88.10
广州	1530.6	23628.60	6.8	156427	9995.81	16923.23	60153	86.46
重庆	3124.3	23605.77	6.3	75828	5792.78	12557.51	28920	66.80
成都	1658.1	17012.65	7.8	103386	5822.70	11155.86	39503	74.41
武汉	1121.2	16223.21	7.4	145545	2440.20	9855.34	46010	80.49
郑州	1035.2	11589.70	6.5	113139	4129.90	6831.80	35942	74.60
西安	1020.4	9321.19	7.0	92256	3243.06	5874.62	34064	74.61

资料来源：中华人民共和国和 9 个国家中心城市 2019 年国民经济和社会发展统计公报。

天津
1.12%
上海
1.73%
广州
1.09%
北京
1.54%
重庆
2.23%
成都
1.18%
武汉
0.80%
郑州
0.74%
西安
0.73%
其他省区市
88.84%

（a）常住人口

天津
1.42%
北京
3.57%
上海
3.85%
广州
2.39%
重庆
2.38%
成都
1.72%
武汉
1.64%
郑州
1.17%
西安
0.94%
其他省区市
80.92%

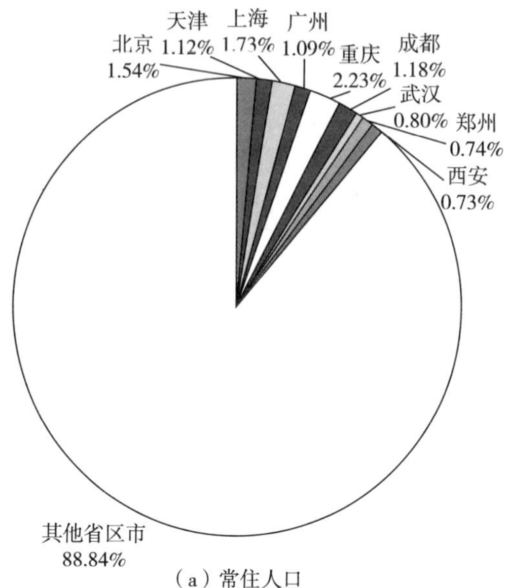

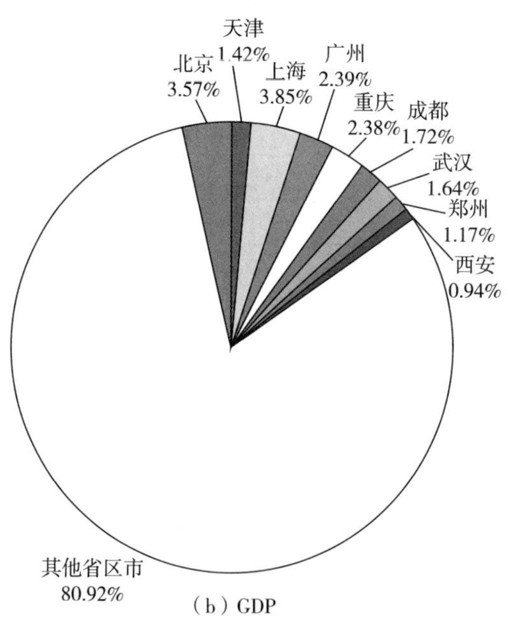

（b）GDP

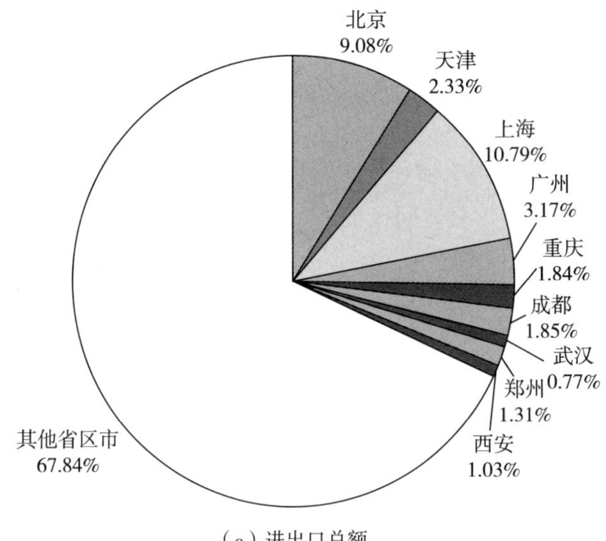

（c）进出口总额

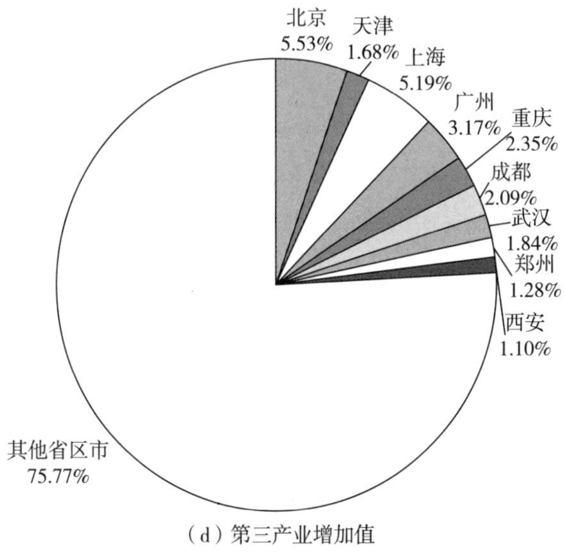

（d）第三产业增加值

图1　2019 年 9 个国家中心城市部分经济社会发展指标占全国比重

资料来源：中华人民共和国和 9 个国家中心城市 2019 年国民经济和社会发展统计公报。

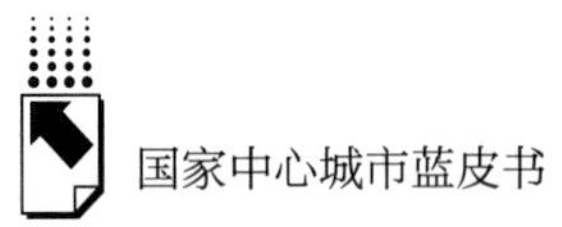

2. 2020年上半年国家中心城市发展情况

进入2020年，突如其来的新冠肺炎疫情，给国家中心城市经济社会发展带来严重冲击。与此同时，世界经济增长低迷，国际经贸摩擦加剧，也对国家中心城市经济社会发展造成严重影响。从全国范围看，2020年上半年GDP总量达456614.40亿元，其中第一季度同比下降6.8%，第二季度增长率转负为正，达到3.2%，上半年总体同比下降1.6%；社会消费品零售总额172256亿元，其中第一季度同比下降19.0%，上半年同比下降率缩减到11.4%；进出口总额142379.00亿元，其中第一季度同比下降6.5%，上半年同比下降率缩减为3.2%。2020年上半年，武汉、北京等国家中心城市作为疫情防控的重中之重，经济社会受到较大影响。但各国家中心城市始终深入贯彻习近平总书记重要讲话和重要指示批示精神，在经济重启后，严防控、保运行“两手抓”，精准施策，分类有序组织企业复工复产，并积极出台减免企业社保费等措施帮扶中小微企业，企业生产供应链逐步恢复；同时不误农时抓好春耕春播，促进农业生产稳定有序。疫情常态化以来，各国家中心城市切实做好“六保”“六稳”工作，实现经济稳步恢复，展现了较强的经济发展韧性。

在经济总量上，2020年上半年，8个国家中心城市（未包含武汉）的GDP总量约占全国GDP总量的17.6%，8市（未包含天津）社会消费品零售总额约占全国的19.1%，9市进出口总额约占全国的31.7%。在GDP增长上，上半年重庆、成都、西安3市的同比增长率已经转正，郑州同比下降0.2%，低于全国平均下降水平；上海、广州、重庆、成都4市的社会消费品零售总额同比下降率低于全国平均水平；重庆、成都、武汉、郑州、西安5市的进出口总额同比增长率转正，整体经济形势不断好转（见表2）。

表2　2020年1~6月9个国家中心城市部分经济社会发展指标

类别	GDP总量（亿元）	同比增长(%)		社会消费品零售总额（亿元）	同比增长(%)		进出口总额（亿元）	同比增长(%)	
		第一季度	1~6月		第一季度	1~6月		第一季度	1~6月
全国	456614.40	-6.8	-1.6	172256	-19.0	-11.4	142379.00	-6.5	-3.2
九市	80383.12	—	—	32940	—	—	45083.42	—	—
北京	16205.60	-6.6	-3.2	5973	-21.5	-16.3	11287.00	-6.2	-18.7
天津	6309.28	-9.5	-3.9	—	-25.5	-21.7	3456.32	-8	-3.4

续表

类别	GDP 总量（亿元）	同比增长(%)		社会消费品零售总额（亿元）	同比增长(%)		进出口总额（亿元）	同比增长(%)	
		第一季度	1~6月		第一季度	1~6月		第一季度	1~6月
上海	17356.80	-6.7	-2.6	6947	-20.4	-11.2	15813.91	-4.0	-0.7
广州	10968.29	-6.8	-2.7	4232	-15.0	-10.4	4253.57	-5.1	-7.6
重庆	11209.83	-6.5	0.8	5307	-18.6	-7.2	2759.20	-14.1	3.5
成都	8298.63	-3.0	0.6	3692	-13.5	-7.7	3230.90	14.1	23.5
武汉	—	-40.5	-19.5	2396	-45.7	-34.4	1037.90	-16.1	3.1
郑州	5459.60	-7.7	-0.2	2307	-21.8	-11.6	1583.50	11.1	13.7
西安	4575.09	-4.1	2.8	2086	-23.0	-13.3	1661.12	-0.8	2.8

资料来源：国家和各城市统计局公布数据，其中北京市进出口数据来源于北京市商务局，武汉市 2020 年 1~6 月 GDP 总量数据未公布，天津市 2020 年 1~6 月社会消费品零售总额未公布。

（二）国家中心城市建设的新举措

1. 深入实施区域协调协同发展

2018 年 11 月，中共中央、国务院《关于建立更有效的区域协调发展新机制的意见》提出，推动国家重大区域战略融合发展新思路，强调要建立以中心城市引领城市群发展、城市群带动区域发展新模式，推动区域板块之间融合互动发展。2019 年 2 月，国家发展改革委在《关于培育发展现代都市圈的指导意见》中提出，要“以促进中心城市与周边城市（镇）同城化发展为方向，以创新体制机制为抓手，以推动统一市场建设、基础设施一体高效、公共服务共建共享、产业专业化分工协作、生态环境共保共治、城乡融合发展为重点，培育发展一批现代化都市圈，形成区域竞争新优势，为城市群高质量发展、经济转型升级提供重要支撑”。

2019 年，京津冀协同发展取得重大标志性进展：北京大兴国际机场建成通航，大兴机场高速、轨道交通大兴机场线等同步投运，区域交通一体化格局进一步完善；生态环境联建联防联治持续深化；雄安新区规划建设进入新阶段。上海启动建设长三角生态绿色一体化发展示范区，并制定长三角一体化发展规划纲要，引领长三角城市群发展，推动长三角一体化发展国家战略全面实施。广州深化穗港澳全面合作，加快共建广深港澳科技创新走廊，打造大湾区综合性国家科学中心主要承载区；签署广深深化战略合作框架协议，发挥双核驱动、极点带动的作用。郑州全面落实河南省委、省政府《郑州大都市区空间规划（2018—2035 年）》等部署，以构建“一核四轴三带多点”空间结构为目标，加快推进郑汴、郑新、郑焦、郑许一体化。

2. 全方位深化改革开放创新

改革开放是国家中心城市实现高质量发展的强大动力。2019 年，9 个国家中心城市依托自身的政策优势和产业优势，着力深化改革开放，不断释放新的发展活力。上海市正式设立自贸试验区临港新片区，制定实施服务业扩大开放、高质量发展等政策措施，启动实施区域性国资国企综合改革，在全市实施“证照分离”改革，实施新一轮优化营商环境改革 108 项措施。广州市出台稳定外贸增长、发展新兴业态政策措施，支持企业开拓多元国际市场；加快推进“一带一路”枢纽城市建设，继续深化南沙自贸试验区制度创新。武汉市全面深化改革开放，推动湖北自贸区武汉片区、综保区、中法生态示范城建设取得新进展。成都市持续优服务促改革，出台“1 + 10”行动计划，发布优化营商环境政策 2.0 版，推动营商环境显著改善。

3. 数字经济赋能国家中心城市产业转型升级

数字经济被认为是继工业经济、农业经济后的新型经济形态，已成为世界公认的新经济、新业态、新动能、新引擎①，可赋能产业转型升级，在推动经济高质量发展中起着重要作用。2019 年，9 个国家中心城市均在产业数字化与数字产业化上狠下功夫，加快推进产业转型升级。郑州市引进阿里巴巴、海康威视、中国电子、紫光集团落户，开工建设国家超级计算郑州中心、中原鲲鹏生态创新中心，启动建设数字郑州“城市大脑”项目。重庆市则引进阿里巴巴、腾讯等西南地区总部落户，加快集成电路、智能机器人、智能网联汽车产业发展，构建“芯屏器核网”全产业链。上海市出台实施智慧城市、数字经济等政策措施，推动制定集成电路、人工智能、生物医药等国家层面的“上海方案”。北京市以新一代信息技术与医药健康为引领，发布了促进人工智能与医药健康融合发展工作方案，重点培育“AI + 健康”新兴产业，着力塑造

① 刘垠：《数字经济释放红利　赋能企业转型升级》，《科技日报》2018 年 10 月 16 日。

高精尖产业发展新动能。广州市深入落实数字经济“22 条”①，推动企业“上云用数赋智”，以“5G +”应用为基础打造物联网与智慧城市示范区。

4. 强基提质促进国家中心城市城乡融合

实施乡村振兴战略，是党的十九大做出的重大战略部署。推动城乡融合发展，建立健全城乡融合发展体制机制和政策体系，是实现乡村振兴的有力举措。国家发展改革委《关于培育发展现代都市圈的指导意见》中提出了在都市圈率先实现城乡融合发展的要求。2019 年，各个国家中心城市加快推进城乡一体化，在城乡融合发展中发挥了重要的引领作用。重庆市通过建设高标准农田、特色产业，授权 431 个农产品“巴味渝珍”品牌等方式，将农产品与乡村旅游、互联网结合，持续提升农产品价值。上海市通过实施农村生活污水处理设施改造，认证地产绿色农产品，促进农村农业提质增效。西安市为壮大农业发展力量，大力发展特色现代农业，新增 15 家市级农业龙头企业、100 个家庭农场、300 个农民专业合作社，同时积极培育农产品品牌，争创了 2 个国家级、4 个省级名牌。郑州市完成乡村振兴战略规划和都市生态农业产业发展规划编制，新建农村公路 158.9 公里，所有行政村农村公路实现“双通”，90% 以上行政村生活垃圾实现有效治理，25.2 万户农村户厕完成改造。其他国家中心城市也通过不断完善乡村基础设施、加快补齐农村农业发展中的关键短板，不断增强农民生活幸福感。

5. 着力提升国家中心城市精细化管理水平

全面提升城市精细化管理水平，是习近平总书记近年来对上海、北京等超大型城市发展提出的要求。2019 年，上海市深入贯彻落实习近平总书记的重要指示精神，坚持“人民城市人民建，人民城市为人民”的理念，推进城市运行“一网统管”，开展道路交通违法行为综合整治，加快推进垃圾分类，积极打造宜居城市、韧性城市、智能城市、绿色城市和人文城市，取得显著成绩。北京市深入推进“一微克”行动，着力加强扬尘精细化管控，提升城市森林体系的整体性和连通性，加快单位和小区自备井置换、老旧小区内部供水管网改造，有序开展垃圾分类，持续探索大型社区治理长效机制。郑州市全面

---

① 数字经济“22 条”，是指 2020 年 4 月发布的《广州市加快打造数字经济创新引领型城市的若干措施》中提出的 22 条有效提升广州市数字经济发展能级和创新能力的政策措施。

落实城市精细化管理三年行动计划，统筹推进老城区复兴、新城开发和乡村振兴，积极推进清洁取暖、综合管廊、海绵城市等试点城市工作，加快推进老旧小区改造、老城区生态修复和城市修补，着力打造市容环境整洁规范、街道景观典雅有致的城市环境，中心城区生活垃圾分类处置覆盖率 74.3%、无害化处理率 100%，整治铁路沿线、生态廊道连通绿道 530 公里，建成公园、微公园、游园 460 个，建成区绿化覆盖率达 41.05%。其他国家中心城市都从城市建设细微处入手，用“绣花功夫”强化城市精细化管理，建设更生态、更宜居、更有品质的城市。

（三）国家中心城市建设取得的主要成效

1. 综合服务功能持续优化

综合服务功能是在国家中心城市六大功能中居首位的重要功能。2019 年，9 个国家中心城市依托经济、人口、资源和政策等高端要素优势，通过持续深化改革开放、调整产业结构、优化营商环境、提升人居环境，实现了经济活力不断增强、生产服务功能持续提升、公共服务能力不断优化、引领区域协调发展能力不断增强。根据 2020 年 6 月万博新经济研究院联合中国战略文化促进会等共同发布的《后疫情时代中国城市营商环境指数评价报告（2020）》，营商环境指数前十位中有六个是国家中心城市，上海、北京、广州分别位列第一、第二、第四，武汉、天津、成都分别位列第六、第八、第九，凸显国家中心城市的营商环境改善程度和改善效果。比如，上海通过实施优化营商环境改革 108 项措施；广州率先实施商事登记确认制和“跨境通”、信用联合奖惩“一张单”，实现企业间不动产转移登记 1 小时办结、抵押登记 1 天办结。2019 年底，9 个国家中心城市以占全国人口的 11.45%，实现全国 19.08% 的 GDP 总量；上市公司数量达到 1122 家，比 2018 年增加 86 家；金融机构本外币存款余额达 549470 亿元，占全国的 27.7%；卫生医疗机构共计 78733 个，医疗机构床位数为 73 张/万人。9 个国家中心城市的经济实力和综合服务能力不断提升，进一步加速和推动了城市韧性发展，并逐步成长为辐射区域、服务全国、影响全球的国际中心城市。

2. 网络枢纽功能逐步深化

网络枢纽功能是国家中心城市的又一重要功能。2019 年，北京市步入航空“双枢纽”时代，大兴国际机场与大兴机场高速、轨道交通大兴机场线同步实现运营。广州市着眼充分发挥国家中心城市和综合性门户城市的引领作用，强化省会城市功能，完善城市发展战略，推进战略枢纽建设，提升综合性门户城市能级，提升全球资源配置能力。成都市新开通国际定期直飞航线15条，国际班列连接境外26个城市，全年开行3186列，中欧班列年度累计开行量位居全国第一，成为国家西部陆海新通道两大起点枢纽城市之一。郑州市以郑州国际航空货运枢纽战略规划获批为契机，继续坚持以郑州航空港经济综合实验区为龙头，统筹“五区”联动、“四路”协同，加快推进航空枢纽能级提升工程，做大做强郑州—卢森堡航空“双枢纽”，提升中欧班列运营水平，拓展海铁联运班列线路。其他国家中心城市在“一带一路”建设、京津冀协同发展、长江经济带发展、粤港澳大湾区建设等重大战略引领下，着力打造全球网络枢纽中心，为城市经济更好地融入国际大循环做出努力。

3. 科技创新功能稳步提升

科技创新是国家中心城市高质量发展的“主动力”。强化科技创新功能，对于国家中心城市提升城市能级、增强核心竞争力具有重要战略意义。2019年，上海市深入学习贯彻习近平总书记重要指示精神，强化规划引领、源头供给、改革驱动、开放合作，持续推进具有全球影响力的科技创新中心建设，加快推进上海创新策源能力系统提升，致力于建成全球学术新思想、科学新发现、技术新发明、产业新方向、发展新理念的重要策源地；启动“上海国家新一代人工智能创新——开源框架”等前沿方向的研究和布局，聚集超过1300家人工智能企业，在医疗、教育、工业、金融等场景中形成一批世界首创、国际领先的技术应用案例。西安市深入贯彻习近平总书记关于“发挥西咸新区创新城市发展方式试验区综合功能”的重要指示精神，大力实施西咸新区创新城市发展方式、行动计划，围绕建设大西安新中心目标，聚焦发展“三个经济”，以创新驱动加快新旧动能转换和产业转型升级；通过深化拓展科技大市场功能，建成投用中国西部科技创新港，华为中国区运营商总部成功落户，新增国家级高新技术企业1053家，技术合同交易额1364亿元，增长32.6%。武汉市深入落实“一芯两带三区”区域和产业发展布局，以东湖国家自主创新示范区带动全市创新发展，加快推进精密重力测量、生物医学成像等重大科技基础设施建设，加强关键核心技术攻关，支持集成电路、高端装备等重大项目研发，成功研制 9 纳米光刻实验样机等重大科技产品，全年净增高新技术企业 900 家左右。广州市布局建设高超声速风洞、冷泉系统、人类细胞谱系、极端海洋科考设施等 4 个大科学装置，推动中科院力学所广东空天科技研究院、广东智能无人系统研究院和华南地区唯一的国际 IPv6 根服务器落户南沙，加快再生医学与健康等 4 家省实验室建设，全年新增国家重点实验室 1 家、国家企业技术中心 5 家。截至 2019 年底，9 个国家中心城市专利授权量 59.7 万项，约占全国专利授权总量的 23%；技术合同成交额 13033.74 亿元，约占全国技术合同成交总额的 58.2%。

4. 对外开放功能不断优化

对外开放是国家中心城市参与国际经济大循环、实现高质量发展的关键举措。2019 年，北京市率先实施合格境内有限合伙人境外投资试点、货物贸易外汇收支便利化试点、知识产权证券化、放宽外商设立投资性公司门槛等政策。广州市成功举办“读懂中国”国际会议、从都国际论坛、国际友城工作 40 周年大会、海丝博览会、中国法治国际论坛等 69 场国际重要会议、会展。重庆市国际友城达到 48 个，驻渝领馆增至 12 家，过境免签时长延长至 144 小时，对外交流合作逐步深化。郑州市航空口岸全面实施 7×24 小时通关，成立航空港实验区首家本土货运航空公司，突破粮食口岸、药品进口口岸建设，实现了国际贸易“单一窗口”全覆盖。重庆市中欧班列开行量超过 1500 列，有效促进了西部陆海新通道建设，形成内陆开放高地。2019 年，9 个国家中心城市进出口总额 101480.8 亿元，实际利用外资投资额达 792.19 亿美元，机场国际航线数量达 1228 条，展览数量达 1623 项①。国家中心城市通过优化对外开放政策、举办国际重要会议会展、增开国际班列等加强与国际社会的合作交流，逐步集聚高端要素资源，跻身国际竞争领域，提升城市的国际影响力。

5. 人文凝聚功能全面增强

城市人文精神是人赖以生存的精神家园。城市人文精神具有强大的凝聚功能，是一个城市发展进步的内生动力。2019 年，各国家中心城市着力优化

① 展览数据来自中国国际贸易促进委员会发布的《中国展览经济发展报告 2019》。

提升城市人文凝聚功能，取得显著成效。天津市建成开放的国家海洋博物馆，重建启用民族文化宫，北疆博物院旧址等6处不可移动文物成功入选全国重点文物保护单位。成都市成功举办第七届成都国际非遗节、第五届中国（成都）国际科幻大会等重大文创品牌活动，以及“成都国际旅游展”“全球旅行买家聚成都”等系列活动，打造出60个“新旅游·潮成都”旅游目的地，文创产业实现增加值1459.8亿元。上海市率先建成现代公共文化服务体系，创建中国邮轮旅游发展示范区，黄浦江年接待游客量突破500万人次。西安市成功举办“东亚文化之都”西安活动年和世界文化旅游大会、第8届西安国际戏剧节、第29届全国书博会、西安国际马拉松赛等活动。重庆创新“晒文化·晒风景”，带动旅游总收入增长32.1%，文化产业增加值增长10%左右。广州市加强红色文化和岭南文化传承发展，扩大海丝申遗城市联盟。2019年，9个国家中心城市共拥有博物馆811个、文化馆183个、世界遗产16项。独具特色的城市文化逐步成为代表城市的独特符号。9个国家中心城市从各自城市文化底蕴出发，与旅游、科技、商业结合成为吸引国际合作的有效名片，有效发挥国家中心城市在国际经济发展和文化交流方面的门户作用。

6. 生态宜居功能显著改善

生态宜居是推进国家中心城市建设必须遵循的原则，也是国家中心城市不可或缺的功能。2019年，各国家中心城市在优化提升生态宜居功能方面迈出新步伐，取得新进展。上海聚焦蓝天、碧水、净土保卫战，着力解决老百姓身边的突出生态环境问题，全市环境空气质量、地表水环境质量进一步改善；大力推进生活垃圾全程分类，全市垃圾分类准确率达90%以上，在住建部对全国46个重点城市生活垃圾分类专项考核中，上海继续位列第一。天津市持续推进大气污染治理、水环境治理和渤海综合治理，全市地表水优良水体比例达到50%，提高10个百分点，劣V类地表水比例下降20个百分点，首次降至5%，近岸海域水质优良比例提升31个百分点，达到81%，水环境质量显著改善。西安市强力推进铁腕治霾，成功退到全国168个重点城市后20位，全年优良天数比例提高2.7个百分点，达225天。武汉市大力拓展绿色公共空间，新增新建各类公园45个、绿道303公里、绿地650万平方米，同时打造了600万平方米花田花海。2019年，国家中心城市PM2.5年平均浓度值和全天交通拥堵指数均有不同程度的下降，人均公园绿地面积和绿化覆盖率有不同程度提升，城市环境优美程度、和谐宜居程度进一步提高，对高端要素和人才吸引力不断增强。

（四）国家中心城市建设的主要特点和经验

1. 坚持区域联动实现共享发展

实施区域协调发展战略是新时代国家重大战略之一，是贯彻新发展理念、建设现代化经济体系的重要组成部分。作为全国城镇体系中综合实力最强、能级最高的“塔尖城市”，国家中心城市在区域协调发展中发挥着重要的引领和带动作用。上海市牢牢把握长三角一体化发展的核心内涵和实践要求，充分发挥作为长三角世界级城市群核心城市的功能作用，与江苏、浙江、安徽三省深化分工合作，扬长避短，优势互补，把各自优势变为区域优势，提升区域发展的整体效能和核心竞争力。广州市抓住中共中央、国务院印发《粤港澳大湾区发展规划纲要》的新契机，着力强化国家中心城市和省会城市的使命担当，紧紧围绕发挥粤港澳大湾区核心引擎功能，持续深化广深全方位合作，强化广佛极点带动，高质量推进珠三角一体化发展。为打造西部地区开放开发的核心引擎，在推进新时代西部大开发中发挥支撑作用，在推进共建“一带一路”中发挥带动作用，在推进长江经济带绿色发展中发挥示范作用，成都和重庆两市强化“一盘棋”思想，唱好“双城记”，携手推动成渝城市群一体化发展。郑州市则抓住国家实施黄河流域生态保护和高质量发展重大战略的新机遇，加快推进郑州国家中心城市和郑州大都市区建设，着力打造郑州大都市区黄河流域生态保护和高质量发展核心示范区，率先启动郑州核心片区建设，制定出台郑焦、郑新、许港等产业带发展规划，推动形成更高水平的高质量发展区域增长极。坚持区域联动实现共享发展，成为国家中心城市在 2019 年发展中呈现出来的新亮点。

2. 坚持创新驱动引领高质量发展

全球化背景下的国际竞争本质上是中心城市的竞争，而中心城市之间的竞争说到底是创新能力的竞争。在推动城市创新驱动发展中，重庆市积极构建各类创新平台，启动“双一流”建设、6 个环大学创新生态圈建设，引进了 31 家新型研发机构，新建超声医学工程、山区桥梁及隧道工程等 2

个省部共建国家重点实验室，2家国家级工业设计中心；实施重庆英才计划，引进各类紧缺优秀人才7000余名，不断创造人才红利。广州市围绕粤港澳大湾区国际科技创新中心建设出台《关于进一步加快促进科技创新的政策措施》，结合粤港澳大湾区建设和广州市改革发展实际，提出了包括减轻境外人才税负、向港澳开放科技计划、建设保障型人才住房、提升服务科技企业能力和加强科研用地保障等，为加快提升自主创新能力，进一步发挥科技创新对经济社会发展的支撑引领作用提供了有力支撑。北京市为优化创新生态，进一步修订科学技术奖励办法，推动出台促进科技成果转化条例，发布实施新时代深化科技体制改革的30条政策措施，改革了科研人员的科技成果权属，有效激发了科研人员的创新动力。这些国家中心城市通过创新平台构建、创新人才集聚、创新制度激励，不断积累科技创新要素，激发科研人员创新活力，为城市高质量发展和区域协调发展提供了强劲动力。坚持创新驱动引领高质量发展，成为国家中心城市在2019年发展中呈现出来的突出特点。

3. 坚持优化营商环境促开放

当今时代，优化营商环境就是解放生产力、提升竞争力。打造市场化、法治化、国际化营商环境，成为增强市场活力、稳定社会预期、应对经济下行压力、促进发展和就业的有效举措。上海市聚焦重点领域、关键环节，提高效率、破除瓶颈、善谋新招、注重实效，持续打响政务服务品牌，着力打造国际一流营商环境和更具国际竞争力的投资发展环境，促成一批符合上海发展方向和产业发展定位的引领性强、带动性大、成长性好的好项目、大项目落地。广州市把优化营商环境和招商引资工作作为“一把手工程”来抓，大力实施营商环境3.0改革，对标世界一流，实施流程再造减环节、全程网办减时间、政策普惠减成本，推行“一网通办”服务平台、“一件事”主题套餐服务、“一门式”政策兑现等改革措施，争创营商环境“广州样本”。成都市出台“1+10”行动计划，发布优化营商环境政策2.0版，在全国首推行政处罚“三张清单”，大力推行包容审慎柔性执法，持续优服务、促改革，营商环境显著提升，获评“2019中国国际化营商环境建设标杆城市”。坚持优化营商环境促开放，是2019年国家中心城市加快发展的一条宝贵经验。

二 国家中心城市建设面临的新问题新挑战

2020 年突如其来的新冠肺炎疫情和复杂多变的国际形势，给国家中心城市建设带来了前所未有的严重冲击与新挑战，城市经济一度出现严重的下滑和萎缩。在以习近平同志为核心的党中央坚强领导下，国家中心城市坚决贯彻党中央的决策部署，把人民群众生命安全和身体健康放在首位，采取最全面、最严格、最彻底的防控举措，坚决遏制疫情扩散蔓延势头。在确保疫情防控到位的前提下，各国家中心城市坚决贯彻落实习近平总书记的重要指示精神，化危为机，变压力为动力，统筹推进疫情防控和经济社会发展工作，牢牢把握稳中求进工作总基调，扎实做好“六稳”工作、落实“六保”任务，推动经济呈现总体回升态势。

（一）新冠肺炎疫情对国家中心城市建设的冲击

发生在 2019 年岁末和 2020 年年初的新冠肺炎疫情，是新中国成立以来我国遭遇的传播速度最快、感染范围最广、防控难度最大的重大突发公共卫生事件。这次新冠肺炎疫情，对中国经济社会造成了极为严重的冲击和影响。

生命重于泰山。面对来势汹汹的新冠肺炎疫情，以习近平同志为核心的党中央把人民群众的生命安全和身体健康放在第一位，以对人民高度负责的态度果断地按下了“经济暂停键”。在审时度势、综合研判基础上，党中央把控制传染源、切断传播途径作为关键着力点，立足地区特点和疫情形势因应施策，把武汉和湖北作为全国主战场，对其他省份加强分类指导，严守“四道防线”，步步推进、层层深入，形成了全面动员、全面部署、全面加强疫情防控的战略格局。

在党中央的集中统一领导下，全国各省区市相继启动重大突发公共卫生事件一级响应，实行分区分级精准防控，对城乡道路运输服务进行动态管控，加强国内交通卫生检疫；采取有效措施避免人员聚集和交叉感染，延长春节假期，取消或延缓各种人员聚集性活动，各类学校有序推迟开学；关闭影院、剧院、网吧以及健身房等场所；对车站、机场、码头、农贸市场、商场、超市、餐馆、酒店、宾馆等需要开放的公共服务类场所，以及汽车、火车、飞机等密闭交通工具，落实环境卫生整治、消毒、通风、“进出检”、限流等措施；全国口岸实施严格的出入境卫生检疫，防范疫情通过口岸扩散蔓延。实施最严边境管控，取消非紧急非必要出国出境活动。①

城市是我国各类要素资源和经济社会活动最集中的地方，而中心城市则是承载发展要素的主要空间形式。国家中心城市具有人口规模超大、密集度超高、流动性超强的特点，较一般城市而言社会风险和治理难度更大。因而在坚决遏制疫情扩散蔓延势头的过程中，全国各国家中心城市均建立了联防联控、群防群控体系，采取了最全面、最严格、最彻底的防控举措，使城市迅速进入了小区封闭管理、社会相对静态的状态。城市经济是一个动态循环系统，容不得哪怕是短暂的停摆，否则将会造成经济下滑萎缩，带来巨大的经济损失。新冠肺炎疫情暴发初期，出于遏制疫情扩散蔓延势头、保障人民群众生命安全和身体健康的实际需要，各国家中心城市均采取了严格的“封城”措施，按下了“经济暂停键”，给经济运行造成了严重冲击。

从9个国家中心城市发布的2020年第一季度经济运行情况看，各国家中心城市经济均出现程度不同的下滑，一些国家中心城市甚至出现了较大幅度的负增长，尤以武汉市为甚。在党中央、国务院决策部署引领下，随着各国家中心城市有序推进复工复产，3月份多数国家中心城市经济开始止跌回升，但总体上第一季度经济增速同比均出现不同程度下降。

表3　2020年一季度9个国家中心城市GDP总量及三次产业增加值同比增速

单位：%

城市	北京	上海	广州	天津	武汉	成都	重庆	郑州	西安
GDP总量增速	-6.6	-6.7	-6.8	-9.5	-40.5	-3.0	-6.5	-7.7	-4.1
第一产业增加值增速	-22.9	-18.2	2.4	-11.5	-36.4	-2.0	-1.6	-9.3	-1.9
第二产业增加值增速	-17.5	-18.1	-17.5	-17.7	-45.4	-3.5	-11.0	-10.3	-7.1
第三产业增加值增速	-4.8	-2.7	-2.2	-4.9	-37.7	-2.8	-3.4	-5.9	-2.7

资料来源：根据9个国家中心城市发布的2020年第一季度经济运行数据整理。

① 中华人民共和国国务院新闻办公室：《抗击新冠肺炎疫情的中国行动》，《人民日报》2020年6月8日。

（二）国际环境变化对国家中心城市建设的影响

自新冠肺炎疫情暴发以来，疫情传播已呈现出全球大流行趋势。新冠肺炎疫情的全球大流行，使包括七国集团（G7）在内的世界主要经济体陷入衰退。数据显示，受新冠肺炎疫情冲击等因素影响，七国集团国家2020年二季度国内生产总值均遭遇历史性下滑。其中，美国国内生产总值按年率计算下滑31.7%，是有记录以来最大季度降幅；英国二季度环比萎缩20.4%，是自1955年有记录以来最糟糕的记录；法国经济继一季度环比下滑5.9%后，第二季度继续下滑13.8%；意大利二季度国内生产总值环比下滑12.4%，创下自1995年开始统计以来最大跌幅；加拿大二季度国内生产总值较一季度下滑11.5%，是自1961年有记录以来最大跌幅；德国和日本的国内生产总值二季度也遭遇大幅下降，分别环比下滑9.7%和7.8%，都创下本国有相关经济可比数据以来的最大降幅。①

在经济全球化深入发展、国际分工越来越细的今天，全球产业链、供应链深度融合，各经济体之间特别是其产业链、供应链之间的相互依存度愈来愈高。现代产业链环环相扣，一个环节阻滞，上下游企业都无法运转。许多重要商品从原材料供应、设计研发、生产组装、销售和售后服务等生产链条不可能都在一个国家，任何一个环节出现问题，整个产业链和供应链就可能会完全中断。受这次疫情全球化大流行及其所导致的一些主要经济体经济衰退的影响，全球供需两端表现疲弱，产业链出现一些紊乱现象，供应链面临断裂危机，海运、空运等物流中断问题突出。

经过40多年的改革开放，中国经济已深度融入世界经济。疫情在全球扩散蔓延，世界主要经济体的经济衰退，势必会对中国的产业链、供应链形成冲击，造成影响，国内许多外贸企业程度不同地遇到了接单难、履约难、国际物流不通畅、贸易壁垒增多等问题。再加上美国推行单边主义、“美国优先”政策，在经济上肆意打压中国，搞“经济脱钩”，制造中美贸易摩擦，使中国产业链、供应链所承受的冲击和影响进一步放大。

我国的国家中心城市的重要功能之一，就是通过发展开放型经济，深度参与国际竞争与合作，全面融入全球经济网络，提升我国的国际竞争力和影响

---

① 梁良：《七国集团国家二季度经济均遭历史性下滑》，中国经济网，2020年8月30日。

力。目前，我国的9个国家中心城市都已深度融入了国际经济循环，成为国际经济大循环的重要节点，其产业链、供应链的对外依存度越来越高。因此，国家中心城市在这次疫情中所受到的冲击和影响也更大。从2020年一季度9个国家中心城市的对外贸易状况，可明显看出它们所承受冲击和影响之大。

表4　2020年一季度9个国家中心城市进出口贸易同比增速数据

单位：%

城市	北京	上海	广州	天津	武汉	成都	重庆	郑州	西安
进出口总额增速	-6.2	-4.0	-5.1	-8.0	-16.1	14.1	-14.1	11.1	-0.8
进口额增速	-8.4	-1.7	2.7	-4.3	16.8	27.7	8.1	54.08	17.6
出口额增速	4.4	-7.3	-13.0	-13.7	-38.4	3.0	-25.7	-6.96	-15.7

资料来源：根据9个国家中心城市发布的2020年第一季度经济运行数据整理。

从表4数据可见，除成都和郑州两个国家中心城市外，其他国家中心城市的进出口总额均明显下滑，其中以武汉、重庆的降幅最大，同比分别下降16.1%和14.1%。

（三）国家中心城市应对疫情冲击和影响的举措

进入2020年3月份以来，随着疫情防控成果巩固、形势持续向好，党中央、国务院关于纾解企业困难、畅通供应链循环、支持产业链协同复工复产、推动重大项目复工等各项政策举措落实到位，9个国家中心城市统筹推进疫情防控和经济社会发展的成效开始显现，生产需求持续改善，上半年经济实现先降后升，二季度经济增长由负转正，经济结构持续优化，经济运行稳步复苏。

表5　2020年上半年9个国家中心城市GDP总量及三次产业增加值同比增速

单位：%

城市	北京	上海	广州	天津	武汉	成都	重庆	郑州	西安
GDP总量增速	-3.2	-2.6	-2.7	-3.9	-19.5	0.6	0.8	-0.2	2.8
第一产业增加值增速	-20.8	-16.9	4.4	-8.6	-14.4	0.1	2.4	-4.2	1.6
第二产业增加值增速	-4.2	-8.2	-7.0	-6.6	-21.9	2.0	0.9	0.3	5.5
第三产业增加值增速	-3.0	-0.6	-0.8	-2.2	-18.2	-0.2	0.5	-0.5	1.4

资料来源：根据9个国家中心城市发布的2020年上半年经济运行数据整理。

由表5数据可见，国家中心城市经济复苏态势良好，明显好于预期。其中，西安、重庆、成都的GDP总量增速上半年实现了正增长，分别为2.8%、0.8%和0.6%，这些数据倘若放在往年是微不足道的，但这在2020年上半年却是非常难能可贵的。尽管其他6个国家中心城市的GDP总量增速仍是负值，但其降幅与一季度相比均有程度不同的收窄。其中，北京收窄3.4个百分点，上海和广州收窄均为4.1个百分点，天津收窄5.6个百分点，郑州收窄7.5个百分点，武汉更是收窄21.0个百分点，经济活跃度总体呈现加快回升态势。

表6　2020年上半年9个国家中心城市进出口贸易额同比增速数据

单位：%

城市	北京	上海	广州	天津	武汉	成都	重庆	郑州	西安
进出口总额增速	-18.7	-0.7	-7.6	-3.4	3.1	23.5	3.5	13.7	2.8
进口额增速	-23.9	-13.8	-1.7	-3.4	22.1	25.5	20.7	26.5	20.8
出口额增速	6.1	0.7	-13.0	-3.3	-11.4	21.9	0.7	7.6	-11.2

资料来源：根据9个国家中心城市发布的2020年上半年经济运行数据整理。

从表6数据看，9个国家中心城市2020年上半年进出口贸易恢复的形势较为复杂。中西部的5个城市均实现了正增长，成都和郑州实现了两位数增长。特别是武汉市，实现了由一季度下降16.1%到增长3.1%的转折性恢复。而北京、上海、广州等几个东部沿海城市，或因发生聚集性疫情而致疫情防控形势依然严峻，或因受外部环境多重因素影响，进出口贸易总额同比增幅出现负值，但多数国家中心城市与第一季度相比有程度不同的收窄。

9个国家中心城市经济之所以能够呈现出总体加快回升态势，展现出较强的经济发展韧性，关键在于这些城市在以习近平同志为核心的党中央坚强领导下，贯彻中央决策部署坚决，统筹疫情防控和经济社会发展工作做得扎实，落实复工复产政策举措精准有效。

1. 善于危中寻机、化危为机，在疫情防控常态化下稳步推进“六稳”工作和“六保”任务

党中央做出相关重大决策部署后，各国家中心城市闻令而动，迅速把思想和行动统一到党中央决策部署上来，增强“四个意识”，坚定“四个自信”，做到“两个维护”，在统筹推进疫情防控和经济社会发展实践中积极探索有序

复工复产的有效路径和举措。北京市在毫不放松疫情防控工作、最大限度降低疫情影响的同时，第一时间成系统、有节奏地推出政策“组合拳”，高效推进政策落地；促进中小微企业持续健康发展16条和新9条措施、复工复产10条措施，将一条条政策“干货”和资金、项目等“真金白银”送达企业；组建重点项目落地和投资促进工作专班，压茬推进307个市区重大项目开工，全市新开工项目699个①。上海市政府紧扣“六稳”“六保”目标出台26条政策稳就业、促发展，强调通过加大减负稳岗力度和金融支持，解决企业经营和用工成本高的问题；通过一系列措施引导企业开拓国内市场、加大投资、稳定外贸，解决企业因业务收缩导致岗位流失的问题；通过挖掘内需、培育壮大新动能等措施，解决新产业、新业态、新模式创造和拓展就业空间的问题；通过加大个体工商户扶持力度，解决相关群体抗风险能力较弱的问题。成都市委市政府积极出台全市稳定经济运行“20条”、恢复经济秩序“33条”等相关扶持政策，推动企业稳产满产，加快促进生产恢复正常。

2. 加快产业数字化转型，培育发展新经济，构建现代化产业体系

在新冠肺炎疫情阻击战中，“智能+”产业备受关注。云计算、大数据、人工智能等新技术、新装备的广泛应用，催生了一批数字经济新模式、新业态，为疾病诊治、疫情防控、保障民生、复工复产提供了有力的产业和技术支撑。国家中心城市坚持以疫情防控为契机，结合自身特色，持续完善有利于汇聚技术、资金、人才的政策措施，积极发展5G、人工智能、大数据等新兴产业，积极培育数字经济新产业、新业态、新模式，加快推动传统产业改造升级，推进新型基础设施建设，打造经济新增长点，推动经济高质量发展。比如，广州市坚持以加快打造数字经济创新引领型城市为目标，牢牢把握粤港澳数字要素流通试验田、全国数字核心技术策源地、全球数字产业变革新标杆三个定位，提出和实施了22条有效提升数字经济发展能级和创新能力的政策措施。产业数字化转型，新产业、新业态、新模式的培育，促进了产业转型升级和经济高质量发展，极大地增强了国家中心城市经济发展的韧性。北京市2020年上半年经济运行情况显示，5G、人工智能、大数据等高端产业有力推

① 骆国骏等：《战疫情　稳复苏　强韧性——北京上半年经济形势观察》，新华网，2020年7月31日。

动了工业生产恢复和转型升级。规模以上工业中，占比超1/4的高技术制造业增加值由一季度下降4.2%转为二季度增长3.2%，占比超1/3的战略性新兴产业增加值二季度下降1.1%，降幅比一季度收窄9.3个百分点（二者有交叉）；智能手机、显示器、工业机器人、3D打印设备、集成电路和光电子器件等高技术领域产品产量均呈增势。上海市新一代信息技术产值2020年上半年增长10.5%，智能手机、笔记本电脑和集成电路产量分别增长32.7%、29.5%和20.2%。郑州市采取有力的政策措施，推动阿里巴巴、海康威视、中国电子、紫光集团在郑州落地，促成下一代信息网络、信息技术服务入选国家第一批战略性新兴产业集群名单，并启动建设数字郑州“城市大脑”项目，2020年上半年该市国家大数据综试区核心区实现产值达300亿元。

3. 加快释放新兴消费潜力，推动增加电子商务、电子政务、网络教育、网络娱乐等方面的消费

消费是最终需求，既是生产的最终目的和动力，也是人民对美好生活需要的直接体现。内需是我国经济发展的基本拉动力，而扩大内需的重点在于扩大消费。在我国新发展阶段，消费和投资是内循环的两个主要方向。畅通经济内循环，就必须扩大消费。突如其来的新冠肺炎疫情，对9个国家中心城市的消费，特别是餐饮、住宿、旅游、文化、娱乐等服务消费都形成了前所未有的严重冲击。以上海为例，2020年一季度，全市社会消费品零售总额3060.34亿元，比上年同期下降20.4%，其中批发和零售业零售额下降18.0%，住宿和餐饮业零售额下降42.4%。为促进复工复产，9个国家中心城市在提振消费信心、释放消费潜能方面出台了相关政策措施。上海市围绕“一大节庆”“五大消费”“四个经济”“一个环境”，出台《关于提振消费信心强力释放消费需求的若干措施》，提出12条政策举措，要求通过举办多项大型消费购物活动，鼓励商家打折，重点支持餐饮行业、汽车销售和信息消费等，强力释放消费需求。广州市启动全城联动促消费活动，组织市各大商圈、百货零售、餐饮企业在4~5月期间开展全城联动促消费活动，覆盖百货、超市、汽车、家电、餐饮、文旅等多个行业，4000多家门店参与其中，累计补贴金额超过10亿元。与此同时，各国家中心城市还相继发放城市消费券，以此将被疫情抑制、被冻结的消费充分释放出来。郑州市2020年上半年先后向市民发放了3期、总金额达4亿元的消费券。第一期5000万元消费券于2020年4月3日发放。截至4月5日10时，消费券已累计核销

1152.4 万元，带动消费金额 1.28 亿元，杠杆率达到 1∶11，消费拉动作用超出预期。疫情也催生了一些新型消费和升级消费，孕育产生了诸如无接触配送、无人零售、线上直播带货等一系列消费模式、新方式，在线教育、在线问诊、在线体育的消费热度不断攀升。9 个国家中心城市顺势而为，推出一系列政策措施，大力发展新型消费和升级消费。成都市政府发布《以新消费为引领提振内需行动方案（2020—2022 年）》，提出要打造美好生活消费新场景，创新在线消费模式，发展消费新业态，培育消费新热点。疫情期间，北京市线上消费、新零售释放消费潜力，2020 年上半年限额以上批发零售业、住宿餐饮业网上零售额增速持续提高，上半年增长 25.8%，比一季度提高 9.9 个百分点；十余家“新零售”企业零售额合计增长超 5 成。所有这些都有效地支撑和扩大了内需，对冲了新冠肺炎疫情的影响，在做好“六稳”工作、落实“六保”任务，推进经济运行快速恢复、高质量发展中发挥了重要作用。

4. 加强稳外贸稳外资工作，稳住外贸主体，稳住产业链供应链

新冠肺炎疫情在全球持续蔓延以及由此导致的世界经济严重衰退，使我国外贸外资面临复杂严峻的形势，经济发展特别是产业链恢复面临新挑战。2020 年 2 月 23 日，习近平总书记在统筹推进新冠肺炎疫情防控和经济社会发展工作部署会议上明确提出了“稳住外贸外资基本盘”的要求。3 月 4 日，习近平总书记主持召开中央政治局常委会会议，对“做好稳外贸、稳外资工作”做出全面部署。各国家中心城市坚决贯彻习近平总书记的重要指示精神，全面落实党中央做出的决策部署，并结合本地具体实际，围绕“稳住外贸外资基本盘”出台了各具特色的政策措施。广州市出台《促进外贸稳定增长若干措施》，推出 23 条措施，以此来保障外贸产业链、供应链畅通运转，力促外贸稳定增长。重庆市制定稳外贸稳外资若干政策，推出支持企业有序复工达产、加大金融支持力度、降低物流成本、支持企业拓展国际市场、支持加工贸易稳定发展、加大服务外包支持力度、加强外贸法律援助、优化出口退税服务、保障快速便捷通关、创新优化外资招商方式、强化外商投资企业服务等 12 条政策措施。其他国家中心城市也分别推出了稳外资稳外贸的行动方案和政策措施，确保习近平总书记重要指示精神和党中央决策部署在本市的贯彻落实。这些国家中心城市通过开展分类指导、加强政策宣传、发挥平台优势、创新金融服务等方式进一步推进改革，优化营商环境，加快培育外贸综合竞争新优势，拓展

多元化外贸市场，保障外资外贸企业有序复工复产。目前，随着各国家中心城市科学统筹疫情常态化防控和经济社会发展，各国家中心城市外资外贸企业基本复工复产，进出口货物均实现增长。2020 年上半年，重庆（3.5%）、成都（23.5%）、武汉（3.1%）、郑州（13.7%）、西安（2.8%）等 5 个国家中心城市进出口总额均实现正增长，上海（-0.7%）、重庆、成都、武汉、郑州、西安 6 市的进出口总额增长率均超过全国平均水平（-3.2%）。

三　双循环新发展格局下推进特大型城市韧性建设的对策建议

（一）国内国际双循环新发展格局背景分析

1. 国内国际双循环新发展格局的提出

自 2020 年 5 月份以来，以习近平同志为核心的党中央密集提出“构建国内国际双循环相互促进的新发展格局”问题，深刻阐述了构建这一新发展格局的重要意义，并就如何贯彻落实提出明确要求，做出战略部署。

5 月 14 日，中央政治局常委会首次提出：“要深化供给侧结构性改革，充分发挥我国超大规模市场优势和内需潜力，构建国内国际双循环相互促进的新发展格局。”5 月 23 日，习近平总书记在看望参加全国政协会议的经济界委员时指出：“面向未来，我们要把满足国内需求作为发展的出发点和落脚点，加快构建完整的内需体系”，“逐步形成以国内大循环为主体、国内国际双循环相互促进的新发展格局”。7 月 21 日，习近平总书记在企业家座谈会上再次强调：“面向未来，我们要逐步形成以国内大循环为主体、国内国际双循环相互促进的新发展格局。”7 月 30 日，中央政治局会议要求：“必须从持久战的角度加以认识，加快形成以国内大循环为主体、国内国际双循环相互促进的新发展格局，建立疫情防控和经济社会发展工作中长期协调机制，坚持结构调整的战略方向，更多依靠科技创新，完善宏观调控跨周期设计和调节，实现稳增长和防风险长期均衡。”

2. 提出构建国内国际双循环新发展格局的历史背景

构建国内国际双循环新发展格局这一战略任务，是在当今世界正经历百年未有之大变局的重大历史关口提出来的。从国际上看，当前全球经济深度衰退，世界贸易和投资持续低迷，“逆全球化”思潮暗流涌动，经济全球化遇到波折，地缘政治风险有所上升。肆虐全球的新冠肺炎疫情对国际产业链、供应链造成巨大冲击，使世界经济严重萎缩，进一步加剧了世界经济的不确定性，给中国经济发展带来很大风险。与此同时，全球新一轮科技革命和产业变革蓬勃兴起，将为中国经济创新发展注入新动能、带来新机遇。

从国内看，目前中国经济已由高速增长阶段转向高质量发展阶段，正处在转变发展方式、优化经济结构、转换增长动力的攻关期。中国在全球范围内率先控制住了新冠肺炎疫情，实现了全面复工复产，中国经济展现出强大韧性和潜力，稳中向好、长期向好的基本趋势没有改变，但也面临着结构性、体制性、周期性问题相互交织所带来的困难和挑战。受全球疫情冲击，国内经济下行压力加大。

正是在这一历史背景下，以习近平同志为核心的党中央审时度势提出了构建国内国际双循环新发展格局的重大战略任务。

3. 构建国内国际双循环新发展格局的核心要义

构建国内国际双循环新发展格局，是以习近平同志为核心的党中央在深入分析国内形势、深刻把握国际大势的基础上，对未来较长时期内中国经济发展做出的重大战略决策部署。从中央政治局常委会和中央政治局会议的有关精神特别是习近平总书记的重要论述看，国内国际双循环新发展格局至少有以下几层含义。

首先，新发展格局包含国内循环和国际循环两个循环，而不是这其中的哪一方面的单一循环。改革开放 40 多年来，中国经济已深度融入全球经济大循环。尽管蔓延全球的疫情对世界经贸产生严重影响，但中国实现国内大循环，仍必须同国际产业链、供应链保持循环畅通。我们发挥国内超大规模市场优势，通过繁荣国内经济、畅通国内大循环为我国经济发展增添动力，绝不是要关起门来封闭运行，而是要通过发挥内需潜力，使国内市场和国际市场更好联通。从长远看，经济全球化仍是历史潮流，各国分工合作、互利共赢是长期趋势。国内国际两个循环是相互促进的，而不是相互排斥的。中国只有在开放环境下才能构建完整的内需体系。

其次，尽管国内国际两个循环都是不可或缺的，但是这两个循环在新发展格局中的地位和作用并不是均等的，而是以国内大循环为主体。在当前保护主义上升、世界经济低迷、全球市场萎缩的外部环境下，我们要实现更加强劲可持续的发展，必须把广阔的国内市场当作大后方，牢牢把握扩大内需这个战略基点，把满足国内需求作为发展的出发点和落脚点，以做强国内市场为重点，着力发展和提升国内需求，加快构建完整的内需体系。只有这样，才能为高效参与国际经济大循环夯实基础，为中国经济行稳致远提供保障。

最后，当前我们面临的经济形势仍然复杂严峻，不稳定性、不确定性较大，我们遇到的很多问题是中长期的，这些问题的解决需要一个较长过程。对此，必须从持久战的角度加以认识，绝不能有毕其功于一役的想法，必须作长期努力的准备。中央提出构建国内国际双循环新发展格局绝不是应对新冠肺炎疫情的权宜之计，而是立足于世界正经历百年未有之大变局做出的重大战略选择。中央强调构建国内国际双循环新发展格局要以国内大循环为主体，不是迫于新冠肺炎疫情冲击和外部环境不确定性明显增大的压力推出的被动应对举措，而是着眼于“十四五”时期和中长期发展大势主动做出的战略性调整。

（二）推进特大型城市韧性建设的总体要求及主要任务

1. 我国特大型城市韧性建设基本现状及特点

城市是经济、政治、文化、社会等方面活动的中心。随着经济全球化深入发展和国内城镇化快速推进，我国一些城市可能面临地震、洪涝、疫情、恐怖袭击等重大突发公共危机事件带来的风险，而且城市规模越大、人口越密集、功能越复杂，面临的风险也越大。如果不预先做好风险防范，有效降低城市的脆弱性，一旦发生重大公共危机事件，后果不堪设想。因此，加强自身韧性建设便成为城市尤其是特大型城市不容忽视的一项重要任务。2020 年新冠肺炎疫情带来的严重冲击，使人们对韧性城市建设重要性的认识有了新的提高。

所谓韧性城市，是指重大公共危机事件突发时，一座城市所表现出来的抗危机冲击能力、快速反应能力、自我修复能力。韧性城市理念在国外早已上升为公共政策，进入到城市规划制定及其实施层面，但在中国尚处在起步阶段。中国的韧性城市建设作为一种城市发展与治理实践，最初付诸实施的多是一些中小城市。为应对重大突发公共危机，提高城市防灾减灾能力，这些城市进行了一些探索实践。2017 年中国有 4 个城市入选全球 100 韧性城市项目，分别是义乌、德阳、海盐、黄石，均为中小城市。

近年来，韧性城市建设在一些特大型、超大型城市陆续展开。北京首开将韧性城市建设任务纳入城市总体规划之先河，在《北京城市总体规划（2016—2035年）》中明确提出，加强城市防灾减灾能力，提高城市韧性，强调要增强抵御自然灾害、处置突发事件和危机管理能力，降低城市脆弱度，形成全天候、系统性、现代化的城市运行安全保障体系。随后，《上海市城市总体规划（2017—2035年）》也提出要建设更可持续的韧性生态之城，强调要构建城市防灾减灾体系，强化灾害预警防控和防灾减灾救援空间保障，提升抵御洪涝、地面沉降等自然灾害以及资源能源供给、突发公共事件等城市运行风险的能力。

进入后疫情时代，一些特大型城市反思新冠肺炎疫情对经济社会造成的严重冲击，开始加快推进韧性城市建设。成都市首次将韧性城市建设写入2020年政府工作报告，提出要加快建设韧性城市，切实提升应对处置各类突发事件的能力水平。广州、杭州、武汉、天津、苏州、郑州、青岛、西安等城市，尽管政府工作报告中未见“韧性城市建设”的明确表述，但是均在年度重点工作中写入了建设韧性城市的实际内容和具体要求。

从目前情况看，我国特大型城市在韧性城市建设方面主要呈现出以下几个特点。一是韧性城市建设还处于起步阶段，各个城市在实际推进节奏上呈不均衡状态，北京、上海等城市已将韧性城市建设纳入了城市总体规划，成都市则将其写入了政府工作报告，更多的城市既没有将其纳入城市总体规划，也没有将其写入政府工作报告，而是在政府工作报告中推出了一些具体举措。二是我国特大型城市在韧性城市建设实践上，主要有参与国际项目和政府部门主导推进两种类型。前一种类型，如2010年联合国减灾战略署发起“让城市更具韧性”运动，成都市被选为“灾后重建发展”的范例城市之一。而北京、上海等城市将韧性城市建设纳入城市总体规划或写入政府工作报告，则属于后一种类型。三是各特大型城市对自身韧性城市建设的目标定位不尽相同，各具特色、各有侧重。比如，北京市鉴于地震灾害是群灾之首的特性，强调要推进地震安全韧性城市建设；而上海市则为了应对全球气候变化给城市带来的风险和不确定性，提出要建设更可持续的韧性生态之城。

2. 推进特大型城市韧性建设的总体要求

准确把握韧性城市建设与构建国内国际双循环新发展格局之间的内在联系，进一步增强在新发展格局下推进特大型城市韧性建设的高度自觉。其一，二者在功能上有着相通之处。构建国内国际双循环相互促进的新发展格局，是党中央在严峻复杂的国际国内形势下为推进我国经济高质量发展所做出的重大战略决策。构建这一新发展格局的一个主要考虑，就是要进一步增强我国经济发展的韧性，以应对严峻复杂的国际国内形势给我国经济发展造成的各种风险和不确定性。在这一功能作用方面，构建新发展格局与加强韧性城市建设具有相通性。其二，构建新发展格局，内在地要求加强韧性城市建设。经过改革开放以来较快发展，“我国经济发展的空间结构正在发生深刻变化，中心城市和城市群正在成为承载发展要素的主要空间形式。”作为资源要素集聚和优化配置以及创新驱动高地，特大型城市在扩大内需、促进经济内循环中发挥着极为重要的作用。特大型城市的韧性尤其是经济韧性，在很大程度上制约着经济内循环运行的质量与实效。提升经济内循环运行的质量与实效，迫切要求特大型城市必须加快韧性城市建设。其三，特大型城市是我国的对外开放高地，担负着参与国际竞争的重要使命。加快韧性城市建设，对于特大型城市增强国际竞争力、更好融入国际经济大循环、推动形成国内国际双循环相互促进的新发展格局具有重要意义。

坚持以习近平新时代中国特色社会主义思想为指导，紧紧围绕构建新发展格局推进韧性城市建设。加强特大型城市韧性建设，是构建国内国际双循环相互促进的新发展格局的重要内容和基础，必须紧紧围绕构建新发展格局来进行。要深入学习贯彻习近平总书记关于构建国内国际双循环相互促进的新发展格局的一系列重要讲话精神，坚定不移贯彻以人民为中心的发展思想和创新、协调、绿色、开放、共享的新发展理念，把思想和行动统一到党中央决策部署上来，牢牢把握构建新发展格局的丰富内涵和基本要求，坚持目标导向和问题导向，着力打通影响城市韧性的堵点、连接断点，补齐城市治理短板，为畅通产业循环、市场循环、经济社会循环奠定坚实基础，为构建新发展格局提供有力支撑。

遵循经济循环和城市发展规律，统筹协调推进特大型城市韧性建设。经济循环和城市发展都是有规律可循的。韧性城市建设涉及自然、经济、社会等各个领域，是一项复杂的系统性工程，应从政策制度、工程技术、社会管理、文化观念等多方面系统构建。必须看到，这些方面具有很强的关联性和耦合性，因此建设韧性城市务必坚持统筹兼顾、协调推进，坚决防止出现畸重畸轻、单兵突进、顾此失彼的现象。同时，又“要坚持重点突破，在整体推进的基础上抓主要矛盾和矛盾的主要方面，采取有针对性的具体措施，努力做到全局和局部相配套、治本和治标相结合、渐进和突破相衔接，实现整体推进和重点突破相统一”①。韧性城市建设是一项长期任务，不可能一蹴而就，要坚持规划引领、统筹谋划，兼顾短期落实、中期谋划、长期布局，将韧性城市建设纳入城市总体规划和“十四五”规划，并制定专项规划。要构建完善的韧性城市建设评价体系，并将其考核指标纳入城市发展评价体系和干部考核评价体系，使之成为推进韧性城市建设的重要导向和约束。

3. 推进特大型城市韧性建设的主要任务

以科学规划引领基础设施韧性提升。基础设施韧性是指基础设施系统对灾害的应对能力和灾后的恢复能力，它是城市韧性构成要素不可或缺的重要方面。有专家从结构韧性的视角，将城市韧性区分为技术韧性、经济韧性、社会韧性和政府韧性；包括城市通信、能源、供排水、交通等在内的基础设施韧性属于技术韧性，亦即事关城市生命线的韧性。推进特大型城市韧性建设，必须把提升基础设施韧性放在重要位置。城市规划是城市韧性建设的龙头。必须把韧性城市理念贯彻到城市规划之中，并在科学的城市规划引领下推进韧性城市建设。一个科学的韧性城市规划，应坚持主体性、多样性、自治性、冗余、慢变量管理和标识等 CAS 设计原则，持续增强城市面临灾害时的维持力、恢复力和转型力。② 要以韧性塑造为目标，重点围绕城市生命线系统、防灾减灾系统、生态保护系统以及民生保障系统打造布局合理、响应及时、恢复有力的基础设施体系。③ 要着力“健全城市抗震、防洪、排涝、消防、应对地质灾害应急指挥体系，完善城市生命通道系统，加强城市避难所建设，增强抵御自然灾害、处置突发事件和危机管理能力。加强城市安全监管，建立专业化、职业化

① 《十九大以来重要文献选编》，中央文献出版社，2019，第 404～405 页。

② 范彦萍：《2018 上海公共关系国际高峰论坛举行》，《青年报》2018 年 11 月 29 日。

③ 贠菲菲：《提升城市韧性　补齐治理短板》，江苏智库网，2020 年 5 月 20 日。

的应急救援队伍，提升社会治安综合治理水平，形成全天候、系统性、现代化的城市运行安全保障体系。”①

以产业结构转型升级增强经济韧性。经济韧性是指一个经济体系承受和抵御外部冲击、迅速调整恢复、实现经济可持续发展的能力。对于一个特大型城市而言，保持和增强经济韧性，可有效避免在重大自然灾害、公共卫生事件等外部冲击下因出现结构性断裂而使整个经济体系崩溃。2019 年岁末、2020 年年初暴发的新冠肺炎疫情对各特大型城市经济韧性是一次大考。从 2020 年上半年 GDP 增速来看，全国主要城市中，西安、南京、长沙、杭州等城市表现出较强韧性，GDP 增速均实现正增长，超 1%，其中西安 GDP 增速较快达 2.8%。佛山、天津、北京、广州、上海、郑州等城市则为负增长（见表 7）。这些数据表明，面对新冠肺炎疫情的冲击，我国各大城市之间在经济韧性方面表现出了较大的差异。这种较大差异的背后，是各大城市之间在产业结构方面的差异。产业结构单一的城市经济韧性就比较差，而产业结构多样化的城市经济韧性则比较强。这表明，一个特大型城市经济韧性是同其产业结构的状况密切相关联的。因此，产业结构的转型升级是特大型城市提升经济韧性的关键所在。要深入贯彻创新、协调、绿色、开放、共享的新发展理念，推进供给侧结构性改革，大力实施创新驱动发展战略，加快新旧动能转换步伐，加快培育新产业、新动能、新增长极，持续推进经济结构转型升级。

表 7　2020 年上半年全国主要城市 GDP 总量排行榜

单位：亿元，%

排名	城市	GDP	同比增长
1	上海	17356.80	-2.6
2	北京	16205.60	-3.2
3	深圳	12634.30	0.1
4	重庆	11209.83	0.8
5	广州	10968.29	-2.7
6	苏州	9050.24	0.8
7	成都	8298.63	0.6
8	杭州	7388.00	1.5
9	南京	6612.35	2.2
10	天津	6309.28	-3.9

① 《十八大以来重要文献选编》，中央文献出版社，2018，第 84 ~ 85 页。

续表

排名	城市	GDP	同比增长
11	长沙	5621. 21	2. 2
12	无锡	5516. 32	0. 8
13	青岛	5514. 73	0. 1
14	宁波	5487. 20	0. 6
15	郑州	5459. 60	-0. 2
16	佛山	4626. 50	-7. 5
17	西安	4575. 09	2. 8
18	东莞	4361. 28	-1. 7

资料来源：中商产业研究院整理。

以赋权增能推升城市社区韧性。特大型城市是一个由若干居民社区构成的复杂巨系统。对于一个特大型城市来说，社区既是它的基本单元，又是其社会治理的主要载体。习近平总书记强调指出，社区是基层基础，只有基础坚固，国家大厦才能稳固；推进国家治理体系和治理能力现代化，社区治理只能加强、不能削弱。韧性社区是韧性城市的基层基础。当重大自然灾害或其他风险袭来时，首先感知其危害和灾难的往往是社区。社区的韧性，在很大程度上影响和制约着整个城市的韧性。因此，强化社区韧性对提升城市韧性至关重要。强化社区韧性是夯实整个城市韧性的基础；提升社区韧性，最重要的是能够广泛动员社区居民参与防灾、减灾、救灾。因此，要着力推动基层政府还权于社区，强化社区自治功能，增强社区组织动员居民参与防灾、减灾、救灾的能力。针对社区缺经费、缺场所、缺人力的客观实际，要着力推动重心下移、保障下倾，推动更多力量和资源向社区下沉，强化社区功能、激发社区活力、提升社区的组织力和动员力。积极开展特大型城市综合减灾示范社区创建活动，推动社区基层应急管理标准化建设和网格化管理，建立健全社区应急救援中心。进一步推动应急避险知识科普宣传进社区，不断增强社区居民防灾、减灾意识和自救互救能力。

（三）新发展格局下推进特大型城市韧性建设的路径与举措

1. 坚持内外兼修，深化改革开放，全面融入国内国际双循环新发展格局，着力增强经济发展韧性

构建国内国际双循环相互促进的新发展格局，是以习近平同志为核心的党

中央为增强我国经济社会发展韧性和活力而做出的重大战略决策。对于居国家战略要津地位的特大型城市来说，加强城市韧性建设，最重要的莫过于融入国内国际双循环新发展格局。只有全面融入国内国际双循环，才能使城市发展呈现出更强的韧性。要牢牢把握扩大内需这个战略基点，坚持结构调整的战略方向，深化供给侧结构性改革，打通供需梗阻，提高供给质量，畅通产业循环、市场循环、经济社会循环，不断增强经济内生动力，推动生产、分配、流通、消费诸环节全面融入国内大循环。积极顺应新一轮科技革命和产业变革，实施创新驱动发展战略，推动自主创新，加快关键核心技术攻关。抓紧实施产业基础再造和产业链提升工程，加快布局战略性新兴产业、未来产业，提升产业基础高级化、产业链现代化水平，提高产业链、供应链稳定性和竞争力。进一步推进更高水平对外开放，着力完善开放型经济新体制，更广泛地参与国际产业分工和国际贸易体系，更深度地融入国际产业链、供应链、价值链和创新链，加快打造国际化、法治化营商环境，吸引更多的国际资本参与国内大循环。牢固树立安全发展理念，加快完善安全发展体制机制，补齐相关短板，维护产业链、供应链安全，积极做好防范化解重大风险工作。

2. 加快实施重大区域发展战略，推进以中心城市为核心的城市群和都市圈建设，大力发展规模经济和范围经济，为增强特大型城市韧性提供有力支撑

一般而言，规模经济和范围经济更具有抗风险的能力和韧性。一个特大型城市要有效提升经济韧性，不仅要谋划好主城区的经济发展，而且要在周边更大区域内谋求规模经济和范围经济发展，为经济韧性提升寻求强力支撑。以中心城市为核心的都市圈和城市群是形成规模经济和范围经济的空间载体。推动以中心城市为核心的都市圈和城市群发展，不仅有利于优化城镇体系空间布局，提升基础设施一体化程度，形成统一开放、竞争有序的商品和要素市场，促进资源禀赋和所处发展阶段不同的城乡之间实现产业梯度转移和接续发展，辐射和带动区域协调发展；而且还可为中心城市赢得较强韧性和较大回旋空间。实施京津冀协同发展、长江经济带发展、黄河流域生态保护和高质量发展、粤港澳大湾区建设、长三角一体化发展等重大区域发展战略，对于优化以城市群为空间主体的城镇化格局，提高中心城市和城市群综合承载能力具有重要意义。要以实施上述重大区域发展战略为依托，加快推进以特大型城市为核心的城市群和都市圈建设，着力增强特大型城市的辐射带动力。进一步贯彻落

实习近平总书记关于县域经济“三起来”的重要指示，把强县和富民统一起来，把改革和发展结合起来，把城镇和乡村贯通起来，致力于实现县域经济高质量发展。

3. 统筹推进新冠肺炎疫情防控和经济社会发展，建立疫情防控和经济社会发展工作中长期协调机制

重大传染性疫情不仅对人类生命安全和身体健康构成威胁，而且还会对经济社会造成冲击。重大疫情扩散蔓延的重要条件之一，是超高的人口密度和大规模的人口聚集。因此，越是特大型城市越要重视疫情防控。目前我国疫情防控已取得重大战略成果，但必须清醒地意识到，这次疫情对特大型城市的冲击是严重的，而且疫情尚未结束，目前面临着疫情防控和发展经济双重任务：疫情防控丝毫不能放松，恢复发展经济刻不容缓。要统筹推进新冠肺炎疫情防控和经济社会发展，坚持防疫和发展两手抓、双促进，以疫情防控向好态势的巩固为经济高质量发展创造良好环境，以经济高质量发展促使疫情防控成果巩固。在当前经济形势仍然复杂严峻、不稳定性不确定性增加的情况下，要从持久战的角度看问题，主动融入国内国际双循环新发展格局，着力建立疫情防控和经济社会发展工作中长期协调机制，实现稳增长和防风险长期均衡。

4. 加快城市治理制度建设，完善城市治理规则体系，着力提升城市制度韧性

制度在一个城市发挥着规范性和秩序性的功能。制度韧性是城市韧性的重要维度之一。防范和应对各种风险危机，制度问题更带有根本性、全局性和长期性。科学合理的制度安排是城市在应对风险危机中赢得主动的重要保障。面对波及全球的新冠肺炎疫情，我国之所以能在较短时间内迅速防控住疫情，率先复工复产，根本在于社会主义制度优势发挥了重要作用。后疫情时代建设韧性城市，巩固疫情防控成果，并有效防范和应对其他风险危机，必须以规制建构为重点，着力加强韧性制度建设，不断完善和强化制度韧性。要着力完善韧性城市相关规划政策与制度设计，在规则细则中就城市防灾格局、广域防灾体系等措施做出明确制度安排。① 要着力健全重大疫情应急响应机制，完善集中统一高效的领导指挥体系和各层级联动机制，优化完善应急预案，建立健全基

① 李国平、杨艺：《面对灾难，城市如何保持韧性——国际大都市为韧性城市发展规划铺路》，《光明日报》2020 年 4 月 9 日。

础设施、冗余场所、备份设施等应急机制，进一步提高城市应急救灾水平。应从制度上保障城乡生命线的韧性，坚决防止集中化、大型化、中心控制等传统模式带来的脆弱性。要系统梳理和修订应急管理相关地方性法规，抓紧研究制定应急管理、自然灾害防治、应急救援组织、国家消防救援人员、危险化学品安全等方面的法规和行政规章，确保城市风险治理在法治轨道上运行。

参考文献

徐耀阳:《韧性科学的回顾与展望：从生态理论到城市实践》,《生态学报》2018 年第 15 期。

郑艳:《新型城镇化背景下我国韧性城市建设的思考》,《城市与减灾》2017 年第 4 期。

仇保兴:《基于复杂适应理论的韧性城市设计原则》,《现代城市》2018 年第 3 期。

习近平：《推动形成优势互补高质量发展的区域经济布局》,《求是》2019 年第 24 期。

李予阳:《建“韧性城市”提升城市“免疫力”》,《经济日报》2020 年 6 月 7 日。

郑艳等:《基于适应性周期的韧性城市分类评价——以我国海绵城市与气候适应型城市试点为例》,《中国人口·资源与环境》2018 年第 3 期。

何海兵:《上海社区防控疫情的有效实践》,《党政论坛》2020 年第 5 期。

杨宏山:《赋权增能：城市基层治理新经验》,《北京日报》2018 年 12 月 24 日。

评 价 篇

Evaluation Report

B.2 2019年国家中心城市建设指数及成长性指数评价分析

郑州师范学院国家中心城市研究院课题组*

摘 要： 为准确分析2019年国家中心城市建设情况，本研究在2017年和2018年国家中心城市建设评价基础上，综合考虑抗疫背景下城市韧性建设的代表性、数据来源的连续性、指标数据的可获取性、指标的有效性等，优化构建包含38项评价指标的国家中心城市建设评价指标体系。根据评价结果，2019年九个国家中心城市发展总体分两个梯队，其中北京、上海、广州、重庆处于第一梯队，建设指数在0.28以上，总体发展势头强劲；成都、武汉、西安、郑州、天津处于第二梯队，各项指标与第一梯队城市相比还有较大的提升空间；与2018年各城市建设指数

* 课题组组长：陈耀、喻新安。执笔：陈耀，经济学博士，郑州师范学院国家中心城市研究院院长，中国社会科学院工业经济研究所研究员、教授、博士生导师，研究方向为区域经济、产业空间组织和政府政策；徐艳红，博士，郑州师范学院讲师，研究方向为城市发展、城市生态。

排名相比，2019 年北京赶超上海居第一位，而天津排名下滑 3 位，处第九位。从成长性指数上看，2019 年成都发展步伐加快，成长性指数为 0.6465，排第一位；西安和郑州分别排名第二和第三，重庆、武汉、广州、北京分别列第四、第五、第六和第七位，天津和上海列第八和第九位。除成都外，各国家中心城市成长性指数差距不大，表明国家中心城市发展逐步从高速发展转为高质量发展。与以往不同，本研究在九个国家中心城市之外，首次尝试增选 10 个特大城市和大城市进行了发展潜力评价，结果显示：深圳的发展潜力指数为 0.5101，排名第一；其次是沈阳、南京，发展潜力指数分别为 0.4161、0.3754；杭州、青岛和厦门排第四、第五和第六位，发展潜力指数分别为 0.3328、0.3002、0.2960；宁波、长沙、济南和合肥排在后四位，发展潜力指数为 0.1970、0.1949、0.1630、0.1345。从以上数据可看出，各城市的发展潜力不同，从侧面也反映出各城市所在区域经济发展的不平衡性。结合各国家中心城市建设和发展情况，从加强公共卫生体系建设、加强科技创新引领、提升城市枢纽功能、完善全产业链结构、优化国家中心城市布局等方面，提出今后抗击疫情常态化的过程中有效建设韧性城市的对策建议。

关键词： 国家中心城市　建设指数　成长性指数　发展潜力

国家中心城市是全国新型城镇化体系的核心和塔尖城市，在引领区域协调发展中起着关键作用。目前九个国家中心城市中，北京、天津、上海、重庆已成为人口超过 1000 万的超大城市，广州、成都、武汉、西安、郑州也已经成长为特大城市。[①] 2019 年，九个国家中心城市持续推进国家中心城市建设，城市发展正在

① 城市规模划分标准，依据 2014 年 11 月 20 日国务院发布《关于调整城市规模划分标准的通知》（国发 2014 第 51 号文）；城市人口规模数据来自《2018 年城乡建设统计年鉴》。

由高速发展转为高质量发展，城市功能不断完善和提升。但突如其来的新冠肺炎疫情引发了我们对城市过度集聚发展的担忧，在应对突发重大公共卫生事件中也在一定程度上暴露出我国特大城市建设中存在的短板和不足，促使我们从规划、建设和治理多个层面系统思考以国家中心城市为代表的超大、特大城市的发展。

一　国家中心城市经济发展基础指标对比

国家中心城市居于全国城镇体系的最高位置，在国家新型城镇化建设中发挥着重要的引领、示范、辐射及带动作用。为充分了解并分析九个国家中心城市2019年的经济发展现状水平，我们首先选取常住人口、GDP、人均GDP、一般公共预算收入、进出口总额、发明专利授权量、金融机构本外币存款余额、金融机构本外币贷款余额、人均可支配收入、城镇化率等10项基础指标，对九个国家中心城市的经济发展现状水平进行初步比较（见图1～图10）。

结果显示：2019年常住人口最多的城市是重庆，其次是上海和北京，西安常住人口数居第九位；2019年地区生产总值上海排名第一，北京排名第二，重庆与广州差距大幅缩小排名第四，郑州突破11000亿元排名第八，西安突破9000亿元排名第九；2019年人均GDP除天津外，其余城市均有不同程度提高，排名较上年有较大变化，北京跃升第一，上海前进一位排名第二，广州排名第三，而天津人均GDP大幅下降排名第八；2019年一般公共预算收入上海排名第一，北京排名第二，天津排名第三，郑州和西安分别位列第八和第九；2019年进出口总额排名基本没有变化，上海和北京远超其他城市，分别排名第一、第二，广州排名第三，西安排名第八，武汉排名第九；2019年发明专利授权数北京、上海分别排名第一和第二，广州、武汉排名第三和第四，郑州排名第九；2019年金融机构本外币存款余额北京和上海依然遥遥领先于其他城市，列第一位和第二位，广州排名第三，西安排名第九；2019年金融机构本外币贷款余额上海排名第一，北京排名第二，广州排名第三，郑州和西安分别排名第八和第九；2019年人均可支配收入上海排名第一，北京排名第二，广州排名第三，郑州超过西安排名第七，重庆排名第九；2019年城镇化率上海排名第一，北京排名第二，广州排名第三，重庆排名第九。

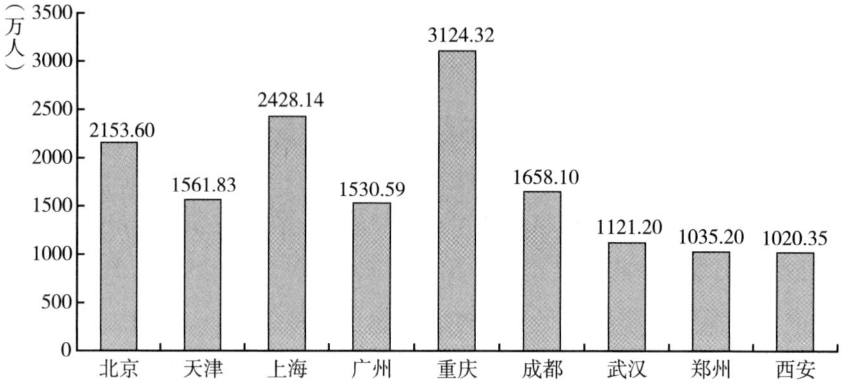

图 1　2019 年九个国家中心城市常住人口数对比

资料来源：九个国家中心城市 2019 年国民经济和社会发展统计公报。

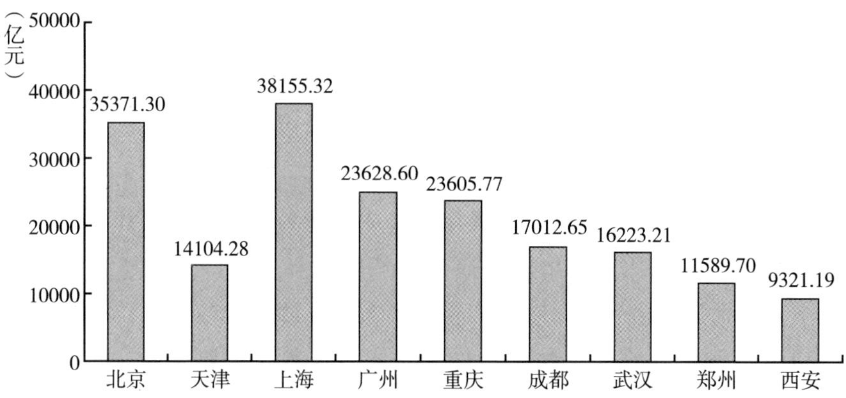

图 2　2019 年九个国家中心城市地区生产总值对比

资料来源：九个国家中心城市 2019 年国民经济和社会发展统计公报。

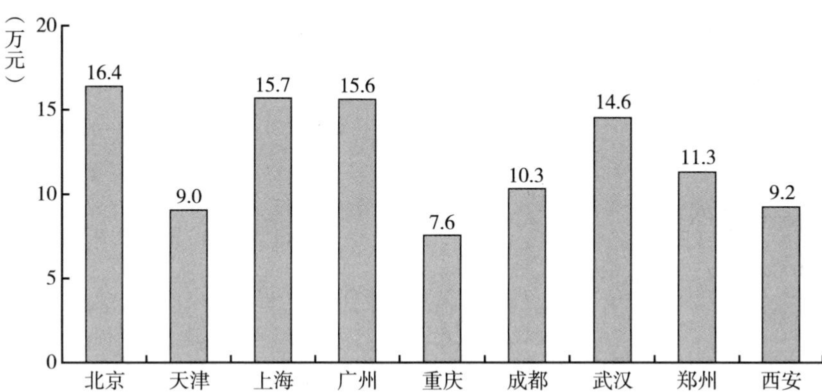

图 3　2019 年九个国家中心城市人均 GDP 对比

资料来源：九个国家中心城市 2019 年国民经济和社会发展统计公报。

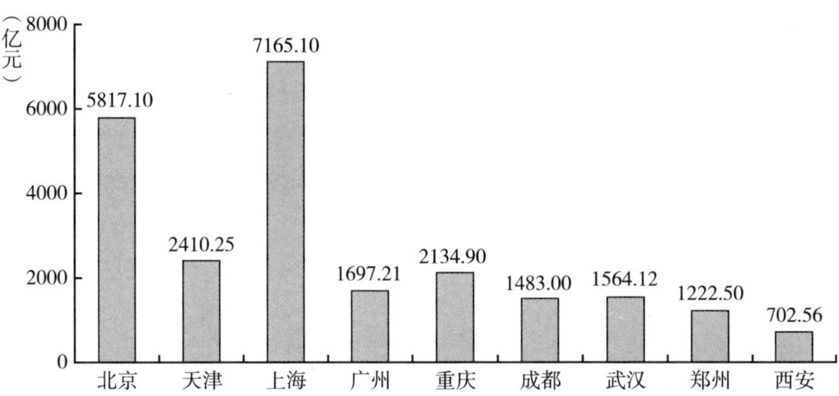

图 4　2019 年九个国家中心城市一般公共预算收入对比

资料来源：九个国家中心城市 2019 年国民经济和社会发展统计公报。

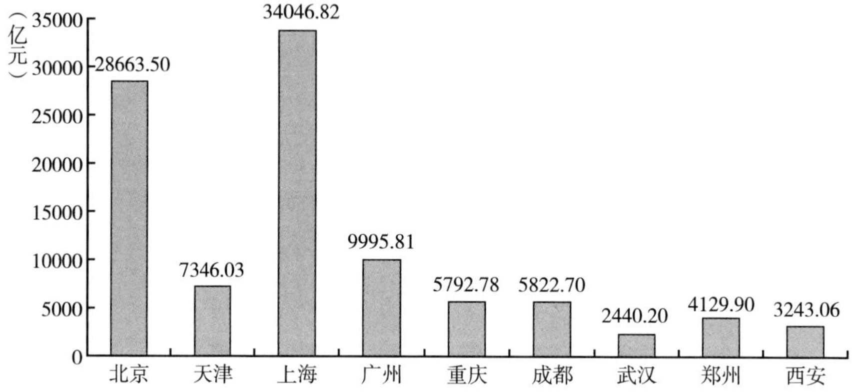

图5　2019 年九个国家中心城市进出口总额对比

资料来源：九个国家中心城市 2019 年国民经济和社会发展统计公报。

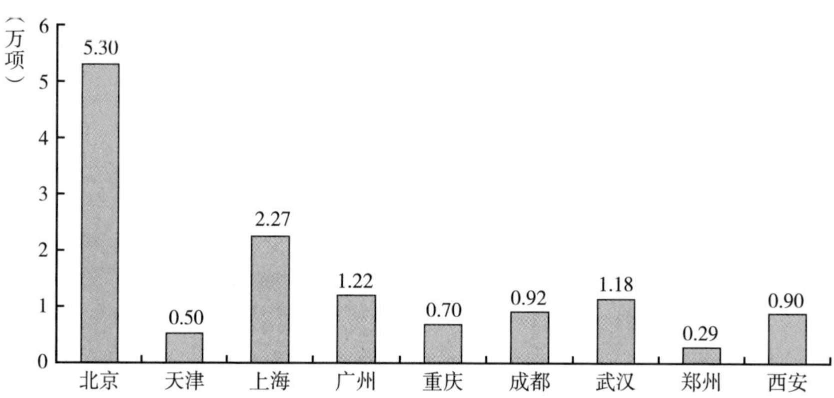

图6　2019 年九个国家中心城市发明专利授权数量对比

资料来源：九个国家中心城市 2019 年国民经济和社会发展统计公报。

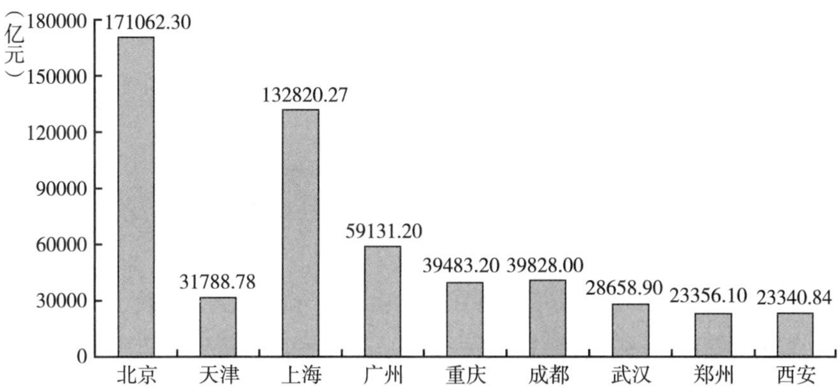

图7　2019 年九个国家中心城市金融机构本外币存款余额对比

资料来源：九个国家中心城市 2019 年国民经济和社会发展统计公报。

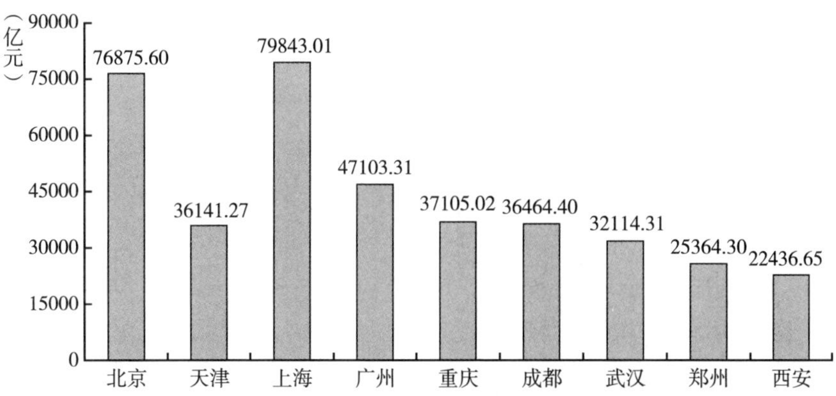

图8　2019 年九个国家中心城市金融机构本外币贷款余额对比

资料来源：九个国家中心城市 2019 年国民经济和社会发展统计公报。

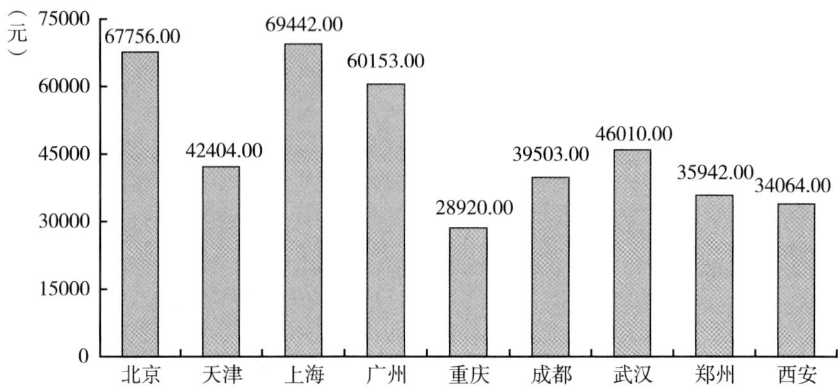

图9　2019年九个国家中心城市人均可支配收入对比

注：广州和成都的人均可支配收入根据城市居民人均可支配收入和农村居民人均可支配收入测算。

资料来源：九个国家中心城市2019年国民经济和社会发展统计公报。

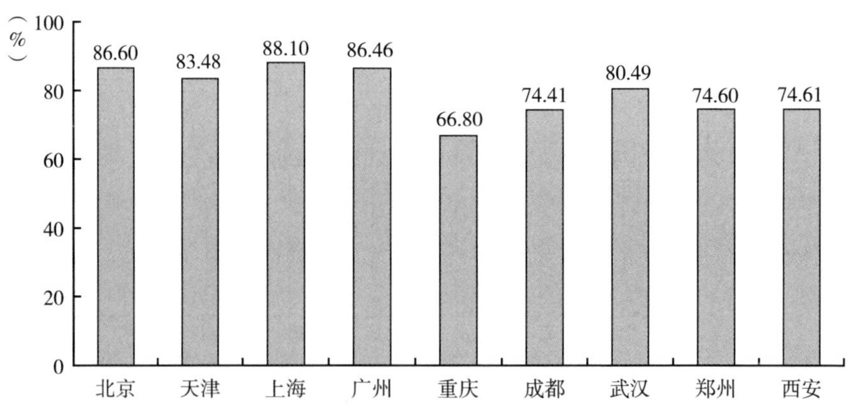

图10　2019年九个国家中心城市城镇化率对比

资料来源：九个国家中心城市2019年国民经济和社会发展统计公报。

以上分析结果表明，北京、上海、广州在经济发展水平上，相较于其他城市具有明显优势，而郑州、西安对比其他城市总体经济实力较弱，在现阶段疫情影响下，经济仍需保持稳定，并保持高质量发展，不断发挥其作为特大城市、国家中心城市在国家新型城镇化发展中的引领、带动作用。

二　国家中心城市建设指数及成长性排序

（一）国家中心城市建设评价指标优化

新冠肺炎疫情的突然暴发，各个城市紧急应对突发公共卫生事件，进一步凸显了国家中心城市韧性建设的重要性。“韧性城市”概念的产生是工程学与生态学、社会学及城市学理论的有机结合，目前对“韧性城市”的概念学术界尚未达成共识（徐耀阳等，2018；刘严萍等，2019）。现阶段对韧性城市内涵的研究大体可以分为两类：一类是以城市“防灾、减灾”功能为视角（陈安、师钰，2018；郑艳、林陈贞，2017；胡啸峰、王卓明，2017；刘硕等，2020），另一类是以城市治理体系与治理能力和可持续发展为视角（孙阳等，2017；陈利等，2017；唐皇凤、王锐，2019）。这个分类是从不同的研究角度出发的。从国家中心城市建设的角度看，韧性建设不仅包括城市的经济、社会、环境等领域，同时也包括城市对突发自然灾害和突发公共卫生事件的应急管理（李迅，2020），涉及城市规划、城市治理及可持续发展等多个方面。

加强国家中心城市的韧性建设，不仅是完善国家中心城市治理体系和治理能力的需要，也是实现国家中心城市引领区域经济高质量、可持续发展的需要（喻新安，2020），更是促使国家中心城市在国际分工竞争中占有一席之地的需要。

把握韧性城市建设内涵必须以国家中心城市的综合服务、网络枢纽、科技创新、开放交流、人文凝聚、生态宜居等六大功能建设为基础。课题组根据2017年和2018年对国家中心城市建设现状评价结果分析，综合考虑指标对城市韧性发展的代表性、数据来源的连续性等，对建设评价指标进行优化。

1. 优化思路

通过以下几个步骤优化国家中心城市建设评价指标体系。

（1）构建初选指标库。筛选 80 篇最新研究及引用率较高的国家中心城市建设现状评价、韧性城市评价、城市发展评价、城市竞争力评价等方面研究成果，综合考虑指标对城市韧性发展的代表性、数据来源的连续性、指标数据可获取性、指标的有效性等问题，构建包含 67 项指标的初选指标库。

（2）分析指标重要性。以指标使用频率来反映各指标的重要程度。根据初选指标库中六个功能中各指标的采用频率，分别确定不同的筛选频率，其中“综合服务”功能选择频率 17.5% 以上指标，“网络枢纽”“科技创新”“开放交流”“人文凝聚”功能选择频率 7.5% 以上指标；“生态宜居”功能选择频率在 10% 以上指标。二次筛选后指标共 48 项。

（3）分析指标关联性。利用指标关联度分析，保证指标之间的独立性，减少指标间的冗余度。对各功能层内“二次筛选”指标进行全因子 Pearson 相关分析，剔除与功能层内其他指标的相关系数 $|R|>0.75$ 的指标。关联性分析后确定指标共 38 项。

2. 优化结果

根据以上优化思路，优化后的国家中心城市建设评价指标体系见表 1 所示。

表 1　国家中心城市建设评价指标体系

功能层	维度层	指标层	单位	属性
综合服务	经济活力	人均 GDP	万元	+
		第三产业增加值比重	%	+
		GDP 增速	%	+
		常住人口	万人	+
	生产服务	上市公司数量	个	+
		人均金融机构本外币存款余额	万元	+
	公共服务	万人医疗机构床位数量	张	+
		城市轨道交通运营里程	公里	+
网络枢纽	信息枢纽	万人互联网用户数	户	+
		邮电业务总量	亿元	+
	交通枢纽	客运周转量	亿人公里	+
		货物周转量	亿吨公里	+
		机场年货物吞吐量	万吨	+
		机场年旅客吞吐量	万人次	+

续表

功能层	维度层	指标层	单位	属性
科技创新	创新资源	万人高等学校在校生数量	人	+
		技术合同成交额	亿元	+
	科研平台	国家重点实验室、国家工程技术研究中心数量	个	+
		双一流高校数量	所	+
	要素投入	R&D 投入强度	%	+
		教育支出占公共财政预算支出比重	%	+
	创新成果	发明专利授权数	万项	+
		国家级科技成果获奖数	个	+
开放交流	国际商贸	实际利用外资额	亿美元	+
		外贸依存度	%	+
	对外交流	入境旅游人数	万人次	+
		使领馆数量	个	+
		机场国际航线数量	条	+
		展览数量	个	+
人文凝聚	城市名片	世界遗产数量	项	+
		地理标志商标数量	个	+
	文化氛围	万人公共图书馆藏书量	册	+
		博物馆数量	座	+
		文化馆数量	座	+
生态宜居	环境优美	人均公园绿地面积	平方米	+
		城市绿化覆盖率	%	+
		单位 GDP 能源消耗	吨标准煤/万元	-
	和谐宜居	全天交通拥堵指数	/	-
		年 PM2.5 平均浓度值	微克/立方米	-

根据表1，综合服务功能层中，原14项指标优化后变为8项；公共服务维度中增加了“万人医疗机构床位数量”指标，表征城市公共卫生韧性建设。网络枢纽功能层中，用“邮政业务总量”取代了“邮政业务量”和“电信业务量”两个指标。科技创新功能层中，为有效表征城市科技发展韧性，去掉了数据连续性差的“城市双创指数”，并将“985 和 211 高校数量”优化为“双一流高校数量”，将“专利授权数”优化为“发明专利授权数”；要素投入

维度层中，由于部分城市未统计“R&D人员数”，将其替换为“教育支出占公共财政预算支出比重”。开放交流功能层中，增加“机场国际航线数量”指标。人文凝聚功能层中，由于九个国家中心城市均为历史文化名城，于是增加“地理标志商标数量”指标，并将“公共图书馆数量”优化为“万人公共图书馆藏书量”，表征城市人文建设韧性。生态宜居功能层中，增加“单位GDP能源消耗”指标，表征城市生态建设韧性。

3. 评价方法

（1）数据来源

本研究数据主要来源于九个国家中心城市《2019年国民经济和社会发展统计公报》、各国家中心城市2019年统计年鉴、中国民航局发布的《2019年民航机场生产统计公报》、中国贸促会贸易投资促进部发布的《中国展览经济发展报告（2019）》、百度地图发布的《2019年度中国城市交通报告》、国家工商行政管理总局商标局和商标评审委员会发布的《中国商标品牌战略年度发展报告（2017）》、中国城市轨道交通协会发布的《城市轨道交通2019年度统计和分析报告》，部分数据通过科技部官网、教育部官网、九个国家中心城市人民政府官网、九个国家中心城市财政厅（局）官网、国家证券监督管理委员会官网等，并对政府网站官方公布数据整理。

（2）分析方法

本次评价采用《国家中心城市建设报告（2018）》中所述“变异系数法+TOPSIS法”，分别确定九个国家中心城市2019年的建设指数。

（二）九个国家中心城市建设指数排名

1. 建设指数综合得分排名

总体上看，除天津外，2019年八个国家中心城市建设指数排名与2018年相比变化不大。从层次上看，九个国家中心城市发展总体分两个梯队，其中北京、上海、广州、重庆处于第一梯队，总体发展势头强劲；成都、武汉、西安、郑州、天津处于第二梯队，各项指标与第一梯队城市相比还有较大的提升空间。与上年各国家中心城市建设指数排名相比，2019年天津排名下滑3位，处第9位。

表 2　2019 年九个国家中心城市建设指数及排名变化

排名	比 2018 年排名升降	城市	分值
1	↑1	北京	0. 6304
2	↓1	上海	0. 5030
3	保持	广州	0. 3691
4	保持	重庆	0. 2896
5	保持	成都	0. 1904
6	↑1	武汉	0. 1820
7	↑1	西安	0. 1549
8	↑1	郑州	0. 1489
9	↓3	天津	0. 1487

根据变异系数法以及指标的权重分配，与 2018 年各功能层所占权重相比，2019 年功能层权重发生了较大变化（见图 11），其中综合服务功能、网络枢纽功能权重下降明显，而科技创新功能、人文凝聚功能和生态宜居功能权重具有较大幅度提升。从功能层角度分析（见图 12），2019 年九个国家中心城市建设水平的差异主要表现在科技创新和开放交流两方面，其中科技创新功能权重占比 24. 38%，开放交流功能权重占比 19. 42%；功能层权重排名第三和第四的分别是网络枢纽功能、综合服务功能，人文凝聚功能和生态宜居功能所占权重最小，表明各国家中心城市在城市文化和生态环境方面的建设水平差异相对较小。

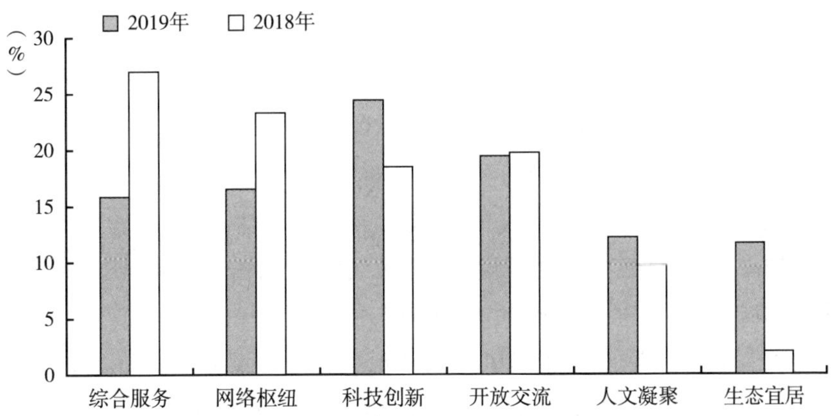

图 11　2019 年和 2018 年九个国家中心城市建设评价各功能层权重对比

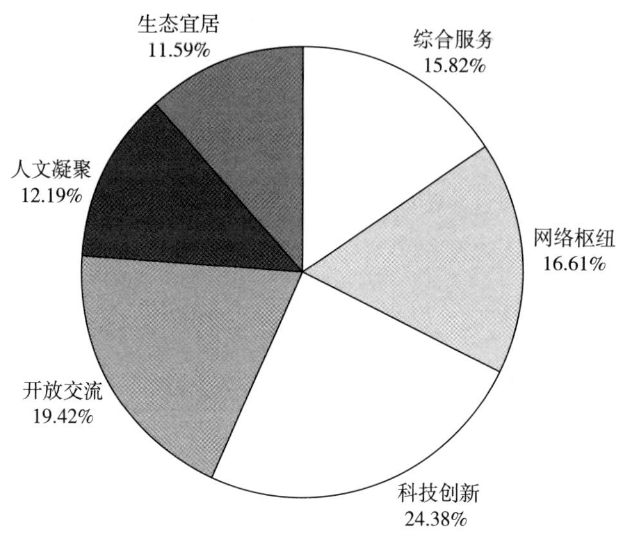

图 12　2019 年九个国家中心城市建设评价各功能层权重分布

2. 六大功能层建设指数对比

通过对九个国家中心城市内部各功能建设指数对比，第一梯队的 4 个国家中心城市中，北京作为全国的政治、文化、国际交往和科技创新中心，其在城市经济活力、生产服务、创新资源投入和创新成果产出，以及国际商贸和对外交流中均比其他城市具有明显优势，综合服务、科技创新、开放交流功能均排名第一，人文凝聚功能排第二，这四个功能建设指数均高于第一梯队对应功能建设指数平均值（以下简称“ $\overline{FV}$ ”），但由于北京交通拥堵相对严重，影响了其生态宜居性。上海信息枢纽和交通枢纽，即网络枢纽功能居九个国家中心城市首位，综合服务功能、开放交流功能、生态宜居功能排第二位，其功能建设指数均高于 $\overline{FV}$ ，有效发挥了其作为国际经济、金融、贸易、航运和科技创新中心的城市功能，但上海城市文化发展与同处于第一梯队的重庆、北京相比仍有较大差距。广州作为国际型综合交通枢纽，其生态宜居功能和网络枢纽功能的建设指数均高于 $\overline{FV}$ ，分别排在九个国家中心城市的第一位和第二位，综合服务、开放交流功能排第三位，但广州尚没有世界遗产，地理标志商标数量也只有1项①，城市文化特征不凸显。国家历史文化名城重庆，城市定位是长江上游地区经济中心，西南地区综合交通枢纽，2019年其人文凝聚功能排第一位，建设指数高于 $\overline{FV}$，网络枢纽功能排第四位，但技术合同成交额、双一流高校数量、发明专利授权数等均与处于第一梯队的北京、上海、广州有较大差距，同时重庆是九个国家中心城市中交通拥堵指数最高的城市，其科技创新能力和生态宜居性还有待进一步提高。

处于第二梯队的5个国家中心城市中，在城市功能建设指数对比中，成都的生态宜居功能排第三位，综合服务、开放交流功能排第四位，网络枢纽功能排第五位，科技创新功能排第六位，以上五个功能建设指数均高于第二梯队对应功能指数平均值（以下简称"$\overline{SV}$"）；但成都的人文凝聚功能还需进一步提升。武汉的科技创新功能排名第三，生态宜居功能排名第四，综合服务、开放交流、网络枢纽功能分别排第五位、第五位、第六位，以上各功能建设指数均高于 $\overline{SV}$，与第二梯队其他城市相比具有明显优势，但外贸依存度、万人公共图书馆藏书量等指数还需进一步提高。西安的科技创新、人文凝聚两项功能建设指数高于 $\overline{SV}$，均排名第五位，相比第二梯队内其他城市有较大优势，但西安的邮电业务、会展业发展等相对较弱，还需加强这两方面发展。郑州的综合服务功能排名第六，其功能建设指数高于 $\overline{SV}$，开放交流功能和生态宜居功能均排第六位，但郑州创新要素投入不足、创新成果产出较低，交通枢纽的优势也未有效发挥，城市特征文化不明显，造成其科技创新、网络枢纽、人文凝聚等功能建设指数值较低，作为国家城镇体系的塔尖城市，推动国际经济发展和文化交流的重要门户，郑州还需在各项国家战略和政策叠加优势基础上，持续加强相关功能建设。天津的生态宜居性排九个国家中心城市第五位、人文凝聚功能排第四位，其建设指数值均高于 $\overline{SV}$，但2019年天津人均GDP大幅下滑，人均金融机构本外币存款余额、万人医疗机构床位数量等均与其他城市有较大差距，造成其综合服务功能较低，同时网络枢纽功能、科技创新能力等也需进一步提升。

① 数据来源于国家工商行政管理总局商标局和商标评审委员会发布的《中国商标品牌战略年度发展报告（2017）》。

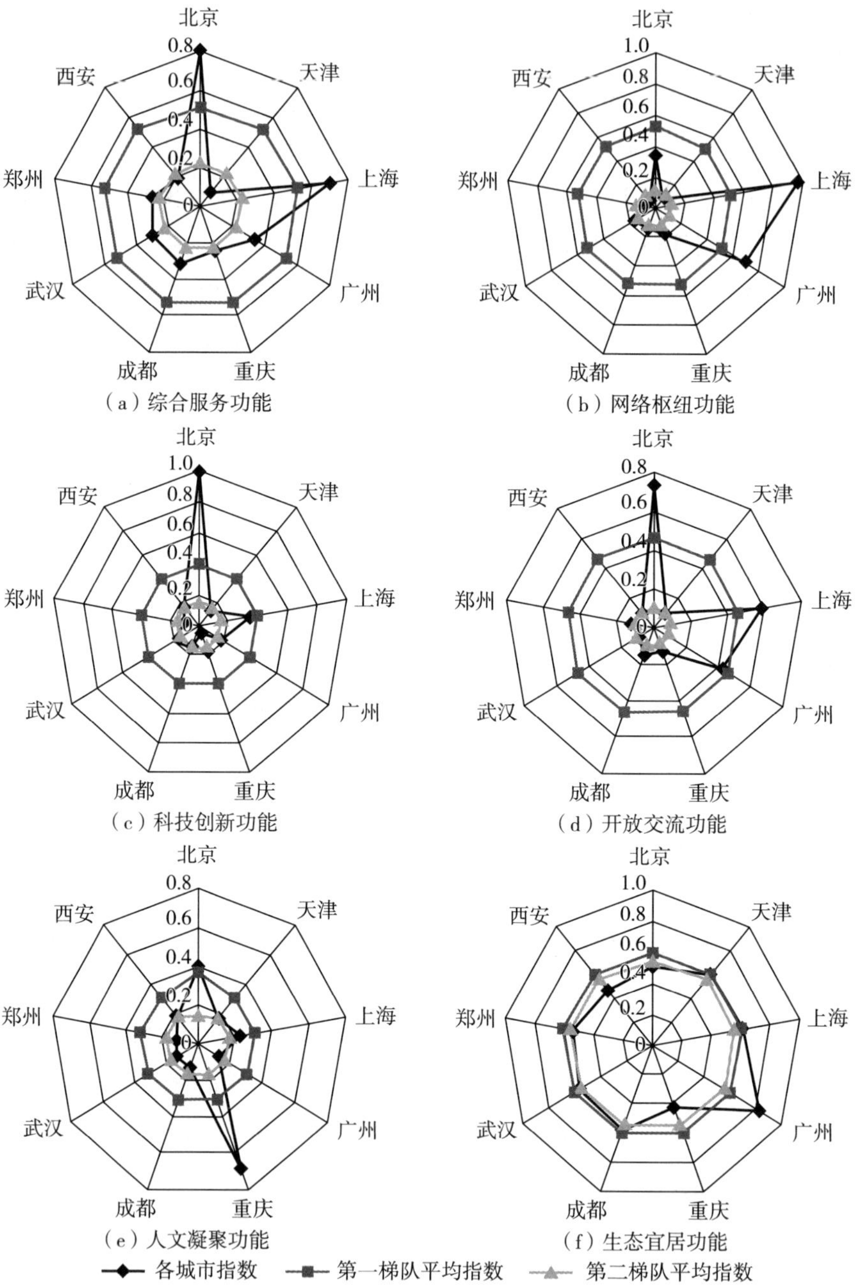
北京
天津
上海
广州
重庆
成都
武汉
郑州
西安
(a) 综合服务功能
(b) 网络枢纽功能
(c) 科技创新功能
(d) 开放交流功能
(e) 人文凝聚功能
(f) 生态宜居功能
各城市指数
第一梯队平均指数
第二梯队平均指数

图 13　2019 年九个国家中心城市各功能建设指数对比

（三）国家中心城市成长性指数排名

1. 评价方法

（1）数据来源

国家中心城市成长性评价研究数据来源，除建设指数评价中所用数据外，为进行各指标增速统计，同时还搜集整理了相关政府网站官方公布数据，并统计了九个国家中心城市《2018年国民经济和社会发展统计公报》、各国家中心城市2018年统计年鉴、中国民航局发布的《2018年民航机场生产统计公报》、中国贸促会贸易投资促进部发布的《中国展览经济发展报告（2018）》、百度地图发布的《2018年度中国城市交通报告》、国家工商行政管理总局商标局和商标评审委员会发布的《中国商标品牌战略年度发展报告（2016）》等。

（2）评价方法

本次评价采用变异系数法和TOPSIS法计算国家中心城市成长性指数。

（3）评价指标

评价指标为表1建设评价指标体系中各项建设评价指标的增速（2019年现状值同比2018年现状值情况）①，综合表征各国家中心城市成长性状况。

2. 成长性指数排名

根据数据统计与分析，与2018年建设发展情况相比，2019年九个国家中心城市成长性指数得分排名见图14。根据2019年各国家中心城市成长性指数结果，各国家中心城市建设稳步推进，但由于发展程度有较大差异，2019年成都成长性指数排名第一，高达0.6465；西安排名第二，成长性指数为0.4038；郑州排名第三，成长性指数为0.3597；重庆、武汉、广州、北京成长性指数分别位列第四、第五、第六和第七，天津和上海位列第八和第九。

从总体上看，建设指数排名靠前的北京、上海、广州的城市发展趋于平稳，故其成长性指数相比其他国家中心城市要低；成渝城市群战略的实施，促进了成都和重庆加速发展。从单个城市成长性上看，2019年北京成长性指数

① 根据指标数据可得性，R&D投入强度增速、单位GDP能源消耗削减率为2018年同比2017年变化；地理标志商标数量增速为2017年同比2016年变化。

略高于上海，结合2019年九个国家中心城市成长性指数分析，北京排名上提1位超过上海；而天津成长性指数为0.2855，低于除上海外的其他城市，城市发展速度略靠后。

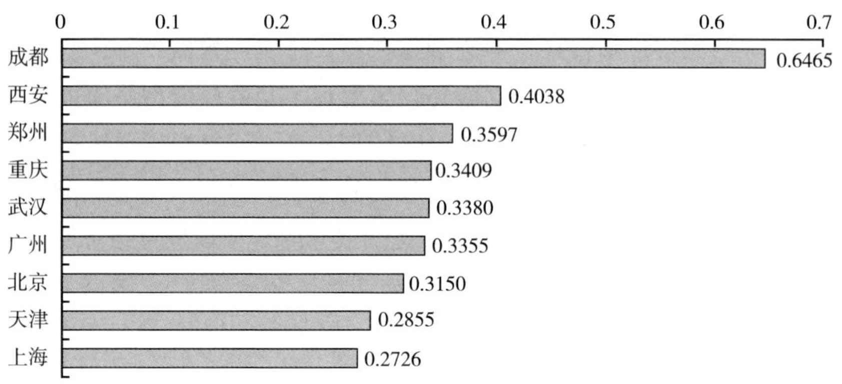

图14　2019年九个国家中心城市成长性指数排名

根据表3所示，九个国家中心城市的六大功能成长性中，科技创新功能、开放交流功能、网络枢纽功能成长性相对较高，九个国家中心城市的平均成长性指数均在0.45以上，其次是生态宜居、综合服务功能，人文凝聚功能的成长性指数相对最小。其中九个国家中心城市2019年在创新资源、要素投入、创新成果产出方面具有较大增长，科技创新功能成长性的差异相对最小；生态宜居功能中，各城市的人均公园绿地面积、城市绿化覆盖率均有不同程度提高，单位GDP能源消耗也有不同程度下降，交通拥堵指数也有不同程度改善，各城市生态宜居性均有较大幅度提升；在人文凝聚功能上，除部分城市如成都，万人图书馆藏书量、博物馆数量等指标增长较大外，其他城市均仅有小幅度增长，成长性相对较差。

从九个国家中心城市定位的六大功能成长性分析：综合服务功能中，西安的成长性指数排名第一，成都排名第二，郑州排名第三，均超过了九个国家中心城市平均成长性指数，但2019年天津的人均GDP较2018年下降1/4，第三产业增加值比重和GDP增速、万人医疗机构床位数量等增长情况均排九个国家中心城市末位，导致2019年天津的综合服务功能排第九位。网络枢纽功能中，西安的成长性指数排名第一、武汉排名第二、重庆和成都分别排名第三和第

表 3　2019 年九个国家中心城市功能成长性指数排名

城市		北京	上海	广州	重庆	成都	武汉	西安	郑州	天津	平均
综合服务	成长性指数	0.3817	0.3242	0.3371	0.3777	0.5691*	0.3295	0.5981*	0.5373*	0.1143	0.3966
	排名	4	8	6	5	2	7	1	3	9	—
网络枢纽	成长性指数	0.2378	0.2966	0.4123	0.5722*	0.5002*	0.5937*	0.7171*	0.4397	0.3350	0.4561
	排名	9	8	6	3	4	2	1	5	7	—
科技创新	成长性指数	0.5693*	0.5518	0.6277*	0.5766*	0.5463	0.5937*	0.5515	0.5230	0.4500	0.5544
	排名	4	5	1	3	7	2	6	8	9	—
开放交流	成长性指数	0.3706	0.2785	0.5799*	0.5982*	0.5177*	0.5202*	0.4786	0.4665	0.6537*	0.4960
	排名	8	9	3	2	5	4	6	7	1	—
人文凝聚	成长性指数	0.2108*	0.0837	0.0791	0.1042	0.7860*	0.1181	0.2203*	0.1036	0.1316	0.2041
	排名	3	8	9	6	1	5	2	7	4	—
生态宜居	成长性指数	0.4414*	0.3883	0.4686*	0.5480*	0.5951*	0.4146	0.1741	0.4138	0.4557*	0.4333
	排名	5	8	3	2	1	6	9	7	4	—

注：表格中“*”表示该城市成长性指数超过九个国家中心城市平均成长性指数。

四，均超过平均成长性指数，上海和北京作为我国重要的国际性交通枢纽和信息枢纽城市，其发展相比其他城市有很大优势，区域发展平稳，但其网络枢纽功能成长性指数却分别排在第八位和第九位。科技创新功能中，各国家中心城市的成长性与其他功能成长性相比，差距相对较小，其中排在前四位的广州、武汉、重庆、北京的成长性指数均高于平均成长性指数（0.5544），其他五个国家中心城市的成长性指数也均不低于0.45，可见各城市均在努力通过科技创新来促进经济发展。开放交流功能中，天津的成长性指数排第一位，重庆排第二位，广州、武汉、成都分别排第三、第四、第五位，以上五个城市的成长性指数均高于平均成长性指数；北京和上海的开放交流成长性指数排在第八位和第九位。人文凝聚功能中，成都的文化馆数量较2018年增加1个，万人公共图书馆藏书量也有较大幅度增长，其成长性指数排名第一，远超其他城市。生态宜居功能成长性中，除排名第九的西安外，其他城市成长性差距不大，2019年西安的人均公园绿地面积、城市绿化覆盖率等均有不同程度的下降，全天交通拥堵指数提升约1/10；该功能成长性排在前五名的成都、重庆、广州、天津、北京的成长性指数均高于平均成长性指数（0.4333）。

三　部分特大城市和大城市发展潜力评价

特大城市和大城市作为区域发展的中心城市，在推动落实区域协调发展战略中起着重要的带动和辐射作用。本研究尝试在九个国家中心城市之外，增选杭州、南京、长沙、沈阳、济南、合肥、深圳、青岛、宁波、厦门等为代表的10个特大城市和大城市，对其城市建设现状进行分析，评价各城市建设国家中心城市的发展潜力。

（一）评价方法

1. 评价指标

评价指标采用表1所示优化后的“国家中心城市建设评价指标体系”评价各城市的发展潜力。

2. 数据来源

本研究数据主要来源于各城市《2019年国民经济和社会发展统计公报》、

各城市2019年统计年鉴、中国民航局发布的《2019年民航机场生产统计公报》、中国贸促会贸易投资促进部发布的《中国展览经济发展报告（2019）》、百度地图发布的《2019年度中国城市交通报告》、国家工商行政管理总局商标局和商标评审委员会发布的《中国商标品牌战略年度发展报告（2017）》、中国城市轨道交通协会发布的《城市轨道交通2019年度统计和分析报告》，部分数据通过科技部官网、教育部官网、国家证券监督管理委员会官网以及各城市人民政府官网、财政厅（局）官网等，并对政府网站官方公布数据整理。

3. 分析方法

10个特大城市和大城市的发展潜力评价方法采用“变异系数法+TOPSIS法”，分析各城市2019年的发展潜力指数。

（二）评价结果

根据评价结果，各城市发展潜力指数及排名如表4所示。10个特大城市和大城市中，深圳的发展潜力指数排名第一，发展潜力指数为0.5101；其次是沈阳、南京，发展潜力指数分别为0.4161、0.3754；杭州、青岛和厦门排第四、第五和第六位，发展潜力指数分别为0.3328、0.3002、0.2960；宁波、长沙、济南和合肥排在后四位，发展潜力指数依次是0.1970、0.1949、0.1630、0.1345。以上10个特大城市和大城市在本省经济首位度排名中均排在前列，在区域经济发展中具有显著的领先地位以及较强的辐射带动作用。各城市发展潜力的不同，从侧面也反映出各自所在区域经济发展的不平衡性。

表4　2019年10个特大城市和大城市发展潜力指数及排名

城市	发展潜力指数	排名
深圳	0.5101	1
沈阳	0.4161	2
南京	0.3754	3
杭州	0.3328	4
青岛	0.3002	5
厦门	0.2960	6
宁波	0.1970	7

续表

城市	发展潜力指数	排名
长沙	0.1949	8
济南	0.1630	9
合肥	0.1345	10

在10个特大城市和大城市的对比分析中，从城市六大功能来看，深圳市的综合服务、网络枢纽功能均排首位，科技创新功能和开放交流功能均排名第二，但深圳尚无一项世界遗产，且地理标志商标数量（2017年）远少于其他城市，造成深圳城市文化功能较弱。沈阳市的开放交流功能排名第一，人文凝聚功能排名第二，由于开放交流功能权重达24.66%，人文凝聚功能占比达17.29%，提升了沈阳的综合发展潜力指数，但沈阳的其他各类城市功能，如综合服务、网络枢纽、科技创新、生态宜居等，均还需要持续加强。南京的创新资源、要素投入、创新成果等均在10个城市中排在前列，科技创新能力较强，同时南京的城市经济发展水平相对较高，交通枢纽和信息枢纽能力较强，综合服务和网络枢纽功能均排第二位，但南京还需加强开放交流、生态宜居方面功能的提升。杭州表征城市文化的地理标志商标数量、万人公共图书馆藏书量、博物馆数量等均排在前列，人文凝聚功能居10个城市首位，综合服务和科技创新功能均排第三位，但开放交流功能和生态宜居功能还需进一步提升。青岛的生态宜居功能排在首位，人文凝聚功能排第三位，综合服务功能排第四位，但青岛的邮电业务总量、客运和货物周转量等均较低，创新资源相对较少，其网络枢纽和科技创新功能还需要持续提升。厦门的网络枢纽和开放交流功能均排第三位，但城市公共服务功能与其他城市相比较弱，创新资源和创新平台较少，综合服务和科技创新功能分别排第八位和第九位，仍需加强这两方面功能的提高。宁波的综合服务和网络枢纽功能均排在10个参评城市的第五位，但宁波不仅创新资源、创新平台不足，其科研要素投入也少于其他城市，2019年国家级科技成果获奖数仅2项，远比不上深圳（30项）、南京（29项）、杭州（24项）。长沙的科技创新功能、生态宜居功能均排第四位，开放交流功能排第五位，相比其他城市具有一定优势，但长沙目前尚无世界文化遗产，城市文化氛围没有其他城市浓厚，人文凝聚功能排在第九位，还需进一步提升。济南具有

一定的科技创新优势和城市文化底蕴，各项城市功能中，仅科技创新功能和人文凝聚功能排第六位和第七位，其他功能排名均在10个参评城市的末位或倒数第二，济南在持续加强创新发展和城市文化发展的同时，亟须加强城市综合服务功能、信息和交通枢纽功能、对外交流功能、生态宜居功能等的发展。合肥的生态宜居功能排第二位、科技创新功能排第五位，相比其他城市具有明显优势，但合肥的信息枢纽和交通枢纽建设、国际商贸和对外交流发展、城市文化氛围营造等方面还需要持续加强。

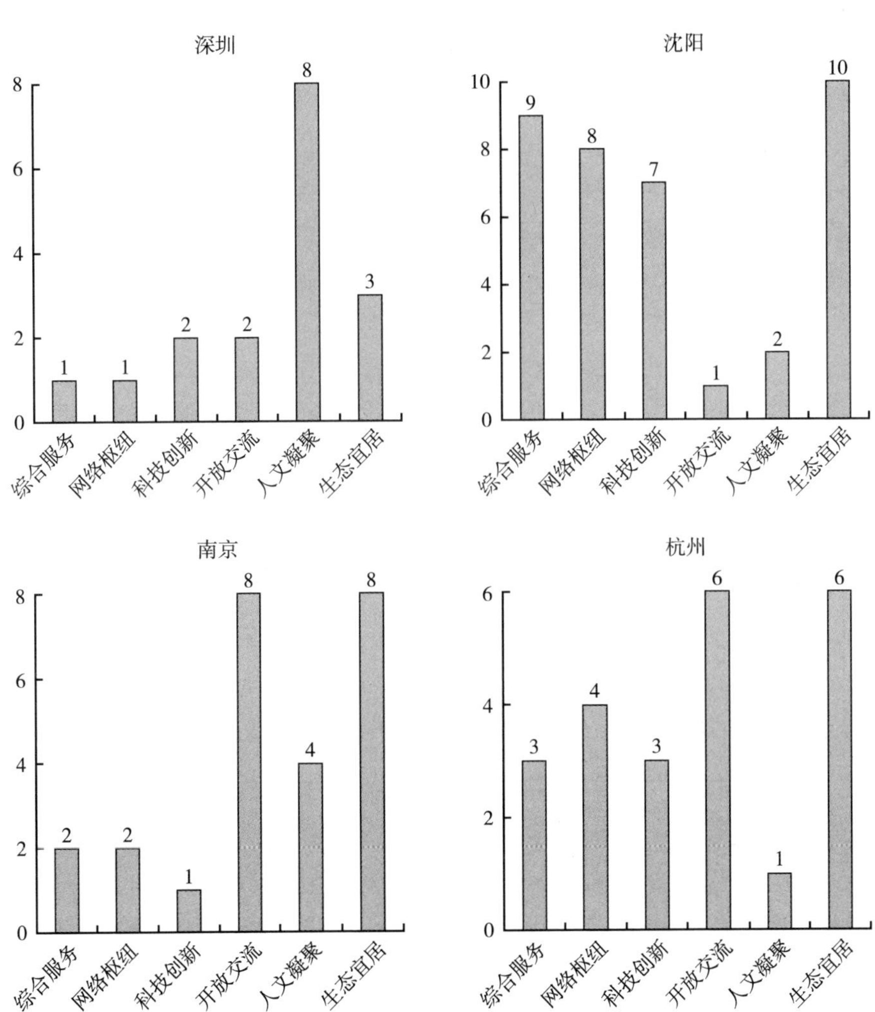

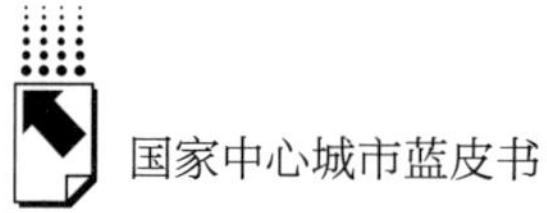

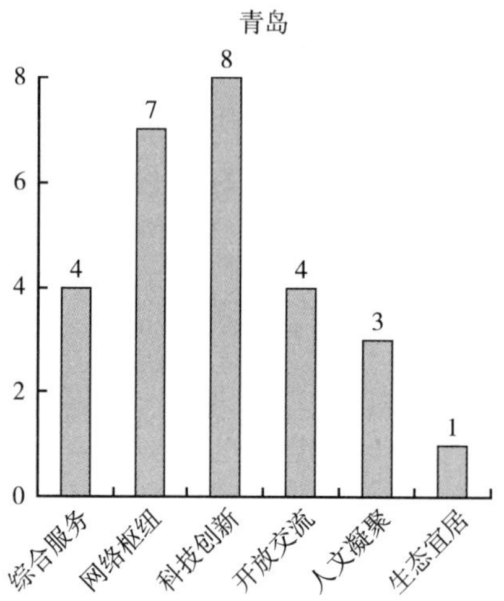
青岛
0
2
4
6
8
4
7
8
4
3
1
综合服务
网络枢纽
科技创新
开放交流
人文凝聚
生态宜居

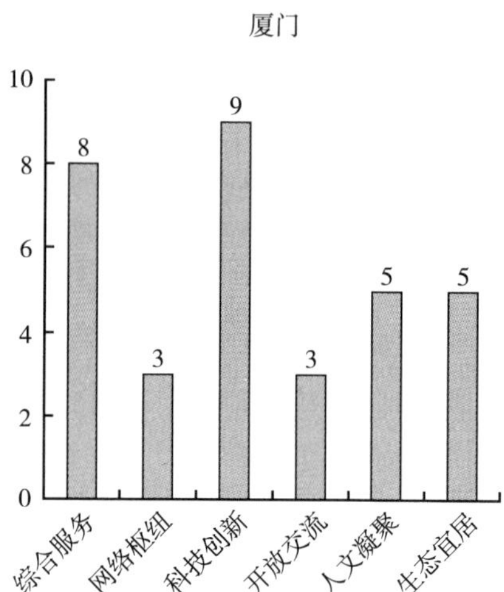
厦门
0
2
4
6
8
10
8
3
9
3
5
5
综合服务
网络枢纽
科技创新
开放交流
人文凝聚
生态宜居

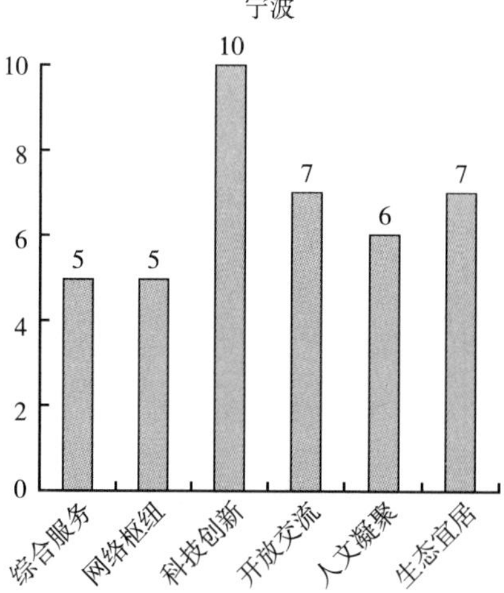
宁波
0
2
4
6
8
10
5
5
10
7
6
7
综合服务
网络枢纽
科技创新
开放交流
人文凝聚
生态宜居

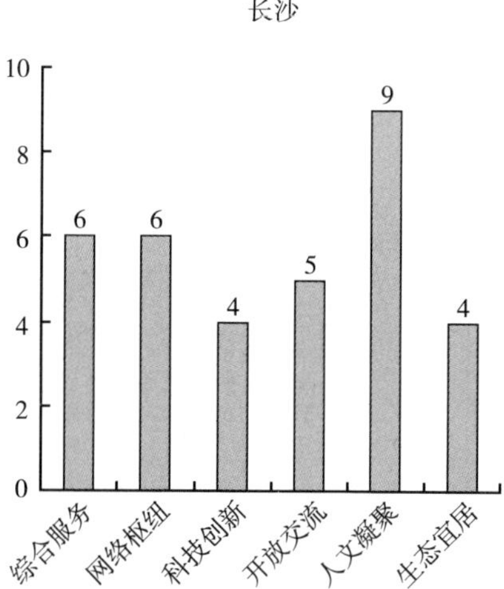
长沙
0
2
4
6
8
10
6
6
4
5
9
4
综合服务
网络枢纽
科技创新
开放交流
人文凝聚
生态宜居

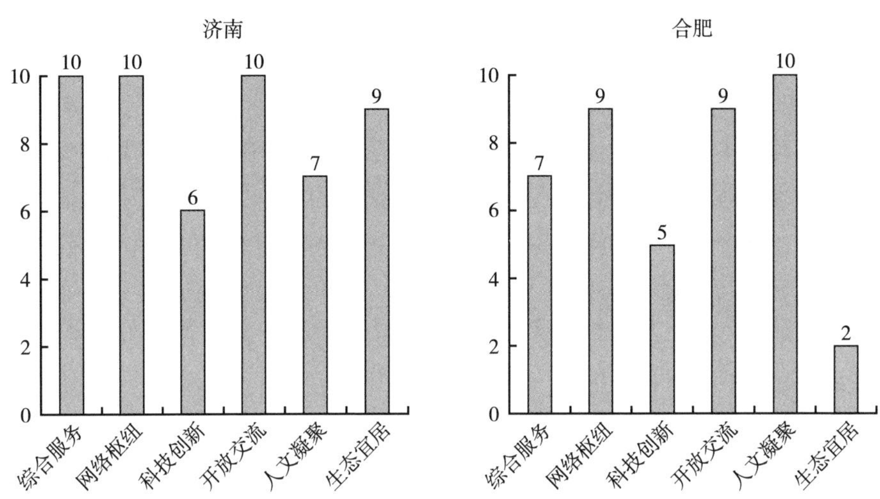

图 15　10 个特大城市和大城市六大功能发展潜力排名

四　抗疫背景下国家中心城市建设的思考

2019 年末，突如其来的新冠肺炎疫情暴发，对特大型城市管理提出了新的问题、新的挑战。国家中心城市作为我国新型城镇化体系的高等级核心城市、特大型城市中的代表性城市，如何有效调整建设思路，完善和提升城市功能，增强经济发展韧性，是今后抗击疫情常态化的发展过程中亟须思考的重要问题。根据 2019 年国家中心城市建设情况和成长性情况，提出以下对策建议。

一是加强公共卫生体系建设。为有效减轻和避免新冠肺炎疫情类似的重大公共卫生突发事件对城市正常运转的干扰，国家中心城市在综合服务功能建设中，应进一步加强对公共卫生体系建设的重视，完善突发公共卫生事件防控体制机制和卫生健康产业支撑体系，着力提升国家中心城市在突发重大公共卫生事件的应急管理和保障、医疗救治、疾病防控等方面的建设，加强国际区域合作和协调能力建设，避免应对突发重大公共卫生事件时力不从心、捉襟见肘。进一步加强国家中心城市在城市群中的引领、辐射作用，协同区域中心城市共同形成区域应对突发重大公共卫生事件的应急保障“护城河”，提升区域内广大农村地区、城镇和小城市对突发公共卫生事件的应对能力，切实提高大型城市、特大型城市在区域应急管理中的能力和水平。

二是加强科技创新引领。科学技术是第一生产力，经济发展的源头来自创新能力。2019 年九个国家中心城市的科技创新功能均有了较大幅度提高，有效促进了国家中心城市的经济高质量发展。但我们也看到，此次新冠肺炎疫情的影响对很多城市发展，特别是位于区域经济发展中心、人口流动量大的国家中心城市，都带来了不同程度的冲击，这也说明我国以国家中心城市为代表的这些特大城市和大城市的经济韧性还不够强，部分企业的创新能力不足导致承压能力不够，公共卫生科技人才不足和水平不高导致应对突发事件力不从心。因此，在国家中心城市建设中，应持续提升城市发展的科技创新水平，加强在城市公共服务、产业发展等方面的人才队伍建设和科学研究，增强城市发展韧性。

三是提升城市网络枢纽功能。国家中心城市承担着区域和国际的交通、信息枢纽功能。2019 年国家中心城市网络枢纽功能中处于第二梯队的成都、武汉、西安、郑州、天津等五个城市的平均建设指数仅为 0. 1023，居该梯队六大城市功能平均建设指数的末位。因此，为有效地发挥国家中心城市在引领区域经济发展、推动国际经济发展和文化交流方面的作用，应着重规划完善其网络枢纽功能。对内构建具有提升辐射带动能力的铁路、机场、港口通道等大交通，城际铁路、高速公路等区域交通，以及地铁轨道和公交场站等城市内部交通；对外以“一带一路”建设为契机助推国际客运、货运航线建设，探索建立飞地园区，增强城市区域空间结构的发展韧性。

四是完善全产业链和供应链结构，增强其稳定性和安全性。此次疫情很多国家、地区和城市封锁了对外开放通道，对全球产业链、供应链造成了严重的冲击。为有效提升国家中心城市韧性，并带动区域经济稳定发展，以中心城市为核心的城市群应加强拓展龙头产业和优势产业的产业链条；有机整合区域内资源要素，促进制造业、生产性服务业形成产业集群，发展服务型产业链，逐步完善产业链结构，不仅能降低从全球采购所带来的风险，同时也能有效降低物流成本。通过区域内生产技术、工艺等生产要素的良性竞争，推动企业不断创新，形成企业发展核心竞争力，不断提高产业链水平和产业链质量，进而提升城市及城市群发展韧性。

五是优化国家中心城市布局。为更好发挥国家中心城市在区域经济辐射、科技引领、对外开放、信息和交通枢纽等方面的作用，贯彻落实党中央、国务院《关于建立更加有效的区域协调发展新机制的意见》中提出“以西部、东北、中部、东部四大板块为基础，促进区域间相互融通补充”的要求，结合部分特大城市和大城市2019年城市六大功能建设现状分析，建议适当扩大国家中心城市的设立范围，进一步助推四大板块协同发展，有效发挥特大城市和大城市在扩大内需、公共服务、综合枢纽、科技创新、生态保护、对外开放等方面的引领和支撑作用，加快形成国内循环为主体、国内国际双循环相互促进的新发展格局。

参考文献

陈安、师钰：《韧性城市的概念演化及评价方法研究综述》，《生态城市与绿色建筑》2018年第1期。

陈利、朱喜钢、孙洁：《韧性城市的基本理念、作用机制及规划愿景》，《现代城市研究》2017年第9期。

胡啸峰、王卓明：《加强“韧性城市建设” 降低公共安全风险》，《宏观经济管理》2017年第2期。

李迅：《防范重大风险　构建韧性城市》，《城市发展研究》2020年第27卷第3期。

刘硕、王志强、王陶陶等：《韧性视角下城市综合应灾能力评估与优化》，《防灾科技学院学报》2020年第22卷第2期。

刘严萍、王慧飞、钱洪伟等：《城市韧性：内涵与评价体系研究》，《灾害学》2019年第34卷第1期。

孙阳、张落成、姚士谋：《基于社会生态系统视角的长三角地级城市韧性度评价》，《中国人口·资源与环境》2017年第27卷第8期。

唐皇凤、王锐：《韧性城市建设：我国城市公共安全治理现代化的优选之路》，《内蒙古社会科学》（汉文版）2019年第40卷第1期。

徐耀阳、李刚、崔胜辉等：《韧性科学的回顾与展望：从生态理论到城市实践》，《生态学报》2018年第38卷第15期。

喻新安：《国家中心城市建设的再认识》，《郑州日报》2020年7月18日，第4版。

郑艳、林陈贞：《韧性城市的理论基础与评估方法》，《城市》2017年第6期。

城 市 篇

Cities' Reports

B.3
北京国家中心城市建设进展及未来发展思考

赵 弘 王德利*

摘 要： 立足首都城市战略定位，北京市紧紧围绕"建设一个什么样的首都、怎样建设首都"这一重大时代课题，由"集聚资源求增长"转向"疏解功能谋发展"，北京国家中心城市建设取得明显成效。未来需进一步理清发展思路，深化北京非首都功能疏解，率先形成创新驱动发展新格局，优化城市空间结构，从根本上治理北京"城市病"，加快以首都为核心的世界级城市群建设，强化北京国家中心城市地位。

关键词： 国家中心城市 高质量发展 科技创新 北京

* 赵弘，博士，北京市社会科学院副院长、研究员，研究方向为区域经济；王德利，北京市社会科学院经济研究所研究员，研究方向为区域经济。

国家中心城市建设是实现国家发展战略的重要支点，北京建设国家中心城市不仅要成为城市发展的先行者，而且要成为国家发展的中坚力量。近年来，北京国家中心城市建设取得明显成效，但也存在诸多深层次问题。未来亟待深化北京非首都功能疏解，把城市发展纳入国家战略布局，注重增强城市的辐射带动功能，减少发展过程中对津冀虹吸效应的负面影响，强化北京国家中心城市的核心引领作用。

一 北京国家中心城市建设取得的重要进展

围绕“四个中心”战略定位，北京市以疏解非首都功能作为“牛鼻子”，推动科技创新发展，完善首都社会治理体系，加快空间结构优化调整，推动京津冀协同发展向纵深推进，不断提升北京在京津冀协同发展中的引领带动作用，使北京国家中心城市建设取得明显成效。

（一）有序疏解非首都功能，深化落实首都城市战略定位

近年来，北京以治理“城市病”为目标，实施了国内首个禁止和限制新增产业目录，在减量中倒逼集约高效，截至目前，全市不予办理的工商登记业务累计达2.32万件。2020年上半年，北京市退出一般制造业企业68家（累计2827家），疏解提升市场、物流中心共33个（累计786个）；北京电影学院怀柔校区一期工程第一、二标段装修、机电安装基本完工；天坛医院新院区实现运行、老院区搬迁腾退，同仁医院亦庄院区扩建项目加快装修施工收尾，北京口腔医院迁建；卫生职业学院新院区等项目施工持续推进。坚持新生违建“零容忍”“零增长”，印发《立即处置在施违法建设的实施意见（试行）》，通过新生在施违建挂账督办制度、12345有效举报违建线索快速筛查机制等一系列措施，使新生违建得到遏制；推进“基本无违法建设”区、街道（乡镇）创建，违法建设治理工作成效明显；同时，加强对拆除腾退地块规划分析，部分地块移交园林绿化、农业农村部门，为全市“留白增绿”和土地复垦工作奠定了基础。

2020年8月，党中央、国务院批复《首都功能核心区控制性详细规划（街区层面）（2018—2035年）》（以下简称《核心区控规》），《核心区控规》

以习近平新时代中国特色社会主义思想为指导，把保障中央政务功能、疏解减量提质、老城整体保护、民生改善等重点任务并重，推动政府职能与城市职能有机融合。与此同时，北京市落实城市战略定位，优化完善首都功能，不断加强“四个中心”功能建设。围绕政治中心建设，以提升中央政务服务保障水平为目标，与中央单位、驻京部队全面建立落实首都规划工作新机制，完成长安街及其延伸线品质提升详细规划、三山五园地区整体保护规划。围绕文化中心建设，划定北京历史文化片区和历史建筑范围，推进大运河文化带保护与利用，形成空间管控与风格引导规划的初步成果；推进中轴线遗产保护工作，建立中轴线沿线项目规划方案协调审查机制；积极开展《北京历史文化名城保护条例》的修订工作，强化历史文化名城法制保障。围绕国际交往中心，加强国际交往重要设施和能力建设；编制北京推进国际交往中心功能建设专项规划，优化完善重大外交外事活动区等9类国际交往功能空间布局，加强空间支撑承载能力。围绕科技创新中心，推动“三城一区”等重点地区规划建设；编制科技创新中心建设专项规划，从空间布局上加快创新要素的有效集聚；完善中关村东升科技园二期、三期产业用地城市设计方案，打造突出创新、融入自然的特色风貌名片地区。

（二）科技创新能力显著提升，有力支撑北京经济高质量发展

北京市主动谋划国家实验室建设，支撑在京优势团队“揭皇榜”，打造战略性、标志性、引领性国家级创新平台。推动在京单位承担国家重大科技专项，“十三五”期间北京地区单位牵头承担的重大科技专项项目覆盖了全部民口专项，获得中央经费约占全国三分之一，立项数量和经费投入均居全国首位。坚持百年科学城标准和“科学 + 城”理念，精心编制完成“三城一区”规划，打造“三城一区”主平台。编制中关村“一区多园”统筹发展规划，持续探索围绕园区开发核心问题的优惠试点政策，以统筹规划为重点加强顶层引导。中关村发展集团作为企业，在整合原有科技园区资产和资源的基础上，通过市场化手段，积极参与“一区十六园”的开发、建设和运营，构建以服务企业为基础的协同平台，引导科技成果和高精尖产业有序布局。从科技成果看，2019 年“三城一区”内法人单位专利申请量 8.3 万件，占全市的 39.3%；其中，发明专利申请量 5.4 万件，占全市的 46.1%。从产出效率看，“三城一区”劳均产出（增加值/从业

人员）为28万元，比全市平均水平多出3.7万元，高出15.2%。

科技创新对北京高质量发展的支撑作用显著增强。以核心企业、底层技术和平台为依托，形成产业链创新要素集群，促进产业间相互支撑、协同创新。加快推进科技创新和构建高精尖经济结构的一系列文件的印发实施，以及人才、土地、财政等3个配套政策，构成促进高精尖产业发展的“10+3”政策体系，围绕新基建、新场景、新消费、新开放、新服务，北京市分别提出了壮大新业态、新模式的切实举措和含金量十足的政策保障方案，以市场化改革和全方位开放促进经济新旧动能转换。2019年，北京实现新经济增加值1.28万亿元，占GDP的36.1%；高技术产业增加值达到8630亿元，贡献达四分之一；金融、信息、科技等优势服务业对经济增长的贡献率超过60%；中关村示范区高新技术企业实现总收入6.5万亿元，比2015年增长59.3%。

（三）完善首都社会治理体系，提升超大城市社会治理能力水平

创新党建引领“吹哨报到”改革，提升基层社会治理实效。在平谷、西城等地区探索实践的基础上，北京市着眼首都改革发展大局，坚持高位统筹、系统谋划、综合施策，形成了全面、系统、协调治理的改革思路，针对城市基层治理的“最后一公里”问题，打破行政组织的“分治”思维，大力推进街道管理体制改革，推进管理、服务、资源一体化，建立实体化综合执法中心，帮助基层社区减负增效等举措。从2019年1月1日开始，北京市建设全市统一的市民服务热线平台，实行诉求直派，开通12345企业服务热线，打造网上12345多渠道平台，建设社情民意“数据富矿”，推动“未诉先办、主动治理”，探索建立了群众诉求响应机制、资源统筹整合机制、干部考核问责机制等制度体系，形成了权责明确、板块联动的体制机制，促进基层社会治理的常态化和长效化。

做实街道、做强社区，做到“小事不出社区、大事不出街道”。按照社会治理重心下移的要求，北京市印发《关于加强和完善城乡治理的实施意见》，颁布全国首个社区治理地方标准《社区管理与服务规范》。推进城乡社区规范化建设，大幅提高社区工作人员工资水平和业务能力。大力拓展社区公共活动空间，严格执行新住宅区建设标准，社区住房基本达到350平方米建设标准，城市副中心等重点区域达到500平方米以上。充分利用拆改违规腾退的空间，

打造“一刻钟”社区服务圈，补充居民生活服务设施，弥补社区服务不足。截至2019年底，全市已建成1682个“一刻钟”社区服务圈，覆盖95%的城市社区，基本实现了居民15分钟步行即可满足商业、生活、文化、娱乐等方面的服务需求。

（四）深化推进生态环境保护，巩固蓝天碧水净土保卫战成果

自2013年以来，北京四种主要污染物的年平均浓度显著下降。2019年，细颗粒物（PM2.5）浓度进入“40+”水平，达到42微克/立方米，比2013年下降53%。PM10和NO_2浓度分别为68微克/立方米和37微克/立方米，首次达到国家标准（见图1）。重度污染天数明显减少，从2013年的58天减少到2019年的4天，减少了54天（见图2）。2020年上半年，PM2.5浓度为43微克/立方米，同比下降8.5%，空气环境质量明显改善，市民对蓝天的幸福感明显增强。

北京市深化“一微克”行动，坚决打赢蓝天保卫战。组织实施清洁空气五年行动计划和蓝天保卫战三年行动计划，在分析PM2.5来源的基础上，重点对燃煤、机动车、大气粉尘、挥发性有机化合物等重点领域进行治理。打好“治两散”收官战，基本实现平原地区“无煤化”。煤炭燃烧总量控制在250万吨以下，基本解决燃煤污染问题。打好移动源攻坚战，实施最严格的机动车排放和油品标准。2013年以来，淘汰转让旧机动车220多万辆，推广新能源汽车30多万辆，淘汰超标车辆25.5万辆，实行“闭环管理”。打好扬尘管控战，初步建立全市统一粉尘监测平台。定期对乡镇（街道）颗粒物和道路粉尘进行检测，2020年上半年，全市平均扬尘量为6.6吨/平方公里，同比下降4.3%。

（五）加快北京城市副中心与雄安新区“两翼”建设，着力推动京津冀协同发展向纵深推进

北京市通过高水平规划建设北京城市副中心，努力将副中心打造成为国际一流的和谐宜居之都示范区、新型城镇化示范区和京津冀区域协同发展示范区；紧紧围绕对接中心城区功能和人口疏解，列出承接清单，在副中心详规上一一布点，做到精细、精准承接，充分发挥对疏解非首都功能的示范带动作用；截至目前，北京市级机关第一批搬迁完成了35个部门、165家单位的主

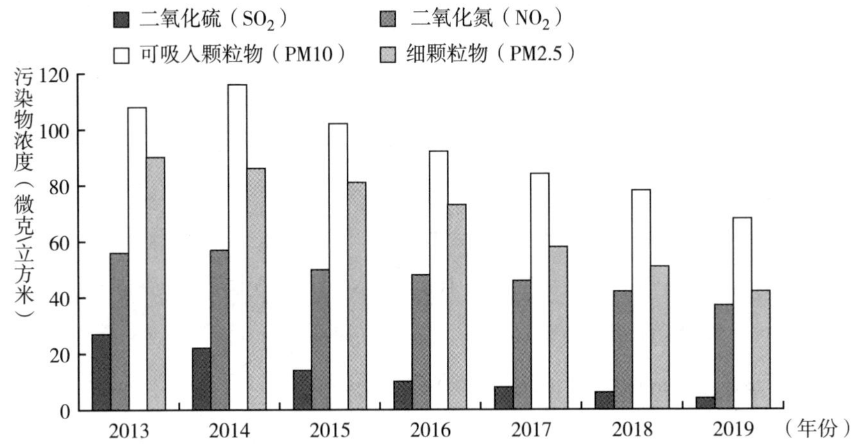

图 1　2013～2019 年全市四项主要污染物浓度

资料来源：基于北京市生态环境局调研资料绘制。

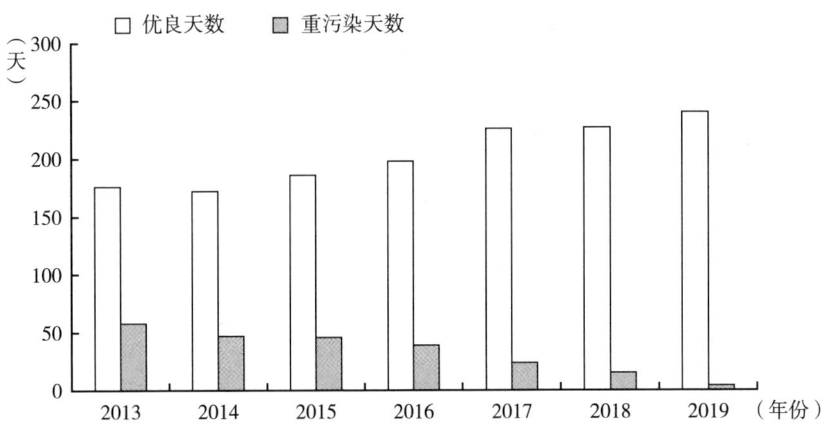

图 2　2013～2019 年全市空气质量状况

资料来源：基于北京市生态环境局调研资料绘制。

体搬迁。全力支持雄安新区开局起步，支持雄安新区“三校一院”交钥匙项目加快建设，雄安新区中关村科技园发展规划加快编制。京雄城际铁路北京段已经投入运营，京雄高速公路北京段项目正在加快可行性研究报告的审批。

京津冀协同发展重点领域取得新突破。交通一体化方面，北京大兴国际机场正式投入运营，“轨道上的京津冀”加快打造，国家高速公路在市内的“断头路”已彻底取消，进一步提升“一小时交通圈”空间范围。在生态环境保护方面，完善京津冀大气污染防治合作机制，区域空气质量得到明显改善；累计向永定河下泄水量超过5亿立方米，北京境内永定河实现25年来首次全线通水；建立密云水库上游生态补偿机制；新一轮百万亩造林工程围绕北京大兴国际机场等重点区域实施安排造林绿化2.75万亩，京津风沙源治理二期项目完成人工造林41.2万亩，封山育林105.9万亩。产业协作和协同创新方面，曹妃甸协同发展示范区建设持续推进，共建北京张北云计算产业基地，天津滨海—中关村科技园新增注册企业累计超1600家。

二 北京国家中心城市建设面临的深层次问题分析

近年来，北京国家中心城市建设取得了一定的积极成效，但也存在诸如非首都功能疏解利益协调机制不完善、减量发展政策难落地、交通缓堵治理难度大、京津冀协同发展进程缓慢等方面的深层次问题，有待于进一步的政策调控与创新。

（一）非首都功能疏解的利益协调机制需进一步深化完善

在北京市当前重点疏解的几类主体中，部分产业所在土地及建筑分别属于不同的市属企业、央企、军队产业、当地村民集体产权甚至私人产权等，有的属于通过部分厂房出租补偿企业工人基本生活保障金，有的属于集体土地或个人土地出租解决村民生活问题，有的土地或房屋已经层层转手，利益关系复杂、矛盾交织，协调推进的难度较大。另外，一些国有企业规模大、历史负担重、搬迁周期长，重建资金严重短缺，企业搬迁动力不足，疏解主体积极性不高。在京央企和市属国企因退出工业等传统产业而拥有大量土地资源，其中一些成为闲置或低效用地，政府需要创新体制机制，鼓励国有企业通过市场化方式加快推出或盘活利用这些存量用地。还有，由于疏解条件不完备，目的地市场不成熟、产业链上下游发展不充分等原因，企业或员工担心业务效率受到影响，疏解意愿不强烈甚至出现部分回流的现象。

（二）减量发展的政策落地面临瓶颈

虽然国家和北京已经出台了一系列与减量发展相关的政策，如技术创新、非首都功能疏解、低效工业用地改造等，为北京减量发展注入了新活力，有效地推动了北京转型发展。但是这些都属于纲领性的内容，各区县在推进和实施减量发展政策的过程中，仍面临执行细则缺失、政策间冲突等困难，导致政策的实际效果不明显。例如，北京市出台了《关于保护利用老旧厂房拓展文化空间的指导意见》（京政办发〔2017〕53 号文），鼓励对老厂房进行文化空间改造，但缺乏具体的实施细则，难以实施；新媒体产业园等园区企业利用老厂房开发文化创意产业项目，但改造后的容积率没有明确规定，相关改造项目难以获得审批。此外，一些不符合首都功能定位、待疏解的产业园区，例如大兴西红门服装产业园，在自行进行园区整体转型升级过程中，有意引入有实力、有品牌的大型企业主导，以各自土地入股的方式进行整体开发，实现园区朝着企业总部、研发、创意、设计等为主的时尚产业方向转型，但在实施过程中，与北京市有关规定“园区开发企业（产业地产）不得整体或分割销售”存在冲突，低效用地改造难以实施，亟待出台政策细则，创新产业与用地政策。

（三）交通缓堵治理仍需标本兼治

轨道交通发展不足是北京疏解非核心功能的突出短板，产业疏解缺乏便捷的交通条件作支撑。产业疏解和人口外迁首先要解决交通条件，中心城和接纳疏解的近郊区域应有一个通达的交通体系，使得功能可沿着交通干道疏解出去。从全市来看，非首都功能疏解仍面临不少困难。这主要是以下两个方面的原因：一是交通供给结构有根本性缺陷，与人口出行需求结构严重脱节。与东京相比，东京的轨道交通系统不仅包括地铁，还包括新干线、轻轨等，城市轨道交通超过 2000 公里，承载了 80% 以上的公共交通；北京的轨道交通系统主要是地铁系统，其覆盖率、密度和承载能力都远远不能满足北京自身发展和非首都功能疏解的实际需求。二是市郊铁路严重短缺，不能满足远郊区县发展需求，中心城区没有带动郊区县发展，没有创造便捷的通道，引导功能疏解。所以很多经济杠杆也不敢用，盲目照搬西方国家城市管用的手段，如增加拥堵费、停车费等，会增加市民意见，难以真正推行。

（四）京津冀协同发展需向深度广度拓展

由于各种原因，北京积累了大量优质的公共资源和就业机会，城市人口规模和空间范围不断扩大，已超过环境承载能力，出现环境污染、交通拥堵、住房困难、资源短缺等城市病，致使城市难以持续发展。同时，“虹吸现象”使周边地区发展相对迟缓，产生“环京津贫困带”，致使首都战略性腹地支撑不足，形成“孤岛型”中心城市。其次，京津冀城市群层次结构不合理，京津两大城市经济发展较快，而城市群内其他城市发展水平相对较低，区域两极分化严重，由于缺乏发挥“二传手”作用的城市，周边中小城市无法很好地接受京津联动辐射，北京的“引领”和辐射带动作用难以充分发挥。最后，在产业链条上，北京的优势主要集中在科技和现代服务业，处于产业链的高端。天津经济正从石化、钢铁等传统制造业向装备制造、电子信息、航空航天等战略性新兴产业转型，处于产业链的中端；河北大部分城市则以高能耗、高污染、低附加值的传统产业居多。由于区域发展差距大、产业关联度弱等因素，北京的科技成果大部分流到长三角、珠三角地区，而在津冀的科技成果转化比重较小。

三　进一步完善北京国家中心城市建设的对策建议

对北京来说，完善北京国家中心城市建设的当务之急在于贯彻落实新一轮城市总体规划，深化非首都功能疏解，构建高精尖经济结构体系，加快通州副中心及重点新城建设，深入推进京津冀协同发展，加快构建以首都为核心的京津冀世界级城市群。

（一）推动非首都功能疏解向纵深推进，进一步优化提升首都核心功能

首先，建议进一步完善中央和北京市联动疏解协调机制，落实疏解责任。非首都功能疏解涉及许多利益。因此，应尽快完善非首都功能疏解顶层机制设计，制定非首都功能疏解规划和中长期疏解路线图，分期研究“搬哪些、往哪搬、怎么搬”等问题。尽快制定具有法定地位的《北京非首都功能疏解规划》，并由非首都功能疏解领导小组监督实施，破除非首都功能疏解过程中面

临的诸多压力。

其次，以严格的环保标准、土地违法建设整治为切入点，推动低端产业退出。在城市中心区和广大的城乡接合部地区，存在大量的违法建设，绿地被侵占破坏，土地性质被改变，土地被用于低端制造业、加工业、批发零售业等。建议要以严格的环保标准和土地违法建设整治为切入点，推动低端产业退出。提高环保准入标准和管理标准，提高违法建设和违法经营的环保成本，严格环境执法，坚持“谁的孩子谁抱走”，谁违法、谁买单，推动产权主体落实环保责任。严查土地性质和用途，加大土地违法建设检查，坚决遏制土地性质和用途被随意改变现象，特别是在城乡接合部地区、农村地区、绿隔地区，严格执行土地规划。

最后，实行集中和分散相结合，构建北京的非首都功能疏解承载地。近期，北京非首都功能疏解不应该过于分散，不宜插花式疏解，要聚焦重点，集中精力在首都周边打造特色功能区。在加快雄安新区建设的同时，沿北京与河北间的重要交通路线、枢纽，选择发展基础较好的重点市、县、镇，结合自身发展特点，布局非首都功能承载关键节点，并尽快形成典型示范。重点加快在产业、教育、医疗、养老等领域的功能承接，通过政府引导与市场机制相结合，优化承载地环境，采取集中、分散承接的多方位模式，将河北省建设成为北京非首都功能疏解的重要承载地。例如，医疗资源的疏解，可以在涿州或固安布局高端医疗服务区，并形成品牌效应，吸引医疗人员集聚，切实分散首都就医压力。

（二）率先形成创新驱动发展新格局，构建“高精尖”经济结构

党的十八大以来，科技创新成为国家的重大战略。原始创新作为国家战略的一部分，必须与国家的其他战略协同推进，才能更好地实现预期的效果。北京要抓好关键领域和关键环节，努力实现关键技术重大突破，掌握国际竞争中的主动权，在国际竞争中抢占先机。

一要发挥国家战略引领作用，把握科技革命浪潮。不仅要服务于国家当前的战略，还要瞄准未来国家战略中可能需要的重大前沿技术，使国家面临重大战略需求时有可靠的研究基础。就北京而言，有必要选择能够引领带动经济社会发展的关键基础研究领域，开展战略需求导向型基础研究。吸引全球顶尖科

学家，共同谋划和参与科技战略计划，努力在全球创新版图中抢占枢纽位置，带动新一轮科技革命浪潮。另外，要紧抓国家重大战略，激励科技企业勇于担当。推进科学技术的进步与国家建设的协同发展，使企业以自主创新的科学技术报效祖国的同时，完成资金和技术的积累，为其发展壮大打下坚实的基础。

二要坚持原始创新，牢牢掌握全球竞争核心技术。历史经验表明，没有创新就没有民族的未来。随着我国经济实力的不断提升和国际贸易竞争的不断加剧，许多领域已经到了必须掌握关键核心技术的阶段。特别是近年爆发的中美贸易战等，提醒我们关键核心技术要不来、买不来、讨不来。近年来，中关村先后成立了北京生命科学研究所等新型科研机构，并在科研成果上取得了令人瞩目的佳绩。北京市的创新主体中一部分是高校和中科院等传统科研主体，另一部分是新型科研机构。未来北京亟须在更多地点、更多领域建立更多新型科研机构，让其在人员聘用和经费使用等方面拥有更多的自主权，建立更符合科研规律的体制机制，推进我国科研水平、科研产出、人才培养和管理机制等方面与世界一流科研机构逐步看齐。

三要持续强化创新驱动，加快创新资源与产业对接。高质量发展是经济结构优化、新旧动能转换、经济社会协调发展、人民生活明显改善的结果，是经济总量和规模达到一定增长阶段的结果。创新无疑是实现这些转变的关键一环，是构筑高质量发展的核心动力。坚持高质量发展，需要持续强化创新驱动。北京要想提升产业竞争力和国家创新能力，强化企业的创新主体地位是必然选择。未来有必要进一步完善激励企业创新的政策措施，鼓励企业加大研发投入力度，加强高校院所与企业的合作，完善科技成果转化机制，加快创新资源和产业的对接。以科技创新带动产业升级，促进经济结构向高端化、内涵式方向迈进。

（三）加快通州副中心及重点新城建设，进一步优化城市空间结构

未来，北京副中心将进入加快建设的关键时期。按照《北京城市副中心控制性详细规划（街区层面）》草案，到 2035 年初步建成具有核心竞争力、彰显人文魅力、富有城市活力的国际一流的和谐宜居现代化城区。因此，必须在严格执行规划的前提下，高水平、高标准推进城市副中心建设，打造“副中心品质”。加快通州副中心及重点新城建设，增强承接中心城产业、功能和

人口疏解的能力。

第一，明确产业发展方向，构建与副中心功能相匹配的产业结构。今后，北京城市副中心要紧密围绕行政办公、商务服务、文化旅游三大功能，明确产业发展定位与重点方向，重点发展高端商务、总部经济、文化创意、科技创新及高品质生活性服务业，构建与城市副中心功能定位相匹配、相适应的“高精尖”产业结构。充分发挥行政办公区市级行政资源优势，围绕行政办公功能，积极承接中心城区政策咨询、管理咨询、信息服务等智库及人力资源服务、会议会展服务等相关机构转移，加快发展智库、法律、咨询、信息、会展等服务业态；以文化旅游区、运河商务区和宋庄文化创意产业集聚区等产业功能区建设为引领，加快发展文化旅游、总部经济、商务服务、金融、创意设计等高端业态。把握北京“三城一区”科技创新主平台建设的新机遇，加快亦庄新城（通州部分）转型升级，统筹整合光机电一体化产业基地、金桥科技产业基地、台湖高端总部基地等空间资源，推进园区“腾笼换鸟”与低效闲置土地盘活利用，积极拓展科技创新功能，争取“三城一区”重大科技创新成果转化和产业化项目加快落地。

第二，发挥市场机制作用，深化城市副中心与周边协调联动发展。城市副中心建设发展不是孤立的，必须着眼更大空间范围，深化与北京东部地区及廊坊北三县、天津武清区等周边区域对接合作，联手建设京津冀协同发展示范区。一是健全城市副中心与周边地区统筹协调机制。在“推进通武廊战略合作发展框架协议”、《通州区与廊坊北三县香河、大厂、三河地区整合规划》的基础上，探索建立北京市、天津市、河北省三省市有关部门，以及五区（县）主要领导共同参与的年度联席会议制度，完善定期或不定期工作协调会商机制，形成多层次、多形式的统筹协调机制。二是在交通、产业、生态和公共服务等重点领域，引入市场主体参与跨区域重大项目建设。充分发挥市场在跨区域资源配置中的决定性作用，建立政府引导、市场主导的协同发展动力机制。以交通设施一体化、生态环境建设、产业对接协作和公共服务等领域为重点，探索通过 PPP、TOD 等模式，鼓励和支持北京市具有较强实力的企业带着资金、技术等优势资源，到廊坊北三县、天津武清区等周边地区进行项目开发。

第三，完善新城建设，提高新城对中心城市产业、功能、人口的承载能力。在城市空间演化过程中，伦敦、东京、巴黎等众多国际大都市为了解决城市规模扩张与城市运营效率之间的矛盾，将城市的一些功能分散到中心城市以外的一些区域。通过建设“新城”“卫星城”“业务核都市”等，实现从“单中心”向“多中心”演变，最终形成多中心有机连接的空间格局。未来，北京新城发展应实施差异化对接策略，分类推动新城与中心城区间的联动性发展。顺义主要对接东北部朝阳区，承接中心城区商务、会展及体育产业等；通州主要对接中心城区东北部及东部朝阳区，承接中心城区居住、娱乐、商贸、文化创意及金融功能等；亦庄主要对接东南部朝阳区，承接中心城区研发、生产性服务业、居住功能等；昌平主要对接北部和西北部海淀、朝阳地区，承接中心城区居住、研发、高等教育功能等；大兴主要对接南部丰台，承接中心城区居住、生产性服务业功能等；房山主要对接西南部丰台，承接中心城区居住、高等教育、物流功能等。

（四）加快补齐北京轨道交通建设的“两块短板”，从根本上治理北京“交通病”

在都市圈建设中，轨道交通是一个非常重要的支撑条件。根据对纽约、东京、伦敦、巴黎等运营效率相对较高的国际大都市的研究，其交通结构有两个共同特征：一是公共交通在城市交通结构中占据“主导地位”；二是轨道交通在公共交通结构中占据“主导地位”。在东京都市圈形成过程中，轨道交通发挥强大的交通支撑能力，拉开了东京的城市骨架，引导东京的产业、城市功能向都市圈范围分散布局。北京市要前瞻性建设三个层次的轨道交通体系：第一层是在城市副中心和雄安新区核心区建设高密度、网络化的地铁（或轻轨）系统，提高城市交通承载能力；第二层是核心区与周边城市群之间的大站距市郊快速铁路或高速铁路系统，可以满足核心区与各城市群之间的日常通勤需求；第三层是城市副中心、雄安新区、北京、天津、保定、石家庄等大城市之间的城际铁路系统。当然，这些体系建设是一个长久的过程，特别是城市副中心、雄安新区未来可能建设的一些组团、卫星城，近期没有建设需求，但要前瞻性地进行规划设计，预留快线铁路建设路由，避免当有建设需求时由于没有路由而面临拆迁腾退等困难。

近期北京市轨道交通建设要从以下两个方面着手：一是增加中心城区地铁

密度，提高地铁运力和效率。加密北京中心城区地铁网络，城市核心区地铁站密度要达到每 2 平方公里一个站；规划主要轨道线路建设，特别是贯穿中关村、CBD、金融街等主要产业功能区；加强地铁线路向外覆盖和延伸，打破京冀区域限制，延伸至燕郊、三河、固安等区域；对换乘站进行改造和扩建，扩大各站空间，改善和优化换乘条件，进一步提高地铁换乘和交通效率；完成站点扩建之后，对地铁列车实行动态编组，进一步增加地铁的运力。二是加快市郊铁路建设，创造条件，把北京的城市功能、产业、人口引向远郊县域和河北周边地区。建议将市郊铁路从铁道系统中剥离出来，纳入北京城市交通体系；鉴于已有的铁路站点已经趋于饱和，建议在北京四环到五环之间，北部、西南部、南部和东部各建设 1 个专门的市郊铁路站，与市内轨道交通、地面公交等实现无缝衔接；引入高铁技术，实现市郊铁路高速运行，快速一站到达；与津冀进行交通特征及数据对接，利用市郊铁路连通包括怀柔、平谷等远郊区县及涿州、宝坻、廊坊、武清等周边区域。

（五）深入推进京津冀协同发展，加快以首都为核心的世界级城市群建设

目前京津冀协同发展已进入新阶段，应重新认识都市圈的战略价值，重新认识都市圈与城市群的关系，建设以现代都市圈为依托的世界级城市群。城市群不可能在短短几年、十几年内建设起来，我们要有百年打算，发挥城市副中心和雄安新区的引领作用，优先打造空间结构完善的都市圈。京津冀协同发展中还存在许多问题，未来应抓住北京非首都功能疏解的机遇，选择重点项目和重点领域，推进三地联合，加快京津冀协同发展示范区建设。在示范区建设中，勇于触碰矛盾、寻求突破、积累经验、推广复制，以点带面全面推进京津冀协同发展。

一是围绕全国科技创新建设中心的定位，构建京津冀创新共同体，共同推进京津冀协同发展。围绕“创新驱动”这一核心，一方面，在产业优化的基础上，从京津冀更大的区域空间出发，围绕全产业链展开创新链，优化创新资源和空间格局配置；另一方面，有利于企业创新的试点政策应该改进和放大，在京津冀地区形成一个集成创新政策环境，如中关村试点，创新京津冀区域一体化体系，以中关村国家自主创新示范区带动滨海新区、曹妃甸、石家庄、宝

坻、保定等基础条件良好的地区，形成研发、生产等多环节的产业合作和区域带动辐射。

二是围绕北京市中心城区教育、医疗等公共服务功能疏解，在京津冀地区打造建设功能性中心示范区。一方面，通过城区大医院整体搬迁、大型医院开办分院、鼓励民营医院发展、托管式服务等方式对医疗资源进行合理布局，鼓励优质医疗资源向新城和津冀其他城市迁移；探索与津冀其他城市合作建设大型养老基地，实现医疗、养老等公共服务的全面对接。另一方面，积极完善高等教育布局，逐步推进区域内高校间资源整合。鼓励部分大学的本科教育外迁到新城；探索与市外周边省市合作建设高教园区，鼓励本科教育外迁；还可以探索推动职业院校向产业集中区聚集，伴随着产业示范功能区建设，发展若干支撑重点产业和区域发展的职业教育集团。

三是充分发挥规划的重要主导作用，形成“多中心”格局，推动京津冀向现代都市圈方向发展。积极借鉴伦敦、东京等国际大都市的经验，优化城市群空间布局，明确加快落实“一核一主一副、两轴多点一区”城市空间格局的重点任务。例如，推进中心城区功能布局升级，加大北京副中心和河北雄安新区的高层次规划建设，加强多方位支撑，提升新城综合承载能力等。着力构建功能清晰、分工合理、主副结合的城市空间结构，改变“单中心”“摊大饼”式的发展模式。

参考文献

武义青、柳天恩：《雄安新区精准承接北京非首都功能疏解的思考》，《西部论坛》2017 年第 5 期。

赵弘：《治理“城市病”要抓住关键　多管齐下》，《前线》2014 年第 3 期。

杨婷：《党建引领　深化改革　全力办好群众家门口的事——北京市推进基层治理创新的实践探索》，《社会治理》2019 年第 8 期。

连玉明：《轨道上的京津冀》，《北京观察》2015 年第 5 期。

B.4

上海国家中心城市建设：回顾和展望

曹君杰　吴玉鸣*

摘　要： 2019年，上海经济增长总体平稳，显示出较强的韧性和活力，在金融、贸易、物流、环保等方面取得了良好进展，“五个中心”职能建设工作稳步推进，国家中心城市作用进一步凸显，在长三角一体化发展过程中起到引领作用。此外，上海市在新冠肺炎疫情期间通过出台一系列政策迅速稳定社会环境与经济环境，一些高新科技产业以及线上平台的运转表现亮眼，为上海市日后的发展提供了新思路、新经验。

关键词： 上海　创新驱动　人才培养　政策引导　文化建设

一　上海市国家中心城市建设态势分析

（一）2019年上海市综合发展状况

上海市于2019年全年实现国内生产总值38155.32亿元①，较2018年同期上涨了6.0%（见图1）。从三次产业情况来看，其中，第一产业总产值下降幅度明显，较2018年同期下跌5.0%；第二产业总产值略有上涨，较2018年同期上涨0.5%；第三产业总产值增幅显著，较2018年同期上涨8.2%。其中，

---

* 曹君杰，华东理工大学商学院硕士研究生，研究方向为城市与区域经济发展；吴玉鸣，博士，华东理工大学商学院副院长、教授、博士生导师，研究方向为城市和区域经济发展、空间统计与空间计量经济学。

① 数据来源：上海市统计局，tjj. sh. gov. cn。

规模以上工业总产值同比增速呈上扬态势，并于2019年末达到12.4%的涨幅。2019年上海三次产业结构为0.34∶25.92∶73.74。可见，上海市在经济增速平稳的同时，产业结构不断调整优化，第三产业对上海市经济发展贡献度持续上升，发展较快；第二产业转型调整态势明显。

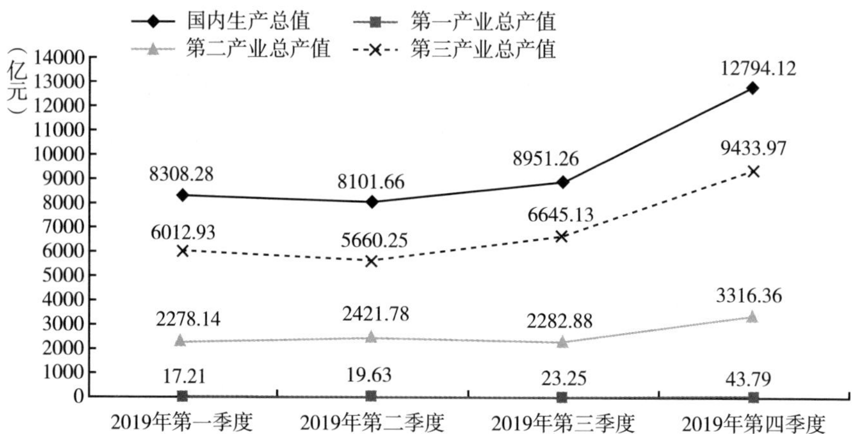

图1　上海市2019年四个季度GDP及三次产业总产值增长情况

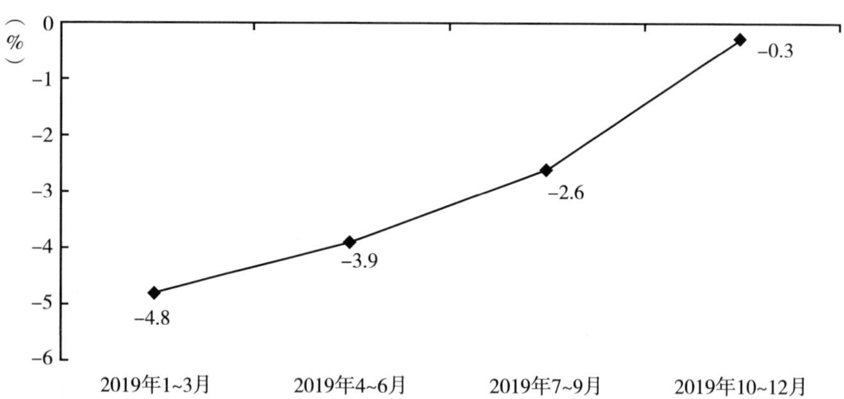

图2　上海市2019年四个季度规模以上工业总产值累计同比增速

资料来源：根据上海市统计局数据整理，tjj.sh.gov.cn。

1. 2019年上海市主要行业表现

2019 年，上海市主要行业表现亮眼，金融行业，房地产行业与交通运输、仓储和邮政业生产总值保持快速增长，尤其是金融行业，生产总值涨幅远超其他行业，达到 11.6%，其余行业生产总值也大多保持增长态势（见表 1），而工业增幅较低，农林牧渔业降幅明显；工业品出厂价格指数稳定在 99.0 左右，起伏较小（见图 3）。2019 年全年，上海市全社会固定资产投资总额增幅保持在 5% 左右，起伏也很小。总体而言，上海市金融行业高速发展，产业结构调整态势明显，经济发展稳定，符合上海市发展定位。

表 1　2019 年上海市主要行业生产总值及其同比增长

单位：亿元，%

指标名称	生产总值	比上年同期增长
农林牧渔业	110.10	-5.9
工业	9670.68	0.4
建筑业	716.16	2.1
批发和零售业	5023.23	2.4
交通运输、仓储和邮政业	1650.44	3.6
住宿和餐饮业	458.86	-0.5
金融业	6600.60	11.6
房地产业	3300.72	5.1

资料来源：《2019 年上海市国民经济和上海发展统计公报》，tjj. sh. gov. cn

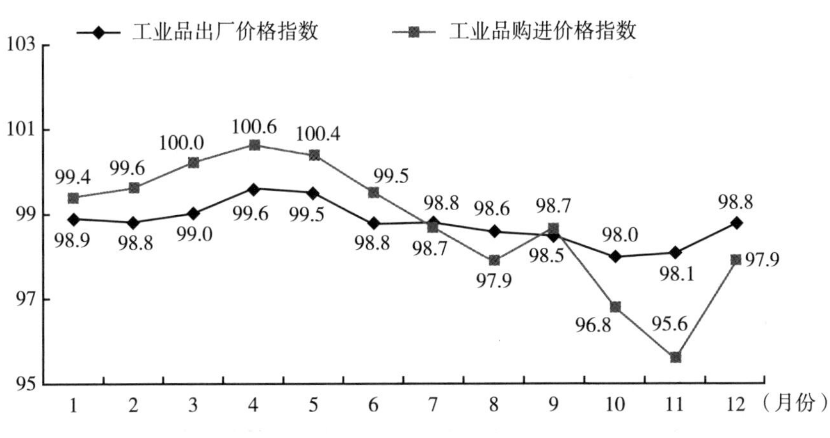

图 3　2019 年上海市工业品价格指数（月度同比）

资料来源：根据上海市统计局数据整理，tjj. sh. gov. cn。

2. 2019年上海市战略性新兴产业增加值及其增长速度

2019 年，上海市战略性新兴产业增加值为 6133.22 亿元，较 2018 年同比增长 8.5%（见表2），占当年 GDP 总量的 16.1%，较 2018 年提升了 0.4 个百分点。其中，工业贡献 44.19%，服务业贡献 55.81%，服务业继续成为推动战略性新兴产业发展的助力，并快速增长，进一步体现出上海市现代服务业发展的活力。

表 2　2019 年上海市战略性新兴产业增加值及其同比增长

单位：亿元，%

指标名称	增加值	比上年增长
战略性新兴产业	6133.22	8.5
工　业	2710.43	3.3
服务业	3422.79	13.3

资料来源：《2019 年上海市国民经济和社会发展统计公报》。

3. 六个重点行业

2019 年，上海市六个重点行业工业总产值为 23279.15 亿元（见表3），与 2018 年基本持平。石油化工及精细化工制造业以及生物医药制造业发展速度较快，其他行业发展速度较缓，有一半行业是呈负增长态势。其中，生物医药制造业和石油化工及精细化工制造业两个行业是上海的两个支柱性行业，并保持了良好的发展态势，但是两者的总产值仅占全市工业总产值的 14.78%，占比较小，仍有很大的发展空间。

表 3　2019 年上海市重点行业工业总产值及其同比增长

单位：亿元，%

指标名称	总产值	比上年同期增长
全市工业	35487.05	-0.3
六个重点行业工业	23279.15	0.1
电子信息产品制造业	6140.93	-2.1
汽车制造业	6409.57	-4.4
石油化工及精细化工制造业	3923.83	8.6
精品钢材制造业	1169.87	-2.5
成套设备制造业	4315.06	1.3
生物医药制造业	1319.88	7.3

资料来源：《2019 年上海市国民经济和社会发展公报》，tjj. sh. gov. cn。

4. 规模以上服务业

2019 年，上海市规模以上服务业企业实现营业收入 31293. 92 亿元（见表 4），较 2018 年同期增长 10. 1%；实现营业利润 3025. 72 亿元，较 2018 年同期增长 21. 2%；除教育、卫生和社会工作外，其余行业利润率均较高。分行业来看，信息传输、软件和信息技术服务业，科学研究和技术服务业以及水利、环境和公共设施管理业发展迅猛，表现出上海以信息技术服务、科研创新行业为发展重点，创新驱动战略卓有成效。

表 4　2019 年上海市规模以上服务业企业营业收入、营业利润及其同比增长和利润率

行业	营业收入（亿元）	比 2018 年同期增长（%）	营业利润（亿元）	比 2018 年同期增长（%）	利润率（%）
总计	31293. 92	10. 1	3025. 72	21. 2	9. 67
交通运输、仓储和邮政业	10380. 05	7. 8	471. 58	-4. 9	4. 54
信息传输、软件和信息技术服务业	5870. 86	16. 8	712. 59	51. 4	12. 14
租赁和商务服务业	9773. 73	8. 2	1382. 59	13	14. 15
科学研究和技术服务业	2759. 22	14. 7	233. 61	49. 9	8. 47
水利、环境和公共设施管理业	497. 18	16. 3	35. 46	95. 6	7. 13
居民服务、修理和其他服务业	336. 01	8. 5	33. 72	72. 1	10. 04
教育	131. 44	2. 6	1. 62	5. 7	1. 23
卫生和社会工作	186. 6	8	-1. 7	—	-0. 91
文化、体育和娱乐业	441. 06	-2. 7	63. 47	52. 4	14. 39

资料来源：上海市统计局，tjj. sh. gov. cn。

（二）2019年上海市科研投入情况

1. 科研经费投入

上海市 2019 年全年研究与实验发展（R&D）经费支出为 1524. 6 亿元①，

① 资料来源：《2019 年全国科技经费投入统计公报》。

占全市 GDP 的 4.0%，位居全国第二，与 2018 年基本持平。全年共认定高新技术成果转化项目 822 项，比 2018 年增长 25.3%，认定数量创历史新高。其中，电子信息、生物医药、新材料、先进制造与自动化等重点领域项目占 86.0%，上海市创新驱动发展态势良好。

2. 专利研发与申请

2019 年全年，上海市共申请 17.36 万件专利，较 2018 年上涨 15.5%（见表 5），其中 57.95% 的专利已获得授权。2019 年上海市 PCT 国际专利申请量达 0.32 万件，约占全国 PCT 国际专利申请量的 5.4%，较 2018 年增长了 28%。2019 年，上海市每万人口发明专利拥有量为 53.5 件，较 2018 年上升 12.7%。总体而言，上海市创新氛围浓厚，潜力巨大，发展态势良好。

表 5　2019 年上海市专利发展情况

项目	数量	比上年增长(%)
专利申请(万件)	17.36	15.5
其中:		
发明专利	7.14	13.8
实用新型专利	8.06	15.9
外观设计专利	2.16	20.5
专利授权(万件)	10.06	8.8
其中:		
发明专利	2.27	6.6
实用新型专利	6.16	10.9
外观设计专利	1.62	4.3
PCT 国际专利申请(万件)	0.32	28.0
全市有效发明专利(万件)	12.98	12.9
每万人口发明专利拥有(件)	53.50	12.7

资料来源：上海市统计局，tjj.sh.gov.cn。

（三）2019年上海市人民生活质量

1. 人均可支配收入和消费支出

2019 年，上海市人均可支配收入为 69442 元（见图 4），较 2018 年增长 8.2%。其中，城镇常住居民人均可支配收入为 73615 元，较 2018 年增长 8.2%；农村常住居民人均可支配收入为 33195 元，较 2018 年增长 9.3%。

2019 年上海市居民人均消费支出为 45605 元（见图 5），较 2018 年增长 5.2%。其中，城镇居民人均消费支出为 48272 元，较 2018 年增长 4.9%；农村居民人均消费支出为 22449 元，较 2018 年增长 12.4%。

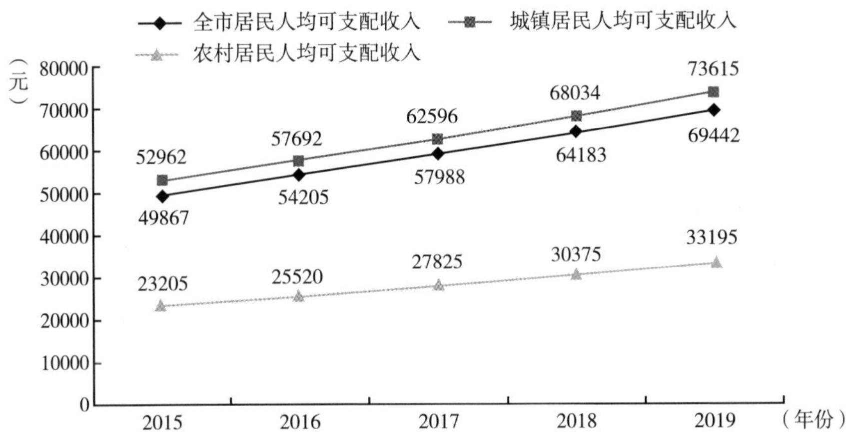

图 4　2015 ~ 2019 年上海市居民人均可支配收入

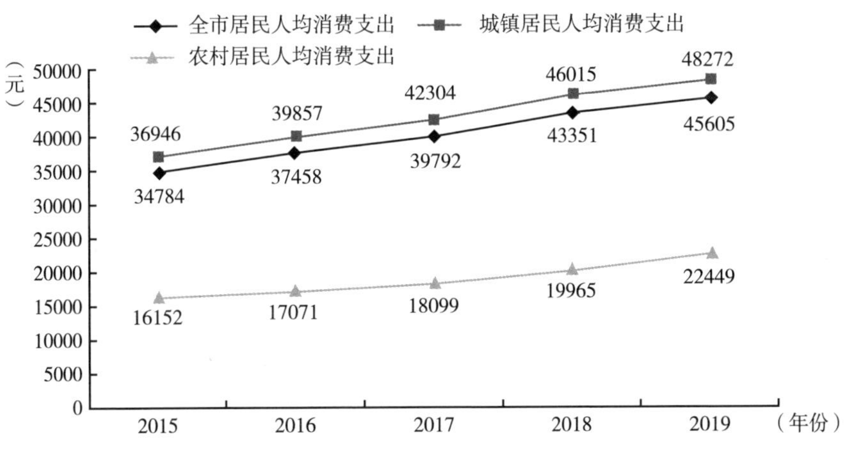

图 5　2015 ~ 2019 年上海市居民人均消费支出

资料来源：《上海统计年鉴 2019》。

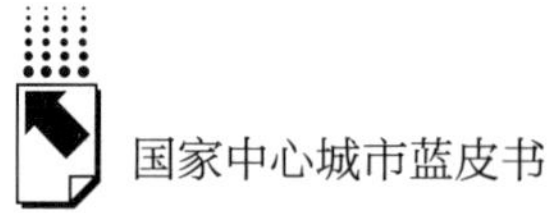

2. 居民消费价格指数

以上年同期为100，2019年上海市居民消费价格总指数为102.5。其中，食品烟酒大类的居民消费价格指数最高，为105.0；交通和通信大类的居民消费价格指数最低，为97.8。而在食品烟酒大类中，畜肉类居民消费价格指数最高，为118.7。总体而言，2019年上海市居民消费价格指数稳定，受国内外环境影响，部分产品价格波动较为明显，给居民生活造成一定影响。

表6　2019年上海市居民消费价格指数

指标名称	以上年同期为100的指数	以上月价格为100的指数
居民消费价格总指数	102.5	100.3
服务价格指数	102.0	100.1
消费品价格指数	102.8	100.5
食品烟酒	105.0	101.2
其中：		
食品	106.4	101.5
粮食	100.7	99.6
食用油	100.6	100.1
菜	103.5	110.4
畜肉类	118.7	99.2
水产品	100.3	101.4
蛋类	105.2	98.0
干鲜瓜果类	107.4	103.0
衣着	103.2	98.8
居住	101.9	100.2
其中：		
水电燃料	99.4	100.0
自有住房	102.3	100.1
生活用品及服务	100.9	100.4
交通和通信	97.8	100.2
教育、文化和娱乐	101.2	100.3
其中：		
教育	103.9	100.1
文化娱乐	99.4	100.3
医疗保健	103.3	99.9
其他用品和服务	103.3	98.9

资料来源：上海市统计局，tjj.sh.gov.cn。

（四）2019年上海市重要发展行动

1. 完善一体化在线政务服务，推进智慧城市建设

2019 年 3 月，为贯彻落实国务院关于推进全国一体化在线政务服务平台建设的要求，《上海市人民政府办公厅印发〈2019 年上海市推进“一网通办”工作要点〉的通知》①，正式开始本年度上海市政务服务平台优化工作。同年，上海市政府相继出台了《上海市政府网站集约化平台建设工作方案》② 和《“随申办”超级应用建设工作方案》③，对平台优化工作进行了详尽的规划。

同时，为贯彻落实国家总体部署，促进上海智能化、数字化、网络化转型升级，发挥 5G 对上海经济和社会发展的重要作用，上海市政府于 2019 年 7 月公布《上海市人民政府关于加快推进本市 5G 网络建设和应用的实施意见》④。上海市政府计划于 2020 年底实现 5G 全市域覆盖，至 2021 年培育 100 家 5G 应用领域创新型企业。

2. 完善开创科创板试点，推动高新科技产业发展

为发挥上海市金融行业优势，2019 年 6 月，上海证交所正式开创科创板并试点注册制；7 月，首批 25 只科创板股票上市交易，标志着科创板正式上市。创立科创板为新兴科创企业提供了新的融资渠道，体现出上海深化资本市场，深化金融供给侧改革，引领经济创新驱动发展。

2019 年 7 月，为贯彻习近平总书记关于加速新一代人工智能发展的重要指示，推动上海特色产业发展，打响上海品牌，上海市政府印发了《推进上海马桥人工智能创新试验区建设工作方案》⑤，分步骤建设上海新一代人工智

---

① 《上海市人民政府办公厅关于印发〈2019 年上海市推进“一网通办”工作要点〉的通知》，沪府办发〔2019〕8 号文。

② 《上海市人民政府办公厅关于印发〈上海市政府网站集约化平台建设工作方案〉的通知》，沪府办〔2019〕9 号文。

③ 《上海市人民政府办公厅关于印发〈“随申办”超级应用建设工作方案〉的通知》，沪府办〔2019〕109 号文。

④ 《上海市人民政府关于加快推进本市 5G 网络建设和应用的实施意见》，沪府规〔2019〕27 号文。

⑤ 《上海市人民政府办公厅关于印发〈推进上海马桥人工智能创新试验区建设工作方案〉的通知》，沪府办发〔2019〕19 号文。

能产业孵化基地，大幅加快了人工智能产业的发展节奏，也为将来建设更多新兴产业园区积累经验。

2019 年 8 月 20 日，上海自贸区临港新片区揭牌。揭牌首日便有 13 家企业获颁营业执照。9 月 12 日，新片区首批重点项目集中签约和开工，其中，签约项目 23 个，涉及集成电路、人工智能、生物医药等重点发展领域。新片区的建立标志着上海创新产业结构，发展高科技新兴产业迈入了新的阶段。同时，上海也出台多项新政策规范自贸区临港新片区的发展，规范产业制度，提供政策支持，为将来自贸区高质量发展奠定基础，也积累宝贵的经验。

3. 优化营商环境，加强企业竞争力

2019 年 11 月，第二届中国国际进口博览会在上海成功举办。在本次进口博览会上，共有超过 180 个国家、地区和组织参加，超过 3800 个企业参展，按一年计，累计意向成交额 711. 3 亿美元，较第一届进口博览会上升了 23%，成就之大，令全世界瞩目。第二届中国国际进口博览会不仅是一场大型的贸易盛会，也让全世界再次看到了一个日新月异、包容开放的上海，再一次向世界展示了上海风采，契合了“海纳百川、追求卓越、开明睿智、大气谦和”的上海文化，也对上海的营商环境提出了更高的要求。

2019 年 1 月，上海市政府印发了《上海市交易场所管理暂行办法》①。上海市将持续探索交易场所管理方法，规范交易场所秩序，明确政府责任，防范金融风险，稳定交易市场发展，为上海市交易市场创新和发展奠定良好的制度基础。上海市交易场所管理暂行方法的实施，是上海市对于交易市场管理体系的新探索、新尝试，是将上海建设成为国际贸易中心过程中的必经之路，也同样是为上海市交易市场稳定保驾护航，保护交易市场参与者利益，提升上海交易场所公信力，打响“上海交易”品牌。

坚持对外改革开放，深度融入世界市场也是对企业自身竞争力的考验。近年来，上海国资国企改革初具成效，为了巩固改革成果，进一步提升国资国企市场竞争力，优化企业布局和企业结构，让国资国企焕发出蓬勃朝气，上海市政府于 2019 年 8 月印发《上海市开展区域性国资国企综合改革试验的实施方

① 《上海市人民政府关于印发〈上海市交易场所管理暂行办法〉的通知》，沪府规〔2019〕8 号文。

案》（以下简称《方案》）。《方案》旨在建成以管资本为主的国资监管体制，充分发挥企业领导作用，建设具有中国特色的现代国有企业制度，符合新时代中国特色发展道路，有较强国际影响力和行业竞争力的国资国企。

4. 坚持服务于民，共建美丽城市

上海市政府从多角度改善民生，提升市民文化幸福感，建设美丽城市，与各地人民携手共同脱贫致富。2019 年 1 月，上海市推出《上海市生活垃圾管理条例》[①]（以下简称《条例》），这是上海市人大的地方法规，《条例》于同年 7 月正式开始实施。《条例》明确规定了生活垃圾的分类标准，各市政部门的责任范围，各类垃圾的收集、运输和处置方式等内容。《条例》的制定与实施，响应了习近平总书记提出的“垃圾分类就是新时尚”的号召，表现出上海市正逐步建设可持续发展模式，创建更为宜居的城市环境。

2019 年 5 月，上海市政府印发《上海市人民政府办公厅关于本市深入开展消费扶贫助力打赢脱贫攻坚战的实施意见》[②]，创新消费扶贫方式，动员全社会力量参与扶贫工作，坚决打赢脱贫攻坚战。实施意见中，上海市政府明确提出，将严格按照党中央和国务院的决策部署，帮助对口地区改善生产链、提升价值链，直接连接贫困县和对口支援地区，促进当地扶贫工作和产业持续发展，推动其融入上海市场，丰富“上海服务”“上海购物”品牌内涵，为国家最终打赢脱贫攻坚战做出上海贡献。

2019 年 5 月 20 日至 6 月 2 日，第十二届中国艺术节在上海成功举办。在本届中国艺术节上，上海有一部作品和一名表演艺术家分获文华大奖和文华表演奖。8 月 19 日，上海共有六部作品在第十五届精神文明建设“五个一工程”评选中获奖。此外，上海还同步启用了一揽子扶持政策，抓紧打造全球影视创制中心、亚洲演艺之都，启动中共一大纪念馆、上海大歌剧院建设工程，投用程十发美术馆、上海马戏城等一批新建、重修文化场馆，提升了市民文化获得感，展现出上海文化的繁荣与活力。

为了满足城市发展对高素质人才的急切需要，上海市政府于 2019 年 12 月

---

① 《上海市人民政府办公厅关于印发贯彻〈上海市生活垃圾管理条例〉推进全程分类体系建设实施意见的通知》，沪府办发〔2019〕3 号文。

② 《上海市人民政府办公厅关于本市深入开展消费扶贫助力打赢脱贫攻坚战的实施意见》，沪府办发〔2019〕12 号文。

印发了《上海职业教育高质量发展行动计划（2019—2022年）》①。计划中明确指出，上海市职业教育高素质发展要坚持立德树人，坚持需求导向、发展导向和改革导向；要立足于上海产业发展战略需要，做精中等职业教育，做强高等职业教育，优化职业教育层次、优化职业教育发展的政策支持体系，加大政府支持力度，培养能服务于上海产业发展，具有高品德、高素养、高职业技能的社会主义建设者和接班人。

（五）2020年上半年上海市经济建设情况

根据上海市政府官方统计②，2020年上半年，上海共计实现国内生产总值17356.80亿元，比2019年同期降低了2.6%。第一、二、三产业产值分别为33.91亿元、4256.81亿元和13066.08亿元，产值占比分别为0.20%、24.52%和75.28%，与2018年同期相比，分别降低了16.9%、8.2%和0.6%。规模以上服务业实现营业收入15053.62亿元，比2018年同期降低5.6%；实现营业利润799.75亿元，比2018年同期降低33.1%，其中，软件和信息技术服务业及科学研究和技术服务业不仅实现正的营业利润，且与2018年同期相比分别实现了37.0%和163.4%的正向增长。

2020年上半年上海市城乡居民人均可支配收入分别为38459元和19908元，较2018年同期增长了3.5%和4.7%；城乡居民人均消费支出分别为21163元和10807元，较2018年同期分别下降了11.0%和6.4%；上海市2020年1~6月居民消费价格总指数为102.7，其中，食品烟酒大类中畜肉类价格指数最高，为150.8。

二　上海市国家中心城市建设经验

（一）2019年上海市发展经验

1. 坚持对外开放策略

作为“一带一路”倡议的重要节点，同时拥有洋山深水港等大型港口设施，

① 《上海市人民政府办公厅关于印发〈上海职业教育高质量发展行动计划（2019—2022年）〉的通知》，沪府办〔2019〕128号文。

② 数据来源：上海市统计局，tjj.sh.gov.cn。

上海不仅成为国际贸易重要的货物进出口岸，而且拥有良好的实施进出口贸易的条件。2019 年 11 月，洋山深水港二期工程竣工，运输能力有了进一步的提升，推动上海逐步实现成为全球航运中心的战略目标。扎实和渐进的基础设施建设以及积极参与国际贸易的政策让上海在对外贸易方面拥有极高的参与率，迎合了上海的对外开放战略。同年，上海举办了第二届中国国际进口博览会，让上海成为中国对外开放的重要阵地，进一步提升了上海的战略地位。

上海坚持对外开放战略并硕果累累的原因是基于自身营商环境的优化和制度的创新。上海于 2019 年初提出的优化自身营商环境的 108 项改革措施于年底全部落地，良好的营商环境助力上海能更好地吸引外商投资。至 2019 年末，外商直接在沪投资合作项目数量达 6800 个[①]，较 2018 年同期增长 21.5%；合同涉及金额达 502.53 亿美元，较 2018 年同期增长 7.1%。此外，令人瞩目的特斯拉上海超级工厂做到了“当年投建，当年投产”，这得益于上海全力推行政务服务“一网通办”的决定。良好的营商环境和更加便捷的政务服务吸引更多的外商企业来沪投资，也让上海能够不断坚持改革开放战略，取得硕果累累的成绩。

2. 以创新为发展动力

（1）金融创新

2019 年全年上海新增持牌金融机构 54 家，“沪伦通”、沪深 300ETF 期权及股指期权、长三角一体化 ETF、天然橡胶期权等金融创新产品成功推出，上证交易所推出科创板并试点注册制。上海是一座金融业高度发达的城市，是全国乃至世界的金融聚集地之一，同时也是一座信息化程度较高的城市，依托这些得天独厚的优势，上海秉持创新驱动发展理念，推动供给侧改革，以金融业为切入点，创新各项金融产品和金融制度，优化健全金融交易制度，规范市场金融环境，在为交易市场提供便捷新颖产品的同时保障市场的公平稳定。一系列金融方面的创新也让上海的金融业实现了 6600.60 亿元的总产值，比 2018 年同期增长了 11.6%，助力上海尽快建设成为全球金融中心。

（2）制度创新

上海制度创新不仅体现在金融方面与时俱进，还体现在政务服务方面的制

① 数据来源：上海市统计局，tjj.sh.gov.cn。

度创新。2019 年上半年，以需求为导向，以高新技术为实现方法，以一个平台集中提供政务服务为目标，上海推出了“一网通办”工作方案。2019 年下半年，上海启动了政府网站集约化平台建设工作，将原本分散的功能、数据进行集约化，同时计划采取创新手段，融合大数据、云计算、人工智能等新型技术，目标在于搭建一个功能强大、灵活运用的高效政务服务平台。上海面向公众需求还于 8 月启动了“随申办”超级应用建设工程，此项工程的目的在于让公众能够通过多个渠道和多个终端在同一个平台办理事务，是“一网通办”项目思想的延伸。总体而言，上海的制度创新是基于对民众需求的回应以及对高新技术方法的应用，其二者共同促进了新制度的诞生。

3. 注重高素质人才培养

（1）人才培养与引进

上海市非常注重对高素质人才的培养。截至 2019 年底，上海拥有四所“985”高校，十所“211”高校，以及其他数十所高等院校，为全国输送了 17.56 万优秀毕业生。在拥有良好教育资源的基础上，上海市出台了《上海职业教育高质量发展行动计划（2019—2022 年）》，从政策层面明确了上海市人才发展战略方向和目标，即从需求层面出发，培养适应上海产业发展趋势，拥有高素质、高技能，品学兼优的人才。

此外，上海市还出台了多项人才引进优惠政策，明确了对于高素质人才的界定，简化办理人才引进的手续和流程，放宽资格要求，为国内外人才引进提供更多优惠政策。2019 年，上海人才引进落户实现“一网通办”，大幅简化了办事手续。

（2）教育体系改革

上海市还实行了对职业教育体系的改革，强化自身教育体系建设，推进高等职业教育“双一流”建设，推动一批高等院校和专业进入国际一流行列，国内领先行列。上海市还推进对各中职学校的排摸调查，对不同分类的学院施行不同的政策，支持有条件的中职院校提升办学层次，鼓励暂不具备条件的中职院校与高职院校加强合作，关闭已停止招生、名存实亡的院校。同样，上海市也致力于健全应用型大学评级标准，引导相关学院坚定自身定位，坚持办学理念和办学方向，为社会培养具有高素质、高技能的应用型人才。最后，上海市还根据自身发展规划，加强人工智能、集成电路、养老服务等一系列新兴产业和民生领域的专业建设，为日后的人才储备奠定基础。

4. 推进“互联网 +”建设

上海是一座信息化程度较高的城市，基础网络建设相对完善。上海市充分利用自身在网络建设方面的比较优势，将“互联网 +”思维应用于各项改革创新之中。上海市政府创建“一网通办”政务服务平台，整合市政府线上办事平台，打破各平台数据不同，相互孤立的形式；创建“互联网 + 监管”体制，利用大数据、云计算、移动办公等技术，开创新型监管方式，推动“智能监管”新模式的发展；开发“随申办”系统，主要满足市民办理各项事务的需求；试点“互联网 + 护理”服务，探索新型养老模式，更有效地利用社会养老资源；大力开展“互联网 +”大学生创新创业大赛，响应李克强总理“大众创业，万众创新”号召，鼓励在校大学生充分发挥自身的智慧，以创新创业的方式，为上海“互联网 +”建设添砖加瓦。

5. 推动绿色可持续发展

上海市在产业选择与产业发展阶段就已经融入了可持续发展的思想，以科技含量高、环境污染少的高新技术产业作为自身下一阶段的产业发展方向，对制造业进行智能化改造，加大对企业的监管力度。同时，上海市于 2019 年下半年正式开始实施全市范围的垃圾分类。通过政策引导、媒体宣传、党员带头等多方面措施，上海市政府迅速推进垃圾分类工作进社区、进企业，为后续垃圾分类处理回收打下扎实的基础。上海市政府也同样规范了垃圾处理方案，对不同垃圾采用不同的处理方法，保护市民参与垃圾分类活动的积极性。此外，上海市青浦区被纳入长三角绿色发展示范区，与长三角其他城市一起，共同探讨绿色发展之路。上海市也有多家研究院和众多学者就上海的可持续发展战略进行深入研究。

（二）2020年上半年上海市发展特点

2020 年上海市的发展围绕新冠肺炎疫情防控和稳定经济展开。面对突如其来的新冠肺炎疫情，上海市政府快速响应，出台多项政策以防止疫情扩散，为疫情期间的经济稳定和疫情过后的经济恢复打下良好基础。同时，上海市充分发挥自身的产业优势和高程度的信息化建设，配合相应的政策部署一起应对疫情挑战。

1. 以民为本快速响应

面对突如其来的新冠肺炎疫情，上海市政府及时做出反应，于 2020 年 1 月迅速成立上海市新型冠状病毒感染的肺炎疫情防控工作领导小组①，出于防疫需要宣布延迟复工和开学；暂时关闭前往部分疫情重灾地区的航班和车次，提升车站等公共场所防疫举措；禁止聚餐、观影等一系列人员聚集性行为；动员基层居委会、党组织和普通百姓加入疫情防控志愿者队伍；鼓励市民和企业进行线上办公，学校进行线上教育，禁止任何线下教学行为；组织各医院全力救治新冠肺炎患者，组织医疗队援助疫情重灾区。

上海市政府严格的疫情管控措施无疑将对社会正常生产生活秩序造成重大影响，势必使得经济发展停滞，而出于以人为本的发展理念，上海市政府积极响应国家号召，与其他地区一起制定了严格的防疫措施，不计代价，将人民群众的生命置于首位，迅速调整决策部署，坚决打赢新冠肺炎疫情攻坚战。

2. 制定新政策稳定经济

纵使新冠肺炎疫情严重影响了上海市正常的生产生活秩序，但是上海市还是将工作重点由经济发展转向了抗击疫情，市政府也出台了多项措施，稳定疫情期间的经济秩序，最大限度维护市场稳定，助力企业度过困难时期，为后续经济恢复打下良好基础。2020 年 2 月，上海市出台了《关于上海市全力防控疫情支持服务企业平稳健康发展的若干政策措施》②，大力支持直接参与抗击疫情的企业，为其提供减免部分费用、降低贷款利率等一系列财政支持；对受疫情冲击较大的企业，为其提供减免租金、税收优惠等帮助；降低企业为职工承担的社保费用，实施培训补贴，减轻企业负担；优化营商环境，在发展“一网通办”的同时，健全法律制度，完善企业信用修复机制，协助企业修复因疫情而造成的信用缺失；协助企业开展有序的复工复产，在加强防疫物资保障的同时，加大对新模式、新技术企业的支持，加速网络购物、数字经济、生物医药等产业的发展，上调 2020 年科技创新券使用额度上限。这一系列措施的出台，不仅帮助企业降低了因新冠肺炎疫情而遭受的经济损失和信用损失，

① 《上海市人民政府办公厅关于成立上海市新型冠状病毒感染的肺炎疫情防控工作领导小组的通知》，沪府办〔2020〕8 号文。

② 《上海市人民政府关于印发上海市全力防控疫情支持服务企业平稳健康发展若干政策措施的通知》，沪府规〔2020〕3 号文。

助力企业尽快恢复生产秩序，加速新兴产业的发展，稳定社会经济；抓住机遇，加速建设上海市政务服务线上平台，健全上海市营商环境和法律制度。3月，上海市政府还颁布了《关于应对新冠肺炎疫情支持外贸企业稳定发展的政策措施》①。上海市在为外贸企业提供防疫物资保障、融资支持、企业信用管理服务支持和政务服务无纸化政策支持外，针对外贸企业的特殊性，还给予了跨境金融结算服务支持和企业参展费用安置等的资金支持。

而对于2020年新一届高校毕业生的就业问题，上海市政府于2020年3月颁布了《关于做好2020年上海高校毕业生就业工作的若干意见》②。在通过给予补贴鼓励企业吸收应届毕业生、扩大基层就业项目的同时，也实施了为应届毕业生提供就业帮扶、技能培训、创业补助、建立网络人才市场等一系列帮助应届毕业生尽快就业的举措。

2020年5月，上海市政府颁布了《上海市应对突发事件应急征用补偿实施办法》③。为应对新冠肺炎疫情的影响，上海市政府紧急向社会征用了许多人力和物资；在疫情趋于稳定之际，上海市政府抓住时机，完善相关补偿制度，明确规定了补偿范围、补偿方法和其他特殊情况的应对方法，弥补了这一领域相关制度的缺失，有效保护企业和市民的权益；健全社会法治建设工作，保护了市民和企业抗击疫情的积极性，同时也为未来可能发生的其他突发事件做了进一步的准备。

从整体来看，上海市政府针对疫情的特殊情况制定了许多新的政策，推出了多项举措，助力企业度过疫情困难期，为后续复工复产和经济恢复打下了扎实的基础；同时也抓住时机，弥补了政策方面的不足与缺失，在建设社会主义法治社会方面迈出了扎实的一步。

3. 创新性服务业助力经济增长

从2020年上半年上海市经济发展状况的相关数据可以看出，尽管受疫

---

① 《上海市商务委员会印发〈关于应对新冠肺炎疫情支持外贸企业稳定发展的政策措施〉的通知》，沪商规〔2020〕2号文。

② 《上海市人民政府办公厅印发〈关于做好2020年上海高校毕业生就业工作的若干意见〉的通知》，沪府办规〔2020〕2号文。

③ 《上海市人民政府办公厅关于印发〈上海市应对突发事件应急征用补偿实施办法〉的通知》，沪府办规〔2020〕6号文。

情影响，上海市政府不得不采取严格的防疫措施，使得各产业产值都有所下降。然而上海市第三产业下降幅度最小，不足1%。细分来看，规模以上服务业中，又以软件和信息技术服务业及科学研究和技术服务业实现了大幅正向增长。并且上海市城乡居民人均可支配收入都出现了小幅增长。从此可以看出，面对突如其来的新冠肺炎疫情，传统服务业受到了较大的冲击，大量餐饮集团、影院、旅游景点只能接受巨额亏损的事实，但是，以科研、技术支持为首的服务业不仅受到较小的冲击，还实现了大幅的正增长。尽管从整体来看，上海市仍旧未能实现正的经济增长，但是创新性服务业在疫情中的表现大幅降低了上海经济体系受到的冲击，是疫情期间为数不多的表现活跃的产业。这些产业因为其自身的发展优势，不仅发展过程灵活，而且其发展成果也拥有举足轻重的地位，在疫情期间，这些产业表现亮眼，成为经济发展的重要因素。

4. 现代信息技术支撑经济快速恢复

疫情期间，上海市政府严禁市民进行聚集行为，因此，一些大型会议、研讨会等被迫推迟或取消，部分企业受此影响难以开展正常的工作，所有的学校、教育机构无法进行正常的教学活动，政府、银行等办事机构的线下服务窗口无法开放。针对这个情况，上海市政府、企业、学校和机构快速发展现代信息技术，灵活运用线上平台在疫情期间实现了远程办公、线上教育、网上办理服务等，有效扭转了因疫情所产生的对正常生产生活的影响。当新冠肺炎疫情攻坚战取得阶段性胜利，部分生产生活逐渐进入恢复阶段，防疫措施逐渐根据实际情况而放缓之际，各类线上外卖平台、购物平台再次活跃了起来，在满足了民众日常所需的同时，也有效带动了上海互联网经济的恢复和物流行业的恢复。此外，在疫情期间，上海市交通委与申通地铁集团、支付宝和高德地图合作，利用大数据技术和信息定位技术等手段，创新性地推出轨交车厢二维码①，并迅速覆盖了城市6000多个列车车厢，只需要乘客扫描此二维码，上海市政府便可以建立该名乘客的轨道交通轨迹，很大程度上助力了上海市的疫情防控，为上海市经济恢复创造了有利条件。

① 资料来源：上海市交通委，http：//jtw.sh.gov.cn/。

三　上海引领长三角地区一体化发展的机遇与挑战

（一）机遇

1. 落实长三角一体化国家战略，城市发展潜力巨大

根据国务院印发的《长江三角洲区域一体化发展规划纲要》[①]，以上海、南京、杭州等27市为中心，带动长三角地区高质量发展。根据恒大研究院公布的2019年中国城市发展潜力的百强名单，长三角地区共有14个城市位列前50名（见表7），其中，上海、南京和杭州分别居第3位、第6位和第10位的高位。此外，根据GaWC排名，上海获得Alpha+（一线强城市）评级，南京和杭州均获得Beta（二线城市）评级。GaWC（Globalization and World Cities）对世界城市进行了权威的排名，主要是对全球城市进行评测，内容涉及金融、会计、广告、法律、管理咨询等五个行业，并在排名中对这些城市进行级别划分。这份排名重视“高级生产者服务业机构”，关注城市在世界各地活动中所表现出来的主导作用和带动能力，对上海国家中心城市建设和长三角地区协调发展具有重要的借鉴意义。

由此可见，不论是国内排名还是国际排名，长三角地区城市总体发展处于较高水准，部分城市在国际排名靠前，引领作用明显。

表7　长三角地区27座城市2019年中国潜力百强城市指数和GaWC评级情况

城市	指数	排名	2020年GaWC评级	2018年GaWC评级
上海	94.0	3	Alpha +	Alpha +
南京	78.0	6	Beta	Beta
杭州	73.3	10	Beta	Beta +
苏州	70.9	13	Gamma +	Beta −
合肥	65.4	20	Gamma +	Gamma
无锡	65.2	21	Sufficiency	Sufficiency

① 资料来源：中华人民共和国中央人民政府官网，http：//www.gov.cn。

续表

城市	指数	排名	2020 年 GaWC 评级	2018 年 GaWC 评级
宁波	64.0	22	High Sufficiency	High Sufficiency
温州	62.7	24	—	—
常州	58.1	30	—	—
南通	57.1	34	—	Sufficiency
嘉兴	52.7	41	—	—
金华	52.0	45	—	—
绍兴	50.8	46	—	—
镇江	50.3	48	—	—
扬州	49.0	52	—	—
台州	49.0	53	—	—
泰州	48.8	54	—	—
芜湖	47.8	56	—	—
舟山	45.5	64	—	—
马鞍山	45.2	68	—	—
湖州	44.8	72	—	—
盐城	43.4	78	—	—
铜陵	—	—	—	—
安庆	—	—	—	—
滁州	—	—	—	—
池州	—	—	—	—
宣城	—	—	—	—

资料来源：根据恒大研究院《2020 年 GaWC 世界城市排名》《2018 年 GaWC 世界城市排名》，经作者整理而得。

2. 持续加强基础设施建设，推动长三角地区一体化发展

上海市持续加强自身基础设施建设，构建更为庞大便利的交通网络，加速推动长三角地区一体化交通网络建设。2019 年 9 月，浦东国际机场三期扩建主体工程暨卫星厅启用开航，是目前全球最大的卫星厅。此项工程的建成将使得浦东机场航班靠桥率从 50% 提升至 90% 以上，大大强化了浦东机场的客运能力。此外，上海还于同年先后启动了连接浦东、虹桥两大交通枢纽的轨道交通机场联络线建设工程，沪通铁路太仓至四团段建设工程，沿江通道浦东段接线工程等一系列重大交通建设工程。这些工程不仅将满足上海市民日常出行交

通的需要，提升自身作为国家中心城市的形象，加快建设世界“航运中心”职能，同时也将加强上海与长三角地区城市的联系，与洋山深水港工程遥相呼应，共同构建长三角地区立体化交通网络。

2019 年 11 月，长三角生态绿色一体化发展示范区及示范区理事会、支委会同时揭牌。示范区包括上海市青浦区、江苏省苏州市吴江区、浙江省嘉兴市嘉善县，将率先探索将生态优势转化为经济社会发展优势，从项目协同走向区域一体化制度创新。长三角生态绿色一体化发展示范区的建立是长三角区域协调发展的又一重要契机，它将为长三角区域发展提供宝贵的经验。

（二）挑战

1. 人口老龄化与人口密度较高问题亟须解决

根据《2019 年上海市老年人口和老龄事业监测统计信息》[①] 的统计数据，截至 2019 年底，上海市共有户籍人口 1471. 16 万，65 岁及以上老年人口 361. 66 万，占总人口的 24. 6%。从 2019 年末上海市户籍人口金字塔的图形来看（见图 6），上海人口老龄化问题依旧严重，劳动力人口相对不足，使得劳动人口相对匮乏，导致公共服务财政压力大，养老资源相对不足，医疗服务吃紧，社会福利支出较高。尽管上海市于 2014 年就已经开放“二孩政策”，但是从婴幼儿成长为青壮年劳动力需要长时间的等待和大量资源的投入，从家庭和社会的角度而言，目前正处于最为艰难的时间段，二孩政策的效果仍需要等待。

人口老龄化是世界上大多数发达地区面临的问题，上海人口老龄化问题由来已久，目前，上海市政府针对养老服务资源紧张的问题，利用“互联网 +”思维，进行“互联网 + 养老服务”模式的试点，充分利用社会资源，提升上海养老服务质量。而从长期来看，二孩政策也将在一定程度上提升未来上海劳动力人口比重，缓解人口老龄化问题。尽管人口老龄化问题在相当一段时间内无法彻底解决，但是上海可以利用自身优势，从多角度对这个问题进行细致的解答，提升上海老年人口幸福感，让他们安享晚年。

此外，上海拥有大量常住人口。至 2019 年末，上海市常住人口总数为

---

① 资料来源：《2019 年上海市老年人口和老龄事业监测统计信息》。

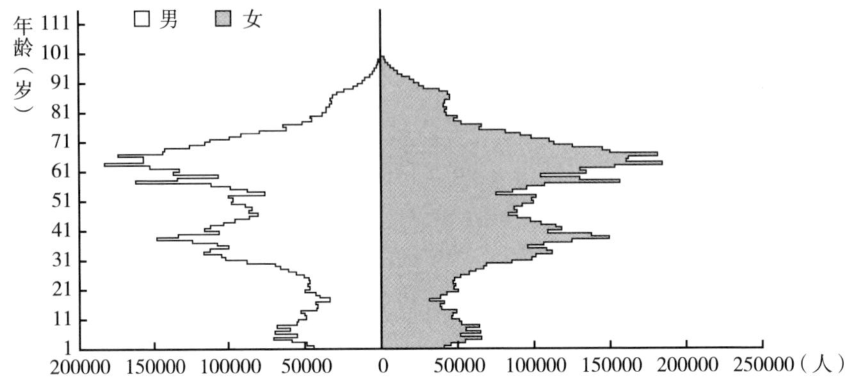

图 6　2019 年末上海市户籍人口金字塔

资料来源：《2019 年上海市老年人口和老龄事业监测统计信息》。

2428.14 万。[①] 其中，户籍常住人口 1450.43 万，外来常住人口 977.71 万。上海市面积约为 6340.5 平方公里，人口密度约为 3810 人/平方公里。较大的人口密度，给上海市的土地资源、医疗资源、教育资源、就业资源、文化资源、社会公共资源、社会福利等资源分配和交通管理、行政管理等政府管理带来巨大压力。2014 年，上海开放"二孩政策"，再次加重了上海的人口密度问题。

上海作为中国经济发达的城市之一，同时也是长三角地区发展程度最高的城市，根据区域经济学中的"虹吸理论"，上海吸引着大量劳动人员来沪发展是很自然的现象。尽管根据"辐射理论"，上海市也将为长三角地区乃至全国各省区市输送具有高素质的各类人才，但是从目前上海市的情况来看，就人口流动而言，"虹吸效应"显著大于"辐射效应"，具体表现为长三角地区各地人口密度差距较大，人口频繁流动。上海虽然拥有严格公平透明的户籍制度和人才引进制度，以调整上海户籍人口数量，但是如何处理大量的流动人口、国内外高素质人才持续落户上海、为缓解人口老龄化实行的"二孩政策"对上海发展做出的巨大贡献与巨大的人口密度带来的压力之间的矛盾，这仍旧是上海在建设国家中心城市的过程中需要探索的巨大问题，同样也是上海在引领长三角地区协调发展过程中需要解决的问题。

① 数据来源：上海市统计局，tjj. sh. gov. cn。

2. 制度创新示范引领作用仍需持续推进

2019 年，上海在金融、贸易、物流、环保等方面都取得了良好进展，而为了巩固已经取得的成就，同时也为未来上海市的创新发展和国家中心城市建设，需要继续推动制度创新，发挥浦东新区创新引领的示范作用。尤其是曾经红极一时的“共享经济”需要出台政策规范企业经营，保护市民权益，整顿市容；科创板的上市，更多创新型金融产品的推出，在调动金融市场活力的同时，需要通过相应政策和制度防范金融性风险，防范投机行为，维护金融市场健康稳定发展。而长三角地区各省市因为发展程度不同，在制度方面也有着较大的区别。在区域贸易、人口流通、营商环境等一系列领域建立互认互通的机制是长三角地区一体化发展的必经之路，需要进一步发展。

3. 长三角高质量一体化建设任重道远

长三角地区经济基础和发展情况差距较大。2019 年，上海市拥有 7 家世界 500 强企业（见表 8），江苏省和浙江省各拥有 3 家和 5 家，安徽省拥有 2 家，不均衡的经济发展情况造就了不同的政策制度、营商环境，金融业发展程度等也不尽相同。在长三角地区高质量一体化建设过程中，目前尚未建立起完整健全的互通互认机制，不论是人才引进政策，还是企业跨区发展的相关政策等，这些都减缓了长三角地区一体化进程；各省间交通发展情况不同，上海与“苏锡常”等经济较为发达城市交通建设相对完善，与杭州、湖州、嘉兴等交通设施仍处于发展阶段的地区的联系有待加强，使得上海市的引领作用不明显；上海、“苏锡常”、南京等地文化资源相对丰富，不论是图书馆、博物馆等设施的分布，还是文化相关活动的举办频次、规模等都有所体现，而安徽和苏北为核心的地区文化资源相对匮乏，难以形成有效联动和共同繁荣。

表 8　2019 年各地拥有的世界 500 强企业数量

地区		企业数量
北京		56
上海		7
江苏	南京	1
	苏州	2
香港		7

续表

地区		企业数量
广东省	深圳	7
	广州	3
	佛山	2
	珠海	1
浙江省	杭州	4
	温州	1
福建省	厦门	3
	福州	2

资料来源：见原倩《建设包容性发展城市群——以长三角城市群为例》，《行政管理改革》2020年第8期。

四 对上海市国家中心城市建设和长三角地区一体化发展的展望

（一）建设智慧型国家中心城市

疫情期间，上海市经济发展受到了很大的冲击，各产业经济产值都有不同程度的下降。但是，疫情期间上海也有许多新兴产业产值实现了正向增长，以及诸多办公办学线上平台的运用。一系列新兴产业的发展和新型模式的运用，为上海市的发展提供了新的方向。上海市不应轻易放弃疫情期间表现亮眼的线上平台运用和新兴产业发展，要在更大范围推广上海市线上平台建设理念，将“互联网 +”理念渗入更多的领域，不仅要应用于政务服务办理，更要结合人工智能、大数据、云计算和 VR 等新技术，建立建设上海市城市公共数据库、上海市数字化旅游业、数字化科研、数字化养老服务、数字化医疗卫生服务、数字化交通管理服务等一系列具有“互联网 + 上海”特色的新产业和新服务。

此外，上海市也可以考虑逐步发展完善线上办公办学模式，与传统线下模式相辅相成、互为补充，让距离不再成为办公办学的障碍，推进数字化办公和数字化教学的落实。疫情期间，线上教学以播放录制课程形式为主，线上办公会议以语音通话和视频通话为主，数字化程度较低，未来，VR 技术、5G 网络技术将助力上海建设更加逼真流畅的线上办公办学平台，提升上海市数字化程度，将上海市建设成为新时代智慧城市。

（二）全力推进上海“五个中心”职能建设

经过数代上海人的不断努力，以“上海服务”“上海购物”“上海制造”“上海文化”为内涵的四大品牌已在上海逐渐形成，应国家发展需要，上海市正在也必将完成“五个中心”职能建设。上海市在继续自身的城市经济建设过程中，也要更进一步融入世界经济，建设“经济中心”职能；面对国际形势的纷繁复杂，上海对外开放的大门时刻打开，以每年的进口博览会为契机，优化市场营商环境，建设全球化市场，为全球消费者提供优质产品和购物体验，加强“贸易中心”职能建设；利用现代数字化技术，提升城市供给能力，融合“互联网＋”思维，提升行业标准，创建优质服务产业，优化金融行业制度，推进“金融中心”职能建设；强化基础设施建设，继续建设完善洋山深水港，在国际海上航线上发挥更重要的作用，发挥“航运中心”职能；提升制造业自主创新能力，将人工智能、大数据、云计算等新技术、新思维融入上海市制造业、医药行业，促进创新链与产业链深度融合，推进张江国家自主创新示范区建设，支持大学科技园做大做强，加快形成一批引领产业发展的科技创新中心重要承载区，建设“科技创新中心”职能。

总体而言，渗入世界经济，为世界构建一条便利的海上贸易之路，以新技术、新思想驱动上海发展，以世界经济作为上海的舞台，以特色文明作为上海名片，以包容开放的心态迎接世界人民，上海的国际中心城市地位将会越来越高。

（三）创建以民为本的宜居环境

以民为本是城市发展之本。不论是突如其来的新冠肺炎疫情，还是上海市在发展过程中遇到的与民生福祉有关的问题，都受到市政府高度关注，在不断摸索实践解决之道。

1. 继续完善法治社会建设

上海市将持续进行社会主义法治社会建设工作，完善现有法规法律制度，制定新的法律法规以适应新发展和新环境的需要，保障市民人身财产安全，严厉打击新型犯罪行为，让每一次管理都有法可依、有据可依。

2. 健全社会福利体制

不论是上海市的人口老龄化问题，还是上海市贫富差距问题，都涉及上海市社会福利分配体制的改革与完善。除了建立新型养老服务机制，进行社会资源再分配以外，完善社会职业技能培训机制、完善职业咨询机制；考虑延长假期，让子女有更多的时间陪伴老人，让社会福利体制不仅包括资金上的支持，还包括对信息、机会、时间等各方面的支持，让社会福利体制更具人文关怀。

3. 全社会一起共建绿色城市

上海市民的生活水平已迈上了一个新的台阶，对于环境的要求也与日俱增。在未来，上海市也会将目光聚焦在环境保护、环境治理、环境美化等方面。绿色城市不仅是城市表面上的清洁美丽和现代化，也是每一位上海人所传达的绿色生活理念与文化。绿色城市建设将会在上海市未来的城市规划中占据越来越重要的地位，也同样将在一代代上海人的努力下最终被实现。

（四）中心城市带动长三角地区一体化发展

经过十几年的发展，上海市已经建立起来了发达的金融体系、贸易体系和航运体系，全球经济参与度不断提升，自身经济获得了长足发展。上海市在不断完善自身金融行业建设、发展自身经济实力的同时，也要从多方面带头引领长三角地区经济的共同繁荣，充分发挥地区发展的“辐射效应”，与周边省市共建快捷便利的水陆立体交通网络，推动物流行业跨省市发展；分享金融业建设经验，助力周边各省市尽快融入国际金融贸易体系；带头建立人才数字化市场，与周边省市互联共通；建立不同地区统一政策机制或政策互认机制，降低乃至消除各地政策差异；建立互联共通的线上平台，创建长三角大型数字化平台，利用大数据、人工智能和云计算等技术，就物流、科研、贸易、金融等领域实现信息互换等。

2019 年成立的长三角生态绿色一体化发展示范区为长三角一体化建设积累了宝贵的经验。近日，为解决因各地经济发展不同造成的高端人才认定标准不一的问题，示范区决定，在一个城市获得高端人才认定可被示范区其他城市认可。在三省一市长三角区域全域一体化过程中，上海将发挥龙头带头作用，共建产业合作园区，建设长三角一体化立体网络，并为周边各省市在发展过程中提供必要的经验，让周边各省市能充分发挥后发优势，上海市可以此为突破点，推动长三角地区共同繁荣。

参考文献

上海市第十四届人民代表大会第四次会议：《上海市国民经济和社会发展第十三个五年规划纲要》，2016 年 1 月。

应勇：《政府工作报告 - 2020 年 1 月 15 日在上海市第十五届人民代表大会第三次会议上》，2020 年 1 月。

B.5
天津建设国家中心城市的进展、成效与展望*

周彩云　周立群**

摘　要： 2019年以来，天津走高质量发展道路，经济社会各领域发展平稳、稳中有进，在推动京津冀协同发展和促进经济高质量发展方面均取得较大成效。尤其在新冠肺炎疫情暴发情境下，天津在强化抗疫的同时统筹推进经济社会发展，高效推动复工复产，多点发力促进全市经济高质量发展。当前，天津在科技创新、产业发展、环境优化、口岸功能完善等方面仍存在较大挑战。中心城市服务能力建设已成为我国区域发展布局的新内涵，提升区域服务能力和水平既是天津中心城市的使命，也是其经济实力和竞争力的综合体现。为构建以内循环为主的新发展格局，天津需以服务能力建设为战略支点，将科技创新、产业发展、环境优化、口岸功能完善与服务能力提升结合起来，为高质量发展赋能，并更好发挥其中心城市的辐射带动作用。

关键词： 高质量发展　京津冀协同　口岸服务能力

* 本文为天津市科委项目科技发展战略研究计划项目“推动京津冀协同创新的路径与对策研究”（项目编号：19ZLZXZF00030）阶段性研究成果。

** 周彩云，天津财经大学经济学院讲师，南开大学应用经济学博士后，研究方向为区域经济；周立群，南开大学滨海开发研究院教授、天津市智库联盟理事长，研究方向为市场结构、企业组织、区域经济。

一　天津建设国家中心城市的基本进展

2019 年以来，天津市以习近平总书记对天津工作提出的“三个着力”重要要求为元为纲，坚定不移走高质量发展道路，全市经济增速回暖，产业结构优化，人口规模增长，生态环境显著改善。

（一）经济总量排名下滑，但经济增速回暖

2019 年，天津市地区生产总值为 14104.28 亿元，在中国城市 GDP 排行榜中滑落至第 10 位（见表 1），远低于北、上、广、深，不但在四大直辖市中处于末位，而且相对于苏州、成都、武汉、杭州等发达的省会城市而言也稍逊一筹。与过去 10 年天津基本稳定在第 6 或第 7 的排名相比，经济总量排名较大幅度的下滑，意味着天津正处于宏观经济结构的深度调整时期，再加上世界经济增长乏力、国内整体经济下行压力较大，天津经济增长面临较大挑战。

表 1　2019 年中国城市 GDP 排行榜前十名

排名	城市	GDP(亿元)
1	上海	38155.32
2	北京	35371.30
3	深圳	26927.09
4	广州	23628.60
5	重庆	23605.77
6	苏州	19235.80
7	成都	17012.65
8	武汉	16223.21
9	杭州	15373.05
10	天津	14104.28

资料来源：2019 年中国城市 GDP 百强排行榜。

尽管经济总量排名下滑，但是天津经济增速开始回暖。1999 ~ 2014 年，天津的 GDP 增速一直保持两位数，到 2017 年经济增速骤降至 3.6%（见图 1），在全国各省市中处于末位，天津的经济发展面临前所未有的挑战。在这

种情况下，天津市以极高的战略定位坚定不移地走高质量发展道路，积极布局智能科技产业，培育新的增长点，大力推动质量变革、效率变革、动力变革，成效逐渐显现。2019 年，天津 GDP 增速 4.8%（按可比价格计算），虽然还是低于全国平均水平，但是比上年加快 1.2 个百分点，已呈回升态势。

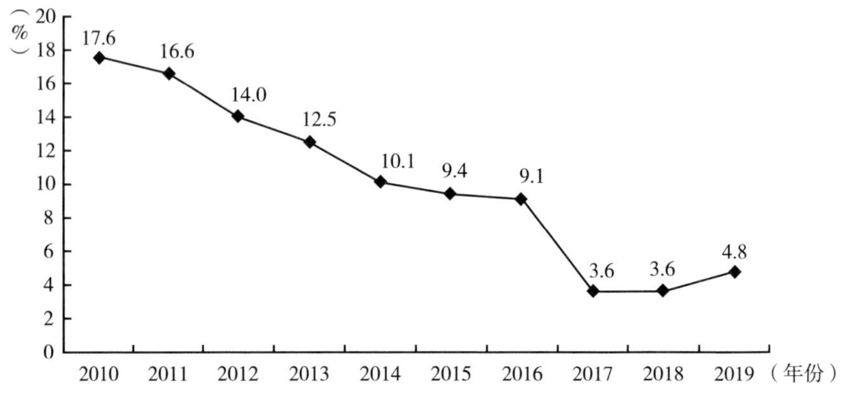

图 1　2010～2019 年天津市 GDP 增长率

资料来源：《天津统计年鉴 2019》《2019 年天津市国民经济和社会发展统计公报》。

（二）产业结构不断优化，新兴产业快速发展

2010～2019 年，天津三次产业结构由 1.4∶52.8∶45.8 演变为 1.3∶35.2∶63.5，第一产业、第二产业比重不断下降，第三产业比重持续增加（见图 2）。从 2015 年开始，天津第三产业比重超过第二产业成为助推经济的主要力量，自此正式进入工业化后期。近年来，第三产业对天津经济的支撑作用不断增强，产业结构持续优化。

产业结构的优化不仅仅表现在三次产业结构的变化上，还进一步表现在产业内部构成的变化上。首先，农业领域，现代都市型农业加快发展。培育国家级龙头企业 17 家，建设多个产业强镇和国家级农业产业融合示范园，建成美丽村庄 250 个，这些成绩的取得得益于现代都市农业的快速发展，2019 年天津第一产业比重比 2018 年上升 0.4 个百分点。其次，工业领域，工业支柱产业更新迭代，先进装备制造业带动作用强劲。2019 年天津市规模以上工业增加值增长 3.4%，其中装备制造业增加值占规模以上工业增加值的 33.5%，同

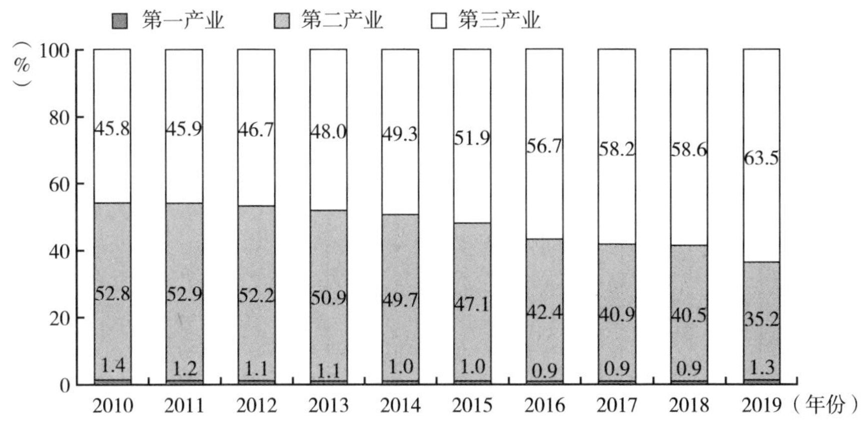

图 2　2010～2019 年天津市三次产业结构

资料来源：《天津统计年鉴 2019》《2019 年天津市国民经济和社会发展统计公报》。

比增长 6.7%，快于全市规模以上工业 3.3 个百分点。具体来看，铁路船舶航空航天和其他运输设备制造业增加值增长 17.3%，汽车制造业增加值增长 13.7%，电气机械和器材制造业增加值增长 10.9%，医药制造业增加值增长 8.8%，专用设备制造业增加值增长 6.5%。另外，服务业领域，现代服务业增长较快。2019 年天津服务业增加值增长 5.9%，其中，交通运输、仓储和邮政业增加值增长 6.8%，高于均值 0.9 个百分点；同时商务和租赁服务业、科技服务业快速增长，2019 年 1～11 月，天津规模以上营利性服务业营业收入增长 23.2%，其中，商务服务业营业收入增长 32.1%，互联网和相关服务营业收入增长 23.5%，租赁业营业收入增长 1.0 倍，软件和信息技术服务业营业收入增长 9.6%。

（三）常住人口规模稳中有升，人才引育成效明显

在人口自由流动的情况下，常住人口和常住外来人口的规模及其变化能较好地反映一个城市的经济水平和吸引力。长期以来，天津的常住人口规模一直保持着较为稳定的增长态势，2016 年达到峰值为 1562.1 万，2017 年有所下降，其后两年稳中有升；2019 年，天津常住人口 1561.8 万，比上年增长 2.2 万人。常住外来人口数量的变化趋势与总的常住人口变化趋势基本一致（见图 3）。

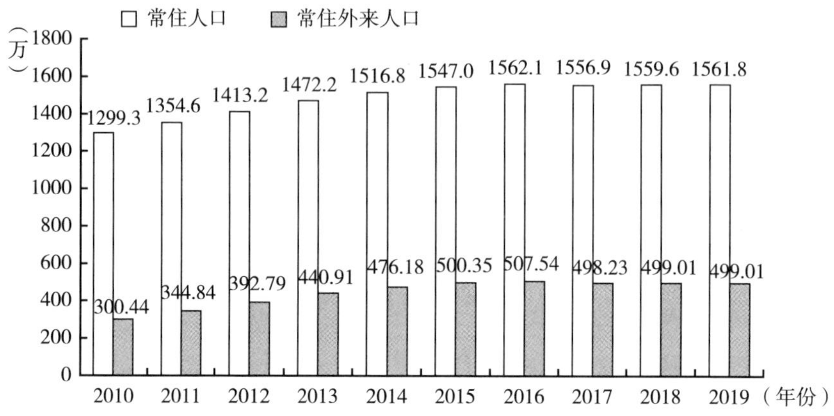

图3　2010～2019年天津市常住人口和常住外来人口总量

资料来源：《天津统计年鉴2019》《2010～2019年天津市国民经济和社会发展统计公报》。

人口规模稳定的同时，就业规模继续扩大。2019年，天津市扎实开展援企稳岗“护航行动”，支持青年群体就业创业，新发展见习基地458家，帮助4.38万名就业困难人员再就业，实现新增就业50.17万人，同比增长2.39%，城镇登记失业率控制在3.5%。同时，引才育才成效明显，“海河英才”行动计划累计引进各类人才24.8万，其中资格型、技能型人才分别为4.8万和6.4万。启动“海河工匠”建设，在长征火箭、长城汽车等先进制造业企业建立205个企业培训中心，覆盖技能工人15.8万。2019年末在津院士37人，新建博士后工作站35个，新进站博士后385人。

（四）加大污染治理和生态保护力度，生态环境显著改善

天津始终坚持以生态优先、绿色发展为导向。2019年，一方面强化污染治理。持续强化大气污染控煤、控尘、控工业污染、控车和控新建项目“五控”治理，完成120万户居民冬季清洁取暖改造；继续推进水环境治理，完成河湖“清四乱”专项行动，完成10座城镇污水处理厂扩建提升工程；提速推进渤海综合治理，制定“一河一策”治理方案；完成农用地土壤污染详查，污染地块治理深入推进，整治311处非正规垃圾堆放点。另一方面加大生态保护和修复。升级保护875平方公里湿地自然保护区，加快推进退耕还湿、土地

流转、河湖水系连通；加快建设736平方公里双城间绿色生态屏障；提升153公里海岸线生态功能，加快实施生态廊道建设和岸滩修复工程。

生态环境显著改善。2019年天津PM2.5平均浓度总体保持稳定，达到51微克/立方米，较2018年进一步下降；地表水优良水体比例达到50%，较2018年提高10个百分点，劣V类水体比例首次降至5%，较2018年降低20个百分点；12条入海河流全部消除劣V类水体，近岸海域优良水质比例达到81%，较2018年提高31个百分点；建成武清永定河故道、宝坻潮白河国家湿地公园；新增植树造林40万亩，新增城市绿道河西示范段、子牙滨河公园等一批城市公园，海河沿线夜景品质全面升级。

二 天津建设国家中心城市的成效

2019年，面对国内外复杂多变的经济形势，天津市坚持新发展理念，一方面，深入推进京津冀协同发展战略，积极承接北京非首都功能，主动服务雄安新区，大力推进交通、生态等重点领域协同发展；另一方面，笃定高质量发展道路，着力于新兴产业引育、改善营商环境、推动国企混改、发展夜间经济、推动自贸区改革、加快绿色智慧港口建设等，成效显著。

（一）促进京津冀协同发展成效

1. 有效承接北京非首都功能

首先，主动对接、服务北京，加强与国家部委、中央企业、大院大所的有效合作，2019年，成功举办国企混改项目对接会等活动，与北京大学、清华大学、中国人民大学签署战略合作协议及10项子协议，并取得阶段性成果。一批项目引进落地，据统计，2019年，天津市引进北京投资项目802个，到位资金额1345.99亿元，占全市实际利用内资的46.7%。其次，持续打造“1+16”承接平台体系。2019年，滨海—中关村科技园新增注册企业502家，京津合作示范区完成首批10个地块出让，宝坻京津中关村科技城产业载体中心部分投入使用，15个项目落地建设。另外，进一步推出承接非首都功能新政。2019年10月，发布《关于天津市促进承接北京非首都功能项目发展的政策措施（试行）》，涉及人才落户、子女教育保障、医疗服务、投融资支持、税收分享、企业支持、在津购房等多个方面，已在天津滨海中关村科技园、宝坻中关村科技城试行。

2. 主动服务雄安新区建设

一方面主动对接、全面协作。加快落实与河北省签署的积极推进河北雄安新区建设发展战略合作协议确定的 8 个方面的合作事项，产业、生态、公共服务等交流协作全面深化；规划完善天津联通雄安新区的交通网络，津雄城际铁路已纳入国家规划；建立常态化干部人才交流机制，遴选优秀党政干部到雄安新区挂职。另一方面，发挥优势、精准服务。加快建立雄安新区至天津港货运快速通关机制，天津港雄安服务中心揭牌成立；教育合作加强，天津一中在雄安新区设立校区。

3. 深化交通、生态领域协同发展

2019 年以来，天津进一步深化与京冀在重点领域的协同发展。一方面，扎实推进交通互联互通建设，持续建设“轨道上的京津冀”，京滨、京唐高铁加快建设，3 条市域（郊）铁路纳入京津冀协同发展交通一体化规划修编；唐廊高速天津段一期与唐山段同步开通运营，津石、塘承高速公路全面开工建设；天津港环渤海内支线已覆盖秦皇岛、京唐、曹妃甸、黄骅等港口，平均每月班期密度达 90 余班；天津滨海国际机场新增加密航线 26 条，2019 年天津滨海国际机场旅客吞吐量 2381 万人次，同比增长 0.9%。另一方面，不断深化生态环保联防联控，2019 年，京津冀河流跨界断面实现统一采样、统一监测，永定河综合治理与生态修复稳步推进，“通武廊”签订环境保护合作框架协议。

4. “一基地三区”建设成效明显

全面落实党中央对天津功能的定位，2019 年天津“一基地三区”建设成效明显。一是围绕全国先进制造研发基地建设，实施智能制造“攻坚年”行动，高技术制造业投资增长 36.5%，快于全市投资 22.6 个百分点。二是国际航运核心区功能持续提升，2019 年天津口岸进出口整体通关时间同步分别压缩 54.6% 和 58.5%；天津港集装箱吞吐量达 1730 万标准箱，同比增长 8.1%。三是金融创新运营示范区建设稳步推进，天津自贸试验区金融改革 30 条措施全部落地，中外金融机构本外币贷款余额增长 6%，融资租赁继续保持全国领先水平，飞机、国际航运船舶、海工平台等跨境租赁业务总量占全国比例均超过 80%。四是改革开放先行区建设取得重要成果，出台支持自贸试验区创新发展措施及行动方案，“深改方案”128 项任务完成 122 项，27 项创新成果在全国复制推广。天津自贸试验区新登记市场主体累计超过 6.4 万户，注册资本超过 2.16 万亿元。

（二）推动高质量发展成效

1. 创新发展加速，“智造业”发展壮大

2019 年 1 月 17 日，习近平总书记在天津滨海—中关村科技园考察时提出“高质量发展要靠创新”。7 月 4 日，发布《天津市创新型企业领军计划》，以战略性新兴产业为重点，强化技术创新、模式创新和协同创新，以培育一批“航母级”创新型领军企业为目标。2019 年，天津已有国家科技型中小企业 6235 家，雏鹰企业 1632 家、瞪羚企业 348 家，新认定科技领军企业 15 家、市级“杀手锏”产品 55 个，综合科技创新水平位居全国前列。与此同时，2019 年，天津成为第一批国家新一代人工智能创新发展试验区，把自身定位在“整合人工智能创新资源，壮大智能科技产业集群”上。当前，天津智能科技产业链优势凸显，正加快形成航空航天、高端装备、电子信息等十大智能产业集群，“智造业”占工业比重超过 50%。

2. 营商环境优化，民营经济主体快速增加

2019 年以来，天津出台《天津市优化营商环境条例》，深化“一制三化”改革，深入落实民营经济“19 条”及 32 项配套实施细则，持续开展百户民企发展壮大行动，继续实施 6 批降成本政策措施，全年为企业减负 730 亿元，企业经营成本明显降低。推动“放管服”改革，市级行政许可事项从 1133 项减少到 228 项。建成天津网上办事大厅，企业开办时间压缩至 1 天，营商环境持续优化。2019 年，天津市新登记民营市场主体 26.49 万户，同比增长 21.1%，占全市新登记市场主体的 99.2%，全市民营经济增加值同比增长 5.1%，快于全市经济 0.3 个百分点。

3. 国企混改亮眼，国有企业提质增效

2019 年以来，天津市五家市管国有企业成功实现集团层面混改，预计引入资金 208 亿元。截至 2019 年底，天津共 13 家市管企业完成混改，涉及资产 4984 亿元，共引入社会资本 447.5 亿元，带动二级及以下企业 480 余户混改，天津国企混改无论是数量还是规模，均走在全国前列。国企混改旨在通过国有

资本和非公资本的融合发展，把真正的体制引进来，把企业活力激发出来，是国企高质量发展的根本出路。天津国企混改的成效也直接反映在企业营收上，2019 年，国有企业运行质量和效益整体向好。前三季度，天津市市管国有企业净利润同比增长 2.6%，市管一级企业盈利面同比提高 6.5 个百分点，有 29 家集团实现盈利，5 家集团实现减亏；市管国有企业成本费用利润率同比上升 1.6 个百分点，呈向好趋势；科技投入达 19.4 亿元，同比增长 13.3%，创新转型和市场开拓力度不断加大。

4. 夜间经济较快发展，城市经济活力提升

2019 年，天津大力发展夜间经济，制定出台了《加快推进夜间经济发展的实施意见》等多项措施，已建成和平区五大道等6 个市级夜间经济示范街区和7 个区级夜间经济示范街区，吸引大量游客。夜间经济的火爆，促进了城市经济的繁荣。据统计，各大夜市开街后，带动周边商场、餐饮等行业企业普遍延长了经营时间，收入同比增长 30% 以上。夜间经济的火爆，增强了城市的活力。统计数据显示，2019 年上半年，天津夜间外卖平台交易额同比增长 35.5%，晚上 11 时以后仍在营业的商户达 2.6 万家。夜间经济的火爆，盘活了商业资源。在已开街的 13 个夜市中，有 5 个是利用闲置商业载体重新建设，共计盘活 8.4 万平方米商业资源。

5. 自贸区自由化升级，绿色智慧港口建设加快

2019 年是天津自贸区从“便利化改革”转向“自由化升级”的重要转折年，9 月 30 日《中国（天津）自由贸易试验区创新发展行动方案》公布实施，行动方案 100 条改革措施中的 48 条是全国首创，推动天津自贸试验区制度、政策、功能、产业的全面升级和国际化水平的进一步提高。另外，绿色智慧港口建设取得重大进展。自动化技术的深度应用，使北区智能码头自动化堆场作业能力提升了 10%，设备利用率提高了 35%；提前 1 年实现港口作业船舶 100% 使用岸电，绿色港口建设成效明显；打造雄安新区海上门户，推出“一中心三节点”前端服务平台，建造“一条通道、三个窗口”的绿色物流构架；海铁联运疏港比超过 30%。

三　抗疫背景下天津的防控与复工复产

2020 年，突如其来的新冠肺炎疫情对国内外各地区、经济各领域都带来

了较大的影响，天津也不例外。疫情发生以来，天津市按照习近平总书记一系列重要讲话和指示要求，根据党中央、国务院决策部署，始终将人民群众的生命安全和身体健康摆在首位，发挥协同创新优势，守望相助、抱团抗“疫”，全市疫情防控向好态势不断巩固；同时统筹推进经济社会发展工作，高效推动复工复产，多点发力促进全市经济高质量发展，做好民生保障，扎实推进“六稳”工作、深化落实“六保”任务，全力推动经济社会重回正轨并向好发展，力争为“十四五”良好开局打下坚实基础。

（一）强化联合防疫调度，抓紧抓实常态化疫情防控

一方面强化京津冀联合防疫调度。天津与京冀三地认真贯彻落实习近平总书记关于要加强和落实区域间疫情联防联控要求，在疫情发生之初，迅速建立疫情联防联控联动工作机制方案，构建起京津冀三地政府部门协调、专业部门对接、全方位协调服务的联防联控工作体系。三地联合印发了 10 个方面的制度措施，协同推动人员流动、交通通畅、物资供应、企业复工复产等。尤其是卫生健康部门，联合探索建立了京津冀疫情防控沟通机制、信息共享机制、疫情协查管控机制、诊疗方案共享和危重病人会诊等多项机制；梳理形成首批相互支持的 38 个事项清单，涉及天津的 31 项已全部完成。另一方面，动态调整防控措施，抓紧抓实抓细常态化疫情防控。以“外堵输入，内防扩散”为总体原则，根据疫情的情况变化调整重大突发公共卫生事件应急响应级别，并同时对防控策略进行调整。疫情发生以来，天津市出台多项措施，把做好防护、确保安全作为复工复产的前提条件，抓紧抓实抓细常态化疫情防控，打造“最安全城市”的口碑与品牌。尤其加强武清、蓟州等与北京交界地区的联防联控，天津机场作为首都机场第一入境点机场，严格防范疫情境外输入，全力防护首都安全。

（二）打出复工复产组合拳，高效推动复工复产

疫情的影响使得 2020 年第一季度天津主要经济指标出现较大下滑，为促进经济社会持续健康发展，天津市在加强疫情防控的基础上，精准施策，扎实推进企业复工复产。一方面京津冀协同推动复工复产。天津第一时间认可北京、河北“健康码”信息，全力协调北京产业链在天津的 188 家重点配套企

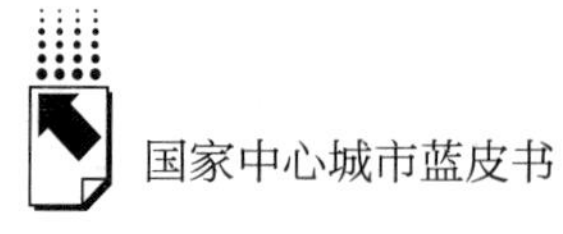

业全部复工。

另一方面则是精准施策。打出复工复产组合拳。一是出台真金白银惠企政策。自2月份起，天津先后推出了一系列惠企政策，包括“津21条”“暖企16条”“金融快速响应机制”等，从稳岗位、减免房租、延缓缴税、降低融资成本等多方面为企业减压；3月15日天津又重磅出台了27条措施，拿出“真金白银”，从阶段减免税费、促进就业稳岗、降低要素成本、强化金融支持、优化服务保障等方面支持中小微企业和个体工商户。

二是一企一策主动对接、精准服务。为推动工业企业复工复产，天津市制定印发专门的《工作方案》。干部下沉企业全力帮扶，向企业派驻市区两级干部3000余名，为4600余家规上工业企业复工复产进行指导服务，针对企业实际，做好政策解读和沟通，积极围绕开工复工产业链条，协调解决企业用工、原料、运输、资金等方面问题；拓展精准化、个性化服务，联合阿里巴巴集团，开发了全市工业企业复工服务平台App，在线帮助企业解决实际困难；按照“一企一策、特事特办”的工作原则，启动应急处置机制，开辟网上业务绿色通道，大力简化办事流程。

三是保障复工复产人力支撑。天津市交通运输部门会同人力资源、卫健委等部门制定了《关于加强疫情防控做好错峰返程运输的工作措施》，保障广大务工人员安全便捷出行、顺利返岗。人社局、市财政局、市教委和市医保局联合印发《关于支持企业复工复产促进就业若干举措的通知》，通过采取给予企业返岗复工包车费补贴、给予线上招聘补贴、给予高校毕业生灵活就业社保补贴等一系列措施，保障企业用工，进一步支持企业复工复产。

（三）多点发力，助力经济高质量发展

面对疫情下经济下行的挑战，天津市保持战略定力，坚定发展信心，多方举措并进，助力全市经济复苏与高质量发展。一是积极承接北京非首都功能疏解。出台了《天津市支持重点平台服务京津冀协同发展的政策措施》，亚投行灾备中心、麒麟软件总部、国际传媒大厦等一批重大项目落户，一季度引入京冀项目资金占全市实际利用内资的41.8%。

二是大力推进“云签约”项目投资。举办2020年重点招商项目“云签约”活动，签约项目116个，引资904亿元，涉及智能科技、医药健康、新能

源新材料等多个新兴领域；成功举办第四届世界智能大会，实现148个项目现场云签约，其中内资项目131个，总投资约809亿元，外资项目17个，总投资约16亿美元。

三是扎实推进新动能引育。出台实施新动能引育五年行动计划，着力引进产业链前端的创新型项目和龙头企业，战略性新兴产业集群效应逐渐显现。2020年1~4月，天津市新一代信息技术产业、高端装备制造产业、数字创意产业分别同比增长18.5%、51.9%、56.3%。

四是推进重大项目建设。聚焦工业优势产业、重大基础设施、农林生态、社会民生保障、现代服务业，谋划形成总投资超万亿元的重点建设项目和总投资近7000亿元的重点储备项目；积极布局新基建项目，推动先进技术手段与传统基础设施、传统行业领域深度融合；谋划应急项目，谋划梳理86个市级提高应急管理能力的重大项目，总投资570亿元；谋划社会投资项目，公开推介62个项目，总投资1003亿元，吸引社会资本参与。

五是实施扩大内需战略。大力促销提振消费，组织“购天津·春风行动”，打折让利、薄利多销、活跃消费，搞活商业实体；完善政策、引导消费，引导消费领域商家和企业发放限时消费券；着力激活汽车消费，发布《促进汽车消费的若干措施》；积极拓展新型消费，创造5G商用场景，鼓励网络商城、电商平台、直播带货、在线教育等降费扩容；活跃文化旅游消费，重点打造夜间经济2.0版和亲水亲海精品旅游线路，与周边省市合作拓展旅游市场。

六是出台一系列稳外贸措施，促进外贸企业开展跨境电商业务，辅助中小微企业掌握外贸实操技巧，帮助出口受阻企业开拓国内市场。

（四）完善民生保障，夯实发展底盘

基础民生保障是社会发展大局稳定的基础，疫情下这一点尤为重要。天津市把以人民为中心的思想落到实处，着力提高和改善民生水平，努力推进2020年全市20项民心工程。一是多措并举促进就业。积极促进高校毕业生、退役军人、就业困难人员、农民工等重点群体就业，持续开展职业技能提升行动，不断拓宽就业渠道。实施失业保险援企稳岗“护航行动”，全力确保就业形势总体稳定。二是聚力“一老一小”。新增养老床位5000张，新建社区老年日间照料服务中心100个。推进幼儿园建设，新增学位4万个。三是改善居

住条件。有序推进市区零散棚户区改造，全面完成农村困难群众危房改造。向2万户中低收入住房困难家庭发放租房补贴。四是做好社会保障。筑牢全面兜底保障网，优化临时救助制度，拓展救助覆盖范围，加强边缘困难群众救助，提高“救急难”精准度和时效性。

四　将服务能力建设作为中心城市建设的战略支点

从世界中心城市的发展轨迹看，中心城市需要现代服务业的支撑，人才、资金、信息等新要素的汇聚需要以服务业为载体，同时现代服务体系也为城市功能拓展赋能。结合天津当前面临的诸多挑战来看，无论是科技创新能力的提升，还是产业发展均以良好的服务体系为基础，而发展环境的优化，口岸功能的完善，本质上就是服务能力的提升。因此，将服务能力建设作为天津中心城市建设的战略支点，提升天津服务区域的能级和水平，放大城市的聚集和辐射效应，既是天津补经济结构之短板、为高质量发展赋能的战略选择，也是落实京津冀协同发展的内在要求。

（一）加强科技创新能力建设，强化科技服务能力

一方面，围绕科技创新能力提升，加强创新平台建设，集聚创新资源。一是加强创新平台建设，依托滨海新区的产业基础优势和于家堡、空港经济区等空间资源优势，建设一批高水平开放式创新平台和都市型、楼宇型科技园区和创新街区。发挥天津高校的学科和人才优势，采取政府支持、学校承建的方式，建设一批高校科研成果转化、孵化和产业化基地。发挥天津国企、央企、行业领军企业的创新创业带动作用，依托企业内外部资本资源、技术资源、人才资源和市场资源，搭建技术驱动、资本驱动、人才驱动、垂直和水平产业链驱动的多层次众创平台。二是集聚创新资源。结合天津产业发展，引进和培育一批背靠知名高校、国家级大院大所、面向经济主战场的科研院所和新型研发机构，形成对产业发展的支撑。围绕战略性新兴产业发展和优势传统产业转型升级需求，瞄准人工智能及制造、生物医药、新能源新材料等重点发展领域，加大招商引智力度，采取基金引导、空间帮扶等方式吸引一批具有创新性的成果来津转化。同时提高引进人才针对性，按照基础学科、前沿学科、应用技术

领域，瞄准生命科学、新一代信息技术等领域，面向国内外引进一批顶尖人才。

另一方面，以服务服从国家战略和地区发展需要为根本，结合天津学科、技术、产业的基础与优势和经济社会发展要求，提升科技服务辐射能力。一是要大幅提升原始创新策源能力，以南开大学、天津大学和具有国内领先优势的高校院所为依托，集中力量瞄准世界科技前沿领域，以世界一流高校和一流学科发展为导向，以世界一流创新平台和人才为支撑，建设形成若干国际上领跑、并跑的科学“高峰”和“高原”，为建设世界科技强国做出天津贡献。二是要打造国家战略科技力量，抓牢抓实京津冀协同发展战略机遇，加强部市、院地、央地对接合作，深挖部委、国家院所、中央企业、军工集团等科技创新资源，打造国家实验室后备梯队，共同建设国家大科学装置、国家制造业创新中心、国家技术创新中心、国家级科研院所，着力建设一批具有全球影响力的国家级科研创新载体。三是要深入推进协同创新、融合创新。深化产学研协同创新、军民融合创新、跨界融合创新，大幅提升高校院所应用技术开发能力、企业主体研发能力和新产品、新技术、新模式、新业态开发能力，抢占全球价值链的中高端，引领产业创新发展新方向。

（二）以“制造服务”为支点，提升制造产业链和价值链

一方面，加快培育智能科技、生物医药、新能源、新材料等新兴产业，形成产业不断迭代、梯次发展的生态。一是加快培育智能科技产业。以人工智能为核心，以新型信息技术产业为引领，着力于应用场景搭建、关键软硬件产品的研发生产、核心装备和智能终端龙头企业的引进，打造全国领先的智能科技产业聚集地、自主创新先行地、应用场景示范地和智能化解决方案策源地与生产地。二是加快培育生物医药产业。依托天津现有的医药创新平台和医药企业，重点推动肿瘤、心脑血管疾病、糖尿病、呼吸系统疾病、重大传染病等领域药物研发，加快推动成果产业化。在医疗器械方面，重点聚焦数字医学影像设备、高端治疗设备、微创介入与植入医疗器械等创新性强、附加值高的产品。三是加快培育新能源产业。重点发展风电、光伏、绿色电池产业，主要以氢能与燃料电池核心技术突破为重点，形成具有核心竞争力的新能源行业体系。四是加快培育新材料产业。结合天津各区产业优势及发展特色，加快培育

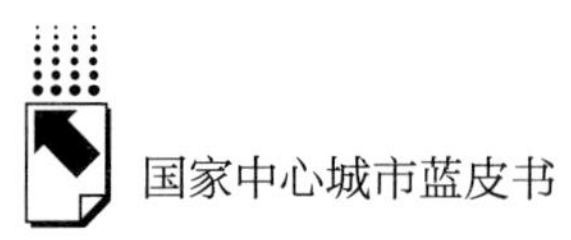

动力电池材料、金属新材料、化工新材料、电子信息材料等产业，重点打造蓟州磁性材料产业集聚区、宝坻动力电池材料产业集聚区、南港化工材料产业基地以及津南电子信息材料产业集聚区。

另一方面，强化“制造服务”，延伸传统制造产业链，提升服务价值链，促进双链融合发展，构建先进制造新生态，推动传统产业高质量发展。一是要推动传统制造产业链升级，使制造业结构从以产品为中心向以提供产品和增值服务为中心转变。围绕先进制造研发的前后端业务，拓展专业服务，发展研究开发、技术转移、检验检测认证、创业孵化、知识产权、科技咨询、技术培育等专业服务。有序推进人工智能、工业互联网、5G 等技术创新服务模式，开展网络化、集成化的专业服务。同时构建研发设计、技术推广、人力资源与人才培训等公共技术服务平台，为先进制造研发提供高端化的全产业链的服务。二是围绕天津制造业价值链的提升，加快先进制造业和生产性服务业相向发展，使两者融合为一条既包含制造增值又包含服务增值的融合型产业价值链。依托制造提供集成化的产品服务和系统集成解决方案发展制造服务业是天津的优势所在。在两者的融合中，制造企业更多从事研发设计、零部件定制服务、营销和售后服务、品牌管理等价值链增值活动；而专门从事制造云服务、电子商务等集成服务商和大型平台企业则通过区块链和人工智能、大数据、物联网等信息技术的深度融合，为制造企业创新和产业链升级赋能。

（三）持续优化营商环境和人才引育环境，提升公共服务水平

一方面，进一步优化营商环境，促进民营经济发展。一是应在“十四五规划”中，对民营经济的发展水平有一个总体谋划，形成民营经济发展的鲜明导向，提升民营企业主体的预期，增强发展民营经济的信心。二是对标国际大都市和国内发达城市，继续深化“放管服”改革，不断创新服务方式，完善线上线下共同支撑的服务体系，改善针对民营企业的监督、环保等方面的执法方式和加大执法力度。三是面对一些惠企政策在落实上存在的难点、堵点问题，要强化政企互动和督促考核机制，实行严格问责追责，破除政策落实中的“梗阻”，使惠企政策落地“最后一公里”的问题得以解决。四是深入调研企业在生产经营过程中存在的实际问题和困难，根据形势的发展对惠企政策进行

调整和完善，打造民营经济发展的一流环境。

另一方面，优化人才引育环境。一是进一步优化《海河英才行动计划》，以更优政策集聚“高精尖缺”人才智力资源，制订各类人才支持计划；围绕重点产业发展，大力引进高端人才和一流创新团队，对顶尖人才给予顶级支持。通过各类人才引进政策的实施打通引才聚才通道。二是优化人才发展环境，支持顶尖人才领衔新型研发机构建设。建设高端人才创业基地，吸引优秀人才（团队）入驻。着力补齐政府综合服务短板，完善生活设施，优化公共服务环境，解决好人才医疗保健、阶段性居住需求及子女教育问题，努力构建功能齐全、运转高效、服务便捷的人才公共服务体系。三是营造良好的人才培养环境。要健全人才培养、使用、评价、激励制度，大力发展技工教育，大规模开展职业技能培训，加快培养大批高素质劳动者和技术技能人才，针对基础人才、创新创业人才、高技能人才等规划设置分类的人才培养计划和人才培养工程。

（四）完善口岸功能，增强服务区域的水平和能力

一要发挥天津港既有优势，以现代化口岸设施为载体，拓展和强化口岸的海上门户综合服务功能，将其与海运快件、跨境电子商务和国际中转集拼等新业态紧密结合，吸引航运企业将天津作为基本港和物流基地，组建和扩大海外网络与商务平台。二要推进航运基础设施建设，拓展航空口岸功能。积极承接首都机场货运溢出需求，吸引快递和物流企业在津组建航空货运公司，建立一批货源稳定的国际全货机货运航线，提升机场综合保障能力，推动国际航空物流中心建设。三要完善陆网建设。借助京津冀互联互通现代轨道交通体系建设，加强与周围城市的互联互通。申请设立天津铁路货运开放口岸，以融通日韩、蒙俄的过境通道和海铁联运班列为载体，推进“东北亚—天津港—大陆桥—中亚西亚和欧洲”双向多式联运模式及“互联网＋货运”新业态发展，完善国际物流服务。四要优化区域物流集疏运体系，建设海空陆多式联运集疏运格局，与京冀共同推进外运拼箱运营平台与内陆卫星仓建设。将海空陆功能有效衔接，推动各类平台在海空铁联运、国际物流、跨境电子商务和国际供应链等方面的衔接与合作，构建一站式国际化物流信息港，为转运联运货物快速集疏提供智能化服务。

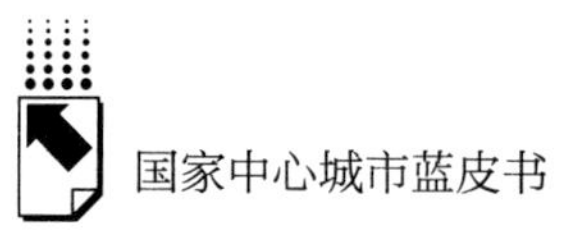

参考文献

周立群等:《中国区域经济新版图》，江苏人民出版社，2017。

京津冀协同发展领导小组办公室:《京津冀协同发展报告（2019)》，中国市场出版社，2020。

张智:《2020 年天津宏观经济形势分析与预测》，《华北金融》2020 年第 1 期。

薄文广等:《加快结构调整促进天津经济高质量转型发展》，《天津经济》2019 年第 10 期。

王金杰、周立群:《非首都功能疏解与津冀承接平台的完善思路——京津冀协同发展战略实施五周年系列研究》，《天津社会科学》2019 年第 1 期。

周彩云、周立群:《吸引北京高科技资源入津发展的现状与对策》，《天津政务参考》2018 年第 11 期。

李博、周立群:《将服务能力建设作为天津高质量发展的重要战略支点》，《决策与参考》2020 年第 59 期。

刘刚、裴蕾:《抓住全球产业链分化整合契机，培育天津经济发展新动能》，《参阅资料》2020 年第 5 期。

祝尔娟等:《京津冀协同创新水平测度与提升路径研究》，《河北学刊》2020 年第 2 期。

李国平主编《2019 京津冀协同发展报告》，科学出版社，2019。

天津市统计局:《天津市 2019 年国民经济和社会发展统计公报》，http://www.tjcn.org/tjgb/02tj/36210.html，2019 年 3 月 15 日。

B.6
2019年广州国家中心城市建设进展与未来展望

覃剑 尹涛*

摘 要： 2019年，广州坚持新发展理念，着力推动高质量发展，城市综合竞争力在世界一线城市中保持稳定，经济增长速度位居国内一线城市之首，城市枢纽能级持续增强，有力推进粤港澳大湾区建设，城市吸引力不断释放。展望未来，尤其是"十四五"时期，广州将进一步巩固和厚植原有优势，立足建设内融外联的全域城市，从全球、区域和城市三大维度推动城市空间平衡和协调发展，在全球对标合作和历史演进长河中推动城市功能平衡和协调发展；构建"新科技+新商业+新文化"动力系统推动城市动力平衡和协调发展，构筑引领新时代的城市文明推动城市硬实力和软实力协调发展，努力实现从超大城市迈向超强城市再到伟大城市的目标。

关键词： 城市功能 城市空间 高质量发展 广州

改革开放以来，广州从华南中心城市一路成长为国家中心城市，并正迈向国际大都市，在全球城市体系中的综合竞争力不断提升。与此同时，作为一座老城市，广州城市发展转型正处在一个十分关键的时期，其经济正经历从高速

* 覃剑，博士，广州市社会科学院区域经济研究所副所长、研究员，广州粤港澳大湾区研究院常务副院长，研究方向为城市与区域经济；尹涛，博士，广州市社会科学院副院长、研究员，广州城市战略研究院院长，研究方向为产业经济。

增长阶段迈向高质量发展阶段，城市发展新旧动能正处在转换时期。未来，如何推动城市更平衡更协调更高质量发展，在加快推动粤港澳大湾区建设中发挥更大担当，以更大力度支持深圳建设中国特色社会主义先行示范区，推动综合城市功能出新出彩、城市文化综合实力出新出彩，推动现代服务业出新出彩、现代化国际化营商环境出新出彩，最终实现老城市焕发新活力，是广州国家中心城市建设的一项重要使命。

一 2019年广州国家中心城市建设进展

（一）综合竞争力在世界一线城市中保持稳定

近年来，世界范围内，一些新兴的城市乘势快速崛起，一些老城市则走向了萧条衰败，全球城市体系正在面临新一轮变革和洗牌。在越来越激烈的城市“争夺战”中，广州在全球城市体系的地位继续保持相对稳固。根据中国社会科学院和联合国人居署共同发布的《2019 年全球城市竞争力报告》，广州在全球城市中的经济竞争力列第 18 位。根据中外城市竞争力研究院、香港全球竞争力研究会和世界城市合作发展组织发布的报告，2019 年广州全球城市竞争力则排在第 34 位。根据全球化与世界级城市研究小组与网络（GaWC）于 2020 年 8 月发布的 2020 年世界城市排行榜，广州亦排在第 34 位，为“Alpha－”级别城市（见表 1）。

表 1 我国进入 GaWC“Alpha”级别的城市及其排名

2020 年世界城市排行榜			2018 年世界城市排行榜		
城市级别	城市	排名	城市级别	城市	排名
Alpha +（一线强）	香港	3	Alpha +（一线强）	香港	3
Alpha +（一线强）	上海	5	Alpha +（一线强）	北京	4
Alpha +（一线强）	北京	6	Alpha +（一线强）	上海	6
Alpha －（一线弱）	广州	34	Alpha －（一线）	台北	26
Alpha －（一线弱）	台北	36	Alpha －（一线）	广州	27
Alpha －（一线弱）	深圳	46	Alpha －（一线弱）	深圳	55

资料来源：根据 GaWC 发布报告整理。

（二）经济增长速度位居国内一线城市之首

2019 年，全球处在百年未有之大变局当中，国际形势复杂多变，国内经济社会相对平稳有序。在此背景下，许多城市经济增长速度有所放缓，与之相比，广州经济则依然保持较快增长，增长速度达到 6.8%，高于全国 6.1% 的增长率，亦领先于北京、上海和深圳等一线城市；GDP 总量达到 23629 亿元，排在大陆主要城市第四位，广州作为国家中心城市为我国应对外部风险挑战和建设社会主义现代化强国提供了支撑，发挥了应有的担当作用（见图 1）。

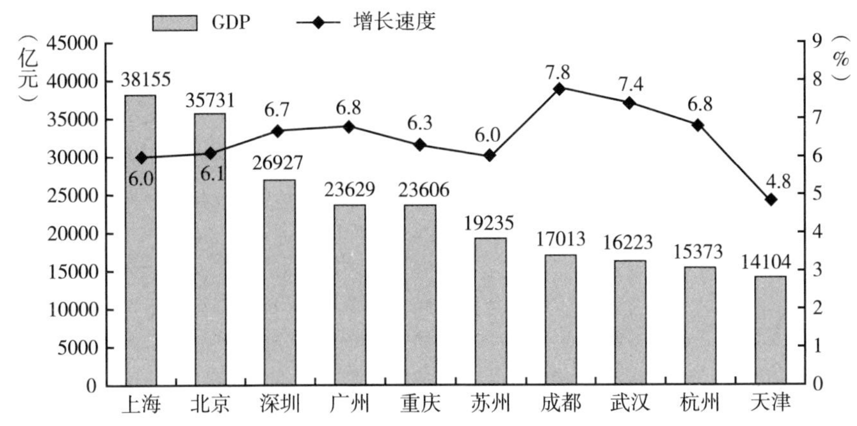

图 1　2019 年我国部分城市 GDP 及其增长速度

资料来源：各市 2019 年统计公报。

（三）经济高质量发展成效显著

围绕构建现代化产业体系，广州加快推动产业结构转型升级，经济高质量发展态势越来越凸显。2019 年，广州三次产业结构为 1.06∶27.32∶71.62，人均地区生产总值达到 156427 元，服务型经济发展特征更加明显。在服务业内部，金融业、商务服务业、人力资源服务业以及信息传输、软件和信息技术服务业等现代服务业发展迅速，现代服务业增加值占服务业增加值的 67.5%。在制造业内部，先进制造业增加值占规模以上工业增加值的 58.4%，规模以上高新技术产品产值占规模以上工业总产值的 49.0%，以新一代信息技术、人工智能、生物医药、新能源、新材料为代表的战略性新兴产业加快发展，成为推动制造业转型升级的主动能和生力军①。城区建设和经济社会发展质量不断提高，根据赛迪顾问城市经济研究中心发布的《2020 年中国城区高质量发展白皮书》，广州 11 个区中有 9 个区进入全国百强区，天河区的经济总量已经超过 5000 亿元，其综合竞争力仅次于深圳南山区，排在第二位（见表 2）。

表 2　2019 年广州各区主要经济指标及其在全国百强区排名

区	百强区排名	GDP（亿元）	人口（万人）	规上工业总产值（亿元）	社会消费品零售总额（亿元）	一般公共预算收入（亿元）	出口总额（亿元）	进口总额（亿元）
天河	2	5047. 39	178. 85	863. 71	1924. 00	77. 12	249. 90	355. 40
黄埔	9	3502. 47	115. 12	7936. 50	996. 95	181. 19	1285. 04	1601. 68
越秀	13	3135. 47	120. 97	39. 17	1469. 12	57. 83	452. 00	328. 50
白云	25	2211. 82	277. 96	877. 31	1111. 37	62. 34	356. 90	151. 00
番禺	33	2079. 50	182. 78	2186. 52	1350. 88	102. 69	798. 90	414. 90
海珠	38	1935. 12	172. 42	571. 02	1099. 44	54. 67	155. 00	208. 50
南沙	44	1683. 23	79. 61	2586. 66	227. 79	83. 97	982. 80	1155. 00
花都	56	1562. 76	110. 72	2625. 85	564. 41	83. 22	564. 00	325. 00
荔湾	98	1104. 49	101. 20	411. 39	687. 49	50. 60	90. 00	82. 70
增城	—	1010. 49	126. 01	1133. 75	410. 40	105. 76	227. 40	208. 50
从化	—	355. 86	64. 95	384. 52	133. 74	28. 58	96. 00	23. 10

资料来源：主要经济指标来自广州各区 2019 年统计公报；百强区排名来自赛迪顾问城市经济研究中心发布的《2020 年中国城区高质量发展白皮书》。

（四）城市枢纽能级持续增强

近年来，广州大力推动枢纽型网络城市建设，城市枢纽能级持续增强。2019 年，广州港口货物吞吐量达到 62687. 31 万吨，共计开通集装箱航线 217 条，外贸航线 111 条。根据新华社和波罗的海交易所联合发布的《新华·波罗的海国际航运中心发展指数报告（2020）》，广州在全球的国际航运中心中排

① 广州统计局网站，http：//tjj. gz. gov. cn/tjfx/gztjfx/content/post_ 5642544. html。

名第 13，国际航运枢纽地位持续巩固。广州白云国际机场已开通国际航线 115 条，旅客吞吐量和货邮吞吐量分别达到 7338.61 万人次和 254.85 万吨，其中旅客吞吐量增长速度为 5.2%，在全球机场旅客吞吐量的排名从 2018 年的第 13 位上升至第 11 位，国际航空枢纽地位继续稳固。金融机构本外币各项存款和贷款余额分别达到 59131.20 亿元和 47103.31 亿元，一批新的金融平台和金融机构落地建设，绿色金融、产业金融、科技金融、贸易金融发展迅速。根据中国（深圳）综合开发研究院和英国智库 Z/Yen 集团于 2020 年 5 月共同发布的《第 27 期全球金融中心指数报告》，广州排在第 19 位，作为全球区域性金融中心的地位不断提升（见表 3）。

表 3　2015～2019 年广州部分经济指标

指标	2015 年	2016 年	2017 年	2018 年	2019 年
GDP(亿元)	18100.41	19610.94	21503.15	22859.35	23628.60
人口(万人)	1350.11	1404.35	1449.84	1490.44	1530.59
金融机构本外币各项存款余额(亿元)	42843.67	47530.20	51369.03	54788.09	59131.20
金融机构本外币各项贷款余额(亿元)	27296.16	29669.82	34137.05	40749.32	47103.31
机场旅客吞吐量(万人次)	5520.94	5977.66	6583.69	6974.32	7338.61
机场货邮吞吐量(万吨)	200.17	215.26	233.85	249.33	254.85
港口货物吞吐量(万吨)	51992.34	54356.12	59011.74	61313.31	62687.31

资料来源：数据对应各年份广州市国民经济和社会发展统计公报。

（五）城市吸引力不断释放

叠加综合交通枢纽、教育医疗中心、国际商贸中心多重优势，广州综合性门户城市地位不断巩固。根据广东省城乡规划设计研究院的数据分析，广州是珠三角地区外地机构设立分支机构最多的城市，以及中央部委、跨国公司、外事机构区域总部的主要集聚地，是珠三角地区人口到达量最多的城市。根据百度地图慧眼发布的 2019 年各季度中国城市活力研究报告，广州的人口吸引力均稳居前两名。事实上，2019 年广州常住人口增量达到 40.15 万人，居全国主要城市第三位，仅次于杭州（55.4 万人）和深圳（41.22 万人）（见表 4）。

表 4　百度地图慧眼发布的 2019 年各季度全国主要城市人口吸引力榜单

第一季度			第二季度			第三季度			第四季度		
排名	城市	得分	排名	城市	得分	排名	城市	得分	排名	城市	得分
1	北京	8.521	1	广州	14.277	1	深圳	10.710	1	广州	10.527
2	广州	8.040	2	北京	12.726	2	广州	9.983	2	深圳	10.001
3	深圳	7.860	3	深圳	12.406	3	北京	9.963	3	北京	9,381
4	上海	6.809	4	东莞	11.314	4	上海	8.622	4	上海	8.175
5	重庆	6.761	5	上海	9.977	5	东莞	8.511	5	东莞	7.505

注：人口吸引力得分 = 该城市新流入常住人口/全国所有城市新流入常住人口均值。
资料来源：百度地图慧眼网站，https：//huiyan.baidu.com/reports。

（六）科技创新能力不断增强

2019 年，广州国家高新技术企业数量快速增长，总量仅次于北京和深圳，居全国主要城市第三位，科技创新能力进一步增强。根据首都科技发展战略研究院和中国社会科学院城市与竞争力研究中心发布的《中国城市科技创新发展报告 2019》，广州的科技创新力仅次于北京、深圳和上海，位居第四。根据国家科技部和中国科学技术信息研究所发布的《国家创新型城市创新能力监测报告 2019》《国家创新型城市创新能力评价报告 2019》两份报告，2019 年广州在国家创新型城市排行榜中位居第三，仅次于深圳和杭州。而根据 2020 年 9 月世界知识产权组织等发布的《2020 年全球创新指数报告》，广州与深圳、香港构成的创新集群排在全球第 2 名，即便如此，广州仍在 R&D 投入、高新技术制造业增加值、高新技术制造业增加值占规模以上工业增加值比重、独角兽企业数量、科创板上市企业数量等指标上相对落后（见表 5）。

表 5　部分机构对我国城市创新能力的排名

机构	报告	排名
澳大利亚咨询机构 2thinknow	《2019 年全球"创新城市"指数报告》	中国部分城市排名：北京(26)、上海(33)、深圳(53)、香港(56)、广州(74)
世界知识产权组织	《2020 年全球创新指数报告》	深圳—香港—广州创新集群排在全球创新集群第 2 位
亿欧智库	《2019 中国科创城市报告》	前五位城市：北京、上海、深圳、广州、西安

续表

机构	报告	排名
首都科技发展战略研究院和中国社会科学院城市与竞争力研究中心	《中国城市科技创新发展报告 2019》	前五位城市:北京、深圳、上海、广州、南京
国家科技部和中国科学技术信息研究所	《国家创新型城市创新能力评价报告 2019》	前五位城市:深圳、杭州、广州、南京、武汉
西安光学精密机械研究所	《2019 中国硬科技发展白皮书》	前五位城市:北京、上海、深圳、西安、广州

资料来源：根据各机构发布的报告整理。

（七）有力推进粤港澳大湾区建设

广州是粤港澳大湾区的四大中心城市之一，其经济总量仅次于香港和深圳（见图2）。为加快推动粤港澳大湾区建设，2019 年广州继续加快推动与周边城市交通基础设施的互联互通，中珠澳高铁、穗莞深城际等交通项目建设有序推进。为加强与深圳战略合作实现“双核联动”，2019 年广州与深圳签订深化战略合作框架协议，广州开发区与深圳前海签署《改革创新协同发展示范区合作框架协议》，南沙谋划建设广深产业合作园，两市已经明确在国际科技创

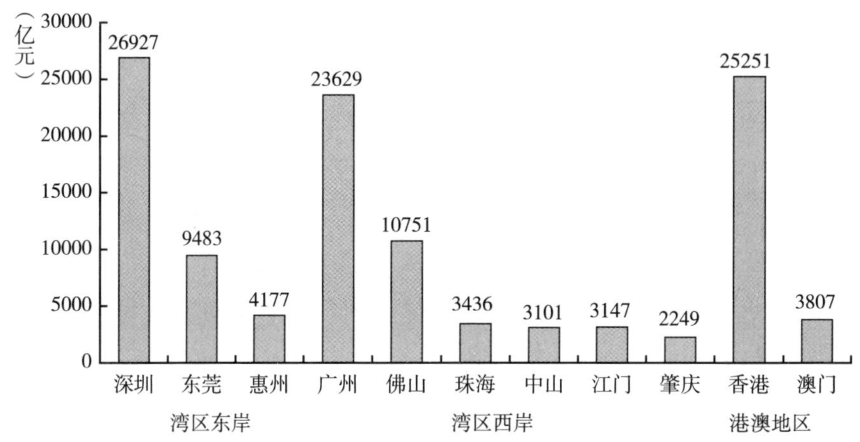

图 2　2019 年粤港澳大湾区各城市 GDP

资料来源：各城市统计公报，澳门统计暨普查局，香港政府统计处。

新中心、现代化产业体系、国际性综合交通枢纽等重点领域开展深度合作。广佛同城化取得新进展，两市正加快推进广佛高质量发展融合试验区建设，明确在两市交界处共建花都—三水试验区、白云—南海试验区、荔湾—南海试验区、广州南站—佛山三龙湾—广州荔湾海龙先导区、南沙顺德试验区，并探索财税分成机制，广佛同城将迎来以共建重大战略区域和战略平台为标志的新时代。此外，广州与东莞、中山等城市都已经签订了合作发展协议，与珠江东西两岸以及港澳的联系更加紧密。

二　广州国家中心城市建设未来展望

（一）推动城市空间平衡和协调发展

在全球化、信息化、区域化背景下，信息空间、虚拟空间、流的空间的影响日趋明显，城市建设尤其是城市经济活动的地理空间刚性有所弱化。在世界范围内可以观察到一些领先城市的人口空间结构、经济空间结构、就业空间结构、交通网络结构、社会空间结构等正逐渐突破固有的行政边界走向全球和区域。因此，“十四五”时期，谋划推动城市空间平衡和协调发展已不能仅仅考虑一个城市内部的事情，广州将应秉持开放的思维放眼于由全球、区域和城市三个层次构建新的城市空间系统。

1. 面向世界构建全球枢纽城市

在全球层面，城市空间的平衡性和协调性是指城市空间具有高度的开放包容性，具备汇融四海、连接八方、辐射世界的能力。推动城市全球空间平衡和协调发展，广州将以建设全球枢纽城市为目标，推动城市经济、城市人口、城市对外联系、城市文化和城市政策制度高度全球化，建设全球城市体系网络的中心城市和开放城市，把城市空间腹地和功能影响拓展至全球，全面提升国际资源配置能力。

一是全面提升枢纽城市结构和能级。枢纽城市是在全球城市体系和区域城市网络中人流、物流、资金流、信息流等各种关键生产要素流集散的重要城市。“十四五”时期，广州将立足于作为航运、航空和铁路等交通枢纽的优势地位，升级打造面向全球和区域的国际航运枢纽城市、国际航空枢纽城市、全国高铁枢纽城市，并以此为基础建设国际物流枢纽城市，实现从国际性综合交通枢纽城市向全球性综合交通枢纽城市的转变。结合城市功能的演进，通过完善国际信息网络、产业网络、创新网络、贸易网络、文化网络等网络，广州将加快从交通枢纽型城市迈向信息枢纽型城市、经济枢纽型城市、创新枢纽型城市、贸易枢纽型城市和文化枢纽型城市。

二是做大做强枢纽经济和门户经济。“十四五”时期，广州将持续强化枢纽硬件基础设施建设，同时更加注重将设施优势转化为经济优势，重点要围绕空港提升临空经济示范区能级，围绕广州南站、广州北站、东部枢纽等陆港加快打造临站经济圈，引导现代物流业、智能制造业、现代服务业和总部经济集聚发展。进一步推动南沙自贸试验区扩容提质，整合提升口岸基础设施和综合保税区建设，加强与海南自由贸易港、珠江东岸和珠江西岸的联动，建设具有标志性的门户功能核心区。

三是持续增强国际要素资源配置能力。强大的国际要素资源配置功能是全球枢纽城市区别于一般城市的重要标志。“十四五”时期，把握国家深化要素市场体系建设、推进要素市场化配置体制机制改革的黄金机遇期，广州将从多个领域发力增强要素资源配置能力：一是率先探索构建数据生产要素市场评价和报酬机制，增强全球数据资源配置能力，加快推动数字经济发展和城市数字变革。二是全面提升法律、会计、广告、咨询、商务、知识产权、科技服务等高端专业服务业发展水平，更好参与管理全球产业链、价值链、供应链。三是建设具有国际影响力的要素资源配置平台，利用粤港澳大湾区建设的契机积极争取国家支持在广州落地建设各类期货交易所、数据交易所、保险交易所、大宗商品交易所、黄金交易所、金融资产交易所、票据交易所等新型交易所。四是创新要素资源配置方式，积极探索推动制度创新，在增强要素资源“在岸配置”能力的同时，创造条件开展人才、科技、信息和金融等资源的“离岸配置”试点和示范。

2. 面向粤港澳大湾区构建巨型城市区域

在区域层面，城市空间的平衡性和协调性是指城市与周边地区协同、合作、融合、共赢发展的能力。推动城市区域空间平衡和协调发展，广州将以建设巨型城市区域系统为目标，通过响应粤港澳大湾区空间发展趋势优化调整城市布局和空间结构，增强与区域主要城市在城市战略、规划建设、空间形态、基础设施、产业经济、公共服务等领域的联动发展；利用作为中心城市、省会城市的优势地位，推动自身经济活动向周边城镇及粤港澳大湾区扩散，与周边不同规模的城市形成相对合理的功能协作与产业分工。

一是谋划建设粤港澳大湾区新辐射源。根据区域经济、人口、企业和城市联系分布特征，粤港澳大湾区将形成以“内湾”区域为核心的“井”字形的主体空间框架，并在此基础上形成三极带动、南北联动、东西贯通的网络化空间发展格局，最终实现内外协同发展。在这一主体空间框架中，已经形成深港核心区、广佛核心区和珠澳核心区三大增长枢纽和辐射源，但是在广州—东莞—惠州交界地区还缺乏具有较强集聚力、影响力和辐射力的战略增长枢纽。事实上，在东部区域，广州已经拥有以广州开发区和增城经济技术开发区为代表的国家级战略平台，这些平台开发建设基础好、潜力大，未来完全有可能加强与区域的互联互通，联动东莞、惠州发展，寻求形成协同协作优势高水平、高标准、高质量谋划建设粤港澳大湾区新的辐射源，牵引广州—东莞—惠州一体化发展。

二是全面实施两岸联动新战略。“十四五”时期，粤港澳大湾区将依托珠江东岸发展轴和珠江西岸发展轴实现南北地区的联动发展，依托港珠澳大桥、南沙大桥、虎门大桥、深中通道等过江通道实现东西两岸更好联通，并带动两岸城市经济社会更好互动发展。在此背景下，广州在区域中的地理区位和区域格局正在发生深刻变化。“十四五”时期，顺应区域格局新变化，广州将加快谋划实施新珠江东岸战略，加强与深圳和东莞发展的战略协同，共同把珠江东岸打造成为具有世界影响力的经济走廊；谋划实施新珠江西岸战略，寻求与中山、珠海、澳门和江门等西岸城市开展深度合作，不断拓展广州的战略空间。发挥南沙的区位交通、制度探索创新、海洋经济等产业优势，将其打造成为广州实施两岸联动新战略以及广州支持深圳建设中国特色社会主义先行示范区的前沿阵地。

三是加快构建区域合作三大圈层。根据区域要素资源禀赋、经济发展阶段水平及其与广州联系强度，“十四五”时期，广州对外将形成更加清晰的引领空间、协同空间和辐射空间三大圈层空间。引领空间为广州城市空间向外拓展的第一圈层，是广州能够直接参与乃至主导开发建设的地区，重点是通过广州大都市圈、广佛肇都市圈、广清一体化的建设，推动城市空间扩容，提升城市综合承载力。协同空间为广州城市空间向外拓展的第二圈层，使广州能够建立战略协作与对接区域，重点是通过推动粤港澳大湾区经济轴带、广东沿海经济带、珠江—西江经济带、高铁经济带共建、重大平台联动、要素资源共享等，加快形成功能互补、有序分布、合理分工的新格局，提升华南地区经济社会合作水平。辐射空间为广州城市空间向外拓展的第三圈层，是广州支撑发挥要素集聚和辐射作用的腹地空间，重点是推动与东盟地区、"一带一路"沿线地区等更广泛区域实现重大平台合作共建、现代基础设施互联互通、要素市场共建共享等，建立起有机联系的经济、社会和文化合作交流网络。

3. 面向城市内部构建多中心网络城市

在城市内部层面，城市空间的平衡性和协调性是指城市为要素集聚、产业升级、功能演进和社会活动提供合理优质空间结构支撑和保障的能力。推动城市内部空间平衡和协调发展，广州将以建设多中心网络城市为目标，以资源环境承载能力为刚性约束条件，统筹生产、生活、生态三大空间，综合运用土地空间管制、重大项目建设、重大基础设施建设等手段，加快推动战略性功能区建设，培育空间新增长极，完善多中心城市空间结构。

一是协同推进老城区新活力和新城区新功能。经过多年建设与发展，广州土地开发利用强度日益增强。根据公示的《广州市国土空间总体规划（2018—2035））》草案，未来广州城镇建设空间不超过市域面积的1/3，土地开发强度不超过30%。因此，"十四五"时期，广州可供城镇建设的新增用地面积供给与实际需求的矛盾将进一步增大。在此背景下，探索通过回购社会主体物业再开发、导入新兴产业、发展楼宇经济、适当调整用地性质等方式盘活老城区存量资产、推动老城区更新改造将至关重要。围绕"一区三城十三节点"等重大战略平台，"十四五"时期，广州将坚持新发展理念，实施高起点、高标准、高水平开发建设，加快推动产城人融合，培育特色明显、优势突出的主导功能，打造形成一批代表广州参与区域和全球竞争的战略功能区支撑体系。

二是协同推进中心城区疏解和外围城区承接。当前，广州经济、人口和教育医疗资源仍然高度集中在中心城区，导致中心城区交通、资源、环境压力过大，不利于城市平衡发展。"十四五"时期，广州将加大对外围区域尤其是外围人口集中区优质公共服务设施建设和供给力度，形成配套完善的城市综合功能，以优质公共服务资源导引人才、创新、产业资源向发展重点区域流动，降低企业外部成本。借鉴国际上东京、巴黎和北京等城市建设副中心的经验，率先推动各类政府行政机关、事业单位向外围地区迁移，在外围地区新建高品质的教育、医疗和公共服务机构，导引中心城区人口流向城市副中心和外围地区，从而实现城市各类要素在空间上更加均衡布局。

表6　广州“一区三城十三节点”战略平台

一区	广州人工智能与数字经济试验区
三城	广州科学城、中新知识城、南沙科学城
十三节点	广州国际生物岛、中大国际创新谷和南中轴创新带园区、天河智慧城、天河公园智谷片区、广州国际健康城、白鹅潭现代服务业集聚区、黄埔云埔片区、增城经济技术开发区核心区、黄埔临港经济区、增城太平洋夏埔片区、广州南站商务区、空港经济区、增城珠江国际智能科技产业园片区

资料来源：笔者根据相关文件和规划整理。

三是协同推进城镇体系建设和乡村振兴发展。“十四五”时期，广州将把握广佛同城化、广清一体化、粤港澳大湾区建设的机遇，着力构建“一主三副多极”新型城镇体系，持续拉大和优化城市空间主体框架。其中，“一主”为以珠江新城、广州国际金融城、琶洲人工智能与数字经济试验区为中心而构成的主城区，发挥城市 CBD 功能；“三副”分别是依托国际航运枢纽构建的南沙副中心，依托国际科技创新枢纽以广州开发区和增城经开区为双核构建的开发区副中心，依托国际航空枢纽构建的空港副中心；“多极”由多个特色功能平台、特色城镇构成。在此基础上，广州将加快推进城中岛、城中村和乡村地区振兴发展，共同建设具有岭南特色的宜居美丽城乡。

四是协同推进高质量开发建设和高水平治理。“十四五”时期，广州城市建设将进入“边拆边建”的关键阶段。在“拆”的过程中，广州不可避免地将面临暂时性交通、环境、安全、维稳等压力；在“建”的过程中，也将面临资金融通、功能定位、招商引资、利益协调等一系列问题。在此背景下，广州将通过强化顶层领导组织框架和总体规划机制，探索对城市建设和治理各个领域做出统筹设计、综合研判，系统性、整体性、协同性推进城市高质量开发建设和高水平治理，更好实现健康可持续发展。

（二）推动城市功能平衡和协调发展

在全球化、信息化浪潮中，全球城市体系正逐渐趋于扁平化。在此背景下，“十四五”时期推动综合城市功能出新出彩，置于全球城市体系中，广州将充分发挥城市的资源禀赋优势，承担更加重要的功能，发挥更加重要的作用。置于历史发展长河中，立足城市所处的发展阶段，结合中国特色社会主义进入新时代的历史新方位，广州城市主导功能的演进方向将更加清晰。

1. 在全球对标合作中提升城市功能

在全球城市体系中，广州虽然已经跻身世界一线城市之列，但与纽约、伦敦、东京、新加坡、香港、巴黎、北京、东京、迪拜、上海等城市的发展相比，仍有不小差距。因此，“十四五”时期，广州在全球范围内进一步明确和选择一批对标城市、伙伴城市，对引领城市发展和功能提升意义重大。其中，对标学习纽约建设世界商业之都和全球科技城市的经验，广州将通过推进实施城市更新改造、数字经济创新引领型城市、创新活力区建设等，协同提升国际商贸中心和国际科技创新中心功能。对标学习东京推进东京副中心、东京都市圈、现代化综合产业体系的建设经验，广州将着力提升城市综合承载力和产业体系现代化水平。对标学习“大巴黎计划”，广州将在城市建设中进一步凸显广州文化光彩、织造广州文化经脉。面向新加坡、香港、北京、上海、深圳等地缘相近或有一定合作基础和潜力的城市，广州将在“十四五”时期通过谋划重大平台共建、功能双向输出、要素双向流动等形式强化合作互动，形成有实质性项目合作的伙伴城市关系，进一步彰显广州的要素禀赋和比较优势，为提升城市功能提供支撑。

2. 在历史发展长河中推进功能演进

一个综合性的国际大都市一般具有政治、经济、文化、科技、交通、信息、交流等多方面的功能。根据世界领先城市功能演进的轨迹特征，广州城市主导功能演进方向路径将进一步明确，即“国际综合交通信息枢纽功能—国际商贸服务枢纽功能—国际科技教育文化医疗功能—国际高端资源配置服务功能”。按照这一功能演进路径，“十四五”时期，广州将进一步强化城市主导功能：巩固国际综合交通信息枢纽地位，顺应数字经济和城市数字变革发展趋势，加快建设国际信息枢纽，推动广州数字城市、智慧城市建设迈上新水平；

挖掘和释放国际综合交通信息枢纽的经济功能和门户功能。巩固提升广交会品牌影响力，大力发展夜间经济、平台经济、电商经济、消费经济、服务贸易等，激发国际商贸服务枢纽新活力，打造老城市商贸服务业转型升级范例。推动科技、教育、文化融合发展，建设一批国家文化和科技融合示范基地；依托科技教育和大院大所优势，提升生物医药研发、生产服务和临床试验能力，积极培育提升国际科技教育文化医疗功能。突破发展现代金融服务业和高端专业服务业，夯实国际高端资源配置服务功能的基础。

（三）推动城市动力平衡和协调发展

纵观全球范围内城市的形成与发展过程，在不同阶段，各个因素对城市发展的影响程度并不尽相同，由其构成的城市动力结构也因此在不同阶段体现出不同特征。改革开放以来，土地、劳动力、资本对广州经济增长起到了重要的推动作用，但也到了结构优化调整、再创新动能的关键时期。在经历上一轮城市建设和扩张之后，城市国土空间开发强度已经达到较高水平，城市新增建设用地面积有限，依靠城市扩张形成的动力将会减小；但是随着全球人口增长普遍放缓、人口老龄化加剧以及城市自身人口承载能力有限，劳动力资源的驱动力也将会减弱。广州的资本经历了一个快速积累的过程，存量规模已经达到较高水平，未来要继续保持以往高速增长所需的增量资本必须越来越多、难度越来越大。在此背景下，“十四五”时期，为持续稳定和增强城市发展动力，广州将顺应城市发展大势并充分结合自身特征，致力于重构以“新科技 + 新商业 + 新文化”为特征的新动力系统。

1. 增强新科技动力

科技创新是城市发展的永恒密码。“十四五”时期，在注重高新技术企业数量增长的同时，广州将更加注重提升高新技术企业的规模、实力和质量，补齐补强高新技术产业增加值在产业结构中所占比重较低的短板。同时，把握粤港澳大湾区建设大机遇，围绕打造广深港澳科技创新走廊，广州将通过大力推进新科技基础设施投资建设、新科技研发应用、新科技产业发展、新科技空间和平台建设、新科技网络合作、新科技市场培育等实现对创新资源的集聚、孵化和培育，协同提升“0 ~ 1”的原始创新能力和“1 ~ N”的应用创新能力。

2. 增强新商业动力

一直以来，商贸业都是广州城市的重要标签和优势选项，但面临的冲击和挑战也日趋严峻。事实上，广州当前面临的一些发展任务与纽约起初建设硅巷以促进创新创业、刺激经济增长、振兴市中心城区活力的初衷有一定相似之处。因此，“十四五”时期，广州将借鉴纽约建设经验把发展“硅巷经济”作为一项重大战略任务推进实施，结合城市更新在中心城区建设科技初创企业聚集区、高度市场化的创新共同体、人性化的创新活力区，推动互联网新技术与商贸、时尚、传媒、商业、文化、服务业相结合，大力发展互联网应用、软件应用、社交网络、文化娱乐、电子商务等行业，不断创新商贸业发展新模式、新业态等，促进新的经济形态和产业门类不断涌现，加速新旧产业更迭，使商贸业持续焕发新活力，协同巩固和提升世界商业之都和科技中心地位。

3. 增强新文化动力

当今世界，文化已经成为城市的核心竞争力，尤其是在城市建设步入相对成熟阶段之后，以文化为代表的软实力对持续增强城市凝聚力、激发城市创造力、扩大城市影响力等方面的推动作用将更加突出。实践中，也可以观察到许多城市在发展到一定阶段之后都把提升文化影响力作为进一步发展的重要战略，如深圳于2003年在全国率先确立“文化立市”战略，2019年又提出建设全球区域文化中心城市的目标。广州拥有深厚的历史文化底蕴，科教文化资源发展相对均衡，文化娱乐休闲消费市场不断扩大，“十四五”时期将把这些潜在优势充分发挥出来，推动形成“文化+科技”“文化+旅游”“文化+金融”“文化+创意”等“文化+”产业新业态，建设国际一流文化基础设施，培育具有影响力的文化企业，建设富有特色的文化产业园、文化街区、文化平台，擦亮全球定制之都、广州文交会、广州设计周等品牌，全面带动文化投资市场和消费市场发展，把“文化+”动力培育成为城市发展的重要动力。

（四）推动城市硬实力和软实力协调发展

物质是城市存在和发展的基础，但是城市发展的最终目的是以市民为中心，促进人的全面发展，包括改善人们的物质生活、丰富人们的精神生活、提高人们的生存质量、提高人们的思想道德素质和科学文化素质等。从GDP、人均GDP、城市建设规模、城市硬件基础设施来看，广州的物质资本积累已经比较厚实。因此，面向“十四五”时期，广州将更加重视软实力建设，推动硬实力和软实力协调发展。

1. 建设社会主义强国城市文化范例

文化是城市的根基。世界伟大的城市无一不拥有深厚的历史文化。习近平总书记在上海、广州等地视察城市建设和治理时均强调要妥善处理好保护和发展的关系，注重延续城市历史文脉，像对待“老人”一样尊重和善待城市中的老建筑，保留城市历史文化记忆，让人们记得住历史、记得住乡愁，坚定文化自信，增强家国情怀。“十四五”时期，推动老城市焕发新活力，广州将把社会主义核心价值观牢牢根植于城市建设当中，继承和发扬中华民族伟大复兴的中国梦精神，充分展现我国推动城市治理能力现代化的丰富内涵和制度文化优势，着力建设社会主义强国城市文化范例。

2. 建设富有创新精神的城市

富有创新精神的城市一定具有强劲的发展潜力和活力。“十四五”时期，广州无论是在推进营商环境 3.0 改革进程中，还是在提升科技创新能力方面，都将更加重视创新精神的支撑作用。通过进一步完善政府部门的容错纠错机制和创新激励考核机制，进一步解放思想，主动推进理论创新、实践创新、制度创新，广州解决发展当中面临的问题和难题的能力将大幅提升。通过大力倡导开放包容的文化，形成鼓励创新的政策环境，完善制定创新的风险和责任保障政策，广州将进一步激活市场创新活力。

3. 建设以市民为中心的城市

城市是人民的城市，人民城市为人民。全球大部分先进城市不仅是理想的工作之城，也是美好的生活之城。因此，为保持持久竞争力，就需要在生活的各个方面关注市民的获得感、幸福感、归属感和安全感。“十四五”时期，无论是城市建设还是乡村建设，无论是新城区建设还是老城区改造，广州都将始终坚持以市民为中心，聚焦人民群众对美好生活的向往和需求，科学合理布局生产、生活、生态功能空间，走集约高效、和谐友好的高质量发展之路，努力创造宜业、宜居、宜游的优越环境，为市民创造心灵向往的幸福美好家园。

三　结语

联合国经济和社会事务部发布的《2018 年世界城市化趋势》报告显示，

世界城市人口持续增长，从1950年的7.51亿人增加到2018年的42亿人，当今全球已有55%的人口居住在城市，到2050年世界城市化率预计将跃升至68%，到2030年全球将有43个人口超过千万的超大城市。然而，相对于中小城市，超大城市拥有相对良好的基础设施、相对丰富的公共服务资源和相对更高的规模经济效益，企业的生产成本和交易成本更低，区域经济发展核心引擎作用明显。与此同时，也应看到超大城市因“超大”也面临种种挑战，超大城市并不一定是超强城市。作为超大城市，广州城市建设与发展取得了举世瞩目的成效，在国家的战略版图中被赋予国家中心城市、“一带一路”枢纽城市、粤港澳大湾区中心城市等重大历史使命和责任担当。未来，通过贯彻落实新发展理念，进一步巩固和厚植原有优势，立足建设内融外联的全域城市，着力破解城市发展过程中面临的空间失衡、动力失衡、功能失衡等风险挑战，广州必将能够引领国家中心城市高质量发展，持续从超大城市向超强城市演进，最终实现迈向伟大城市的远大目标，在国家全面深化改革、全面扩大开放大局中发挥更大作用。

参考文献

覃剑、巫细波：《粤港澳大湾区空间布局与协同发展研究》，《城市观察》2020年第1期。

覃剑：《供给侧结构性改革背景下超大型城市发展转型研究》，经济科学出版社，2019。

周振华、张广生：《全球城市发展报告2019》，上海人民出版社、格致出版社，2019。

B.7 武汉国家中心城市建设成效与思考

秦尊文 张 宁*

摘 要： 2016年，武汉与郑州同时获批国家中心城市。经过几年建设，武汉市在湖北省的龙头地位更加巩固，在9个国家中心城市中也表现出积极进取的态势，2019年武汉市GDP增速位列第二，全社会固定资产投资总额居前三，研发投入力度也较大。面向“十四五”时期，武汉市应加快高质量发展，着力培育和壮大新动能，大力发展“引领型”制造业，发挥优势发展消费经济和枢纽型经济，以扩大进口拉动外贸发展，补齐发展短板，在中部地区和长江中游城市群更好地发挥辐射和带动作用。

关键词： 武汉 国家中心城市 建设成效

一 武汉在全省龙头地位十分突出

武汉从2010年开始谋划创建国家中心城市。从2010年以来的相关数据来看，武汉市在湖北省的经济增长极地位非常明显。

（一）GDP全省占比呈上升趋势

1. GDP在全省占比总体上保持上升

2010～2019年，武汉市GDP占全省的比重总体上保持了上升趋势，2010

* 秦尊文，经济学博士，中国城市经济学会副会长，中国区域经济学会副会长，湖北发展战略研究院执行院长，湖北省社会科学院研究员，中南财经政法大学博士生导师，研究方向为区域经济、城市经济；张宁，湖北省社会科学院长江流域经济研究所助理研究员，研究方向为区域经济、企业管理。

年该比例为34.30%；2017年达到36.02%，为最高值，比2010年上升了1.72个百分点；2018年有所下降，占比为35.33%，2019年占比为35.40%，比2010年上升了1.1个百分点（见图1）。

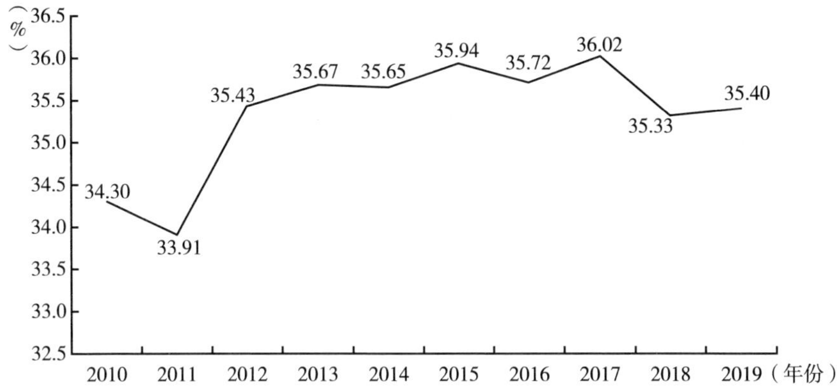

图1　2010~2019年武汉市GDP占全省的比例变化

从武汉城市圈看，武汉市GDP在城市圈占比保持了相似的趋势，2010年该比例为57.76%，2019年达到60.06%，2019年比2010年上升了2.30个百分点（见图2）。

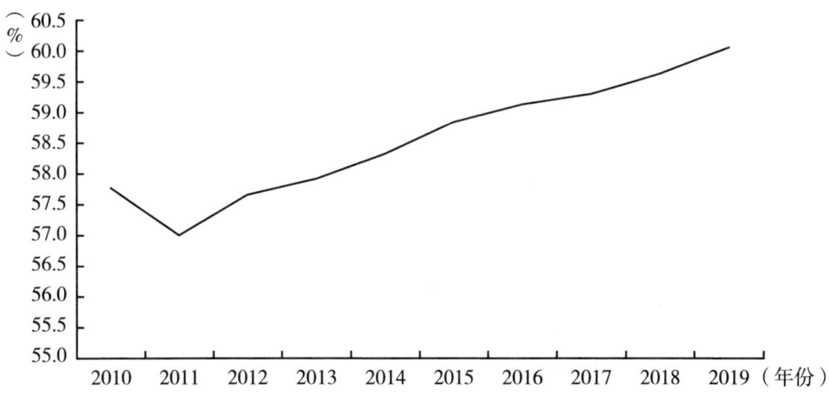

图2　2010~2019年武汉市GDP占武汉城市圈比例

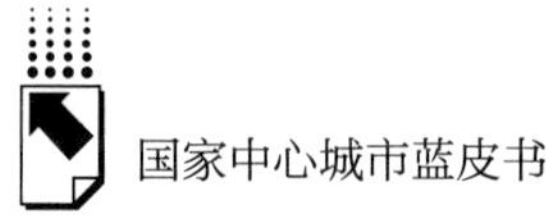

2. 对全省经济增长贡献突出

2010～2019 年，武汉市 GDP 每增长 1%，对全省 GDP 增长的直接贡献为0.34 个～0.38 个百分点（见图 3），特别是 2012 年以来武汉市经济增长对全省经济增长的直接贡献稳步上升，但 2019 年有所下降。同期，宜昌、襄阳两市 GDP 每增长 1% 对全省 GDP 增长的直接贡献只有 0.09%～0.11%。

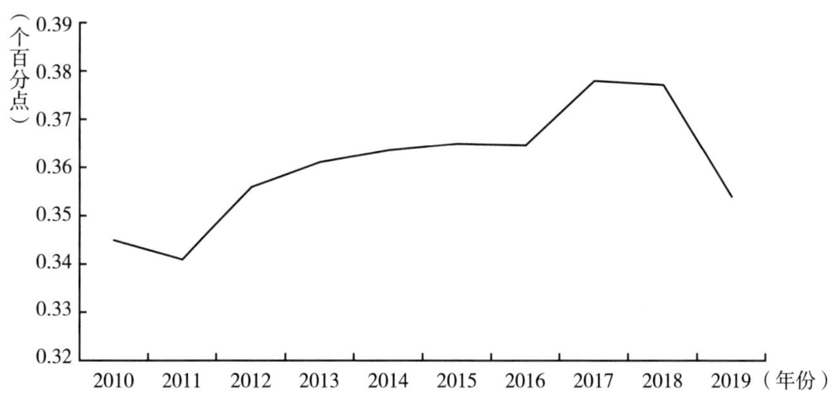

图 3　2010～2019 年武汉市经济每增长 1%对全省的经济增长的直接贡献

（二）经济结构优化作用明显

1. 工业企业规模经济显著

2010～2018 年，武汉市规模以上工业企业数量占全省比例为15.4%～18.7%（见图 4）；2010～2016 年，武汉市规模以上工业企业产值占全省比例为 27.2%～35.3%（见图 5）。从 2010～2016 年情况看，各年规模以上工业企业产值占比均高于数量占比，表明武汉市规模以上工业企业平均产值高于全省水平；同时 2010～2017 年，武汉市规模以上工业企业盈利占全省比例为 19.2%～30.6%，也高于对应年份规模以上工业企业数量占全省的比例，表明武汉市规模以上工业企业具有较高的盈利水平（见图 6）。

2. 高新技术产业持续领跑全省

2010～2018 年，武汉市高新技术产业增加值占全省高新技术产业增加值

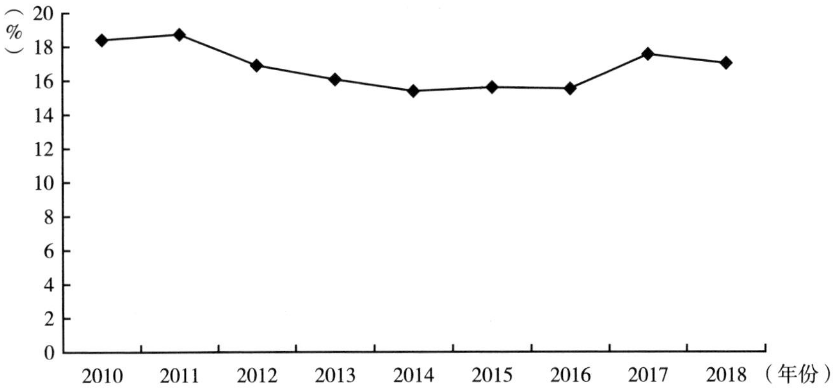

图4　2010～2018年武汉市规模以上工业企业数量占全省的比例变化

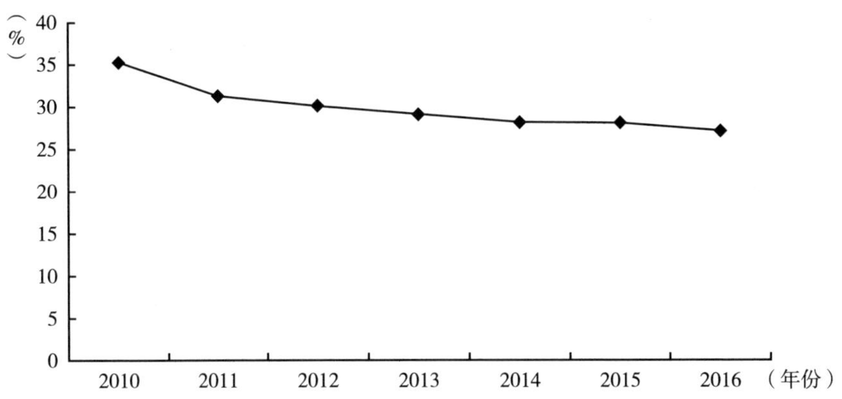

图5　2010～2016年武汉市规模以上工业企业产值占全省的比例变化

的比例高达43.47%～51.87%（见图7），显著高于武汉市第二产业占全省第二产业的比例（32.2%～38.0%），武汉市作为高新技术产业的集中地，对全省产业技术的发展一直起着领跑带动作用。武汉市高新技术产业主要集中在东湖高新区、武汉经济技术开发区等国家级开发区，东湖高新区已成为武汉市高新技术产业发展的核心区，在信息技术、生命健康、智能制造、“互联网+”等新兴产业领域已形成集群式发展态势。

3. 主体产业支撑作用明显

武汉市现已形成了以汽车制造、电子信息、黑色金属冶炼和压延加工、电

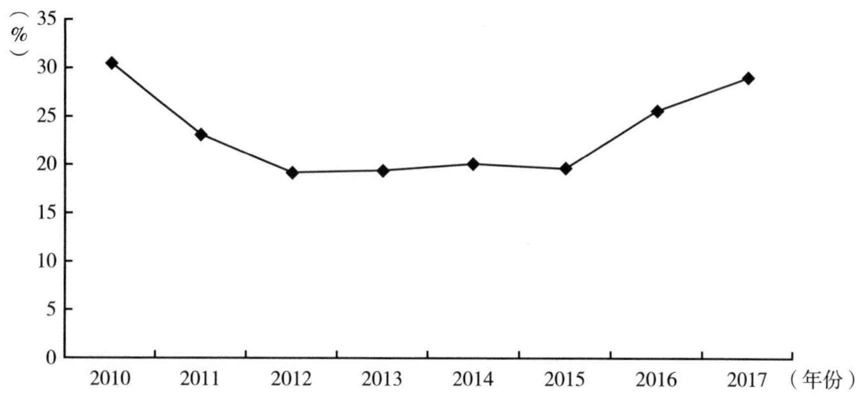

图6　2010～2017年武汉市规模以上工业企业盈利占全省的比例变化

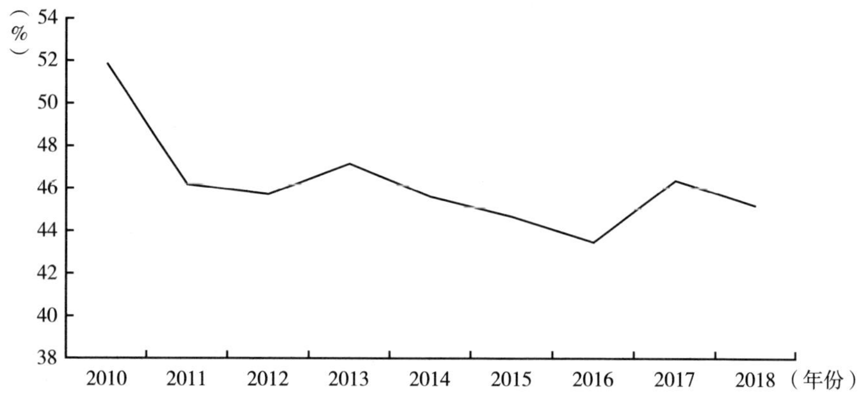

图7　2010～2018年武汉市高新技术产业增加值占全省比例变化

气机械和器材制造、电力热力生产和供应、金属品与非金属品制造、食品制造、化学原料和化学制品制造、石化、生物医药（按2017年主营业务收入排序）等门类为主体产业的工业体系，其中，电子信息、汽车制造、食品制造、石化、黑色金属冶炼及压延加工产业主营业务收入各约占全省的80.1%、47.8%、21.6%、37.0%、53.7%（见图8）。而电子信息、汽车、食品、石化、纺织、钢铁构成了湖北省的六大支柱产业。可以说，武汉市的工业发展对于全省支柱产业的影响举足轻重。

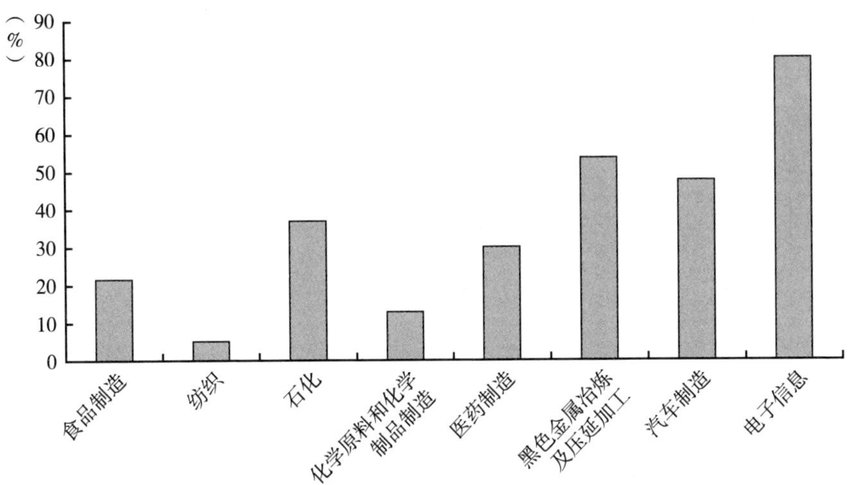

图 8　2017 年武汉市部分产业主营业务收入在全省的占比

（三）国内市场枢纽地位突出

2010～2018 年，武汉市社会消费品零售总额占全省比例一直高达 35% 以上，而居于全省第二位与第三位的襄阳与宜昌一直未超过全省 10%（见图 9）。

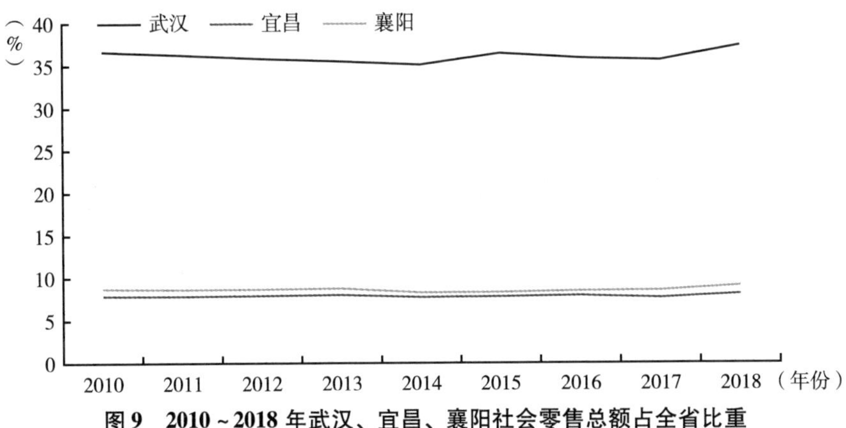

图 9　2010～2018 年武汉、宜昌、襄阳社会零售总额占全省比重

2010～2018 年，武汉市固定资产投资占全省比例为 24%～35%，尽管占比呈逐年下降之势，但始终高于宜昌、襄阳固定资产投资占全省比重之和（见图 10）。

考虑到上述两个重要指标的比例，武汉市在拉动全省内需方面无疑发挥了最为重要的作用。

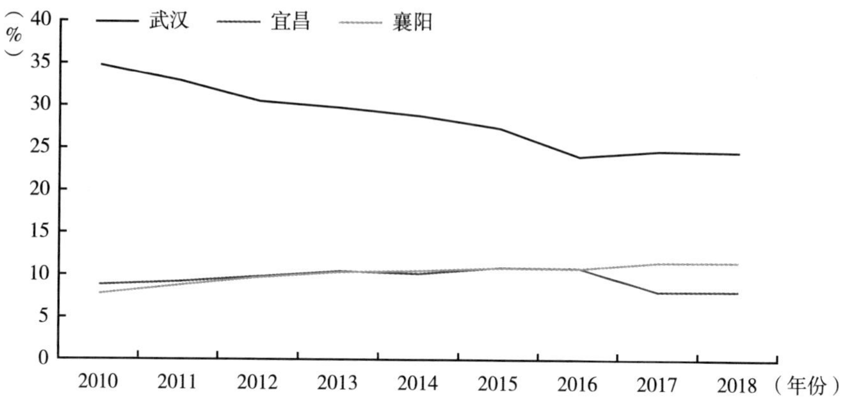

图10　2010~2018年武汉、宜昌、襄阳固定资产投资占全省比重

（四）对外开放形成全省高地

武汉市作为全省的政治、经济、文化中心，同时作为全国重要的交通运输枢纽，发展开放型经济的条件十分优越，对外开放水平也在全省遥遥领先。从进出口总额看，2010~2019年，武汉市进出口总额占全省的比例一直在60%以上，出口占比一直在50%以上，进口占比在70%以上，均远高于GDP在全省的比例；从进出口依存度看，武汉市进出口依存度一直保持在13%以上，显著高于全省总体水平，是宜昌、襄阳的3倍以上（见图11）。2019年，武汉市一般贸易进出口额1764.9亿元，同比增长13.7%；加工贸易进出口额418.3亿元，同比下降6.9%。

（五）人口集聚能力持续增强

武汉市人口一直保持较快增长态势。2011~2018年，武汉常住人口增长率保持在1%~2.61%，远高于宜昌、襄阳这两个省域副中心城市（见图12）。

从常住人口与户籍人口的差值对比看，2010~2019年武汉市各年差值均为正（140万~242万），且总体保持扩大趋势；宜昌市差值虽然为正，但远小于武汉市（6.1万~21.72万）；襄阳各年份差值均为负（见表1）。

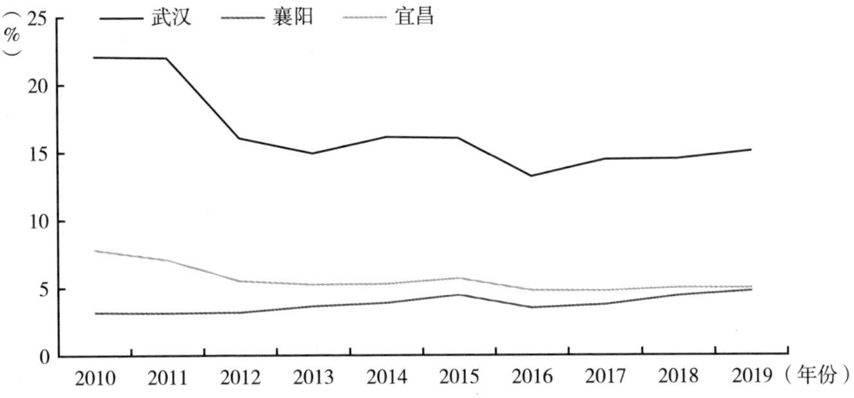

图 11　2010～2019 年武汉、宜昌、襄阳进出口依存度变化

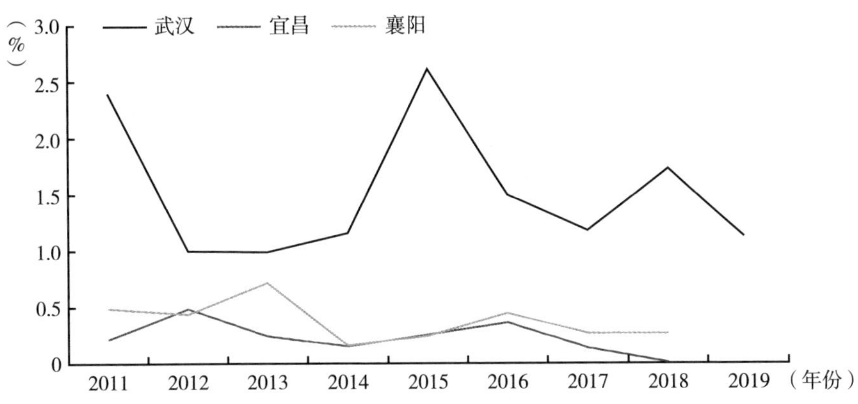

图 12　2011～2018 年武汉、宜昌、襄阳常住人口增长率

表 1　2010～2019 年武汉、宜昌、襄阳常住人口与户籍人口的差值对比

单位：万人

年份	武汉	宜昌	襄阳	年份	武汉	宜昌	襄阳
2010	140. 17	6. 10	-42. 35	2015	231. 50	13. 32	-30. 18
2011	174. 76	8. 01	-40. 87	2016	242. 78	18. 69	-30. 35
2012	190. 29	9. 86	-38. 86	2017	235. 64	21. 30	-26. 57
2013	199. 96	9. 76	-35. 97	2018	224. 37	21. 72	—
2014	206. 49	10. 05	-35. 43	2019	214. 80	—	-21. 80

伴随着人口的较快增长，武汉市常住人口在全省比例不断提高，从2010年的17.1%提高到2019年的18.9%（见图13），作为全省吸纳人口最多的城市，武汉市对于推动全省城市化的发展发挥了重大作用。

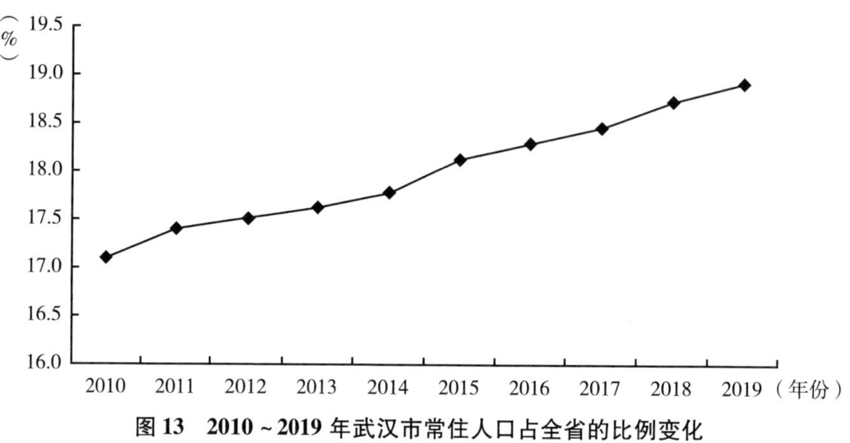

图13　2010～2019年武汉市常住人口占全省的比例变化

二　武汉在九个国家中心城市中总体居中游

（一）幅员和城镇化比较

武汉在九个国家中心城市中面积较小，只有重庆的近1/10，北京的近1/2，也远低于成都、天津、西安，比上海、广州、郑州三市大，居倒数第四位（见表2）。

2016年武汉常住人口1076.62万，2017年1089.29万，2018年为1108.1万，2019年为1121.2万，少于北京、上海、广州、重庆、成都、天津，居第七位。

2016～2019年武汉常住人口城镇化率分别为79.77%、80.04%、80.29%、80.49%，均次于上海、北京、广州、天津，居第五位。

（二）GDP总量和增速比较

在九个国家中心城市中，2016年武汉GDP为11912.61亿元，次于上海（27466.15亿元）、北京（24899.3亿元）、广州（19610.94亿元）、天津

（17837.90亿元）、重庆（17674.33亿元）、成都（12170.2亿元），居第七位；武汉GDP增速为7.8%，高于北京（6.7%）、上海（6.8%）、成都（7.7%），居倒数第六位（见表3）。

表2　2016～2019年国家中心城市幅员和城镇化比较

城市	面积（平方公里）	2016年		2017年		2018年		2019年	
		常住人口（万人）	城镇化率（%）	常住人口（万人）	城镇化率（%）	常住人口（万人）	城镇化率（%）	常住人口（万人）	城镇化率（%）
北京	16410.54	2172.90	86.50	2170.70	86.50	2154.20	86.50	2153.60	86.60
上海	6340.50	2419.70	87.60	2418.33	87.70	2423.78	88.10	2428.14	88.10
天津	11916.90	1562.12	82.93	1556.87	82.93	1559.60	83.15	1561.83	83.48
广州	7434.40	1404.35	86.06	1449.84	86.14	1490.44	86.38	1530.59	86.46
重庆	82400.00	3048.43	62.60	3075.16	64.08	3101.79	65.50	3124.32	66.80
成都	14335.00	1591.76	70.62	1604.47	71.85	1633.00	73.12	1658.10	74.41
武汉	8569.15	1076.62	79.77	1089.29	80.04	1108.10	80.29	1121.20	80.49
郑州	7446.20	972.40	71.02	988.10	72.23	1013.60	73.38	1035.20	74.60
西安	10096.80	883.21	73.43	961.67	73.42	1000.37	74.01	1020.35	74.61

2017年武汉GDP为13410.34亿元，次于上海（30133.86亿元）、北京（28000.4亿元）、广州（21503.15亿元）、重庆（19424.73亿元）、天津（18549.2亿元）、成都（13889.4亿元），居第七位；武汉GDP增速为8%，高于西安（7.7%）、广州（7%）、上海（6.9%）、北京（6.7%）、天津（3.6%），居第四位。

2018年武汉GDP为14847.3亿元，次于上海（32679.87亿元）、北京（30320亿元）、广州（22859.35亿元）、重庆（20363.2亿元）、天津（18809.6亿元）、成都（15342.8亿元），居第七位。需要说明的是，天津2018年GDP被国家统计局于2019年11月22日修订为13362亿元，并宣布各省区市生产总值历史数据修订结果，将在2020年各种统计出版物上陆续对外公布。因此，武汉在九个国家中心城市中实际居第六位。2018年武汉GDP增速为8%，次于西安（8.2%）、郑州（8.1%），与成都并列第三。

2019年武汉GDP为16223.2亿元，次于上海（38155.32亿元）、北京（35371.3亿元）、广州（23628.6亿元）、重庆（23605.8亿元）、成都（17012.7亿元），居第六位；武汉GDP增速为7.4%，位居第二。

表3　2016~2019年九个国家中心城市GDP及增长速度比较

单位：亿元，%

城市	2016年		2017年		2018年		2019年	
	GDP	增速	GDP	增速	GDP	增速	GDP	增速
北京	24899.30	6.7	28000.40	6.7	30320.00	6.6	35371.3	6.1
上海	27466.15	6.8	30133.86	6.9	32679.87	6.6	38155.32	6.0
天津	17837.90	9.1	18549.20	3.6	18809.6 (13362)	—	14104.3	4.8
广州	19610.94	8.2	21503.15	7.0	22859.35	6.2	23628.6	6.8
重庆	17674.33	10.7	19424.73	9.3	20363.20	6.0	23605.8	6.3
成都	12170.20	7.7	13889.40	8.1	15342.80	8.0	17012.7	7.8
武汉	11912.61	7.8	13410.34	8.0	14847.30	8.0	16223.2	7.4
郑州	8114.00	8.5	9193.80	8.2	10143.30	8.1	11589.7	6.5
西安	6282.65	8.6	7471.89	7.7	8349.86	8.2	9321.2	7.0

注：天津2018年GDP括号内数据为2019年11月22日修订的数据。

（三）三次产业结构比较

2016年武汉三次产业结构比例为3.3∶43.9∶52.8，第三产业所占比重次于北京（0.5∶19.2∶80.3）、上海（0.4∶29.8∶69.8）、广州（1.2∶30.2∶68.6）、西安（3.7∶35.0∶61.3）、天津（0.9∶42.4∶56.7）、成都（3.9∶42.7∶53.4），居第七位（见表4）。

2017年武汉三次产业结构比例为3.0∶43.7∶53.3，第三产业所占比重次于北京（0.4∶19.0∶80.6）、上海（0.3∶30.5∶69.2）、广州（1.09∶27.97∶70.94）、西安（3.76∶34.75∶61.49）、天津（0.9∶40.9∶58.2）、郑州（1.7∶44.4∶53.9），居第七位。

2018年武汉三次产业结构比例为2.4∶43.0∶54.6，第三产业所占比重次于北京（0.4∶18.6∶81.0）、上海（0.3∶29.8∶69.9）、广州（1.0∶27.3∶71.7）、西安（3.1∶35.0∶61.9）、郑州（1.4∶43.9∶54.7），居第六位。本年度由于天津数据修订后暂未公布三次产业结构比例，故未参加比较。

2019年武汉三次产业结构比例为2.3∶36.9∶60.8，第三产业所占比重次于北京（0.3∶16.2∶83.5）、上海（0.3∶27∶72.7）、广州（1.1∶27.3∶71.6）、成都（3.6∶30.8∶65.6）、天津（1.3∶35.2∶63.5）、西安（3.0∶34∶63），居第七位。

表 4　2016～2019 年九个国家中心城市三次产业结构比较

城市	2016 年	2017 年	2018 年	2019 年
北京	0. 5∶19. 2∶80. 3	0. 4∶19. 0∶80. 6	0. 4∶18. 6∶81. 0	0. 3∶16. 2∶83. 5
上海	0. 4∶29. 8∶69. 8	0. 3∶30. 5∶69. 2	0. 3∶29. 8∶69. 9	0. 3∶27∶72. 7
天津	0. 9∶42. 4∶56. 7	0. 9∶40. 9∶58. 2	—	1. 3∶35. 2∶63. 5
广州	1. 2∶30. 2∶68. 6	1. 1∶28. 0∶70. 9	1. 0∶27. 3∶71. 7	1. 1∶27. 3∶71. 6
重庆	7. 0∶44. 7∶48. 3	6. 6∶44. 2∶49. 2	6. 8∶40. 9∶52. 3	6. 6∶40. 2∶53. 2
成都	3. 9∶42. 7∶53. 4	3. 6∶43. 2∶53. 2	3. 4∶42. 5∶54. 1	3. 6∶30. 8∶65. 6
武汉	3. 3∶43. 9∶52. 8	3. 0∶43. 7∶53. 3	2. 4∶43. 0∶54. 6	2. 3∶36. 9∶60. 8
郑州	1. 9∶46. 8∶51. 3	1. 7∶44. 4∶53. 9	1. 4∶43. 9∶54. 7	1. 2∶39. 8∶59. 0
西安	3. 7∶35. 0∶61. 3	3. 8∶34. 7∶61. 5	3. 1∶35. 0∶61. 9	3. 0∶34. 0∶63. 0

说明：2018 年由于天津数据修订后暂未公布三次产业结构比例，故未参加比较。

（四）地方一般公共预算收入比较

2016 年武汉地方一般公共预算收入 1322. 10 亿元，次于上海（6406. 13 亿元）、北京（5081. 3 亿元）、天津（2723. 5 亿元）、重庆（2227. 91 亿元）、广州（1393. 85 亿元），居第六位（见表 5）。

2017 年武汉地方一般公共预算收入 1402. 93 亿元，次于上海（6642. 26 亿元）、北京（5430. 8 亿元）、天津（2310. 36 亿元）、重庆（2252. 38 亿元）、广州（1533. 06 亿元），居第六位。

2018 年武汉地方一般公共预算收入 1528. 70 亿元，次于上海（7108. 15 亿元）、北京（5785. 9 亿元）、重庆（2265. 54 亿元）、天津（2106. 19 亿元）、广州（1632. 3 亿元），居第六位。

2019 年武汉地方一般公共预算收入 1564. 12 亿元，次于上海（7165. 1 亿元）、北京（5817. 1 亿元）、天津（2410. 25 亿元）、重庆（2134. 9 亿元）、广州（1697. 21 亿元），居第六位。

表 5　2016～2019 年九个国家中心城市地方一般公共预算收入比较

单位：亿元

城市	2016 年	2017 年	2018 年	2019 年
北京	5081. 30	5430. 80	5785. 90	5817. 10
上海	6406. 13	6642. 26	7108. 15	7165. 10
天津	2723. 50	2310. 36	2106. 19	2410. 25

续表

城市	2016 年	2017 年	2018 年	2019 年
广州	1393.85	1533.06	1632.30	1697.21
重庆	2227.91	2252.38	2265.54	2134.90
成都	1175.41	1275.53	1424.20	1483.00
武汉	1322.10	1402.93	1528.70	1564.12
郑州	1011.18	1056.67	1152.05	1222.5
西安	641.07	654.50	684.70	702.55

（五）固定资产投资比较

2016 年，武汉市全社会固定资产投资总额 7093.17 亿元，次于重庆（17361.1 亿元）、天津（14629.2 亿元）、北京（8461.7 亿元）、成都（8370.50 亿元），居第五位（见表 6）。

2017 年，武汉市全社会固定资产投资总额 7871.66 亿元，次于重庆（17440.6 亿元）、天津（11274.7 亿元）、成都（9404.24 亿元）、北京（8948.1 亿元），居第五位。

2018 年，武汉市全社会固定资产投资总额 8706.06 亿元，次于重庆（18661.44 亿元）、天津（10643.32 亿元）、成都（10344.66 亿元），居第四位。

2019 年，武汉市全社会固定资产投资总额 9559.25 亿元，次于重庆（19725.1 亿元）、天津（12122.72 亿元），居第三位。

需要说明的是，从 2018 年起，各国家中心城市不公布投资总量数据，只公布全社会固定资产投资增速。为便于比较，我们推算出 2018 年和 2019 年各国家中心城市全社会固定资产投资总额。

表 6　2016～2019 年九个国家中心城市固定资产投资比较

单位：亿元

城市	2016 年	2017 年	2018 年	2019 年
北京	8461.70	8948.10	8062.24	7632.73
上海	6755.88	7246.60	7623.42	8012.22
天津	14629.20	11274.70	10643.32	12122.72
广州	5703.59	5919.83	6405.26	7462.12

续表

城市	2016 年	2017 年	2018 年	2019 年
重庆	17361.10	17440.60	18661.44	19725.10
成都	8370.50	9404.24	10344.66	9175.21
武汉	7093.17	7871.66	8706.06	9559.25
郑州	7075.70	7636.10	8468.44	8705.55
西安	5191.36	7556.47	8198.77	3562.37

（六）研发投入比较

2016～2017 年九个国家中心城市研发经费统计口径不统一，不做比较。

2018 年，武汉 R&D 经费 489.96 亿元，次于北京（1870.77 亿元）、上海（1359.20 亿元）、广州（600.17 亿元）、天津（492.40 亿元），居第五位。武汉全社会研发经费占 GDP 比重为 3.3%，仅次于北京（6.17%）、西安（5.1%）、上海（4.16%）（见表 7）。

表 7　2018 年九个国家中心城市研发投入比较

单位：亿元，%

城市	R&D 经费	全社会研发经费占 GDP 比重
北京	1870.77	6.17
上海	1359.20	4.16
天津	492.40	2.62
广州	600.17	2.63
重庆	397.08	1.95
成都	392.31	2.56
武汉	489.96	3.30
郑州	185.62	1.83
西安	426.14	5.10

（七）进出口情况比较

2016 年，武汉进出口总额 237.81 亿美元，倒数第一，与上海（7929.523 亿美元）、北京（2822.00 亿美元）、广州（1298.018 亿美元）、天津（1026.51

亿美元）、重庆（627.71 亿美元）相比，差距很大（见表 8）。

2017 年，武汉进出口总额 285.91 亿美元，倒数第一，与上海（11479.91 亿美元）、北京（3177.377 亿美元）、广州（1407.878 亿美元）、天津（1129.45 亿美元）、重庆（666.04 亿美元）相比，差距仍在扩大。

2018 年，武汉进出口总额 325.19 亿美元，继续倒数第一，与上海（12926.82 亿美元）、北京（4118.561 亿美元）、广州（1486.386 亿美元）、天津（1220.57 亿美元）、重庆（790.4 亿美元）相比，差距仍然不小。

2019 年，武汉进出口总额 353.82 亿美元，继续倒数第一，与上海（12212.74 亿美元）、北京（4154.13 亿美元）、广州（1448.668 亿美元）、天津（1065.15 亿美元）、成都（844.27 亿美元）、重庆（839.94 亿美元）相比，仍然存在差距。

表 8　2016 ~ 2019 年九个国家中心城市进出口情况比较

单位：亿美元

城市	2016 年	2017 年	2018 年	2019 年
北京	2822.00	3177.38	4118.56	4154.13
上海	7929.52	11479.91	12926.82	12212.74
天津	1026.51	1129.45	1220.57	1065.15
广州	1298.02	1407.88	1486.39	1448.67
重庆	627.71	666.04	790.40	839.94
成都	409.90	583.00	753.04	844.27
武汉	237.81	285.91	325.19	353.82
郑州	550.29	596.35	615.07	598.82
西安	275.50	376.95	499.17	470.23

（八）社会消费品零售总额比较

2016 年，武汉社会消费品零售总额 5610.59 亿元，次于北京（11005.1 亿元）、上海（10946.57 亿元）、广州（8706.49 亿元）、重庆（7271.35 亿元）、成都（5647.4 亿元）、天津（5635.81 亿元），居第七位（见表 9）。

2017 年，武汉社会消费品零售总额 6196.3 亿元，次于上海（11830.27 亿元）、北京（11575.4 亿元）、广州（9402.59 亿元）、重庆（8067.67 亿元）、成都（6403.5 亿元），居第六位。

2018 年，武汉社会消费品零售总额 6843.9 亿元，仅次于上海（12668.69 亿元）、北京（11747.7 亿元）、广州（9256.19 亿元）、重庆（8769.55 亿元），居第五位。

2019 年，武汉社会消费品零售总额 7449.64 亿元，仅次于上海（13497.21 亿元）、北京（12270.1 亿元）、广州（9978.17 亿元）、重庆（9532.5 亿元）（重庆市统计公报只公布全年社会消费品零售总额比上年增长 8.7%，据此推算）、成都（7478.4 亿元），居第六位。

表 9　2016～2019 年九个国家中心城市社会消费品零售总额比较

单位：亿元

城市	2016 年	2017 年	2018 年	2019 年
北京	11005.10	11575.40	11747.70	12270.10
上海	10946.57	11830.27	12668.69	13497.21
天津	5635.81	5729.67	5533.04	5516.05
广州	8706.49	9402.59	9256.19	9978.17
重庆	7271.35	8067.67	8769.55	9532.50
成都	5647.40	6403.50	6801.80	7478.40
武汉	5610.59	6196.30	6843.90	7449.64
郑州	3665.80	4057.20	4268.10	4671.50
西安	3767.20	4249.81	4658.72	4938.24

（九）城镇居民收支比较

2016 年，武汉城镇居民人均可支配收入 39737 元，低于上海（57692 元）、北京（57275 元）、广州（50940.7 元），居第四位；武汉城镇居民人均消费性支出 26535 元，低于上海（39857 元）、广州（38398.2 元）、北京（38256 元）、天津（28345 元），居第五位（见表 10）。

2017 年，武汉城镇居民人均可支配收入 43405 元，低于上海（62596 元）、北京（62406 元）、广州（55400 元），居第四位；武汉城镇居民人均消费性支出 28546 元，低于上海（42304 元）、广州（40637 元）、北京（40346 元）、天津（30284 元），居第五位。

2018 年，武汉城镇居民人均可支配收入 47359 元，低于北京（67990 元）、上海（68034 元）、广州（59982 元），居第四位；武汉城镇居民人均消费性支出31201元，低于北京（42926元）、上海（46015元）、广州（42180元）、天津（32655元），居第五位。

2019年，武汉城镇居民人均可支配收入51706元，低于北京（73849元）、上海（73615元）、广州（65052元），居第四位；武汉城镇居民人均消费性支出34005元，低于北京（46358元）、上海（48272元）、广州（45049元），居第四位。

表10　2016～2019年九个国家中心城市城镇居民收支比较

单位：元

城市	2016年		2017年		2018年		2019年	
	城镇居民人均可支配收入	城镇居民人均消费性支出	城镇居民人均可支配收入	城镇居民人均消费性支出	城镇居民人均可支配收入	城镇居民人均消费性支出	城镇居民人均可支配收入	城镇居民人均消费性支出
北京	57275	38256	62406	40346	67990	42926	73849	46358
上海	57692	39857	62596	42304	68034	46015	73615	48272
天津	37110	28345	40278	30284	42976	32655	46119	31854
广州	50941	38398	55400	40637	59982	42180	65052	45049
重庆	29610	21031	32193	22759	34889	24154	37939	25785
成都	35902	23514	38918	25314	42128	27312	45878	29720
武汉	39737	26535	43405	28546	47359	31201	51706	34005
郑州	33214	23210	36050	24973	39042	26256	42087	27290
西安	35630	23799	35837	25374	38729	25962	41850	25962

（十）客货运输量比较①

2016年，武汉旅客运输量29177.15万人次，低于北京（69287.6万人次）、广州（113329.75万人次）、重庆（63402万人次），居第四位；武汉货物运输量49981.81万吨，低于上海（88689.16万吨）、广州（112701.28万吨）、重庆（107840万吨）、天津（51580万吨），居第五位（见表11）。

2017年，武汉旅客运输量29950.30万人次，低于北京（67489.8万人次）、重庆（63298.0万人次）、广州（49441.74万人次），居第四位；武汉货

① 由于成都数据不全，不参加排列。

物运输量 57271.17 万吨，低于广州（120736.85 万吨）、重庆（115346 万吨）、上海（97257.26 万吨），居第四位。

2018 年，武汉旅客运输量 28638.9 万人次，低于北京（67569.4 万人次）、重庆（63634.5 万人次）、广州（48047.96 万人次），居第四位；武汉货物运输量 62517.88 万吨，仅低于重庆（128234 万吨）、广州（127752.06 万吨）、上海（107386.82 万吨），居第四位。

2019 年，武汉旅客运输量 25370.8 万人次，低于北京（72149.2 万人次）、重庆（63558.3 万人次）、广州（49819.79 万人次）、西安（26300 万人次），居第五位；武汉货物运输量 67555.2 万吨，仅低于广州（136165 万吨）、重庆（112765 万吨）、上海（109608.51 万吨），居第四位。

表 11　2016～2019 年国家中心城市客货运输量比较

单位：万人次，万吨

城市	2016 年		2017 年		2018 年		2019 年	
	旅客运输量	货物运输量	旅客运输量	货物运输量	旅客运输量	货物运输量	旅客运输量	货物运输量
北京	69287.60	24098.1	67489.8	23879	67569.4	25244.1	72149.2	24462.9
上海	19564.44	88689.16	20855.61	97257.26	21496.62	107386.8	22237.84	109608.5
天津	19930.00	51580	19193	52992	19200	53548.1	19600	56940.6
广州	113329.75	112701.3	49441.7	120736.9	48047.96	127752.1	49819.79	136165
重庆	63402.00	107840	63298	115346	63634.5	128234	63558.3	112765
武汉	29177.15	49981.81	29950.3	57271.17	28638.88	62517.88	25370.8	67555.2
郑州	16361.00	22038	14752	25130	14830	27631	14841.9	30426.3
西安	23671.00	23888	24287	25497	25543	26892	26300	27400

（十一）比较后的综合评价

1.2019 年武汉在九个国家中心城市中排名前三的指标有两个

（1）GDP 增速，2016 年第六位，2017 年第四位，2018 年第四位，2019 年位居第二。

（2）武汉市全社会固定资产投资总额，2016 年、2017 年居第五位，2018 年居第四位，2019 年居第三位。

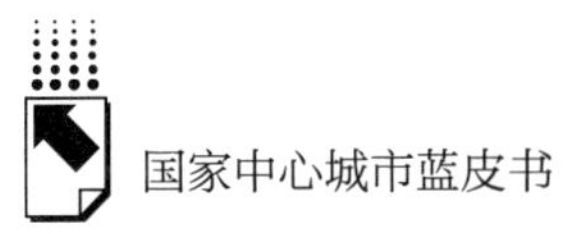

2. 在九个国家中心城市中排名后三的指标有四项

（1）常住人口，倒数第三。常住人口连续四年（2016～2019年）少于北京、上海、广州、重庆、成都、天津。

（2）GDP总量，前三年（2016～2018）倒数第三位，2019年提升了一位，排名第六。2019年GDP增速第二，所以只有加快GDP增速，总量才有可能进位。

（3）第三产业占GDP比重，2016年、2017年倒数第三，2018年提升一位，倒数第四，2019年再次倒数第三。

（4）进出口总额，连续四年倒数第一位。这是武汉最大的一块短板，2018年为325.19亿美元，只有第一位上海市12926.82亿美元的2.5%，甚至只有倒数第二位西安市499.17亿美元的65%，只有第七位郑州市615.07亿美元的52.8%。2019年武汉市进出口总额略有上升，为353.82亿美元，是第一位上海市12212.74亿美元的2.9%，只有倒数第二位西安市470.23亿美元的75%，只有第七位郑州市598.82亿美元的59.1%。

3. 整体评价

由于2019年数据不齐全，只用2016～2018年三年的数据作整体比较。武汉市四项指标居后三外，其余指标在第四位和第五位。如城镇居民人均可支配收入、货物运输量连续三年居第四位，社会消费品零售总额连续两年居第五位，常住人口城镇化率、城镇居民人均消费性支出、旅客运输量连续三年居第五位，地方一般公共预算收入连续三年居第六位。

2018年底中央经济工作会议部署2019年工作时提出“促进形成强大国内市场”，2019年底召开的中央经济工作会议部署2020年工作时强调“推动消费稳定增长，切实增加有效投资，释放国内市场需求潜力”。武汉在扩大内需方面表现亮眼，2018年和2019年，社会消费品零售总额仅位于人口约为武汉3倍的重庆之后。这主要得益于武汉“买全国、卖全国”的市场枢纽优势，其自身的城镇居民人均消费性支出偏低，如果达到重庆城镇居民人均消费性支出占城镇居民人均可支配收入比重的水平，武汉城市地位将进一步提升。

三　加快武汉经济发展的对策建议

新冠肺炎疫情发生后，武汉经济下行压力巨大。2020 年在“新一线城市”中，经济总量有可能被杭州超越。从湖北全省来看，2019 年武汉 GDP 占比就有所下滑，2020 年上半年经济增速又低于全省平均水平，占比进一步降低。形势催人奋进。无论是巩固国家中心城市地位，还是发挥在湖北经济中的龙头带动作用，武汉都必须进一步加快经济发展。这既需要国家层面和省级层面加大对武汉的支持力度，更需要武汉自身有更大的作为。

（一）着力培育和壮大新动能

武汉是著名的科教重镇。截至目前，全市现有人才总量达 230 多万，占全市人口总量近 1/4；普通高等学校数量 84 所，其中有 7 所列入国家“双一流”高校建设。在校大学生（含研究生）118 万人，成为全国三大智力密集区之一；拥有科研院所 121 个、国家级重点（工程）实验室 31 家、国家级（工程）技术研究中心 28 个。武汉应当用足、用活、用好“科教重镇”这个老底子，着力培育和壮大新动能。

2018 年 4 月 26 日上午，习近平总书记到东湖高新区考察，一再强调：过去那种主要依靠资源要素投入推动经济增长的方式行不通了，必须依靠创新；具有自主知识产权的核心技术，是企业的“命门”所在。习近平在考察烽火科技集团有限公司时说道：“企业必须在核心技术上不断实现突破，掌握更多具有自主知识产权的关键技术，掌控产业发展主导权。国家需要你们在这方面加快步伐。”在 28 日下午的讲话中又指出：要注重创新驱动发展，紧紧扭住创新这个牛鼻子，强化创新体系和创新能力建设，推动科技创新和经济社会发展深度融合。这为武汉培育和壮大新动能指明了方向，为武汉经济发展提供了根本路径。

（二）大力发展“引领型”制造业

一是要在存储芯片领域实现突破。习近平总书记 2018 年 4 月 26 日在武汉新芯集成电路制造有限公司视察时说道：“装备制造业的芯片，相当于人的心脏。心脏不强，体量再大也不算强。要加快在芯片技术上实现重大突破，勇攀世界半导体存储科技高峰。”也就是总书记视察武汉新芯集成电路制造有限公司的当天，国家级信息光电子创新中心在武汉正式启动。该中心由烽火科技集团武汉光迅科技股份有限公司牵头组建，覆盖全国信息光电子领域60%的创新主体。此前，国家已经在武汉布点了总投资240亿美元的长江（国家）存储器项目。2020年4月13日，长江存储正式发布128层TLC/QLC闪存芯片，核心参数业界领先。武汉要加快发展步伐，尽快实现128层TLG/QLG闪存芯片量产，不负总书记重托，率先走出一条强“芯”之路。

二是要在智能网联汽车领域实现突破。智能网联汽车是智能汽车与互联网相结合的产物，可拉动汽车、电子、通信、服务、社会管理等行业协同发展。武汉具有发展智能网联汽车的良好基础，武汉是国家智能汽车与智慧交通应用的示范城市，武汉经济技术开发区成为首批入选示范区项目建设的核心区。武汉要加快发展，使智能网联汽车成为武汉引领型产业的一张名片。

三是要在航空航天领域实现突破。武汉国家航天产业基地要着力打造航天运载火箭及发射服务、卫星平台及载荷、空间信息应用服务、航天地面设备及制造等四大主导产业。特别值得一提的是，武汉是北斗卫星导航技术核心研发基地，北斗卫星导航技术的核心研究中心有导航卫星数据分析中心、数据中心以及电离层变化研究中心，三个中心都在武汉。武汉要加大政策支持力度，尽早将核心优势转化为产业优势和经济效益。

四是要在海洋工程装备领域实现突破。重点强化海工装备制造，发展海洋战略性新兴产业。海洋战略性新兴产业包括海洋生物产业、海洋能源产业、海洋制造与工程产业、海洋矿业等。武汉海工装备制造产业体系相对完备，完全可以围绕这些产业投入更多研制力量，重点涉及海上油气钻井平台、大型特种船舶、大型海上作业平台、深海金属矿产开采设备、深潜器等多方面内容。武汉不靠海，但为“海洋强国”战略和建设强大海军做出了卓越贡献。武汉要加大海洋工程装备领域的开发力度，将江城武汉打造成“江海联动强市”。

（三）发挥优势发展消费经济

国际金融危机以来，推动我国经济增长的“三驾马车”角色地位发生了巨大变化。第一驾马车——投资：从2011年至今，我国全社会固定资产投资额增速已经出现连续九年下跌。第二驾马车——出口：国际金融危机以来，我国出口增速减缓，特别是2018年特朗普挑起中美贸易战以来，出口阻力越发增大。第三驾马车——消费：2017年消费对中国经济增长的贡献率达到64.6%，创下了16年来的新高，比2014年的47%提高了17.6个百分点；2018年中国消费对经济增长的贡献率上升到76.2%，再创新高，4年提高了19.2个百分点，速度惊人。在投资和出口增长明显回落的情况下，“消费”充分发挥了经济增长“稳定器”和“压舱石”的作用。至此，“三驾马车”，消费为王。在湖北省2019年“两会”上，武汉提出建设“内陆消费中心”，对武汉经济增长乃至湖北建设“支点”都具有十分重要的作用。

要培育拓展新兴消费热点。党的十九大报告将中高端消费列为“培育新增长点，形成新动能”的第一个领域。所谓中高端消费，就是更加追求品质、更加追求个性和更加追求全面发展的新型消费。当前，我国社会主要矛盾已经从“人民日益增长的物质文化需要同落后的社会生产之间的矛盾”转化为“人民日益增长的美好生活需要和不平衡不充分的发展之间的矛盾”，中高端消费是解决新时代社会主要矛盾的一个重要抓手。中高端消费这一巨大市场将引导我国企业进行技术升级、产业调整，从高度同质化的低端市场转向差异化明显的中高端市场，并且最终形成具有国际竞争力的一流产业和一流企业。而中国庞大的国内市场也为企业技术研发提供了别国不可比拟的优势，这是因为企业研发具有明显的规模报酬递减性质，市场规模越大越有助于企业摊销研发产生的固定成本。因此，中高端消费是制造业走向中高端的动力和依托。推动文化旅游、休闲娱乐、家政服务、健康养老等服务消费提速提质。积极发展消费新业态，打造线上线下协同互动的消费生态。大力促进新消费领域发展，重点培育品质消费、时尚消费、信息消费、服务消费、文化消费、体育消费等新消费热点，武汉的赛马产业、航空运动产业等，都属于中高端消费，应大力支持。要发挥新消费引领作用，培育形成更多新技术、新产业、新业态、新模式，增强新消费对全产业链的引领和带动作用。

（四）推动与省内城市互动

武汉在全省“一枝独秀”，但与全省各地的区域互动不足。应在继续做强武汉经济基本盘的同时，大力推动武汉与其他地区的产业融合发展。要加大区域统筹协调力度，有序推动武汉市边际产业向各市州转移，构建联系更加紧密的产业合作关系。大力推动城乡要素融合发展，促进农民进城与“要素下乡”双向互动，实现要素资源最有效的利用。推动区域智力资源融合，充分发挥武汉龙头引领作用，促进全省智力资源合理配置，大力推动武汉创新成果在全省的运用。充分发挥武汉交通、口岸、海关、自贸区优势，为各市县商贸物流、进出口提供通道与平台支撑。突出发挥好自贸区开放平台与制度创新试验田的作用，将成熟经验向全省复制推广，建设湖北全域“自贸区”；破除要素商贸流通领域的体制机制障碍，打造统一、开放、商品要素自由流动的一体化市场，通过市场力量形成武汉对全省经济发展的强大带动作用。

（五）以扩大进口拉动外贸发展

在与其他新一线城市比较中，可以看出，进出口是武汉最大的短板。出口制约不容易很快解决，但扩大进口相对见效较快，并以此拉动外贸外经发展。

上海已举办两届中国国际进口博览会，在这个“消费为王”的时代，这一做法很值得武汉借鉴。武汉要重点打造全球知名的消费地标，打造个性独特的街区，打造舒适、便利、智能的社区商业，形成资源集聚的内外贸融合发展的国际消费城市。要发挥武汉自贸片区作用，积极扩大进口，引导消费。加强进口行政审批取消或下放后的监管体系建设。按照打造法治化、国际化、便利化营商环境的要求，深入推进简政放权、放管结合、优化服务改革，提高进口通关便利性，实施通关一体化改革，打造具有国际先进水平的进口贸易“单一窗口”，节约进口贸易交易时间，降低进口交易的制度性成本。合理降低关税，落实降低部分商品进口税率措施，减少中间流通环节，严格执行收费项目公示制度，清理进口环节不合理收费，清理不合理加价。完善免税店政策，扩大免税品进口。进一步规范进口非关税措施，健全完善技术性贸易措施体系，降低进口成本。充分依托武汉海关特殊监管区域等平台，培育形成一批特色明显、示范带动作用突出的进口贸易企业和平台。将共建“一带一路”国家作为重点开拓的地区，优化进口市场布局，增加特色优质产品进口，扩大贸易规模。加快建设立足中部、辐射“一带一路”、面向全球的进口网络，多样化布局进口市场，引导企业充分利用自贸协定优惠安排，积极扩大进口。

（六）积极发展枢纽型经济

武汉是“九省通衢”，居祖国“天元”位置，是名副其实的“枢纽”。武汉要以此为依托，积极发展枢纽型经济。我国经济已由高速增长阶段转向高质量发展阶段。提高经济发展质量的核心首先是降成本，其中重点就在于降低物流成本。一条最根本的途径就是依托立体综合交通枢纽，进行生产与物流组织形态的创新，将企业之间、产业之间、地区之间有序协同起来，就能在很大程度上避免产能过剩及成本浪费。

首先，建设好长江中游航运中心。《国家发展改革委关于支持武汉建设国家中心城市的指导意见》明确指出：“强化长江中游航运中心及综合交通枢纽建设，强化支撑和承启作用，拓展沿江发展新空间，挺起长江经济带脊梁，加快建成以全国经济中心、高水平科技创新中心、商贸物流中心和国际交往中心四大功能为支撑的国家中心城市。”可以看出，强化长江中游航运中心及综合交通枢纽建设，是武汉建设国家中心城市的重要支撑。以武汉为核心，充分调动鄂州、黄冈、黄石、咸宁积极性，重点推进“645”航道工程建设，着力解决长江黄金水道“中梗阻”的问题，打造“水上高速”；提升阳逻国际港功能，加快建设航运产业总部区，支持“江海直达”新型船舶建造，完善近洋航线网络；在巩固武汉、九江、南昌、岳阳间定期集装箱公共班轮的基础上，扩大纳入“中三角集装箱公共班轮项目”港口范围。要以武汉航运交易所、武汉新港空港综合保税区、武汉电子口岸·国际贸易“单一窗口”等为依托，不断壮大航运服务产业，提升长江中游航运中心“软实力”。要对标伦敦航运交易所，力争2020年全面建成立足长江中游、辐射长江流域和长江经济带的国家级航运交易所。进一步完善长江航运综合指数体系，持续发布武汉航运中心出口集装箱运价指数（WSCFI）、中国长江煤炭运输综合运价指数（CCSFI）及中国长江（商品）汽车滚装运输景气指数（CARPI），形成具有武汉特色的“长江航运三大指数”。

其次，建设好铁路枢纽。在普铁时代，武汉与北京、上海、广州并称为中国四大铁路枢纽。在高铁时代，武汉的铁路枢纽地位受到郑州、西安、合肥、重庆、成都、贵阳等市的严重冲击。尤其引人注目的是，安徽阜阳于2019年10月和12月连续开通商合杭高铁商合段和郑阜高铁，已经形成“米”字形高铁枢纽，而武汉很早就宣称形成“米”字形高铁格局并未真正成型。武汉要加快沿江高铁中线通道建设，尽早形成“米”字形格局，并为扭转武汉近年客运量下降的局面做出贡献。同时，继续发挥货运优势。重点推进中欧班列（武汉）加速发展。中欧班列（武汉）是全国唯一回程货量高于去程货量的班列。发挥其在全国的领先优势，积极开展国际通道建设。鉴于新疆阿拉山口西行瓶颈制约，要大力加强其他通道建设。西线：2018 年 6 月 1 日新开通了经霍尔果斯口岸入境的汉欧中亚棉纱专列，要坚持常态化运作，后期开行中亚精铜等混合专列。北线：开通武汉至乌兰巴托茶叶专列，助力中部地区农产品出口蒙古及欧洲。南线：将中越班列与汉欧班列对接，将中南半岛的电子产品、服装、水果等通过此通道输欧。东线：在加快开通香港药品进口班列的同时，开发对俄拼箱业务，并打通国际邮路，将武汉打造成为国际邮件枢纽城市。推广共享班列模式，在巩固“宜汉欧”“襄汉欧”班列的基础上，联合咸宁尽快开通茶叶欧洲班列，并吸引湖南、江西茶叶搭乘该班列快车，共同重振“万里茶道”昔日之辉煌。

最后，建设好航空枢纽。2019 年武汉天河机场客运量为 2715 万人次，列全国第 14 位，近年来首次超过长沙黄花机场（2691 万人次，第 15 位），而郑州新郑机场以 2913 万人次列第 12 位，至于成都双流机场则以 5586 万人次列第 4 位的成绩远超武汉。武汉要引入更多航空公司将武汉作为基地、开辟更多航线、加密航班，与更多中小型机场开展联合，大力发展文化旅游、会展经济，挖掘更多客源。武汉航空货运量增长较快，2019 年由上年全国第 16 位上升到第 15 位，同比增长了 9.76%，但货运量太小，只有 24.32 万吨，不及郑州 52.2 万吨的一半。在鄂州机场建成之前，天河机场货运量有望继续保持增长；鄂州机场建成之后，要加强分工合作，按照国家规划打造武汉—鄂州航空枢纽，坐实“亚洲老大”。同时，携手孝感、鄂州、黄石、黄冈共同打造“武汉城市圈航空港综合经济实验区”。

（七）呼吁国家给予更多支持

一是支持武汉建设综合性国家科学中心。综合性国家科学中心基础条件是：有 3 个以上重大科技基础装置，有一批国家级的重大创新平台，有一批“双一流”高等院校，有一批世界级的领军人才，有若干先进产业集群。这五项条件武汉全部具备，应支持其建设继合肥、上海、北京、深圳之后第五个综合性国家科学中心。

二是支持武汉建设国家生物安全与公共卫生医学科学中心。武汉在生物科技、病毒、医疗、公共卫生及相关产业居全国前列，有较好基础。此次新冠肺炎疫情，全国各地专家齐聚武汉，对湖北相关科技和医疗知识进行大普及和现场大练兵。此次疫情也表明，生物安全和公共卫生应上升为国家战略，相关产业也应尽快发展起来。建议支持湖北率先建设国家生物安全和公共卫生医学科学中心，打造世界级生物医药产业基地。

三是明确长江中游城市群“一主两副”城市定位。2015 年发布的《长江中游城市群发展规划》（以下简称《规划》）2020 年规划期结束，建议编制新一轮发展规划。当时《规划》提出的是，长江中游城市群是以武汉、长沙、南昌三个市为中心。2016 年武汉被明确为“国家中心城市”和“超大城市”，这在长江中游地区是唯一的，而且武汉是中部地区唯一的副省级城市，因此应在新一轮规划中明确“一主两副”的城市定位，即武汉为长江中游城市群主中心城市、长沙和南昌为副中心城市，与长三角区域明确的“一主三副”类似。

四是尽量将各类长江“总部”放在武汉。新中国成立以来，长江水利委员会、长江航务管理局等国家管理长江的相关机构均设在武汉，人们习惯认为武汉是长江“总部”。其实，早在民国时期，规划和管理长江流域的机构就在武汉。今后凡是涉及长江流域管理的第四类机构，如无特殊情况应一律设在武汉。

（八）争取省级加大支持力度

在争取中央重视的同时，还要争取省委、省政府加大对武汉发展的支持力度。

一是支持武汉发展总部经济。发展总部经济不只是对武汉市有利，因为总部经济主要集约的是产业链上的“两头”：研发和营销。周边城市很多企业都愿意将“两头”甚至是总部迁往武汉；与此相伴相生，也有不少武汉企业将产业链的中间环节或其中的一部分生产扩散到周边地区，即建立生产基地。这种周边总部迁往武汉，武汉生产基地迁往周边的“双迁模式”，实际上是双赢的。省政府及有关部门应大力支持。

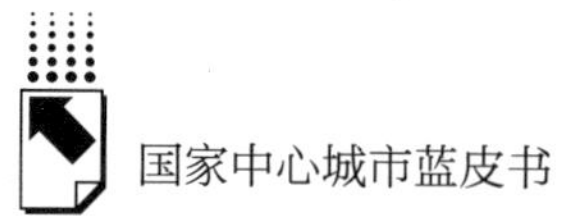

二是支持“武汉都市圈”建设。要明确长江中游城市群、武汉城市圈、武汉都市圈是三个不同层次的概念：长江中游城市群由武汉城市圈、环长株潭城市群、环鄱阳湖城市群等构成，武汉城市圈由“1 +8”城市构成，而武汉都市圈是武汉城市圈的核心部分，主要由武汉、鄂州两市全境及黄石、孝感、黄冈、咸宁四市的部分区域（基本上是其城区）组成。同时，长江中游城市群、武汉城市圈强调的是一体化，武汉都市圈突出的是同城化。其推出的背景是：2019 年 2 月 19 日国家发改委发布《关于培育发展现代化都市圈的指导意见》，明确提出“培育发展一批现代化都市圈，形成区域竞争新优势，为城市群高质量发展、经济转型升级提供重要支撑”。武汉都市圈是以武汉为核心布局的，要支持武汉优先配置生产要素，例如，为缓解武汉用地指标紧张的问题，土地占补平衡政策应向武汉倾斜，等等。

三是研究启动扩大武汉市的行政区划。合并鄂州已议论多年，这不仅是武汉的期盼，也是鄂州人心所向。从现有九个国家中心城市来看，武汉面积较小，只有重庆的近 1/10，北京的近 1/2，也远低于成都、天津、西安，比上海、广州、郑州三市大，居第 6 位。2019 年，武汉常住人口为 1121.2 万，少于北京、上海、广州、重庆、成都、天津，居第 7 位；武汉 GDP 为 16223.2 亿元，次于上海、北京、广州、重庆、成都，居第 6 位。将鄂州并入武汉后，武汉面积将略大于西安，在九个国家中心城市中提升 1 位至第 5 位；人口居第 7 位，位次保持不变；GDP 将超过成都，提升 1 位至第 5 位。近些年，壮大省会已成大趋势。前几年，合肥参与“瓜分”地级市巢湖、成都兼并资阳市代管的简阳市；2019 年初，济南兼并整个地级市莱芜；2020 年 6 月，长春兼并四平市代管的公主岭市。另外，2017 年初，陕西省委省政府决定西安市代管西咸新区，而西咸新区行政区划涉及咸阳市秦都区、渭城区、泾阳县、兴平市。所谓“代管”，实际上是全面直接管辖。国家发改委 2020 年印发的《2020 年新型城镇化建设和城乡融合发展重点任务》明确提出：“优化发展直辖市、省会城市、计划单列市、重要节点城市等中心城市，解决发展空间严重不足问题。”在内地 27 个省和自治区的省会（首府）中，2019 年武汉面积居第 19 位，人口居第 3 位，“人多地少”的状况非常突出。将鄂州并入后，武汉面积将超过银川和西安，提升至第 17 位，人口位次则不变，但“人多地少”的状况稍有缓解。

参考文献

秦尊文、张宁：《长江中游城市群发展与武汉的引领作用》，《2018 武汉发展报告》，武汉出版社，2018。

秦尊文：《中部省会城市再定位》，《决策》2011 年第 Z1 期。

秦尊文：《内强创新素质　外增辐射功能——武汉创建国家中心城市的路径》，《武汉宣传》2012 年第 6 期。

B.8 郑州建设国家中心城市的回顾、思考与展望

喻新安　武文超*

摘　要： 2019年以来，郑州市国家中心城市建设进程再上新台阶，城市影响力显著提升，经济规模、人口规模持续增长，交通枢纽地位稳步提高，科技创新、对外开放、产业转型等方面扎实有序推进，服务国家重大战略的作用越来越强。2020年，面对新冠肺炎疫情，郑州市坚持人民至上，打好疫情防控阻击战，经济社会实现平稳健康发展。未来，郑州在建设国家中心城市的进程中，将继续提升城市承载力，不断加强科技创新和对外开放，以更大的力度、更高的水平服务国家重大战略。

关键词： 郑州　国家中心城市　黄河　高质量发展

一　郑州建设国家中心城市的新进展

继2018年实现地区生产总值破万亿、常住人口破千万、人均生产总值破10万元"三大突破"之后，郑州市国家中心城市建设进程再上新台阶，城市影响力显著提升，经济规模、人口规模持续增长，交通枢纽地位稳步提高，高质量发展的科技创新、对外开放、产业转型等支撑更加有力。

* 喻新安，经济学博士，研究员，中国区域经济学会副会长，河南省社会科学院原院长、河南省高校智库联盟理事长，郑州师范学院国家中心城市研究院首席专家，研究方向为产业经济、区域经济、经济体制改革；武文超，博士，河南省社会科学院经济研究所副研究员，研究方向为区域经济、国民经济。

（一）中心城市影响力显著提升

2019 年以来，习近平总书记在多个场合提到郑州，体现了郑州作为国家中心城市在全国发展大局中的位置和作用。2019 年 3 月，习近平总书记在参加全国人大二次会议河南代表团审议时，肯定了郑州市打造内陆开放新高地的做法；8 月在中央财经委员会第五次会议研究推动形成优势互补高质量发展的区域经济布局时，将郑州作为我国区域增长极之一；9 月习近平到河南考察调研，在郑州主持会议并将黄河流域生态保护和高质量发展确立为重大国家战略；2020 年 1 月，在中央财经委员会第六次会议研究黄河流域生态保护和高质量发展问题时，提出强化西安、郑州国家中心城市的带动作用，由此可见郑州在我国区域经济布局中的作用日益突出。

2020 年 8 月，英国权威机构 GaWC 发布的《世界城市名册 2020》中，中国有 19 个城市入围，其中郑州市的评级从 2018 年的“Gamma +”上升到“Beta -”，进入世界二线大都市行列。此外，郑州市进入科尔尼咨询公司（A. T. Kearney）评价的全球营商环境友好城市 100 强；在中国城市科学研究会智慧城市联合实验室发布的《2019 城市数字发展指数报告》中，郑州位列第六等。随着郑州在国内外知名度、影响力的提高，一系列国内外重要会议、体育赛事、文艺活动在郑州举行。2019 年，郑州市举办了第 11 届全国少数民族运动会、郑州国际女子网球公开赛、国际乒联巡回赛总决赛等重大赛事。2020 年，中央电视台春节联欢晚会在郑州设立分会场，第四届全球跨境电子商务大会在郑州召开，中国金鸡百花电影节（第 35 届大众电影百花奖）在郑州举办；庚子年黄帝故里拜祖大典受新冠肺炎疫情影响进行多渠道直播，全球 20 多亿人次线上线下参与拜祖。此外，2019 年和 2020 年，郑州市还先后获得“国家生态园林城市”“国家质量魅力城市”等称号。

（二）经济、人口规模持续增长

引领区域经济发展、承载大量城市人口是国家中心城市的特点。作为中国国家中心城市中发展相对落后的城市，郑州近年来一直保持着经济规模和人口规模的较快增长。2019 年，郑州市完成地区生产总值 11589.7 亿元，排在全国大中城市第 15 位，在 9 个国家中心城市中排在第 8 位；地区生产总值增速

6.5%，在9个国家中心城市中排在第5位；人均生产总值113139元，在9个国家中心城市中排在第5位。2019年，郑州市的地区生产总值超越长沙市，在中部地区省会城市中仅次于武汉市，居第二位；在北方城市中仅次于北京、天津、青岛三市，列第四位（见图1）。2019年，郑州市实现地方财政一般公共预算收入1222.5亿元，同比增长6.1%；社会消费品零售总额5324.4亿元，同比增长9.5%；居民人均可支配收入35942元，同比增长8.6%。坊间关于北方第三城之争的议论值得关注，2019年青岛地区生产总值为11741亿元，高于郑州151亿元，但2020年上半年，郑州GDP 5459.6亿元，青岛GDP 5514.73亿元，二者的差距缩小到55.13亿元，而且在资金总量上，郑州早已完成对青岛的超越，截至2020年5月末，郑州的资金总量（金融机构本外币存款余额）为24874亿元，远高于青岛的19532亿元。

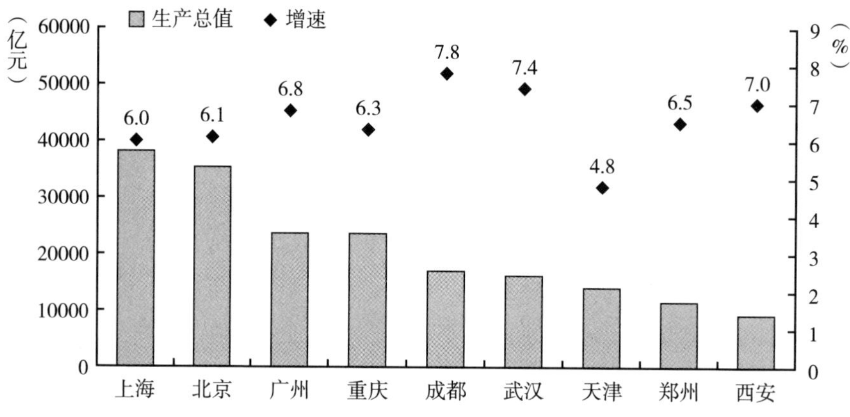

图1　2019年9个国家中心城市的地区生产总值和增速

资料来源：9个国家中心城市的2019年国民经济和社会发展统计公报。

2019年末，郑州市常住人口达到1035.2万，城镇化率为74.6%，常住人口数量在9个国家中心城市中排在第8位，常住人口比上年末增加21.6万，人口增加数在9个国家中心城市中排在第4位（见图2）。人口规模的持续增长，表现出郑州市城市规模在不断扩大，并且不断吸纳外来人口。不仅如此，郑州市在承接人口转移过程中，注重对人才的吸引。2015年以来，郑州市坚持实施“智汇郑州”人才工程，出台了“1+N”政策体系，从产业发展、平台建设、生活条件等全方位入手，为人才提供就业机会、发展平台和生活保障。2019 年，“智汇郑州”人才工程被评为“全国人才工作最佳案例”之一。郑州日益成为充满活力的新兴国家中心城市，外来人口数量、大学在校生规模、城市年轻指数等方面都在全国位居前列。

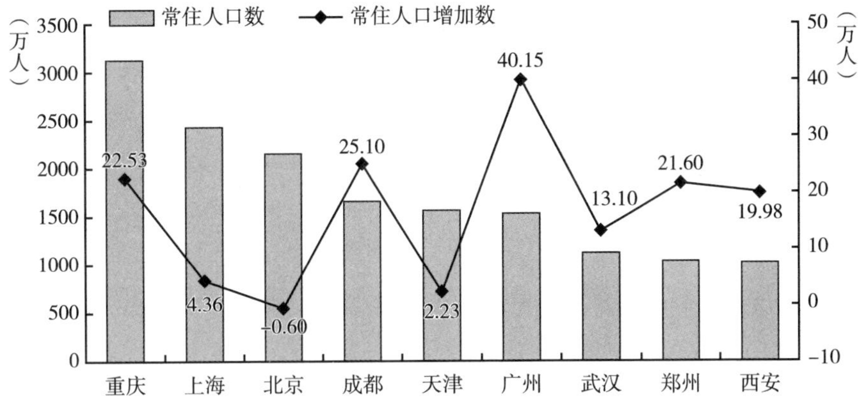

图 2　2019 年 9 个国家中心城市的常住人口数和增加数

资料来源：9 个国家中心城市的 2019 年国民经济和社会发展统计公报。

（三）交通枢纽地位稳步提高

河南处在中原腹地，地理交通禀赋优势明显。近年来，郑州市始终按照中央要求，将发展枢纽经济作为建设国家中心城市的重点任务。2019 年，郑州机场完成旅客吞吐量 2912.9 万人次，在我国内地机场中排名第 12；货邮吞吐量 52.2 万吨，在我国内地机场中排名第 7。同时，两项指标均保持中部地区第 1。2020 年，尽管受到新冠肺炎疫情影响，郑州机场在疫情期间还是逆势发展，承担了国内外大量抗疫物资的运输任务。上半年，郑州机场新引进全货运航空公司 8 家、新开航线 17 条，新增通航城市 20 个，完成货邮吞吐量 25.51 万吨，同比增长 21.5%；其中，国际货运量 17.3 万吨，同比增长 40.4%，增速居全国大型机场首位。截至 2020 年 9 月，在郑州机场运营的客运和货运航空公司分别达到 50 家和 46 家，开通客运航线 173 条、全货机航线 46 条，通航点达到 61 个，航线网络覆盖全球主要经济体，实现“7×24 小时”通关服务。

2019 年，郑万、郑阜高铁河南段开通运营。2020 年底郑济高铁通车后，以郑州为中心的“米”字形高速铁路网基本成型。2019年，中欧班列（郑州）实现多线路、多目的地往返均衡常态化开行，中欧班列（郑州）全年累计开行1000班，主要指标保持全国前列。2020年上半年，尽管受到新冠肺炎疫情影响，中欧班列（郑州）累计开行439班，运输货重27.7万吨、货值17.8亿美元，分别同比增长17.8%和6%。2020年7月，国家发展改革委发布支持郑州、重庆、成都、西安、乌鲁木齐5市建设中欧班列集结中心示范工程。郑州铁路集装箱中心站与青岛港、连云港等合作，打造铁海联运系统。2019年底，郑州国际陆港“一干三支”铁公海多式联运示范工程通过国家交通部和发改委验收，正式确定为国家多式联运示范工程。2019年，郑州海铁联运规模达到1.1万标箱；2020年上半年，郑州海铁联运完成8612标箱，同比增长67.7%，进出口货物通达20多个国家和地区的40多个港口。

（四）产业转型升级有序推进

郑州市始终将产业转型升级作为构建现代化经济体系、推动高质量发展的重中之重。2019年，郑州市大力推动制造业高质量发展，高技术产业增加值同比增长10.9%，战略性新兴产业增加值同比增长12.4%，上汽集团云计算（郑州）中心等243个项目开工建设，明泰铝业高精铝板带箔生产线技术改造项目等246个项目竣工，共实施工业技术改造项目546个，技改投资规模增长31.4%；压减煤电装机111万千瓦，化解钢铁过剩产能95万吨、水泥产能61万吨、电解铝产能35万吨、煤炭产能310万吨，规模以上工业增加值能耗减少16%。郑州中铁工程装备集团等23家企业入选国家级智能制造、绿色制造试点示范单位，大信家居工业设计中心入选国家工业设计中心，新增4家省级制造业创新中心，并成功入选国家综合型信息消费示范城市以及国家工业资源综合利用基地名单。

随着国家中心城市建设步伐加快，郑州市现代服务业快速发展。2019年，郑州市金融业增加值超过1200亿元，新增4家上市公司，2家公司在“新三板”挂牌，郑州商品交易所新增6个交易品种。网络经济增长迅速。2019年，郑州市网络零售额增长18.5%，快递行业营收同比增长16.6%，物流业增加值同比增长9.5%。2019年，郑州市接待国内外游客规模达到1.3亿人次，同比增长14.5%；旅游业总收入达到1598.9亿元，同比增长15.2%。数字经济发展实现突破。2019 年，阿里巴巴、海康威视、紫光集团等国内一流企业到郑州设立基地和区域中心，国家超级计算郑州中心、华为鲲鹏小镇项目开工建设，郑州市信息服务产业、下一代信息网络产业入选国家第一批战略性新兴产业集群，数字郑州“城市大脑”项目正式启动。2019 年，郑州市推动都市型农业高质量发展，实施第三批都市生态农业示范园建设，总规模达到 2.5 万亩，建设高标准“菜篮子”生产示范基地 1.2 万亩；三全、思念等知名企业在 2020 年疫情期间为全国供应大量高品质速冻食品。

（五）创新开放进程不断深化

近年来，郑州市持续不断优化营商环境，大力推动“一网通办、一次办成”。2019 年，郑州市实现政务服务“周末不打烊”，企业开办注册时间压缩至 3 天，不动产登记办理时限压缩至 5 个工作日，全年实现新增市场主体 26 万户。2020 年 8 月，郑州市获评“中国国际化营商环境建设标杆城市”。截至 2020 年 9 月，郑州市“一次不用跑”事项从最初的 254 项增加至 1077 项，“最多跑一次”事项增加至 1458 项。工程建设项目行政审批事项由 73 个主项精减到 59 个主项，审批时间从最长 74 天减少到最长 61 天。郑州市注重创新驱动发展，不断提升科技创新能力。2019 年，郑州市研发经费投入达到 236.7 亿元，同比增长 27.8%；研发经费投入强度达到 2.04%，首次突破 2%；万人发明专利拥有量达到 16 件，同比增长 23%；获得 1 项国家技术发明奖和 5 项国家科技进步奖，新培育 3 家国家企业技术中心，浙江大学、中科院微电子所、中科院苏州医工所到郑州合作建立新型研发机构。

2019 年，郑州市对外开放继续深化，自贸区郑州片区全年实现 140 项创新成果，新注册 1.5 万家企业；郑州—伦敦定期客运直达航线开航；河南省中国公民签证申请受理便利化平台投入使用；药品进口口岸获批，粮食口岸和汽车口岸建设顺利推进；国际贸易“单一窗口”实现全覆盖；引进 6 家世界 500 强企业，实际利用外资超过 44 亿美元，APUS 全球第二总部等新兴产业项目落地。2019 年，郑州市跨境电子商务交易额达到 107.7 亿美元；2020 年上半年，跨境电商交易额达到 65.4 亿美元，同比增长 12.6%，规模继续位居全国前列。2020 年 6 月，郑州入选全国第一批 10 个跨境电商 B2B 出口监管试点城市。由河南国际数字贸易研究院创研发布的《中国跨境电商综试区城市发展指数报告（2020）》，将全国105个综试区城市划分为先导城市、中坚城市、潜力城市三个类别，郑州在15个先导城市中列第5位。

（六）区域协调作用不断增强

在建设国家中心城市的过程中，郑州市坚持提升城市承载力，不断优化公共服务；同时积极推进郑州都市圈建设，不断提升在中原城市群乃至中部地区的影响力和带动能力。2019年9月，习近平总书记到河南视察调研，擘画了黄河流域生态保护和高质量发展重大国家战略，郑州、西安作为黄河流域的两个国家中心城市，在我国区域协调发展中的作用和责任进一步增强。

2019年，郑州市加快城市基础设施和公共服务建设，统筹推动老城区改造提升、城市新区开发和乡村振兴，年末城镇化率达到74.6%；实施百城建设提质工程项目1174个，整治提升老旧小区89个，新增公办幼儿园、中小学学位3.8万个、3.6万个，中小学午餐及课后延时服务受到好评，医疗卫生行业综合监管“郑州模式”获评全国优秀信用案例，获批国家城市医疗联合体建设试点城市；新增停车位、供水能力、污水处理能力6.2万个、10万立方米/日、15万吨/日，中心城区生活垃圾分类处置覆盖率达到74.3%，垃圾无害化处理率达到100%，入选全国第二批城市绿色货运配送示范工程创建城市，1亿立方米南水北调中线观音寺调蓄水库工程获国务院批准。为了支持郑州市建设国家中心城市，使郑州市在区域协调发展中更好地发挥作用，近年来，河南省在省级层面制定了《关于支持郑州建设国家中心城市的若干意见》《郑州大都市区空间规划（2018—2035年）》等政策和规划，并组建相应领导小组负责郑州都市圈建设的协调推进。河南省政府印发的《2020年郑州都市圈一体化发展工作要点》，提出在郑州都市圈的郑州、开封、新乡、许昌、焦作五市范围内共同抓好规划体系、交通网络、生态保护、产业发展、基础设施一体化、资源合作共享的“一体系五工程”，郑州在区域协调发展中的作用将不断增强。

二　郑州建设国家中心城市的特点及存在的问题

郑州市获批建设国家中心城市以来，按照国家发改委和河南省委省政府的相关要求，推动城市高质量发展，不断增强核心竞争力和综合服务功能，提升郑州的城市承载能力、影响力和带动能力。2019 年 7 月，河南省委、省政府下发《关于支持郑州建设国家中心城市的若干意见》，提出了“三中心一枢纽一门户”的建设目标，即国家重要的经济增长中心、极具活力的创新创业中心、华夏历史文明传承创新中心，国际综合交通和物流枢纽，内陆地区对外开放门户。遵照习近平总书记关于推动形成优势互补高质量发展的区域经济布局的指示和要求，围绕国家中心城市建设的目标，2019 年，郑州市出台了高质量发展先进制造业、高品质推进城市建设、高水平扩大对外开放等方面的三年行动计划，谋划黄河流域生态保护和高质量发展核心示范区，积极推进郑州都市圈发展，国家中心城市建设步伐稳步迈进。总的来看，2019 年以来，郑州市建设国家中心城市的特点主要包括以下几个方面。

一是高品质推进城市建设。2019 年 8 月 19 日，郑州市第十一届委员会第十次全体（扩大）会议针对郑州城市功能布局，提出了“东强、南动、西美、北静、中优、外联”的布局发展思路，即东部的郑东新区、中牟、经开区等区域强起来，利用中国（河南）自贸区、跨境电子商务试验区、国家大数据综合试验区等平台，推动产城融合发展，形成全国重要的先进制造业、现代服务业基地，打造河南对外开放窗口；南部依托郑州航空港，发展航空经济、枢纽经济，打造内陆对外开放高地；西部依托高新区、中原区等，建设生态美丽、健康宜居的城区和创新创业的热土；北部地区围绕黄河流域生态保护和高质量发展，加强黄河沿岸生态保护和治理，保护黄河文化遗产。中心老旧城区升级改造，不断优化城市设施和公共服务，激发新的活力。同时，郑州市加快航空、铁路、高速公路、无水港、轨道交通、5G 网络、数据中心、环境保护、生态绿化等基础设施建设，大力推进老城区改造升级，提升教育、文化、医疗、住房保障等公共服务的供给水平。在此基础上，郑州市积极承接国内外体育赛事、文艺活动和庆典，不断提升郑州的城市知名度和影响力。

二是以创新驱动经济高质量发展。2019 年以来，郑州市大力推动城市高质量发展，产业持续优化升级，科技创新快速发展，营商环境不断优化。一年多来，阿里巴巴、海康威视、紫光集团等国内一流企业到郑州设立基地和区域中心，国家超级计算郑州中心、华为鲲鹏小镇项目开工建设，郑州市信息服务产业、下一代信息网络产业入选国家第一批战略性新兴产业集群，数字郑州

“城市大脑”项目正式启动，郑州市计算机信息、通信、互联网、大数据产业发展势头良好。近年来，郑州市实施“智汇郑州”人才工程，持续吸引人才到郑州工作并取得良好效果，被评为“全国人才工作最佳案例”；浙江大学、中科院微电子所、中科院苏州医工所到郑州合作建立新型研发机构。2020 年 9 月，教育部专家组对郑州大学进行“双一流”大学建设评估时认为，郑州大学“高质量完成一流学科建设任务，学科实力和水平显著提升”。与此同时，郑州市大力推动机构改革，纵深推进“放管服”改革，行政审批效率和政务服务水平明显提高，被评为“中国国际化营商环境建设标杆城市”。

三是持续强化综合交通枢纽地位。地理区位和交通基础是郑州最大的优势之一，打造国际性综合交通和物流枢纽、内陆地区对外开放门户是郑州建设国家中心城市的目标之一。2019 年以来，河南省围绕郑州提出空中、陆上、网上、海上丝绸之路的“四路协同”发展思路，对郑州市建设综合交通枢纽提出新要求。近年来，郑州机场客运量、货运量不断增长，在全国机场排名双双提升，航线、通航点数量持续不断增加，“郑州—卢森堡”双枢纽影响力不断扩大；米字形高铁网络基本成型，高速公路、城际铁路、城市地铁、市政道路网络不断优化升级；郑州跨境电子商务交易量和交易金额持续多年排在全国前列，“1210”模式成为全球跨境电商发展的样板，郑州连续四年成功举办全球跨境电子商务大会；郑州国际陆港“一干三支”铁公海多式联运示范工程获得国家交通部认可。郑州市综合交通枢纽地位正在全面提升。

四是积极服务国家重大战略。国家中心城市建设起源于我国新型城镇化战略规划，同时也是推动形成优势互补高质量发展的区域经济布局的关键。郑州在建设国家中心城市的进程中，主动服务国家发展大局、服务国家战略。积极融入“一带一路”建设，打造跨境电子商务“郑州模式”和“郑州—卢森堡”航空货运双枢纽，不断提升中欧班列（郑州）的营运质量和水平，逐渐形成内陆开放新高地；推动经济高质量发展，不断优化营商环境，在区域竞争中争先进位，为中部崛起做出应有贡献；积极谋划黄河流域生态保护和高质量发展核心示范区，加强黄河沿岸环境保护和生态治理，保护黄河文化遗产，通过黄帝故里拜祖大典等不断弘扬黄河文化；强化中心城市的带动作用，承接农村人口转移，积极推动郑州都市圈建设，率先建成“米”字形高铁网络，联通东西南北，在区域协调发展中起到引领带动作用。

在看到郑州市建设国家中心城市的经验和特色的同时，也要认识到，郑州在目前的9个国家中心城市中仍处在发展靠后的位置；生产总值、人口规模、一般预算收入都处在第8位，上市公司的总规模、建设“双一流”大学的数量都排在末尾，市辖区规模偏小，城市建设基础底子薄。国家发改委在《关于支持郑州建设国家中心城市的指导意见》中提到过“经济发展体量、科技创新水平、辐射带动能力仍需加快提升”，尽管郑州在这些方面都在大跨步向前发展，但要想取得翻天覆地的变化，也并非一日之功。

三　抗疫背景下郑州推进国家中心城市建设的思路

2020年，面对新冠肺炎疫情，郑州市坚持以党中央指示精神为指引，落实河南省委、省政府的决策部署，突出以“早”字抓防控工作，尽全力打好疫情防控阻击战。2020年上半年，郑州实现地区生产总值5459.6亿元，较上年同期下降0.2%，增速分别高于全国、河南省1.4个、0.1个百分点。

新冠肺炎疫情暴发以后，郑州市坚持底线思维，迅速启动战时工作机制，在河南省内率先实行“红黄绿三色码”管理，构建了以村保乡、以乡保县和以小区保社区、以社区保城区防控体系，压实了市包县、县包乡、乡包村三级领导分包责任，创新实施“五防八管八控”工作法，采用“居家隔离+集中隔离”等方式，紧紧依靠和发动人民群众共同抗击疫情。与此同时，组织“三送一强”活动，主动向企业送政策、送要素、送服务、强信心，主动将国家、省、市及行业主管部门的惠企政策整理成册并送到企业，组织专门的干部队伍帮助企业复工复产、解决实际问题。落实中央“六稳”“六保”要求，出台了促进经济平稳健康发展和促消费增活力稳增长的各项举措。截至2020年5月份，累计帮助企业37.6万家，减免缓各类税费477.9亿元，协调解决用工268.4万人。

2020年7月，中共郑州市十一届十二次全会召开。会议提出，当前郑州在全国发展大局中的地位越来越重要，发展机遇越来越多，高质量发展的态势越来越好。在疫情防控的背景下，要继续加快国家中心城市建设，加快形成更高水平的高质量发展区域增长极。郑州推进国家中心城市建设的思路主要可以归纳为六字要求：一是“控”。继续做好常态化疫情防控工作。尽管国内疫情暂时得到了有效的防控，但是由于国外疫情发展等多种不确定性，郑州市提出坚持人民至上、生命至上的要求，继续加强基层社区卫生服务建设，强化基层的疫情防控、卫生服务职能。二是“保”。注重保障民生，保障困难群众生活，落实好保就业、保市场主体等“六保”要求，解决好人民群众面临的突出问题，同时要保证把全面建成小康社会的三大攻坚战打好。三是“稳”。稳定经济社会发展大局，做好稳投资、稳预期等“六稳”工作，稳定经济增长，稳定社会秩序，推动经济社会全面恢复正常状态。四是“进”。坚持稳中求进的工作总基调，围绕产业升级、新基建、高品质城市建设等领域实现“进”，通过招商引资、对外开放、深化改革实现“进”，实施好郑州市高质量发展系列三年行动计划，培育经济高质量发展的新增长点。五是“抬”。围绕中部崛起、黄河流域生态保护和高质量发展战略，以重大项目为抓手积极推进战略实施和建设，使郑州国家中心城市的龙头高高抬起。六是“扛”。扛起党的领导和党建工作的责任，把党的建设和中心工作紧密结合，以党建高质量引领经济社会高质量发展。同时，会议还提出处理好“三个关系”，即处理好“保”和“稳”的关系，保住底线，稳住局面；处理好“稳”和“进”的关系，在稳住发展局面的情况下，更好地实现争先进位；处理好“进”和“抬”的关系，努力使郑州在全国全省发展大局中做出更大的贡献。

四　关于郑州推进国家中心城市建设的思考与展望

近年来，郑州市建设国家中心城市的步伐越迈越快，经济社会呈现稳步快速发展的趋势，城市影响力与日俱增。然而，未来要更好地推进国家中心城市建设，郑州还有一些问题需要进一步深入思考。

一是提升城市对人口的吸纳能力和承载力。国家中心城市建设的初衷之一，就是承载农村转移人口的市民化。作为经济体量、城市规模、地理区位等方面具有优势的国家中心城市，郑州更容易在发展中吸纳大量外来人口。目前，郑州市常住人口已经突破千万，主城区人口大约 750 万。按照郑州市的国土空间规划，到 2035 年，郑州市人口将达到 1800 万，那么随着城市发展和规模扩张，会有一系列的问题需要破解。首先是要提升郑州市的城市品位，吸引更多外来人口到郑州工作和生活。其次是对城市发展进行科学规划，对水、土地等资源进行科学配置，加快谋划将中牟、荥阳、新郑等县市纳入城区，合理规划城市空间和功能布局，使人口分布和产业、空间布局相协调，更好地实现产城融合，使城市居民更好地在郑州安家、兴业；提前预防大城市病，合理布局和建设市政路网、地铁等交通设施，利用大数据、云计算等信息手段搭建智慧城市，缓解城市人口给交通、资源带来的压力，更新和提升老城区的基础设施，给市民更好的居住体验；提前规划与城市人口规模相适应的教育、医疗、体育、文化、娱乐等公共服务，以及污染防治、垃圾处理等相关基础设施。在此基础上，做好城市建设进程中的土地、资金利用规划，要避免城市建设进度与人口增长失衡而导致房地产市场波动，以及城市建设进度与城市财力失衡而导致政府性债务过快增长。

二是提升郑州在服务高质量发展的区域经济布局中的作用。首先，要高质量推进城市建设，推动郑州经济高质量发展，提升郑州的城市吸引力、影响力、承载力，更多地吸纳外来人口到郑州，更好地服务新型城镇化战略。其次，要进一步推动郑州都市圈发展。伴随着现代化交通工具发展和基础设施建设，郑州逐步和开封、新乡、焦作、许昌乃至洛阳形成“一小时交通圈”，目前，河南省已经通过成立省级层面的领导小组，推动郑州、开封、新乡、焦作、许昌五市在规划体系、交通网络、生态保护、产业发展、基础设施一体化、资源合作共享方面建设“一体系五工程”。伴随着郑州都市圈的发展，如何实现跨城市的工作协调机制，居民们是否能够在郑州都市圈内形成真正的跨城市工作生活等，都是在未来可能出现的问题。在郑州都市圈之外，郑州市还将在中原城市群、中部崛起乃至全国经济高质量发展中发挥更大的影响力和作用，这就需要不断推动制造业高质量发展和产业转型升级，进一步提升郑州经济发展水平；同时，加强郑州国际综合交通和物流枢纽建设，最大限度地发挥郑州地理区位和交通禀赋优势，在构建形成“双循环”发展新格局中发挥更大作用。

三是更好地服务黄河流域生态保护和高质量发展国家战略。2019 年，习近平总书记在河南视察调研，在郑州召开会议时提出了黄河流域生态保护和高质量发展国家战略。河南地处中原，是中华文明重要的发源地，也是黄河文化重要的诞生地之一。郑州市还是黄河流域仅有的两个国家中心城市之一。因此，郑州在黄河流域生态保护和高质量发展国家战略中承担着重要的使命和责任。2019 年，郑州市着手谋划黄河流域生态保护和高质量发展核心示范区，致力于把郑州打造成为黄河流域生态保护示范区、黄河历史文化展示区、高质量发展引领区。因此，郑州市不仅要做好黄河水资源集约节约利用，加快经济高质量发展、高水平推进城市建设和乡村振兴，做好黄河文化遗产保护和弘扬等工作，还要发挥国家中心城市的引领和带动作用，进一步加强与黄河流域其他地区的协调工作机制，共同为黄河流域生态保护和高质量发展战略的实施做出贡献。

四是加快推进创新发展和对外开放。我国经济进入高质量发展阶段，城市间的竞争集中表现为在创新方面的竞争。在目前 9 个国家中心城市中，郑州市在创新资源和能力方面处在相对落后的位置，“双一流”建设高校数量最少、上市公司规模小，创新的产业基础、人才基础、平台基础都相对薄弱。虽然 2019 年以来，阿里巴巴、海康威视、中国电子、紫光集团等国内一流企业落地，国家超级计算郑州中心、华为鲲鹏小镇项目开工建设，给郑州的产业转型和创新发展带来了更大的发展空间，但郑州在创新引领发展方面依然任重而道远。未来，郑州要实现后发赶超，就必须在推进经济高质量发展、优化营商环境方面取得更大的进步。对外开放方面，近年来郑州市依托航空港经济综合实验区发展枢纽经济，口岸建设、多式联运、机场航线建设都取得不俗成绩，“郑州—卢森堡”空中丝绸之路获得习近平总书记肯定。2019 年以来，河南省提出“四路协同”的发展思路，为郑州打造内陆对外开放高地提速加码。我们期望，伴随着郑州经济对外开放水平的提高，城市建设、公共服务、营商环境和人文环境方面的开放水平也能够进一步得到切实改进和提升。

参考文献

国家发改委：《关于支持郑州建设国家中心城市的指导意见》，2017 年 1 月。

河南省中原城市圈建设工作领导小组办公室：《2020 年郑州都市圈一体化发展工作要点》，2020 年 9 月。

郑州市政府:《郑州建设国家中心城市行动纲要（2017—2035年）》，2018年2月。

王新伟:《政府工作报告——2020年5月14日在郑州市第十五届人民代表大会第三次会议上》，2020年5月。

郑州市统计局:《2019年郑州市国民经济和社会发展统计公报》，2020年4月。

河南省委、河南省政府:《郑州大都市区空间规划（2018—2035年）》，2019年8月。

B.9
重庆建设国家中心城市的新目标与新进展

彭劲松　王彬燕*

摘　要： 创新是引领发展的第一动力，是建设现代化经济体系的战略支撑。重庆持续实施科技创新驱动战略，科技要素全方位地渗透于国民经济各个行业与领域，对推进产业结构升级和城市智慧发展发挥了重要作用，取得了明显成效。但当前重庆仍存在科技创新投入不足、顶级人才数量不足、创新基础设施不足、创新企业不足等问题。未来需通过进一步优化发展，将重庆打造成为具有全国影响力的科技创新中心，形成全面协调和可持续发展的创新功能布局、空间布局、载体布局和协同布局。

关键词： 重庆　科技创新中心　科教研发

创新是引领发展的第一动力，是建设现代化经济体系的战略支撑。2020年1月3日举行的中央财经委员会第六次会议提出，要推动成渝地区双城经济圈建设，在西部地区形成高质量发展的增长极，并明确提出具有全国影响力的“两中心两地”战略定位，其中之一便是要打造“具有全国影响力的科技创新中心”。重庆作为成渝地区双城经济圈双核中心城市之一，是长江上游地区重要的现代制造业基地，在创新国家建设中占有重要地位，发挥重要作用。随着全球科技革命与产业革命浪潮奔涌，科技创新对经济发展的贡献度和带动作用

* 彭劲松，重庆社会科学院城市与区域经济研究所所长，研究员，研究方向为城市与区域经济；王彬燕，博士，重庆城市提升战略研究中心特约研究员，研究方向为区域经济。

将会更加强劲。重庆推进国家中心城市建设，已经进入到由量的扩张发展，到量质并举发展的新阶段。围绕“两中心两地”来支撑重庆国家中心城市建设，需要对重庆作为国家中心城市的核心功能及发展位势进行重塑布局。其中，创新又是一个城市和地区发展的核心功能，是推进地区产业结构调整的关键性力量。重庆建设国家中心城市，必须高度重视对重庆中长期科技创新战略布局进行系统谋划，为打造具有全国影响力的科技创新中心，更好地实施以创新驱动为引领的发展战略进一步夯实基础。

一　发展形势

（一）推进科技创新已经成为维护国家安全参与全球竞争的战略抉择

自 16 世纪以来，世界发生了多次科技革命，逐步推动着人类社会的进步，同时也推动了一批新兴大国的崛起。进入 21 世纪，随着以信息技术、生物技术为代表的新技术产业革命在全球蓬勃发展，深刻地改变了世界政治经济格局和力量对比。中美贸易摩擦，美国扬起霸权主义的大棒，一方面，对以华为为代表的中国高科技企业在知识产权领域进行制裁，打压中国高科技企业的生存成长空间；另一方面，积极推动在华美国企业回迁，蓄意引起中国制造业和科技发展与全球产业链的脱钩。凡此种种，在本质上是美国凭借超级大国的优势，采取单边主义和霸权主义的做法，对我国经济和科技安全构成了潜在威胁。必须看到，中美在科技教育和产业发展领域还存在着一些差距，如 2016 年，美国 R&D 国内支出达到 5103 亿美元，居世界第一位，中国 R&D 国内支出达到 2378 亿美元，位居全球第二，但总量上仍不及美国的一半。2017 年，《泰晤士高等教育》发布的第十四届年度世界大学排名中，进入全球百强的学校，美国占据 41 席，而中国仅有北京大学、清华大学、香港大学、香港科技大学、香港中文大学 5 所大学进入。

面对挑战，我们必须继续坚持推进供给侧结构性改革，必须补短板、堵漏洞、强弱项，着力培育以科技创新为核心的新增长动力，积极推进产业与科技的深度融合，确保我国国民经济稳定向好发展，并在若干科技领域抢占全球制高点，以切实维护国家战略安全、经济安全，确保在 21 世纪中叶如期建成社会主义现代化强国。

（二）优化科技创新布局是有力推进双城经济圈建设的重要举措

科学技术是第一生产力，是推动经济发展由量变向质变转型的最为关键的因素。2019 年，成渝地区双城经济圈的人均 GDP 已经达到 62793 元，城镇化率为 58.66%，成渝地区双核心城市的发展阶段更是居全国领先水平，如重庆主城九区 2019 年 GDP 总量达 9334.22 亿元，其中，第一产业为 102.18 亿元，第二产业为 2846.79 亿元，第三产业为 6385.25 亿元，三次产业比重为 1.09∶30.50∶68.41；人均 GDP 106107 元，常住人口城镇化率高达 91.22%。重点中心城市产业、城市高级化转型、经济由粗放型增长向集约高效型增长等事宜必须提上议事日程。成渝地区是我国传统的三线建设布局重要基地，20 世纪 60 年代，在重庆、成都、绵阳等地陆续布局形成了一批具有重要战略价值的科技教育力量和资源，经过长期沉淀和持续发展，这些科技教育资源对新时代以新的动力推动成渝地区双城经济圈高质量建设，将发挥不可替代的重要作用。

（三）实施创新驱动战略是重庆高质量发展的必然要求

科技创新具有引领性、贯穿性和决定性作用。从上海、深圳等国际化大都市建设的经验来看，无不是在培育形成国际化的经济中心、金融中心功能的基础上，进一步突出科技对城市核心竞争力的引领，对其他功能的整合，向着国际化甚至全球化城市迈进。重庆是中西部地区唯一的直辖市、国家级中心城市，处在“一带一路”和长江经济带的联结点上，在国家区域发展和对外开放格局中具有独特而重要的作用。近年来，重庆市全面贯彻习近平总书记对重庆提出的“两点”定位、“两地”“两高”目标、发挥“三个作用”和营造良好政治生态的重要指示要求，实施以大数据和智能化为引领的创新驱动战略，坚定不移推动高质量发展，取得了比较显著的成效。当前重庆正在推进城市提升和乡村振兴两个工作，着力打造国际化、绿色化、智能化、人文化现代城市，打造内陆国际金融中心、国际消费中心，建设高品质宜居生活地。随着投资和消费对区域和城市经济增长的促进效应不断减弱，重庆亟须通过科技创新为区域发展注入新的增长驱动力，以科技为链条和触媒，将金融、贸易、宜居等元素有机串联起来，运用科技为发展赋能，形成重庆高质量发展的新格局。

这既是重庆履行国家系列战略使命的必然要求，同时也是有效应对内外部竞争与挑战，实现自身跨越式发展的必由出路。

二　经济发展与城市建设进展

（一）经济发展情况

重庆继续深入贯彻新发展理念，落实国家和重庆一系列重大战略部署，扎实推进“三大攻坚战”，经济企稳回升，逐步进入良性循环发展轨道。2019年，全市地区生产总值达到2.36万亿元，占全国的2.38%，年均增长6.3%，高于全国平均增速6.1%的水平。三次产业结构比为6.6∶40.2∶53.2。人均GDP达到75828元，高于全国平均水平70892元。工业发展对全市经济的支撑托举作用十分显著。2019年，全市工业增加值达到6657亿元，同比增长6.4%，规模以上工业增加值比上年增长6.2%。在全市八大支柱产业中，仅有汽车产业（不含摩托车产业）增加值增速为负，比上年下降4.1个百分点，其他支柱产业经核实增加值均呈正增长态势。电子产业和材料产业均保持两位数的增长，分别比上年增长14.3%、14.7%，医药产业增长7.1%、装备产业增长6.8%、消费品工业增长6.1%、能源工业增长5.3%、化工产业增长3.1%、摩托车产业增长2.4%。2019年，规模以上工业生产主要产品中，笔记本电脑产量为6422万台，比上年增长12.1%；集成电路产量达到33.71亿块，比上年增长523.6%；液晶显示屏产量达到2.18亿片，比上年增长36.4%，整体上电子信息产业三大产品产量继续保持较高的增长速度。受市场大环境的影响，2019年，重庆汽车产量仍出现较大的跌幅，全年产量比2018年少66.74万辆，同比下降19.9%，但降幅收窄了7.6个百分点。

2020年上半年，新型冠状肺炎疫情在全球范围内蔓延，产业链、物流供应链中断，给全球经济带来巨大挑战。受此影响，2020年初重庆市的经济发展面临严峻考验，特别是重点行业汽车、电子信息等受到较为严重的冲击，外贸发展出现较大的增长迟滞。在重庆市委、市政府的坚强领导下，全市统筹疫情防控和经济发展工作，有序推进“六稳”工作、强化“六保”任务，推进复工复产和复市工业，经济在年中时开始逐步企稳回升。2020 年上半年，重庆地区生产总值达到 11209.83 亿元，在全国各大城市中，列上海、北京、深圳之后，首次超过了广州，进入前 4 位，增速为 0.8%，增速由负转正，是全国为数不多的几个经济仍保持正增长的城市（见图 1）。其中，第一产业增加值增长 2.4%、第二产业增加值增长 0.9%、第三产业增加值增长 0.5%，规模以上工业增加值增长 1.0%，充分体现了重庆经济的韧性和活力。2020 年 6 月，八大支柱产业实现正向增长，在疫情中被压抑的汽车消费需求被逐步释放，汽车产业增加值增长了 25%、电子产业增加值增长了 12.1%，集成电路、液晶显示屏、半导体分立器等高技术产品达到了两位数的增长，医疗防疫产品的需求大幅增长。

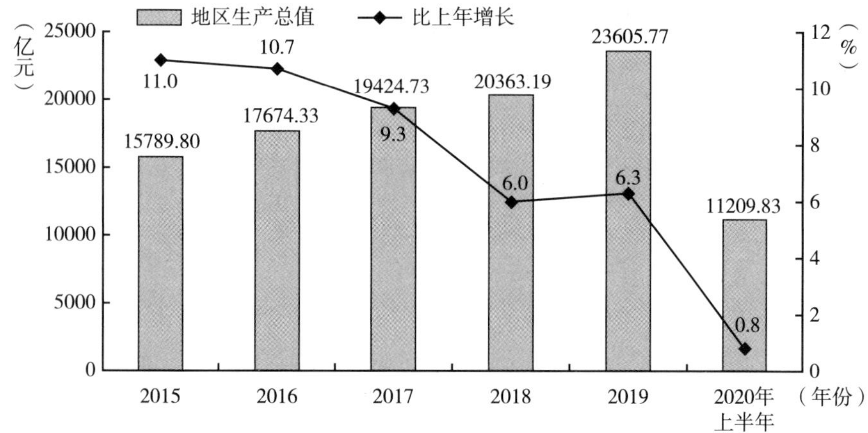

图 1　2015～2020 年上半年重庆地区生产总值及增长速度

资料来源：历年重庆市统计年鉴。

（二）城市空间布局调整

重庆传统的主城 9 区是全市经济发展的高地、人口集聚的高地，是全市经济发展的重要引擎。为更好地发挥重庆在推进成渝地区双城经济圈建设中的重要作用，推进国土空间优化布局，2020 年上半年，重庆推进主城区扩容，谋划建设了重庆主城都市区，即将原来传统的主城 9 区和渝西 12 个区整合形成一个新的都市区——重庆主城都市区。重庆主城都市区的面积由 5473 平方公里拓展到2.87万平方公里、占全市面积的34.8%；常住人口由885万增加到2027万，占全市的64.9%；地区生产总值由9334亿元增加到1.8万亿元，占全市的77.2%；常住人口城镇化率达到76.6%。重庆主城区都市区以约占全市三分之一的面积，承载了全市约三分之二的人口、八成以上的经济总量。建设主城都市区，对于重庆而言，是将重要的经济承载空间做大做强，不断提升城市能级和品质，形成全市乃至双城经济圈发展的重要增长极。

重庆主城都市区在空间上根据发展基础、发展区位和发展任务的不同，划分为中心城区、同城化发展先行区、重要战略支点城市和桥头堡城市等四个层次。其中，原来的主城渝中、江北等9区作为中心城区，为充分利用重庆大山大水的特色，努力提升城市品质和形象，还在中心城区规划建设了一个面积约50平方公里的“两江四岸”核心区，作为中心城区重点打造的城市景观和城市核心功能区；长寿、江津、南川、璧山等4区作为同城化发展先行区将积极融入中心城区，涪陵、綦江、合川、永川等4区具备较好的城市发展基础，将按照独立成市的思路建设，成为主城都市区的二级重要增长极，大足、潼南、铜梁、荣昌等4区毗邻四川相关县市，是重庆西扩的第一站，将积极发挥与四川相关地市的邻接优势，积极探索推进行政区和经济区的适度分离，推进川渝两地一体化合作。

重庆主城都市区承载着重庆培育发展新动能、推动经济高质量发展的重要使命，是重庆参与成渝地区双城经济圈建设的重要平台。据初步统计，重庆主城都市区和成德眉资城市圈的地区生产总值接近4万亿元，常住人口超过4500万，人均地区生产总值接近9万元，是西部地区最为重要的人口和经济集聚地，是成渝地区双城经济圈建设的核心引擎（见表1）。

表1　成渝地区双城经济圈两大都市圈（区）的主要发展指标（2019）

主要指标	成德眉资城市圈	重庆主城都市区
面积(万平方公里)	3.34	2.87
GDP(万亿元)	2.15	1.8
常住人口(万人)	2564	2027
人均GDP(万元)	8.39	8.88

资料来源：笔者根据《四川统计年鉴2020》《重庆统计年鉴2020》计算所得。

（三）智慧名城和智造重镇建设

为适应全球信息技术革命和科技革命浪潮，以新的产业技术形态对城市发展动力进行重构，重庆从2018年开始，就着手大力发展数字经济为代表的新产业、新业态，着力推进智慧名城和智造重镇建设。2018年，重庆下发了《大数据智能化为引领的创新驱动发展战略行动计划（2018—2020年）》，2019年、2020年重庆又先后分别获得国家数字经济创新发展试验区和国家新一代人工智能创新发展试验区两大国字头试验区牌子，为重庆推进智慧名城和智造重镇建设增添了更多动力。

推进智造重镇建设，重庆主要推进打造以“芯屏器核网”为重点的产业链；推进智慧名城建设，重庆主要推进打造以“云联数算用”为重点的要素集群。2018年，重庆成为中国国际智能产业博览会这一国家级展会的永久会址，2018年、2019年、2020年，重庆连续举办三届智博会，延续“智能化：为经济赋能，为生活添彩”主题，展会的影响力逐步提升，对建设智慧城市和智能产业的影响促进作用越来越大。表现在：一是智能化的产业应用场景不断丰富。重庆本身汽车制造、电子制造、装备产业为智能化的应用创造了极为丰富多元的场景，如5G、人工智能技术在智能汽车上的融合应用，开展城市级智能网联汽车大规模、综合性应用示范，推进数字经济深度融合于装备制造产业的改造提升，推进装备产业智能化、动态化、系统化转型升级，打造数控机床、先进通用机械、风电装备、智能机器人等高端装备产业集群。二是智慧城市的各类基础设施平台不断提升。重庆已经实现了4G的全覆盖，是我国西部地区的首个“全光网”城市，实现城市光纤到户全覆盖；到2020年全市已经建成了5G基站4.2万个、5G用户突破了300万，达到316万，是全国5G发展的第一梯队。同时，重庆充分发挥中新互联互通合作示范平台的作用，积极推进中新（重庆）国际互联网数据专用通道建设，目前的总带宽达380G，覆盖了多个示范园区。重庆还是我国5个标识解析国家顶级节点布局城市之一，到2020年8月底，累计标识注册量为3800万。三是智能化新动能的建设成效显著。2019年，重庆智能产业产值增长速度达到14%；2020年1～7月，重庆电子产业同比增长9.6%，非终端电子产业增长了12.4%，显示出重庆在智能产业发展中巨大的推进力。

三　现实基础

（一）科技创新现状与基础

近年来，重庆持续实施科技创新驱动战略，科技要素全方位地渗透于国民经济各个行业与领域，对推进产业结构升级和城市智慧发展发挥了重要作用，取得了明显成效。

1. 不断出台创新政策与措施

重庆市委、市政府先后出台了《以大数据智能化为引领的创新驱动发展战略行动计划》、《科技兴市和人才强市行动计划》、《促进我市国家级开发区改革和创新发展若干政策措施》和《重庆市引进科技创新资源行动计划（2019—2022年）》等多个政策文件；同时，各有关部门还制定了制造业高质量发展实施方案和平台经济、智能制造等一系列专项政策，持续加大产业科技创新的政策引导力度。

2. 高新技术产业发展壮大

重庆先后引进联合微电子中心、比亚迪汽车电池等大数据智能化项目，福特汽车林肯品牌、东风汽车、长城汽车等制造业项目，阿里巴巴、浪潮、腾讯等新信息技术企业总部及研究院。2019年，全市规模以上工业战略性新兴制造业增加值比2018年增长11.6%，高技术制造业增加值增长12.6%，分别占规模以上工业增加值总量的25.0%和19.2%。高新技术产业成为重庆市经济增长的主要动力。

3. 园区基地创新体系不断完善

截至2018年底，重庆有高新区10家，其中国家级高新区4家，4家国家级高新区内高新技术企业达到929家，占全市总量的37.1%，4家国家级高新区规模工业总产值达5147.34亿元，超过全市总量的四分之一，是全市经济高质量发展的重要引擎。2019年，通过进一步推进重庆高新区升级版建设，重庆高新区由原来的73平方公里，扩展到330平方公里左右，为原来的4.5倍以上，有效拓展了重庆高新技术产业的发展空间和资源载体。同时，根据成渝地区双城经济圈规划的要求，重庆将按照“一城多园”的布局模式，围绕

“科学”筑城，加快对西部（重庆）科学城的建设，将科学城建设成为重庆新的经济增长极。

4. 科教研发实力持续增强

重庆有各类高等学校 72 所，其中，普通高等学校 65 所；各类科研机构 1115 家，其中企业法人机构 858 家、事业法人机构 90 家、社会组织法人机构 152 家、其他法人机构 15 家。两江协同创新区已经集聚新加坡国立大学重庆研究院、中国科学院大学重庆学院等新型高端研发机构 20 余家。全市有博士一级学科授权点 90 个，建成 200 个“十三五”市级重点学科，电气工程、机械工程、土木工程、生物学等在全国具有显著优势。

5. 创新产出成果日益丰硕

2019 年，重庆全社会研发经费支出高达 460 亿元（见图 2），较 2018 年增长 12. 1%；每万人发明专利拥有量达到 10. 5 件，较 2018 年增长 15. 2%。抗击新冠肺炎疫情期间，重庆两款针对新冠肺炎检测的试剂盒，作为中国自主研发、全国首个获得国家药监局批准上市的化学发光法新冠病毒 IgM、IgG 抗体检测试剂盒投入临床应用。由此可见，在全行业领域及关键重、难点领域，重庆的科技创新达到了较高水平，成果日益丰硕。

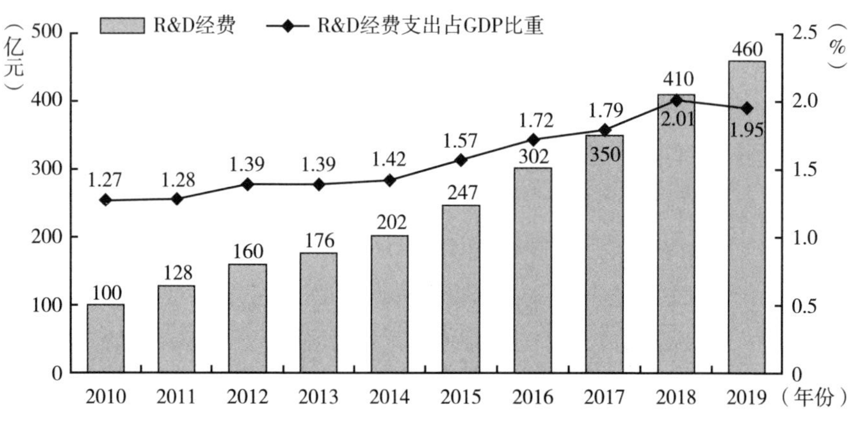

图 2　2010～2019 年重庆 R&D 经费支出情况

资料来源：历年重庆市统计年鉴。

（二）存在差距与问题

当前重庆推进科技创新虽然已经取得了一定的成效，但与重庆的城市定位和国家对重庆建设成为具有全国影响力的科技创新中心要求相比，仍存在以下差距与问题。

1. 科技创新经费不足

2019 年，重庆研究与开发经费支出为 460 亿元，占 GDP 的 1.95%。科技创新支出比重不仅远远低于北京、上海、广东等经济和科技发达的东部沿海地区水平，也低于全国平均水平（见图 3）。此外，还存在着服务于创新的科技金融体系不健全、资本市场仍不发达，创业投资、天使投资、风险投资等对科技创新的促进作用不大等问题。

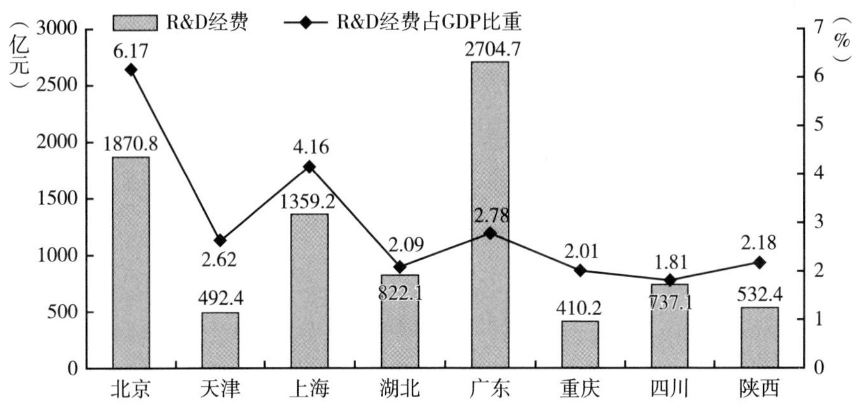

图 3　2018 年部分省市 R&D 经费支出情况

资料来源：各省市 2018 年国民经济和社会发展统计公报。

2. 顶尖高校数量不多

重庆代表创新水平和学科发展水平的“双一流”建设高校和“双一流”学科建设高校分别仅有 1 个，“双一流”学科建设数量仅有 4 个，且 3 个为自选，与沿海发达省市及西部地区的陕西、四川相比，数量上明显不足。重庆高校进入全国第四轮学科评估 A 类的学科数量偏少，没有学科入选 A + 档，仅有西南政法大学 1 个学科进入 A 档，A – 档学科仅有 7 个。

3. 顶级人才数量不足

基于支撑具有全国影响力的科技创新中心这一定位，重庆居于创新塔尖的顶级人才和中坚力量的研发人才数量仍然偏少。以中国科学院院士为例，重庆仅有 3 名，远低于北京 410 人、上海 106 人的水平。

4. 创新基础设施缺乏

国家大科学装置是目前我国顶级的科研设施，是现代科学技术在诸多领域取得突破的必要条件，是为国家经济发展、国家安全和社会进步提供保障的必不可少的科技基础设施，也是衡量一个科技创新中心在基础前沿研究领域研究实力的重要标志。据统计，我国已经建成国家大科学装置 22 个，在建 16 个，目前重庆还没有一个建成或在建的国家大科学装置。

5. 创新企业数量不足

战略性新兴产业领域的注册企业数量，可以衡量一个城市企业创新活跃程度。2019 年，叶檀团队运用“天眼查”对各大城市 9 大主要战略性新兴产业领域的企业注册数量占全国比重的数据进行分析，相比于同时在推进建设创新型城市的成都、深圳和杭州等，重庆具有较高科技创新潜力的企业注册数量偏少，仅有新一代信息技术产业领域的企业注册数量占比排名进入全国前五，反映出重庆科技创新型企业不足。

四　发展启示

世界各国城市结合自身资源禀赋、发展优势和发展诉求，按照特定路径和发展模式建设形成了多个有国际影响力的科技创新中心。纵观国内外典型成熟科技创新中心的创建过程，可以得到如下经验及启示。

（一）充分发挥政府规划引导和政策推动作用

政府主动作为，发挥顶层机制设计、战略规划，加大科技创新基础设施建设的作用，有效弥补市场在科技创新巨大不确定性中的“失灵”，引导科技创新中心建设朝着正确有效的方向发展。如日本东京将建设具有全球影响力的科技创新中心作为贯彻国家创新战略的重要抓手，先后发布三期《东京都产业科学技术振兴指南》，并积极运用政策加以引导，对高新技术企业免征计算机物产税、固定资产税，购置电子设备减缴7%的所得税，允许当年进行30%的特别折旧；对信息产业增加25%的科研税务贷款、设立软件研发免税储备金、意外损失储备金制度，免征7%的技术开发资产税等。纽约利用土地及资金优势吸引高新技术和应用水平一流的院校与研究所进驻，推出一系列减税政策刺激中小企业生产和成长。新加坡利用举国体制优势确立创新立国战略，积极营造有利于鼓励创新、促进智力成果产业化的创新生态系统。我国北京、上海也由国家层面印发相关文件，为两个城市建设具有全球影响力的科技创新中心做好了顶层战略设计。

（二）注重发挥一流大学创新集聚及策源作用

国际一流大学集聚了一流的创新平台和创新研发人才，是原始创新的策源地，对科技创新中心的建设推进也起到不可替代的重要作用。如以斯坦福大学和加州大学伯克利分校为主的大学，为硅谷创新体系源源不断地输送人才和知识，有效促进知识、信息、资源流动传递。北京中关村国家自主创新示范区的建设，也得益于科教智力和人才资源发达，区域内拥有以北京大学、中国人民大学、清华大学为代表的高等院校41所，以中国科学院、中国工程院所属院所为代表的国家（市）科研院所206家；拥有国家重点实验室67个，国家工程研究中心27个，国家工程技术研究中心28个。这些国际一流大学和顶级科研院所为所在城市建设科技创新中心提供了重要的创新基础设施、创新平台载体、创新研发人才和创新原动力。

（三）注重发挥“政企学研金商”协同联盟作用

创新作为一个巨大的系统工程，需要加强多个创新主体在各方面的协同配合、各司其职，形成创新的综合推进力量。如政府主要发挥为创新营造基础桥梁的作用，大学和研究机构主要发挥创新的策源功能，创新引擎企业主要发挥引领创新的主体作用，科技金融、风险投资机构则起着支撑的作用，需要通过一个协同的联盟机制，将政企学研金商等多个创新主体有效整合起来，形成协同推进创新的强大动力，实现创新效果的最大化。如纽约就充分发挥全球金融中心丰富的风险投资资金对科技资源的吸引作用，积极吸引高水平的大学、应

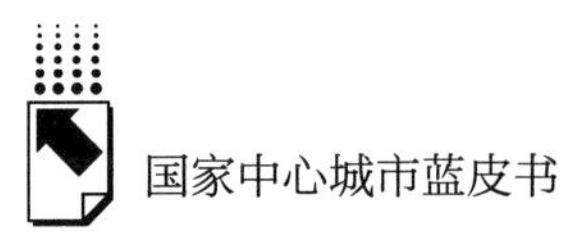

用科技水平一流的科研机构和世界知名科技型公司入驻，实现城市的功能复合升级。

（四）注重科技创新与本地产业转型有机结合

科技创新中心建设是城市功能的自我完善和提升，应结合地区区位及资源禀赋确定合理的目标定位，聚焦重点有所为有所不为。很多国际著名科技创新中心在本地产业升级中，注重利用新兴制造技术改造提升传统产业，围绕本土经济社会发展需求，找准突破口，提出重大建设项目，培育发展根植性强、具有国际影响力的本地企业和本土品牌。如德国慕尼黑科技创新中心建设，就是立足本地原来就具有国际竞争力的汽车制造业、装备制造业等，通过科技创新对传统优势产业的价值链进行升级，支撑其在全球创新网络中的突出地位；日本东京围绕应对日本老龄化社会、建设低碳社会和应对地震等重大自然灾害等现实问题开展科技创新。

（五）注重促进创新元素生成的制度供给

英国、美国、德国、日本等发达国家的先进地区在成为科技创新中心之前，除了拥有完善的市场环境，还都相继开创了有利于创新的专业化制度。如英国的学徒制、科学社团和专利制度，法国的技术学院和专业工程师制度，美国的移民制度、风险投资以及大学技术转移制度，日本的精益生产体系、质量管理革命等，这些创新制度的出台，既有效培育城市内部创新元素，又促进了外部创新元素向中心集聚发展，助推了科技创新中心的建设。

（六）注重营造接轨国际的一流创新创造环境

这个环境包括两个方面，其一，给创新高精尖人才及其家人创造良好的公共服务环境、生活教育及休闲环境，让其能够聚精会神投入研究工作，最大限度地激发其创造性思维。如新加坡大力推进优质公共服务体系完善、城市生态环境优美，成为全球创新人才和精英人士趋之若鹜的重要原因。其二，创新是一项极高风险、极小成功概率的活动，需要有一个相对宽松的创新氛围。为此，需要努力营造一个宽容失败、鼓励探索、不言放弃、多元发展的社会文化观念，让众多的创意能够转化成为创新知识和创新产品。

五　战略布局

（一）进一步优化创新功能布局

瞄准国家战略需求和产业发展关键核心技术，坚持有的放矢，充分利用重庆制造业基础雄厚、国家级创新平台叠加、开放发展区位独特等多重集成优势，将重庆打造为国家级产业科技创新示范区、面向“一带一路”的国际创新高地；同时，进一步强化其四大功能支撑。

——国家前沿科技的重要策源地。加强基础研究战略部署，聚焦重大科学问题，凝练基础科学研究和应用基础研究方向，建设国际一流大学、研究所和实验室，在部分重大知识发现、基础科学创造、前沿科技研发、关键技术领域取得突破性进展，在若干前沿科学研究领域实现由追赶走向领先地位。

——国家级高新技术产业化高地。坚持需求牵引，推动基础研究、应用研究与产业化对接融通，促进创新资源综合集成，在部分具有产业基础、产业规模的核心领域，突破一批关联度高、带动性广的产业关键技术和共性技术，提高关键环节和重点领域的创新能力，加速科技成果转化为现实生产力，打造一批战略性新兴产业领军集群，形成若干创新“引擎”企业以及高精尖特“小巨人”企业，率先实现科技与产业、商业的融合发展。

——国家级科创资源配置与科创成果交易中心。打造完善的知识产权保护与服务体系，构建技术并购和风险投资活跃、研发活动国际化的知识产权商业化交易市场、高技术企业并购市场和科技金融市场，形成“一带一路”重要的创新要素和资源集散桥梁纽带，具备对全球创新资源的一定引导、组织和控制力。

——国家级科技创新改革示范高地。在科技项目组织、科技成果孵化及转化应用、科技金融创新、科技人才流动，以及与国内先进城市、共建“一带一路”国家和地区在构建开放共享科技协作机制方面进行先行先试，成为国家重大科技政策改革的试验田、国家重大科技项目联合攻关实施地，为全国科技创新改革贡献成渝方案、重庆典范。

（二）进一步优化创新空间布局

坚持产城互动、产园一体、产研融合，推进创新资源特色化、网络化布局，构建成渝地区科技创新走廊，突出打造两江新区、重庆高新区、重庆经开区等重要创新载体平台，培育一批城市型创新节点，形成“一廊三区多节点”的协同创新联动布局。

构建成渝科技创新走廊。强化重庆、成都创新引领示范作用，联动成渝地区相关城市产业创新协作体系建设，集聚高能级创新资源、吸引高技术企业，形成空间互动、产业联动、创新联盟、开放共享，集源头创新、技术开发、成果转化、新兴产业于一体的科技创新走廊。依托成渝地区科技创新走廊建立与西部省市、长江上游及长江经济带沿线省市协同创新合作机制，在产学研融合、关键技术联合攻关、科技园区共建、科研设施共享共用、技术市场建设等方面深化合作，构建开放合作型创新格局。

其中成渝地区科技创新走廊重庆部分以高速铁路、高速公路为主要发展轴，自西向东包括：荣昌—永川—璧山（江津北部）—重庆高新区（科学城）—北碚—两江新区礼嘉、水土—两江协同创新区—经开区智能创新谷而形成的一个带状科技创新走廊。作为创新的重要极核，主城都市区要着力推进主城区与渝西、渝东南、渝东北等城市的联动协作，共同在基础研究和共性关键技术研究、重大技术突破和颠覆性创新、战略性新兴产业发展、科技成果转化等领域开展协同创新。同时，率先建设两江新区创新集聚区，高质量建设西部（重庆）科学城，构建经开区智能创新基地，打造璧山、永川、荣昌等一批城市创新节点，使之成为重庆推进创新布局的重要空间载体。

（三）进一步优化创新载体布局

紧扣国家战略性、前沿性、基础性科学战略布局，瞄准基础前沿研究和行业产业共性关键技术研发、科技成果转化及产业化和科技资源共享服务等重点，加大高水平大学、国家级高端科研院所、国家重要科技创新平台和基础设施的建设，夯实科技创新的基础保障。

对接国家一流大学和一流学科建设规划，不断提升驻渝高校的办学水平和学科建设水平，支持重庆大学、西南大学等重点高校早日建成具有国际影响力的综合性研究型大学，支持电气工程、机械工程、土木工程、生物学等一流学科建设，进一步提升学科研究实力和影响力，支持其他高水平理工大学和理工类学科建设，提升科技成果应用转化与服务能力。

以两江协同创新区为依托，继续加大与国际国内高水平大学联合办学力度，创设高水平的研究机构及独立学院，推进大学校区与产业园区、居民休闲生活区融合发展，创建成渝地区双城经济圈国际知识社区；以重庆高新区为依托，聚焦应用数学、新材料、新能源、生命与健康、工程科学等学科方向，通过市场化的方式，创设一所国际一流研究型新型大学——云溪大学。

以西部（重庆）科学城为基地依托，推进国家大科学装置及设施建设，尽早实现重庆国家大科学装置“零”的突破。提档升级现有国家重点实验室体系，整合全市资源择优申报建设国家实验室、国家重点实验室、国家科学数据中心、生物资源库（馆）和野外科学观测研究站等。

（四）进一步优化创新协同布局

依托重庆处于“一带一路”和长江经济带联结点的独特区位优势，紧抓成渝两地共同打造具有全国影响力的科技创新中心的历史契机，大力推进重庆多层次、全方位的科技创新的协同共享，提升创新的开放度和包容性。

根据比较优势做好成渝双核城市创新价值链的分工协作。发挥重庆在产业技术应用领域基础较好的优势，侧重于开展产业技术创新、技术成果转化应用和商业化实践，打造辐射全国并在国际上具有一定影响力的科技创新成果转化与交易中心。整合成渝两地优质创新资源，积极推进以重庆、成都为核心，以重庆科学城、成都科学城和绵阳科技城为依托，以核科学、航空航天、信息安全等重大科技领域为重点，向国家申请将成渝地区双城经济圈建设成继上海张江、合肥、北京怀柔和深圳之后的中国第五个、西部首个“综合性国家科学中心”。

进一步密切重庆与长江上游及长江经济带沿线省市、长三角、粤港澳大湾区等在产学研融合、关键技术联合攻关、科技园区共建、科研设施共享共用、技术市场建设等方面的深化合作，争取联合建立高水平国家实验室、国家技术（工程）研发中心、国家级创业孵化器。鼓励上述地区的人才带项目、带技术来重庆开展成果中试及成果产业转化活动。支持重庆与上述地区城市联合承办重庆智博会、中国云计算和物联网大会等国家级赛会活动。

参考文献

杜德斌、何舜辉：《全球科技创新中心的内涵、功能与组织结构》，《中国科技论坛》2016年第2期。

王战、翁史烈等：《转型升级的新战略与新对策》，上海社会科学院出版社，2015。

高山：《全球科技创新中心建设研究——以中国深圳为例》，人民出版社，2017。

王佳宁、白静、罗重谱：《创新中心理论溯源、政策轨迹及其国际镜鉴》，《改革》2016年第11期。

段云龙、王墨林、刘永松：《科技创新中心演进趋势、建设路径及绩效评价研究综述》，《科技管理研究》2018年第13期。

王宏广：《填平第二经济大国陷阱中美差距及走向》，华夏出版社，2018。

张二震：《新发展理念研究丛书——开放发展》，江苏人民出版社，2016。

李扬：《2018年中国经济前景分析》，社会科学文献出版社，2018。

王宏广、由雷、尹志欣等：《40个指标全面透析中美差距》，《科技中国》2018年第9期。

胡迟：《中国制造业发展70年：历史成就、现实差距与路径选择》，《经济研究参考》2019年第17期。

战伟：《中国经济增长的现阶段发展及新常态展望》，《现代交际》2018年第11期。

翟琨、卢加强、李后强：《成渝地区双城经济圈一体化“化学键”形成探析——基于轴心论的视角》，《中国西部》2020年第1期。

张亦筑：《科技部支持重庆建设国家（西部）科技创新中心》，《重庆日报》2019年3月22日。

B.10

成都国家中心城市建设进展、评价与路径抉择

杨继瑞　许明强　杜思远　许辰迪*

摘　要： 在国家“一带一路”倡议、长江经济带战略、西部陆海新通道建设、新时代推进西部大开发形成新格局以及成渝地区双城经济圈建设战略的宏观背景下，成都建设国家中心城市呈现出前所未有的叠加机遇。2019 年成都综合实力显著提升，地区生产总值、全社会固定资产投资额、社会消费品零售总额、城乡居民人均可支配收入等多个方面实现大幅增长，在产业结构、城市功能、开放合作、生态文明等领域取得了可观成绩，显著推进了成都建设国家中心城市的任务进程。成都在建设国家中心城市的过程中形成了创新驱动、开放共享、以人为本、绿色发展的特色，也探索形成了以习近平新时代中国特色社会主义思想为指引、坚持完善自身建设、践行体现新发展理念的公园城市示范区的实践经验，但也面临着创新驱动动力不足、协同发展水平不高、环境防治压力较大、开放共享不够深化的问题。在百年之未有大变局背景下，成都着力逆势寻机，唱好“双城记”，建优“经济圈”，融入“双循环”，力争夺取战疫和经济行稳致远“双胜利”。

* 杨继瑞，经济学博士，成都市社科联名誉主席，西南财经大学成渝经济区发展研究院院长，中国消费经济学会会长，中国区域经济学会副理事长，研究方向为区域经济学、政治经济学；许明强，经济学博士，成都大学商学院区域经济研究中心主任，教授，研究方向为区域经济学；杜思远，经济学博士，西南财经大学成渝经济区发展研究院院长助理，副教授，研究方向为区域经济学；许辰迪，西南财经大学经济学博士研究生，研究方向为区域经济学。

关键词： 成都　国家中心城市建设　“双胜利”

2016 年国务院印发《关于成渝城市群发展规划的批复》，首次从国家战略层面将成都市的发展建设目标定义为国家中心城市，进一步确立和强调了成都作为西部地区“四中心一枢纽”的重要地位。[①] 成都市委、市政府围绕建设国家中心城市战略目标与国家西部经济、科技、文创、对外交往中心及综合交通枢纽定位，以《成都市“十三五”规划建设纲要》为引领，全面促进成都市经济、社会、文化、生态事业发展，努力创建国家西部经济增长极，稳步推进国家中心城市建设，逐步构建国际区域中心城市。[②] 2018 年四川省委十一届三次全会在全面贯彻落实习近平总书记对四川工作系列重要指示精神的基础上确立了“一干多支，五区协同”的区域协同发展战略蓝图，成都市作为全省主干担负起了成都平原经济区建设和四川省五区协同全面发展的核心角色。成都市坚持以成德眉资同城化建设为主要抓手，在构建区域同城化协调发展格局的同时，充分发挥自身领头羊作用全力推进自身国家中心城市建设进程，积极带动省内区域协同发展战略的全面推进。2020 年习近平总书记在中央财经委员会第六次会议上，高屋建瓴地提出了推动成渝地区双城经济圈建设战略部署。成都市作为成渝地区双城经济圈的双核之一，再次被党和国家赋予了重大历史使命，成都建设国家中心城市的战略任务在新的发展环境下具备更加显著和重要的战略意义。

一　成都建设国家中心城市取得新进展

（一）经济持续稳定增长

2019 年，成都市综合实力提升，地区生产总值、全社会固定资产投资额、社会消费品零售总额、城乡居民人均可支配收入等多个方面实现大幅增长，扎实推进了成都建设国家中心城市的任务进程。2019 年成都实现地区生产总值

① 戴宾：《国家中心城市：成都城市发展的新起点》，《先锋》2017 年第 1 期，第 26 ~ 27 页。

② 施红：《打造西部经济中心　建设国家中心城市》，《先锋》2016 年第 11 期，第 22 ~ 23 页。

17012.65 亿元，按可比价格计算，比上年增长 7.8%。具体来看，第一产业实现增加值 612.18 亿元，增长 2.5%；第二产业实现增加值 5244.62 亿元，增长 7.0%；第三产业实现增加值 11155.86 亿元，增长 8.6%。三次产业结构为 3.6∶30.8∶65.6。

（二）产业结构得以优化

2019 年，成都加快构建“5+5+1”现代产业体系，先进制造业能级不断提升，规模以上工业增加值比上年增长 7.8%。优势产业支撑有力，37 个大类行业中有 31 个行业增加值实现增长，石化产业、电子信息产品制造业分别增长 19.2%、12.5%。产业结构持续优化，规模以上高技术制造业增加值增长 11.9%。2020 年上半年，成都市累计引进重大先进制造业项目 79 个，总投资金额为 1297 亿元，占全市投资总额的 76%，5 个先进制造业重点产业中 4 个为正增长，增速最快的产业是电子信息行业，为 11.3%。规上工业企业营业收入增速由负转正、为 1.4%，相比第一季度提升 13.2 个百分点。不断增强现代服务业。升级提档特色商业街区，打造现代商贸产业生态圈，首次公开全国首个医美标准，473 家新店落户，不断开拓下沉市场。服务业同比增长 8.6%。现代农业提质发展。新增农村高标准、高品质农田 30.7 万亩，进一步保障粮食安全。签约农商文旅体融合发展、台湾农业科技文化创意园、特色镇等项目，推动农业产业转型升级、农业农村生态提升。战旗村、安仁古镇发挥全国乡村旅游发展典型引领作用，农业新增产值增幅为 2.5%，实现乡村旅游总收入 489.2 亿元。加快培育新经济、新动能。2019 年度国家科学技术奖成都市获奖项目达 20 项，一批重大创新项目建设，如成都超算中心等投入建设，获准审批通过国家地方联合工程研究中心 5 家及国家企业技术中心 3 家。重视人才引进工作。通过实施“蓉漂计划”、“蓉贝”软件人才引育计划、“人才新政”等政策，全年新引进高层次人才 140 名及顶尖团队 14 个。高新技术企业蓬勃发展。新增企业 1036 家，营业收入涨幅为 11%。全国首个区块链、上交所、新三板西部基地落户成都，持续推动企业上市，A 股及境内外上市公司新增 120 家，总量排名中西部第一。金融机构本外币贷款余额增长 11.7%，搭建投融资平台交子金融“5+2”，其累计服务 10 万余家企业，年内对外开放交子金融博物馆。成都市属国企国资企业证券化率为 50.5%，不断壮大资产总额。开展全方位的深度合作，全力支持企业“走出去”，成都、资阳共建临空经济产业带，启动建设川桂国际产能合作产业园，成宜极米项目落地。

（三）营商环境呈现新气象

2019 年，成都制定出台“1 + 10”行动计划及优化营商环境政策 2.0 版，优化升级国际化营商环境。创新市场监管方式。在全国首次提出并推行行政处罚“三张清单”概念，执法更具包容度和审慎性。完成《成都市法律援助条例》的第一次修订，成都国际仲裁中心及“一带一路”国际商事调解（西南）中心成功落地并投入运行。全面完成中心城区公共服务设施“三年攻坚”行动计划，实施郊区公共服务设施“三年攻坚”行动，不断优化 15 分钟公共服务圈设施配置。全面推行企业投资项目承诺制，承诺时间压减至 60 个工作日内，简化企业开办流程、实现一日办结，全程电子化办理公共资源交易项目。民营经济持续向好。提升对民生纠纷的问责力度，积极处理拖欠民营企业、中小企业账款案件和民营企业历史遗留问题。持续推进减税降费，新增额突破 550 亿元。加大对民生支出的保障力度，卫生健康支出和灾害防治及应急管理支出分别增长 16.3%、14.8%。网络理政更加有效。成都市网络理政中心（城市大脑）投入使用，加速推动“数据大会战”，数据高达 643 种分类，覆盖 40 亿条数据；17 个智慧化应用系统建成，“天府市民云”平台已拥有 400 万注册用户并累计服务超 1 亿人次。“个人房屋信息”等电子证明办事类服务集成 190 余项。网络理政针对企业及市民个人推出不同版本，提升企业市民办事便利度。

（四）城市功能得以强化

2019 年，成都持续推进公园城市示范区建设，公园城市示范区总体方案更加注重生态价值，初步完成美丽宜居公园城市规划编撰，圆满举办全球第一届公园城市论坛。持续推进城市“东进”，正式成立东部新区，推动城市迈入全面建设阶段。“三城两园”建设加快推进，高质量推进基础设施和产业项目建设，108 个重大项目启动建设，向公众开放龙泉山城市森林公园丹景台核心区，加快天府奥体公园、沱江发展轴示范工程、国际合作园区等重大项目的建设步伐。高质量发展“南拓”区域示范区，启动天府锦城、鹿溪智谷等 25 个示范点位建设，新引进重大项目 86 个，囊括华为鲲鹏生态基地等项目，实现固定资产投资 1944. 8 亿元。进一步提升“北改”区域枢纽功能，金青新“一带一路”大港区建设持续推进。“中优”区域继续凸显锦江公园和天府锦城的特色城市形象，打造“八街九坊十景”。完成“南城北林”综合交通体系规划。持续加快地铁工程建设进度。地铁 17 号线一期主体基本完工，城南、公平公交枢纽路线运营公里数超过 300，施工在建里程 335 公里。打造沿路景观，新增一批网红拍照地。推进景观照明工程，改造升级监控设备，实现社会治安监控全方位覆盖。城区公共服务设施数量显著提升，完成公厕改造，修建 609 座，污水处理能力每日提升 30 万吨。新增 5G 基站 10032 个，不断增强国际区域通信功能。乡村面貌焕然一新。整治提升农村居住环境，打造“美丽蓉城·宜居乡村”，对 30 个特色镇（街区）和 107 个精品林盘进行重点分类建设。坚决打好污染防治“十大攻坚战”，落实好中央、省生态环境保护督察及“回头看”问题反馈整改。改善空气质量。PM10 平均浓度下降 5. 6%、PM2. 5 下降 6. 5%，空气质量优良天数为 2015 年以来最优，全年共有 287 天达标，无重污染天气。持续改善水土环境，严格落实河湖长制，整改水环境问题，市级考核断面水质稳定达Ⅲ类水质标准。全力完成违规建筑清查工作。面向全体市民推广宣传生活垃圾分类。山水相伴，亲近自然，成都正向着“绿色”方向发展。

（五）开放合作得以深化

2019 年，成都贯彻执行“四向拓展、全域开放”的顶层设计，搭载“一带一路”建设和长江经济带发展的快通车，打造进出口商品集散中心和供应链中心枢纽城市。成都外贸结构持续改善，实现进出口总额 5822. 7 亿元，比上年增长 16. 9%。高新技术产品出口持续活跃，实现出口额 2532. 9 亿元，比上年增长 19. 8%。扩展国际交流通道，完善泛欧亚节点网络服务体系。改造成都市国际机场航站楼主体建设和双流国际机场。增加多条国际定期直飞航线，旅客出入人次为 5585. 9 万，加快推动内地和沿海地域的开放，开创立体开放的新格局。进一步加强成都国际铁路港的枢纽功能。与国际 26 个城市建立列车联通，总计开行 3186 列，中欧班列保持增长，年度累计开行量全国第一。合力共建多元平台主体。新增企业数及注册资本斩获全国第三批自贸试验区双第一，发挥典型引领作用，在其他地区推广 2 项改革试点经验和 3 个最佳实践案例。推进国别合作园区建设。成都国际铁路港经济开发区及成都国际铁路港综合保税区获批设立，成渝两地综保区牵手合作，共同打造开放“第四极”。推动交通物流发展，深化南向经贸合作，形成通道建设良好开局，建设成都青白江多式联运转换中心。扩展外贸进出口区域和丰富进出口产品结构，对欧盟、东盟进出口总额实现正增长，分别为 36.5%、20.6%，实现西部地区外贸额第一。国际交流更加密切。圆满举办了第八次中日韩领导人会议、第七届中日韩工商峰会，成功举办 PCMA（专业会议管理协会）国际会议顾问咨询峰会、第十四届欧洽会、三医 + 大数据/AI 高峰论坛、国际友城市长创新论坛等活动。

（六）“三城三都”建设亮点纷呈

2019 年，成都着力建设世界文创名城、旅游名城、赛事名城和国际美食之都、音乐之都、会展之都即“三城三都”，已经按下快进键。举办天府文化传承发展系列讲座，电影《哪吒》打破由本土自制的国产动画电影票房纪录。落实“三城三都”行动计划。精心组织庆祝新中国成立 70 周年系列活动，圆满举办第七届成都国际非遗节、西部马术嘉年华、第五届国际科幻大会等品牌活动；文创产业增加值达到 1459.8 亿元。旅游名城提质增效。新开拓 24 个重大旅游项目，建设交子公园商圈，打造集金融科技产业、高端服务业、精品零售商业、文化旅游、生活休闲等复合功能业态于一体的国际消费中心城市的核心商圈，树立生态公园与商圈一体化的国际消费标杆。以“新旅游·潮成都”为主题新增 60 个旅游目的地，举办了“全球旅行买家聚成都”等系列活动。成为 2021 年世界大学生夏季运动会和 2025 年世界运动会等多个国际重要赛事的举办地。筹备大运会工作，竞赛总规程、总日程完成制定，确定大运会竞赛项目 18 个大项。举办“文化巴士·美育香城”等多个利民活动和成都民歌赛、广场舞大赛等特色文化比赛。音乐建设成就斐然。完善了音乐相关基础设施，第八届音乐之都城市大会在成都成功举办，此系音乐之都城市大会首次来华举办；音乐相关产业投资收入增长超过 20%。加快建设会展之都。举办了第一届中国环博会成都展、糖酒会等重大展会活动 866 场，会展举办数量同比增加 25.7%，成功举办成都会展经济产业生态圈推介会，规划打造西部国际博览城商圈。打响美食之都名号。打造具备颜值和烟火气息的特色街区 50 条；公布大运会期间餐饮服务清单，举办

40 场美食活动；44 家国际知名美食企业入驻成都；举办多场美食街活动，做强餐饮老字号，培育一流餐饮企业 5 家，评选并发布 100 家特色小店。

（七）民生工程取得新突破

经济发展的同时，成都人民生活水平也日益提高。2019 年，成都居民收入平稳增长，城镇居民人均可支配收入 45878 元，比上年增长 8.9%，农村居民人均可支配收入 24357 元，比上年增长 10.0%；城乡居民收入比缩小至 1.88∶1。深化脱贫攻坚行动，扎实推进“五大行动”。市政府加大资金投入 4.5 亿元支持对口援藏项目 451 个。关注民生热点问题，如就业、社保。对大学生、退役军人、农民工等重点群体的就业给予重点推动，持续加强援企稳岗和重点群体就业服务工作，减轻社会就业压力，提供 26.4 万个城镇就业岗位，对失业人员发放失业保险金 27.5 亿元，城镇登记失业率控制在 3.5% 以下。贯彻落实基本医疗保险政策，参保覆盖率保持 95% 以上。教育事业重点关注。建设“家门口的好学校”，授予中小学、幼儿园学位 10 万个，39.7 万外来流动人口子女在成都接受义务教育，义务教育优质学校占比达 88%。切实加强与重庆地区学前教育的合作关系，成都职业技术学院和成都农业科技职业学院被评为全国“双高计划”建设单位。提质公共文化服务。举办各类文化惠民活动 10 万余场。卫生健康事业切实加强。全市规划启动了市、县公立医院新、改、扩建项目 61 个，新增床位数 2.8 万张，每千人口床位数 8.77 张。引进由钟南山院士领衔的国家呼吸系统疾病临床医学研究中心分中心，宣传推广紧急救援知识，提高城市公共卫生安全系数，市政府资助困难老年家庭进行适老化改造 1 万余户，获得国家卫生城市荣誉称号。全面加快社会治理建设。制定全国城乡社区发展治理规划，探索建立线上线下闭合融合发展的民生诉求机制，群众满意率达 92.5%。打击黑恶势力惩恶扬善。柳城、公平派出所获评全省“五个最强派出所”，推进社会治安防控体系向立体化、信息化方向发展。推进城乡社区融合发展治理，违法犯罪率连续五年下降。加强重大风险和金融风险防范，专项整治互联网金融问题，加强对恶意逃债和公开非法集资等违法行为的打击力度。完成企业智能化监管平台建设。深入开展校园食堂等重点领域的食品药品安全治理，抽查供餐单位 1 万户，推进实施医疗器械“清网”行动。加强城市安全运行和应急管理能力建设，开展城市安全风险评估，市长办

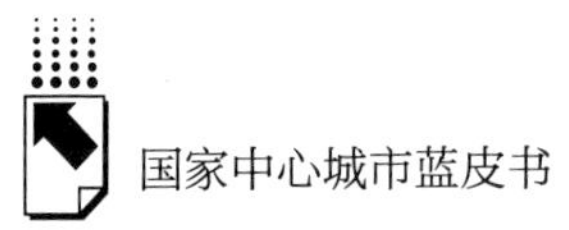

公会定期发布城市安全风险预警，加强对地质等灾害的防御。采取监控系统或电子地图形式对危险源头和危险化学品实施监管。开展救援教育，“双盲”实战演练常态化，市民综合满意度不断提升，2019 年生产安全事故起数及死亡人数有所减少，分别下降 23.2%、16.2%，全年未发生严重生产安全事故。确保物资供应充足，物价稳定，增加蔬菜种植地 60 万亩。针对稳定生猪生产市场制定并实施 10 条措施，派发居民 7.9 亿元的生活补贴，511 万余困难群众得到帮助。稳固住房保障。坚定“房住不炒”的原则，确保房地产市场平稳健康发展，为高端人才提供覆盖初审资格、发放补贴等服务的绿色通道，新开工产业功能区配套住房和人才公寓 1362 万平方米。

二　成都国家中心城市建设工作的评价

（一）西部“高地”，独具特色

成都位于我国大西南地区的腹地，自古以来便是我国西南地区乃至西部地区重要的经济文化中心。2020 年国家新一轮西部大开发指导意见中明确指出，要鼓励成都加快建设国际门户枢纽城市，以成都为双核之一的成渝城市群也被国家定义为引领西部开发开放的国家城市群。无论是国家层面的各种战略规划还是实际经济发展实力，成都都是我国西部地区当之无愧的经济、文化发展高地。成都的特色发展不仅为国家西部大开发做出了突出贡献，更为我国乃至世界内陆腹地城市的特色发展树立了榜样。成都能够建设成为我国西部的中心与高地不仅有历史积累和自然条件的原因，也更多地体现在了成都建设发展的独特定位和科学谋划。

——经济为本，争创西部经济中心。成都建设国家中心城市的基础和维护自身西部高地的底气，来源于成都对于自身经济发展的独特举措。成都坚持谋划自身经济转型发展，大力促进产业结构优化调整，全力打造先进制造业产业群以带动第二产业的转型升级，积极促进现代服务业发展以抢占第三产业发展先机，充分彰显城市文化特色以提升城市印象和促进文旅融合发展。

——创新驱动，建设区域创新中心。成都积极依托国家创新战略举措和自身科研院校实力，全力推进国家创新型城市建设，积极探索创新改革试验区建设，不断完善创新体制机制，全面打造具备国际影响力的区域创新创业中心。

——开放共享，打造国家门户城市。成都积极融入国家“一带一路”建设，深度参与长江经济带建设，深化对外合作、优化营商环境、提升外资利用水平以提升自身全球产业价值链的地位；依托自贸区综合试验改革和西部陆海新通道建设，广泛参与全球化分工与合作，全力构建国家开放型经济新高地。

——以人为本，推进现代化治理城市。成都坚持推进城市治理改革，探索现代化治理机制。坚持人文精神，积极打造幸福城市以提升居民生活质量；完善公共服务，创新公共资源供给体系以增加居民获得感与满足感；弘扬传统文化，切实关注社会风尚建设以提升公民素质水平；强化社会主义核心价值观引领，创新社区治理方式以推进社会文明水平。

——绿色发展，创建公园城市典范。成都深刻贯彻落实绿色发展理念，坚持生态保护和环境治理以创建公园城市；大力推广低碳生活方式和推行绿色理念以优化城市环境；合理规划城市布局和完善基础设施以提升宜居宜业水平；科学构建生态制度体系、生态发展体系和绿色经济体系以建设美丽成都。

（二）五年探索，经验初显

自 2016 年国家从顶层规划层面赋予成都国家中心城市的战略定位以来，成都建设国家中心城市的各项工作已经将近推进了五年，成都市已经初步建成了较强综合实力和较大国际影响力的国家中心城市。五年来的建设推进，成都也基本形成了自身建设国家中心城市的独特经验逻辑。

——全面贯彻落实习近平新时代中国特色社会主义理论，积极围绕服从国家战略方针。成都在推动建设国家中心城市的过程中，自觉全面贯彻落实习近平新时代中国特色社会主义理论以指导自身建设实践，积极按照习近平总书记对四川工作系列重要指示精神的要求来制定各项工作计划。成都坚持在省委、省政府的指导下，积极融入成渝地区双城经济圈战略部署，深化自身认识，夯实责任担当，贡献双核力量。成都市紧密围绕“一带一路”倡议和长江经济带建设战略，紧抓国家新一轮西部大开发契机，从规划制定到发展重点都始终与国家战略方针保持一致，坚持将自身的发展融入国家战略的建设实践中，在国家重大战略方针中寻找自身定位、贡献自身力量。成都坚持以推动国家中心城市建设为自身工作重点，积极自觉完成落实国家战略要求和部署，在新时代改革开放征程中和社会主义现代化建设实践中谱写新的成都篇章。

——坚持完善自身建设，发挥核心推动作用。成都作为川内经济发展的单核，一直发挥着领头羊作用。五年来成都在全省政策条件和资源供给的帮助下，产业结构得到持续优化、营商环境获得明显改善、城市功能变得更加全面、开放合作取得显著成效、文体活力受到全力激发、公共服务民生保障全面提升，各项综合实力位居全国前列。成都的建设发展也充分带动了四川全省的进步，四川得以克服诸多瓶颈限制获得了高水平建设发展的经验，成都正充分发挥着领头羊的模范作用带动省内市州的全面进步。成都的发展壮大不仅为四川省内发展带来了便利，也为西部其他省市提供了一条克服资源要素限制、突出重点发展的可行之路。

——践行区域协同发展，发挥集聚效应优势。当前成都建设国家中心城市的主要工作抓手是成德眉资四市同城化发展，四市地理位置山水相连，基础设施互联互通，人文习俗相似相近，在区域协同发展中具备天然优势和先发条件。在四市同城化建设中，成都得以获取各类要素的充分供给和自身转移扩散的空间条件，成德眉资四市同城化发展为成都建设国家中心城市提供了坚实的要素保障基础。在全省区域协同发展战略机制下，成都建设国家中心城市的工作推进进一步带动了四川全省的发展进步，这也为成都建设国家中心城市提供了长远保障。在省外协同层面，国家成渝地区双城经济圈建设战略部署为成都建设国家中心城市开辟了战略协同空间，成都和重庆两市得以充分发挥各自相对优势以协同发展，双核心机制也为两市长久合作提供了战略机制保障。

（三）客观问题，尚待改善

成都建设国家中心城市的工作虽然取得了诸多进展，但仍然存在诸多问题和不足，建设进展有待加速。

——创新驱动水平有待提高。成都市科研资金要素投入不够，高水平科研人员数量不足，人力资源要素供给水平有待提升，科技创新对经济增长的贡献率尚待提高，对经济社会全面发展的保障支撑作用还需增强。

——协同发展水平有待提升。城乡经济发展不平衡，城乡收入水平差距进一步扩大，一元化经济社会体系仍待深化；公共资源供给不均衡，各区县基础设施建设水平差异较大，教育资源、医疗资源供给仍不均衡，社会服务保障机制仍不健全，各类体制机制仍不完善，协同利益点仍存在纠纷，虹吸效应未能有效化解。

——环境治理仍需努力。践行绿色发展理念有待提升，城市环境污染防治任务依然较重，城市空气质量水平仍待提升，长效生态保护机制和生态联防机制仍需加强。

——开放力度还需加强。成都市开放发展机制有待完善和加强，全市对外开放的壁垒仍待突破，对外开放的深度和广度保障机制不足，参与国际分工和产业价值链合作的能力有待加强，吸引外资和利用外资水平有待提高。对外开放尤其是广度和深度还不够，在更大范围与国际国内合作的能力还有待提升。

三　成都夺取战疫与经济行稳致远“双胜利”的路径抉择

此次疫情防控阻击战中，成都坚持以习近平总书记重要讲话和指示批示精神为指导，坚持把人民群众的生命健康安全放在所有工作部署的第一位。经过成都全市人民的共同努力和医护人员的辛苦付出，成都的防疫工作已经取得了阶段性胜利。在一个常住人口超过1000万的城市防疫战中，成都市将全市感染率控制在了十万分之一以内，在全国同类城市中取得了显著成绩。通过此次疫情，成都市认识到了自身应对公共卫生突发应急事件的能力不足和公共卫生保障体系的不完善，以疫为警，成都市将进一步完善自身应对公共卫生突发应急事件的能力和公共卫生保障体系的建设。当前疫情已经得到初步稳定控制，成都市将着力精准施策以全面恢复社会生产生活，确保如期完成全面建成小康社会等国家战略目标和继续推进自身国家中心城市建设。

（一）严防严控，构建常态化防疫机制

成都市当下疫情已经得到初步稳定控制，将继续坚持依靠人民群众的力量来防控疫情，进一步筑牢“外防输入”防线，加大对来往流动人员的疫情保障监测工作，强化重点交通枢纽和人员密集场所的防疫布置以切实保障市民安全；坚决筑牢“内防扩散”防线，依托大数据平台和各地监测机制进一步筑牢“内防扩散”防线。严格防范境外疫情输入风险，成都市在双流国际机场

建立双班24小时工作机制以防境外疫情输入，依据国家统一安排对境外来（返）蓉人员建立隔离检测和健康监控机制。高度防范疫情反弹，积极编制下发应急预案，开展疫情防控“双盲”应急演练，加大对无症状感染者的检测与筛选。

（二）以疫为警，完善公共医疗卫生保障机制

疫情期间，成都市建立了“四早”“四集中”原则，调配最好的医疗设施及医护人员医治患者；联系全市重点企业扩大库存和货源配置以全力保障居民基本生活条件，组织相关企业积极生产防疫物资以缓解医疗物资短缺，强化公共管理以确保城市正常生活秩序，加大社会服务关爱特困群体。成都市坚持以疫为警，深刻总结自身在应对公共卫生突发应急事件的能力不足和公共卫生保障体系建设不足的问题，以进一步完善相关保障机制，提升国家级中心城市应对公共卫生突发应急事件的能力和保障水平。

（三）精准施策，全面恢复生产生活秩序

在全面落实疫情防控措施的基础上，成都市科学有序地组织了各行各业的复工复产和复学。在农业领域，以保障农业生产和生猪养殖工作为重点，积极确保农业生产的全面恢复；在工业领域，成都市积极推动工业企业复工复产，采取六大保障行动以切实助力工业生产恢复正常秩序；在城市管理领域，积极响应国家“地摊经济”等举措号召，以人为本柔性管理城市街道，为市民提供最大便利；在企业服务领域，积极制定免税、缓税政策，切实关注小微企业和个体工商户的实际需求，累计减免企业社保费186亿元；在教育领域，中小学教育实施“分期分批+错时错峰”制度以逐步推进全面复学，指导建立校园常态化防控机制以切实保障师生健康安全和中、高考顺利推进；落实属地管理原则，会同各大专院校分类制定大学生返校政策以保障大学教育的全面恢复。

B.11

西安国家中心城市建设成效、制约与对策

班　澜*

摘　要： 2019年，西安国家中心城市建设迈入提质增效、突破攻坚新阶段。面对多年未有的复杂局面和严峻形势，西安市全力以赴稳增长，经济综合实力跃升新量级；产业转型升级步伐加快，新动能逐步培育完成，城市功能品质提升，发展要素聚集，发展“三个经济”，稳固对外开放水平，生态西安建设扎实有效。西咸新区和“四区一港两基地”从GDP、投资、世界500强企业和中央企业数量等多方面领先西安市其他区域，且各开发区定位清晰，各有侧重、相互促进，成为西安经济社会发展新引擎，为西安国家中心城市建设增砖添瓦，故本文总结八大开发区各自定位和发展模式。最后，针对当前抗疫背景下西安国家中心城市建设面临的制约和挑战，提出一些政策建议。

关键词： 西安　国家中心城市　开发区　国际化

一　西安国家中心城市建设迈入提质增效、突破攻坚新阶段

（一）经济综合实力跃升新量级

2019年，西安国家中心城市建设全面迈入提质增效、突破攻坚的新阶

* 班澜，博士，陕西省社会科学院经济研究所助理研究员，研究方向为区域经济、可持续投资。

段。面对多年未有的复杂局面和严峻形势，西安市全力以赴稳增长，经济综合实力跃升新量级；地区生产总值同比增长 7.0%，高于全省平均增速 1.0 个百分点，高于全国 0.9 个百分点，在 15 个副省级城市中排名第五（同济南并列）。经济增量为 9321.19 亿元，突破 9000 亿元，“十三五”目标提前完成。得益于中兴二期、三星二期、吉利新能源汽车、比亚迪智能终端等项目的顺利开工、开展，西安市规模以上工业增加值同比增长 6.9%，增速在 9 个国家中心城市中排名第二，规模以上工业总产值突破 6000 亿元。一方面，电商交易额的爆发式增长，交易额突破 4300 亿元；另一方面，14 个大型商业综合体建成，带动了消费。2019 年，西安社会消费品零售总额 4936.83 亿元，同比增长 6.0%。2019 年，“文化西安”品牌影响力不断扩大，文旅融合品牌效应日益凸显，在成功举办西安国际马拉松赛、世界文化旅游大会、西安国际戏剧节（第 8 届）、全国书博会（第 29 届）等活动的基础上，西安旅游业再上新台阶，不仅获得全国夜间经济十强城市称号，还成为全球 20 个热门旅游目的地，旅游业总收入 3146 亿元，突破 3000 亿元、同比增长 23.1%，接待游客人数突破 3 亿人次、同比增长 21.7%（见表 1）。此外，包括科创板首批上市企业西部超导、铂力特在内，2019 年西安市新增上市企业 16 家，这也使得西安作为金融中心的综合竞争力进一步提升，排名升至全国 31 个金融中心的第 11 位。

表 1　2019 年西安主要经济指标完成情况

主要指标	总额	增速(%)
地区生产总值(亿元)	9321.19	7.0
全部工业增加值(亿元)	1868.86	6.6
社会消费品零售总额(亿元)	4936.83	6.0
旅游业总收入(亿元)	3146.00	23.1
实际利用外资(亿美元)	70.57	11.1
进出口总值(亿元)	3243.06	-1.8
地方财政一般公共预算收入(亿元)	702.56	2.6

资料来源：西安市统计局网站。

（二）产业转型升级步伐加快，新动能逐步培育完成

2019 年，西安抓住当前第四次工业革命的新机遇，发展云计算、互联网 +、大数据等新业态，逐步强化战略性新兴产业和高技术制造业，制造业转型升级步伐加快，新动能逐步培育完成。2019 年，西安第一产业、第二产业、第三产业增加值分别为 279.13 亿元、3167.44 亿元、5874.62 亿元，三次产业结构比为 3.0∶34.0∶63.0，相较 2018 年的 3.1∶35.0∶61.9 明显优化。2019 年，西安第一产业、第二产业、第三产业同比分别增长 4.3%、7.6%、6.8%，第二产业增速迅猛，离不开战略性新兴产业和高技术制造业的支撑。为强化高技术制造业，西安加大了这类产业的投资力度，高技术制造业投资同比增长 15.7%，高出全社会固定资产投资增速 14.6 个百分点，高出基础设施投资增速 4.3 个百分点，2019 年底西安高技术制造业总产值同比增长 14.9%，对西安市工业增长贡献率达 55.7%，特别是电子及通信设备制造业在三星、中兴的带动下强劲增长，产值总量达 1102.41 亿元，同比增长 23.5%，不仅突破千亿元，而且占高技术制造业产值超过 70%，对西安市工业增长贡献率达 46.7%。战略性新兴产业也表现不俗，新动能新引擎作用凸显，总产值同比增长 9.6%，占西安市 42.5%，对西安市工业增长贡献率达 61.0%（见表 2）。

表 2　2019 年西安规模以上工业战略性新兴产业指标统计

工业分类	占规模以上工业比重(%)	增速(%)	贡献率(%)	拉动工业增长点数(百分点)
规模以上开采业	1.9	7.0	2.7	0.2
电力、热力、燃气、水的生产和供应业	8.5	8.0	9.9	0.7
制造业	89.6	6.8	87.3	6.0
其中:战略性新兴产业	42.5	9.6	61.0	4.6
高技术制造业	26.3	14.9	55.7	3.8
其中:电子及通信设备	17.8	23.5	46.7	3.2

资料来源：西安市统计局网站。

（三）城市功能品质提升，发展要素聚集

2019 年，西安为迎接“十四运”，加大基建投资力度，推进基础设施补短板行动，2 条地铁建成运营、53 条断头路打通、93 个老旧小区完成了改造、完成 226 公里的架空线缆落地迁改工程、更新 1939 辆新能源公交车、新建 4000 个 5G 基站、新建 2.08 万个公共停车位，获得 2019 中国智慧城市创新示范奖和“国家公交都市示范城市”称号，城市功能品质大幅提升。再加上华为中国区运营商总部落户西安，以及中国西部科技创新港建成投用，对人才的吸引力显著增强，发展要素显著聚集，甚至成为外籍人才眼中最具吸引力的中国十大城市之一。截至 2019 年 4 月 30 日，西安户籍人口共 1004.9 万，西安正式步入“千万级人口城市”。2019 年，西安新引入 5 名两院院士、引进培养 37.73 万名各类人才，新增 1053 家国家级高新技术企业，累计建成 276 个市级以上科技企业孵化器（众创空间），吸纳就业人数超过 40 万，孵化企业超过 4 万家，支撑西安科研新高地建设的人才、资金等要素不断聚集，西安位列国家创新型城市创新能力西部第一，万人发明专利拥有量突破 40 件，20 个项目获得国家级科技奖项。

（四）发展“三个经济”，稳固对外开放水平

中美贸易摩擦影响较大，为积极应对国际市场挑战，稳固对外开放水平，西安大力发展三个经济。2019 年，中欧班列“长安号”开行 2133 列，增长 70%，45 个国家和地区被覆盖。西安咸阳国际机场得益于首条第五航权客货运航线通航及航空基地综合保税区封关运行，其增速在全国十大枢纽机场中排名第一，2019 年拥有 38 万吨货邮吞吐量、新开 9 条全货运航线、新增 19 条国际客运航线，再加上空港综合保税区获批，西安入选首批国家物流枢纽建设名单，并获得国际物流大通道建设突出贡献奖。西安新增 3 个国际友好城市，并举办了全球创投峰会、欧亚经济论坛等多个国家会议，举办会议数量全国排名第四，极大稳固了西安对外开放水平，继续为陕西及国家总体的对外开放贡献力量。2019 年，西安进出口总值占全省的 92.2%，完成 3243 亿元，实际利用外资与引进内资均实现两位数增长。

（五）生态西安建设扎实有效

西安深刻汲取秦岭违建事件教训，修订《西安市秦岭生态环境保护条例》，建立生态保护长效机制，持续改善西安生态环境。2019 年，西安新建 2 个智能峪口保护站、运行 4 个生活垃圾无害化处理项目、整治 4 个峪口峪道、开工 58 个治理项目、新建改造 141 个公园和绿地广场、建成 492.4 公里绿道、通过 540 个绿色建筑项目、拆除 1194 户农家乐、新增 4566 亩湿地、新增 1353.1 万平方米城市绿地面积，集中力量打好打赢污染防治攻坚战，取得全年优良天数较上年增加 10 天、总计 225 天的良好成绩，在全国 168 个重点城市空气质量排名中退出后 20 位；基本消灭主城区黑臭水体，生活垃圾不再单纯依靠填埋，土壤环境明显改善，建设宁静、和谐、美丽的西安。

二 八大新平台，发展新引擎

西咸新区和“四区一港两基地”（高新区、曲江新区、西安经济技术开发区、浐灞生态区、国际港务区、国家民用航天产业基地、阎良国家航空高技术产业基地）共同构成八大新平台（以下简称 8 个开发区），从 GDP、投资、世界 500 强企业和中央企业数量等多方面领先西安市其他区域，经济规模、规模以上工业增加值、社会消费品零售总额、税收收入分别占全市 41.0%、72.0%、44.8% 和 44.2%，且各开发区定位清晰，各有侧重、相互促进，成为西安经济社会发展新引擎，为西安国家中心城市建设增砖添瓦。西安 8 个开发区均匀分布在以钟楼为原点的东南西北各方位，东北是航空基地、国际港务区和浐灞生态区，西北是经开区、西咸新区，西南是高新区，东南是航天基地、曲江新区，如图 1 所示。

（一）高新区：硬科技产业高地

作为首批国家级高新区之一，高新区则自 1991 年成立以来迅猛发展，是国家级高新区的“第一阵营”“第一梯队”。2019 年，西安高新区出台《西安高新区高新技术企业培育三年行动方案（2019—2021 年）》《西安高新区硬科技产业发展规划（2019—2025）》《西安高新区创建硬科技创新示范区建设工

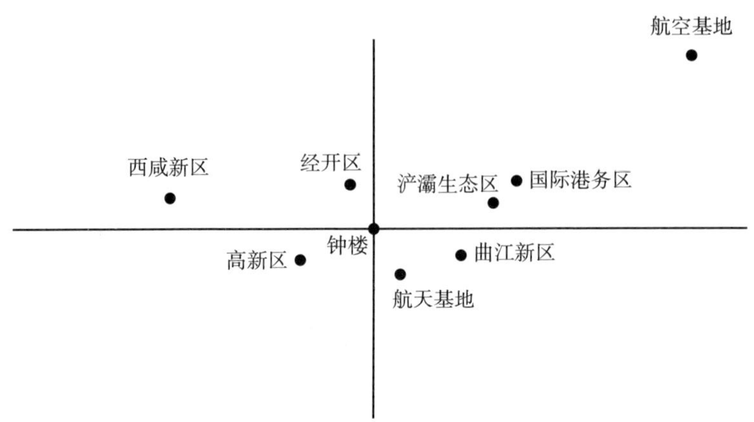

图1　西安8个开发区地理坐标

作计划》等政策，通过成立硬科技创新研究院、打造硬科技协同创新平台和人才交流库，实现以硬科技引领区域高质量发展，并计划用五年时间建成具有全球影响力的硬科技产业高地。2019年，高新区在硬科技产业支撑下经济实现强势增长，GDP全市占比突破20%，实现2102.73亿元，历史性突破2000亿元大关；西安高新区“硬科技”领域交易9000项，交易额达400亿元，占比超过高新区技术合同总额的90%，新增125家“硬科技”优秀领军企业，最终高新区实现1.6万件专利授权、技术合同登记总额450亿元，推动了“硬科技”实力的提升，航空航天、智能制造、信息技术等硬科技产业增加值增长高于17%，制造业增加值增长20%。另外，西安高新区先后出台《西安高新区关于进一步支持企业借助科创板等资本市场上市发展的若干政策》《西安高新区关于加快推进重点拟上市“硬科技”企业上市的专项政策》《西安国家自主创新示范区关于支持企业上市发展的若干政策》等诸多政策，通过设立“上市企业后备资源库”等方式创新金融服务，加大对“硬科技”企业的支持和帮扶力度，实现“软实力”提升。2019年，西安高新区共有64家企业获得股权融资，完成金融业增加值155.55亿元，占高新区GDP的13.40%。西安高新区在营商环境方面的工作也一直走在西安市前列，2019年荣获“中国国际化营商环境建设十佳产业园区”称号，将“整区域审批”“容缺审批”“承诺制审批”等8项创新制度推广到全省。

（二）西咸新区："三个经济"先行区

西咸新区作为国家级新区自2017年由西安市代管以来，在西安的发展蓝图上描下了浓墨重彩的一笔。2019年，中国西部科技创新港正式投入使用，入驻26所研究院，开工建设法士特沃克齿轮、三一西安产业园等项目，西咸新区完成投资1216.93亿元，实现GDP 520.72亿元，占西安市GDP的5.59%，比上年上升1个百分点，GDP增速达到两位数，在全省各地市中稳居第一。西咸新区作为"三个经济"的源起地、先行区，已经落户144家国内外物流企业、13家航空公司区域总部，共引进27个航空制造和服务项目，成为西部最大的航空总部基地，形成"枢纽功能完善、门户特色突出、流动经济发达"的高质量发展新格局，依托"临空+自贸+保税+跨境+口岸+航权"6大功能平台，建立2条城际铁路、4条地铁在空港交汇的综合立体交通体系，实现航空高端带动，推动西咸新区迅猛发展。2019年西咸新区举办创新城市发展方式（西咸）国际论坛，旨在全面推行海绵城市、中深层地热无干扰供热技术，实现集约式发展。另外，在全市推广沣河湿地生态修复理念和治理经验，新增绿化面积1189万平方米，打造"绿色西咸"新名片，建立全国首个创新性规划建设品质标准，提升城市建设标准化和精细化管理，为城市高质量发展贡献"西咸智慧"。

（三）经济技术开发区："一带一路"先进制造业新高地

西安经济技术开发区（以下简称经开区）拥有汽车、军民结合的两块国家级产业示范基地，为首批国家新型工业化产业示范基地之一；2019年，经开区实现GDP 864.19亿元，占西安的9.3%，同比增速5.5%，综合发展水平在2019年由商务部发布的"国家级经开区综合排名"中居11位，比2018年上升6位，居西部第一，全年完成投资435.8亿元，实际利用外资18.69亿美元，国家级经开区综合排名中居第三位。2019年，经开区制定《科技创新提升三年行动计划》，汽车产业以陕汽、吉利为龙头发展良好，产值约占全市的70%，打造千亿汽车产业集群，西部超导登录科创板，新增科技型中小企业500多家，设立兵器集团科技资源统筹中心，以平台建设和制度创新为抓手，推动军民产业融合发展，全年完成产值850亿元，全力打造"一带一路"先进制造业新高地。2019 年，经开区出台《办好全运会加强城市管理　加快国家中心城市核心区建设工作方案》《教育优先发展建设教育强区实施意见》等政策，完成架空电缆落地迁改工程、2 个智慧社区建设、2 个体育馆修建、4 所三甲医院建设、4 所学校扩建、5 条断头路打通、30 座公厕新建改造、1506 个公共停车位建设，提供学位 6334 个，184 项政务服务事项实现“一网通办”，营商环境指数位居全国经开区第四，城市环境质量也持续改善，从医疗、教育、交通、民生等多方面打造最具幸福感城市的样板区，建立大西安幸福北城。

（四）曲江新区：中国文化发展的风向标

曲江新区是首个国家级文化产业示范区，拥有 1 个国家级 4A 景区（曲江海洋世界）、1 个国家级 5A 景区（大雁塔·大唐芙蓉园）、3 个省级文物保护单位、5 个国家级文物保护单位，2019 年荣获中国文化产业创新奖、“2018 ~ 2019 中国最具影响力会展名区”等奖项；曲江新区狠抓夜游经济发展和传统景区升级，2019 年实现固定资产投资 389 亿元，服务业增加值增长 7%，GDP 增长 7%。曲江新区是西部最重要的文化、旅游集散地，成为中国文化发展的风向标，江新区是 2019“西安年·最中国”活动的核心文化展示区，春节期间，西安大唐不夜城·现代唐人街、大雁塔文化休闲景区、大唐芙蓉园、大雁塔大慈恩寺分别接待 387.27 万人次、94 万人次、30.88 万人次和 9.29 万人次，展示了西安的文化魅力。量子晨电竞产业园建成运营，2019WCG 世界电子竞技总决赛、英雄联盟 LPL、西安国际马拉松、TNF100 秦岭越野赛、2019 国际时尚周、大明宫 HOLO 国际音乐节等一系列顶级电子赛事、体育赛事和时尚活动的举办，树立了西安古城新形象；文化产业集团荆州纪南文旅区项目入选联合国 2030 年可持续发展典范样板，陕西首只“文化类”美元债券发行，创新文化金融合作模式，推动文旅融合实现新突破，驱动曲江经济社会高质量发展。

（五）浐灞生态区：美丽中国城市生态样板

浐灞生态区是全国首个以生态命名的开发区，始终遵循“生态 + 产业”的发展思路，探索一条以新区开发支撑生态建设的绿色发展之路，以河流治理带动区域发展，重点发展生态型新兴产业、会议会展等产业，借助欧亚经济综合园区核心区、西安领事馆区及世界文化旅游大会、欧亚经济论坛永久会址等平台，培育涉外健康体育特色产业，形成国际人文交流新中心，打造美丽中国城市生态样板；2019 年，累计落地项目 130 余个，累计建成西安世博园、西安浐灞国家湿地公园等 6 个生态公园，形成水面景观 1.8 万余亩，荣获绿色发展和生态文明建设优秀开发区、首批全国生态旅游胜地等奖项，举办西安生态徒步大会、“一带一路”2019 陕西国际铁人三项赛、西安灞河国际半程马拉松赛等多场体育赛事，形成了美丽西安的新名片。

（六）国际港务区：现代化国际示范区

习近平总书记来陕视察时指出：“实施‘一带一路’战略将改变西部特别是西北地区对外开放格局，使陕西进入向西开放的前沿位置。”自贸区国际港务片区面积占中国（陕西）自贸区总面积的 95.2%，国际港务区是中国（陕西）自贸试验区的核心区，并依托综合保税区、公路港、铁路集装箱中心站等对外开放平台，全力打造“陆海内外联动、东西双向互济”的全球物流体系，逐步成为引领大西安、示范中西部的开放先行区。2019 年国际港务区发展位居全市前列，生产总值、规模以上工业增加值、服务业增加值分别增长 17.7%、13.3%、18.8%，全社会固定资产投资和一般公共预算收入同比分别增长 21.3% 和 72.2%；中欧班列“长安号”稳定开行 10 条主干线，新开拓 5 条线路，货运量、重箱率、开行量等指标均居全国前列，质量评价指标蝉联全国中欧班列第一。实现高质量跨越式增长。2019 年国际港务区累计出口汽车 13334 辆，进口汽车 8946 辆，进口粮食约 3.54 万吨，获得全国内陆整车和粮食口岸双第一，西安港、中欧班列（西安）集结中心初步建成，围绕一港一中心重点打造具有丝路特色、服务向西开放的产业体系，引进 3 家中国 500 强企业、9 家世界 500 强企业，新签约 31 家企业，全国首创“央行·长安号票运通”供应链金融新模式，奥体中心“一场两馆”、全运村“三村九中心”全面开工，全力建设现代化国际示范区。

（七）航天基地：高精尖产业矩阵

航天基地是全国首批新型工业化产业示范基地（军民融合·航天）和第一个航天科技卫星应用产业示范基地，构筑了由卫星及应用、航天装备制造、新能源新材料组成的高精尖产业矩阵，利用得天独厚的产业基础，支撑西安国家中心城市建设，在国家级经济技术开发区科技创新这一单项指标排名中居全国第四、西部第一，累计项目总投资近1500亿元。2019年，西安航天基地发展跨入“2.0版”新阶段，商业航天和泛太空经济崛起，成为其新的增长引擎；区内民营航天企业星际荣耀研发的运载火箭发射成功；区内企业银河航天研制的中国首颗通信能力可达10Gbps的民营5G低轨宽带卫星即将发射，实现了中国民营运载火箭零的突破，与中国移动和中国电信联手打造“全国首个5G应用+万兆接入开发区”；300家企业进驻京东航天数字经济示范园，云上经济初见成效，线上交易额突破15亿元，实现GDP、规模以上工业增加值、社会消费品零售总额、固定资产投资分别同比增长12.1%、11.3%、5.7%、12.2%。

（八）航空基地：以飞机制造为龙头的航空产业集群

航空基地是我国第一家也是唯一一家国家级航空高技术产业基地，围绕航空特色打造专业孵化器，形成用于卫星制造的世界最轻镁锂合金材料、720度双轴旋转飞行模拟器、X1B－2T飞行模拟器等一批“高精尖硬”科技成果，构筑以飞机制造为龙头的航空产业集群。2019年，航空基地新增16家“五上”企业，工业技改投资同比增长14.0%，产业集群效应凸显，规上工业增加值、社会消费品零售总额增速分别为14.6%、11.2%。

三　抗新冠肺炎疫情背景下西安国家中心城市建设面临的制约和挑战

对标国家中心城市定位，西安在发展过程中一直面临诸多问题，当前新冠肺炎疫情还在全球蔓延，外部环境不利因素增多，抗新冠肺炎疫情背景下西安国家中心城市建设面临诸多制约和挑战。

（一）经济体量仍需扩张，很难辐射带动周边

西安作为国家中心城市，经济体量与其他中心城市还有较大差距，2019年西安GDP总量在9个国家中心城市中排名靠后，距离排在前一位的郑州还

有超过2000亿元的差距，追赶超越还需要较长的时间。西安在追赶超越的过程中，需要不断扩大自身规模，因而其将在相当长的一段时间内处于扩张阶段，对关中平原城市群、陕西省乃至西北来说，更多的是吸引其资源、空间、人口流动至西安，对其辐射带动效果不明显。中国联通大数据分析显示，2019年，西安市人口净流入数量排名第十二，其中净流入人口来源省份第一、第二位为陕西、河南，人口来源前十省份中西部省份就占了三个，且陕西、河南来的人口占前十省份来源人口总数的60%。

（二）工业支柱企业数量体量有待扩展，产业链仍需完善

2019年，西安工业在发展和产业升级方面均呈现良好态势，但西安现有工业企业存在一个明显的问题就是，支柱企业数量体量都较小，且产业链不够完善，对西安工业转型升级、提升量级制约较大。2019年西安仅有8家工业企业产值过百亿元，这个数字与2018年相同，数量亟待提升，制约西安工业、经济的发展。另外，西安工业支柱企业在体量上也与其他中心城市有较大差距，8家产值过百亿元的工业企业合计产值2000亿元左右，全部大型工业企业产值也才3240.63亿元，而郑州富士康2019年度出口总额为2199亿元，进口总额为1138亿元。还有，从产业配套上看，以汽车产业为例，西安整车本地配套率仅30%，产业链仍需进一步完善。

（三）城市建设管理效能不高，住房、教育、医疗、交通等方面亟待改善

对于城市发展来说，人口是关键要素，年轻、活力、高素质的常住人口，能够驱动西安快速发展。2019年西安吸引将近20万人净流入，2018年西安吸引将近39万人，人口在近两年快速增加，但西安城市建设管理效能不高，教育、住房、交通、医疗等多方面并没有迅速发展以匹配增加人口，以交通为例，《2019年Q2中国主要城市交通分析报告》显示，西安交通拥堵程度为高峰出行时间是畅通状态下的1.779倍，在中国50个主要城市中排名靠前，为第十二位，且有22.99%的受访者表示“不满意”。西安市目前的教育、医疗、住房、交通状况，不利于留住人才和激发人才的积极性和创造性，因而住房、教育、医疗、交通等方面亟待改善，城市建设管理效能亟须提高。

（四）科技创新转化动能不足

陕西高校数量仅次于北京与上海，仅2019年陕西省共培养33万名高校毕业生，生源地以省内和西北为主，择业地区首选西安，《2019年西安市应届大学毕业生调查报告》显示，34.1%的毕业生表示愿意选择西安，因而能够源源不断为西安提供最新科研成果与优秀创新型人才。西安拥有绝对的人才资源优势，但科技创新转化动能不足，西安科技创新成果转化率接近31%，五个内陆国家中心城市中仅高于郑州，而且重视研发和创新的企业较少，拥有专利的民营企业不足20%，制造业企业研发活动参与率不足32%，同时平均工资较低，不利于激发人才的积极性和创造性。

（五）民营企业市场主体以中小企业为主，受疫情影响较大

西安民营企业规模较大，市场主体超过150万户，但仅有0.5%的民营企业属于规模以上。此次疫情进一步加大了经济下行压力，给经济社会发展带来的冲击前所未有，民营企业特别是中小企业经营尤为困难，其中文化体育和娱乐、教育、房地产、居民服务等行业尤其受疫情影响较大，营收等指标甚至出现两位数负增长，部分中小企业从业人员面临失业、薪酬下降等情况，部分人员在收入面临不确定性和下降的情况下，消费需求有一定的下降，西安市统计局调查数据显示，56.8%的中小企业反映市场需求不足，对西安国家中心城市建设挑战较大。

四　抗疫背景下西安国家中心城市建设的政策建议

（一）建立城市协同联动机制，增强国家中心城市辐射能效

把握发展要素向大城市和城市群集聚的趋势，围绕建设“三中心两高地一枢纽”，着力增强西安作为国家中心城市对区域经济的辐射、引领和带动作用，以及经济和人口承载能力。具体可以从以下三个方面着手。

建立西安与咸阳、渭南、铜川等毗邻城市的协同联动机制。在西咸一体化基础上，进一步加速启动西安和铜川、西安和渭南一体化发展，从而更加科学

地统筹区域资源，充分发挥区域内城市各自比较优势，通过探索“总部+基地”“研发+生产”“飞地经济”等模式，建立合理的产业分工和产业布局体系，推动西安都市圈协同发展，建立西安与咸阳、渭南、铜川等毗邻城市的协同联动机制，共建大西安。通过西安与毗邻城市的协同联动，带动周边地区本地资源盘活，更好地实现产城融合发展。

建立关中平原城市群协同联动机制，辐射带动大西北发展。关中平原城市群仍呈现西安一家独大的局面，西安作为国家中心城市，应持续支撑、带动关中城市群面向大西北、辐射大西北，从空间布局、产业分工到研发创新等多个方面出发，建立关中平原城市群协同联动机制，加强关中城市群内部的要素流动，并以西安为对外交流中心、支柱产业群、商贸中心、研发中心，强化面向西部地区的综合服务和公共服务供给，辐射带动大西北发展。

最后，要对接黄河流域生态保护和高质量发展等重大战略。西安以大西北领军城市的身份，加强黄河流域的合作，合理开发并综合利用黄河流域特殊自然、人文、社会资源，助推大西北生态农业、特色旅游业等优势产业发展，带动大西北融入中、东部经济圈，实现经济、社会、生态的高质量发展。

（二）以“十四运”为契机，全面提升城市发展能级

《关于建设西安国家中心城市的意见》中支持西安建设国家综合交通枢纽和内陆改革开放高地。以“十四运”为契机，加强城市规划建设，建设智能城市、宜居城市，全面提升城市发展能级。主要从以下三个方面入手。

构建综合立体交通枢纽，打造国际性商贸物流枢纽。依托西安良好的先进制造业基础，抓好铁路客运枢纽体系、机场升级改造、中心城区交通优化等交通建设项目，构建综合立体交通枢纽，实现通达高效率、物流低成本，迅速融入全球产业链布局。发挥国际港务区现有的公路、铁路、航空多式联运资源优势，推动中欧班列（西安）集结中心建设，形成面向中亚、南亚、西亚国家的通道，扩大商贸聚集和规模发展，打造国际性商贸物流枢纽，培育现代商贸业，实现西安经济体量、质量双增。

高质量布局城市空间，全面启动“新基建”。统筹产业体系、生态保护、公共交通等综合布局，科学划定城市空间格局，推动产城一体，重点片区打造集商、居、文、游于一体的新模式新格局，高质量布局城市空间，并运用打通

断头路、改造提升老旧小区、架空线缆落地等方式，畅通城市脉络。以国家政策为契机，全面启动“新基建”，迅速推进5G、工业互联网、物联网、人工智能等新基建项目布局实施，抢占“新基建”新风口。

建立智慧城市运行体系，优化城市管理水平。推动业主委员会建成完善，实现覆盖率达到60%以上；完善物业市场监管体系，整合基层资源，强化网格化管理，夯实智慧城市运行体系的根基。拓展完善智能服务场景和形态，建造智慧城市运行管理中心，构建智慧城市运行体系，全方位实现城市美化、洁化、绿化工作的智能化和高效化，提升城市管理水平。

（三）打造千亿级产业集群，完善工业云平台

强化重大工业项目支撑，打造千亿级制造业产业集群。设立“市长特别奖”，奖励做出突出贡献的先进个人、企业家等领军人物，强化重大工业项目支撑，突出抓好华为鲲鹏生态项目、三星二期、西沃纯电动客车扩能、比亚迪智能终端、吉利新能源汽车等重点项目，从而依托三星、华为、中兴、杨森、西飞、西电、陕汽等龙头企业，打造千亿级产业集群，做强做大航空航天、汽车、新材料新能源、电子信息制造、生物医药等支柱产业。

完善工业云平台，推动先进制造业和现代服务业深度融合。建立“中小微企业培育库”，加快企业引进培育步伐；持续推进“龙门行动”计划，推动现有企业上市，完善金融市场体系，建立丝绸之路金融中心，支撑先进制造业和现代服务业发展；落实大企业、大集团扶持计划，推广“陕鼓模式”，完善工业云平台，推动制造企业由设备提供商向系统集成服务商转型，与现代服务业深度融合。

（四）建设高水平创新平台，建立产学研协同创新长效机制

建设高水平创新平台，打造硬科技创新品牌。探索建立“以赛代评”机制，举办创业创新大赛，推动国家、省级重点实验室和技术创新中心等高水平创新平台在西安落地、生根、发芽，并依托教育、科研优势，加快“产、学、研”一体化步伐，推动现有创新平台质量提升；依托高水平创新平台，举办全球创投峰会、全球硬科技创新大会等顶级会议，培育引进一批硬科技企业，建设一批硬科技创新研究、产业发展聚集区，积极参与国家标准制定，打造硬科

技创新品牌，力争建成硬科技创新示范区。

深化科技金融有机融合，建立产学研协同创新长效机制。创新“科技+金融”服务，鼓励和支持硬科技企业上市，以基金扶持等方式降低科技企业信贷风险，深化科技金融有机融合，促进技术交流转化；以国家知识产权运营试点为依托，通过产业技术创新联盟、“技术市场+”工程、科技成果转化股权激励机制、“一院一所”模式、开放实验室等方式，建立产学研协同创新长效机制，实现科技人才资源紧密对接，加快技术交流转化。

（五）构建民营企业帮扶政策体系，推进民营经济发展

推进民营经济发展。重大规划、重大活动、重大工程、重大项目都要积极推动民营企业参与，增强民营企业家信心，建立新型政企关系；并通过市场准入负面清单、科技创新信用清单等方式，建立长效机制，预防和清理拖欠民营企业账款以及不合格民营企业，构筑民营企业生存防线，提升民营企业生存周期和发展质量，推进民营经济发展。

构建中小微企业帮扶政策体系。民营企业大部分是中小微企业，推进民营经济发展，必须构建中小微企业帮扶政策体系。一是设立专项扶持资金，以政府采购、产业扶持等形式引导中小微企业调整优化产业结构，提升市场竞争力，提高企业存活率。二是通过减免社保缴纳、奖励稳定就业企业、提供技能技术培训、设立中小微企业招聘专场以及完善线上招聘平台等多种灵活的方式，实现中小微企业招工用工成本双降，减轻企业用人负担。三是降低融资门槛、创新金融产品、简化贷款程序、脱钩不动产抵押等方式，拓展中小企业融资途径，减轻中小企业资金负担。

参考文献

李明远:《政府工作报告－2020 年 5 月 17 日在西安市第十六届人民代表大会第五次会议上》。

陕西省委、省政府:《关于建设西安国家中心城市的意见》，2020 年 6 月。

西安市委、市政府:《关于贯彻落实"追赶超越"定位加快国家中心城市建设行动方案（2019 年)》，2019 年 5 月。

王匆、张锋:《国家中心城市建设背景下交通“城市病”探析——以西安市为例》,《决策与信息》2020 年第 7 期。

吴正海:《西安国家中心城市高质量发展的现实难题与路径探索》,《安阳师范学院学报》2020 年第 3 期。

杨维霞:《西安国家中心城市经济辐射力探析》,《合作经济与科技》2019 年第 23 期。

案 例 篇

Case Reports

B.12
上海“一网通办”实践下智慧政府建设

张学良　王雨舟*

摘　要： 2018年底，上海市为配合智慧政府建设，出台了“一网通办”措施。该项措施以民众的需求为出发点，以人民为中心，把提高人民的满意度、获得感作为目标，并对政府提出了很高的要求，需要政府加快向服务型政府转变，改善服务态度、提高服务能力，同时加强跨部门、跨层级的合作，加强对服务过程的监督，满足民众对办理公共服务业务“最多跑一次”的诉求。在技术层面上，2018年4月成立的上海市大数据中心作为“一网通办”的重要基础设施，在数据的采集、归类、共享方面，发挥了重要作用，创建了电子证照，为居民、企业填报信息、相关部门核验身份提供了很大的便利。目前，“一网通办”的实施，已经帮助上海市加强了政府部门之间的合作，从而精简

* 张学良，博士，上海财经大学长三角与长江经济带发展研究院执行院长，研究方向为区域经济与城市经济；王雨舟，上海财经大学长三角与长江经济带发展研究院博士研究生。

公共服务的办理流程；上线了“随申办”App与随申码系统，实现了群众在线录入信息、企业无纸登记，并在新冠肺炎疫情期间为防控疫情、复工复产发挥了重要作用。在将来，“一网通办”的改进思路主要在于帮助政府主动发现居民生活中的诉求与公共服务中的不足，主动地改进服务水平、提供精准化个性化的服务，切实加快智慧政府建设。

关键词： 上海 一网通办 智慧政府

一 实践背景

（一）项目概要

近年来，服务型政府改革不断推进，随之产生的“互联网+政务服务”，成为新时代推进政府“放管服”改革的重要模式。这一模式在上海的重要探索就是“一网通办”。

根据2018年9月30日颁布的《上海市公共数据和一网通办管理办法》（沪府令9号文），“一网通办”是指依托全流程一体化在线政务服务和线下办事窗口，整合公共数据资源、加强业务协同办理、优化政务服务流程，加快实现群众和企业办事线上“一个总门户、一次登录、全网通办”，线下“只进一扇门、最多跑一次”。上海的这项制度，出台于2018年3月，到2018年底，就得到了中央的肯定。2019年3月，“一网通办”被写入国务院《政府工作报告》，开始在全国范围内产生广泛重大的影响。

截至目前，“一网通办”的具体措施主要有：大数据中心，推进数据整合与共享；“一网通办”平台，为支撑数据整合构建一系列制度；“随申办市民云”App，方便群众通过手机实现业务办理。

（二）项目内涵

“一网通办”的核心在“办”，既要提高个人和企业办事的满意度、获得感，能够方便、及时地获得服务；也要提高各级政府、政府部门之间办公的协同度，提高管理与服务的效率和效能。“一网通办”的关键在“通”，即线上和线下的连通，在线上通过成立整合大数据中心，实现政府信息的联通和共享，为高质量的公共服务和管理提供技术支持；在线下整合多方资源，促进政府部门统筹发展，集中力量为社会提供高质量的公共服务。“一网通办”的基础在“网”，用信息化手段，构建线上公共服务的新路径，为优化政务服务寻找新的可能。“一网通办”的前提在“一”，对于政府来说，要实现“一个整体，一门服务”，加快部门整合，改变管理碎片化的现状；对于市民来说，要达到“只跑一次，一次办成”，精简流程，提高公共服务效率。

“一网通办”是新时代“互联网 + 政务服务”的一张新名片。在新时代，“以人民为中心”是“一网通办”措施的发展理念，是推进政府改革、优化营商环境的重要抓手。其宗旨在于惠及民生，改革政府。要达到人民办事“减环节、减证明、减时间、减跑动次数”的直接目标，根本就在于转变政府的观念与作风，在新的技术手段支持下，提高政府的服务意识和服务质量。

二 具体做法

（一）整体设计

目前，上海市已经基本形成了“一网通办”的运载框架，可概括为“1 + 1 + X”模式。第一个“1”，是指上海市大数据中心。该中心成立于 2018 年 4 月，是“一网通办”的重要基础平台，为跨层级、跨部门、跨系统、跨业务的数据资源提供线上平台，为群众实现减环节、减证明、减时间、减跑动次数提供可能。

第二个“1”，指的是全流程一体化在线服务平台。主要是让网上政务服务一口进出，打造一个“整体政府”，整合各部门碎片化服务事项，让民众不用再逐个找部门办事，解决群众和企业长期面临的办事难、步骤繁的问题。

“X”，是指丰富多元的服务窗口。主要有三类窗口：第一类是社区事务受理服务中心，主要办理民生服务事项；第二类是各区、各部门、各开发区的行政服务中心，主要受理企业的审批、管理业务，是地区营商环境的重要体现；

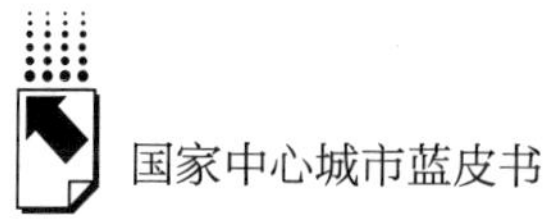

第三类是与政务相关的手机 App、微信公众号，让广大人民更直接、方便地接触并了解政务服务。

（二）具体任务

1. 流程改革

要实现人民群众及时、方便地获得政务服务的诉求，必须推进政务服务流程优化、简化和协同化。具体的方法可以概括为“减、放、并、转、调”。“减”，是减少审批时间和办理环节，从而能够让民众和企业减少跑动次数；“放”，是一些部门下放或简化，甚至取消部分审批权限；“并”，为一些办理事项或环节的合并；“转”，主要是强调政府职能与服务态度的转变；“调”，侧重于协调各部门的工作。总之，流程改革的核心是提高政务服务的办理效率，帮助民众和企业节省时间、少跑动。2018 年 3 月，上海市开办企业的办理环节从 7 个减少为 3 个，办理时间从 22 天减少为 5 天，其中上海市工商局、公安局、税务局一起开通的服务平台“一窗通”发挥了重要作用，把原有的名称登记与企业登记这两个环节进行了合并。

2. 数据治理

要让各部门、各层级、各区域的业务能够协调、互通，一个重要的基础就是数据的联通。2019 年 3 月，上海市发布《上海市加快推进数据治理促进公共数据应用实施方案》，提出了六大类、70 项任务的总体分工，形成覆盖全市地域、全行业领域的大数据平台，实现对数据的采集、归类、整合、共享、开放、应用等多方位全面的治理。目前，上海已形成市、区两级电子政务云体系，建成了包括公安、税务、社保三个云中心的市级平台，以及全部 16 个区的电子政务云平台。2018 年底，上海已经完成了 4947 张表、共计 55 亿条数据的采集与归类；2019 年，上海再推党政机关、人大、政协、法院、检察院等 150 多个预算主管部门的一千余个信息系统的上云迁移，这是全国首次如此大规模的上云迁移。

此外，上海将公共数据按照共享属性分为无条件分享、授权共享与非共享，并明确了数据共享的具体应用场景。在此基础上，上海市将“一网通办”的政务服务事项，梳理形成公共数据共享需求清单、相关责任部门的责任清单和负面清单，并以此为依据，编制各区、各部门的数据资源目录，进而实现公共数据的集中统一管理。2018 年，上海已在全市范围内完成统一的数据共享平台主体功能建设，可实现市、区两级的数据共享交换，并与国家的数据共享交换平台进行对接。2019 年，上海建立了“三清单”的动态更新机制，并考虑到多部门的数据需要，以及事中事后综合管理、城市经济化管理等跨部门综合管理的需要，扩展了适用范围。

“一网通办”，在数据应用层面，最常见的是“减材料”，即在政府业务系统中提供过的证照等材料，不用反复提交，这得益于电子证照库的不断扩容，电子证照、电子印章、电子档案范围的不断扩大。截至 2019 年 10 月，身份证、出生医学证明、不动产证、企业营业执照等 200 类高频证照，累计 7700 多万张，已被收入上海电子证照库，并正在不断探索电子证照的社会化应用，努力在将来实现“证照免带免交”，以及通过“随申办市民云” App，实现群众在线录入信息、企业无纸化登记。

此外，上海当前已实现 2000 余项数据目录清单的开放，它们通过上海市公共数据平台统一向社会发布。

3. 完善监管

“一网通办”是深化“放管服”改革的一项重要措施，也就是要求政府部门转变思路，简政放权、加强管理、优化服务。在这一过程中，上海政府部门将工作重心从规范市场主体资格，转变为规范市场主体行为，由事前审批为主转为事中、事后监管为主，在精简办事程序的同时，也要把该由政府管理的事项管好，补充和强化政府在市场经济中的必要的职能作用，从而激发市场活力、社会创造力。

2016 年 7 月，上海市政府印发了《上海市事中事后综合监管平台建设工作方案》，提出与该平台相关的目标、原则、框架结构、建设任务等，并编制市、区两级的监管事项目录清单。在此基础上，上海市建设了监管数据库，以及执法监管、风险预警和决策分析三个应用系统，并实现市、区平台的上下关联，在保证监管力度不减或提高的前提下，把以往重复的检查流程合并，主要的工作包括市级平台证照分离双告知（告知相关企业与审批部门）、检查事项日常监管、老赖名单下载、企业公示信息分析等。

2018 年 7 月，上海市政府印发《上海市分类监管管理办法》，强化监管对象的分类。该办法旨在评价和确定监管类别，梳理各行业、领域、市场的分类

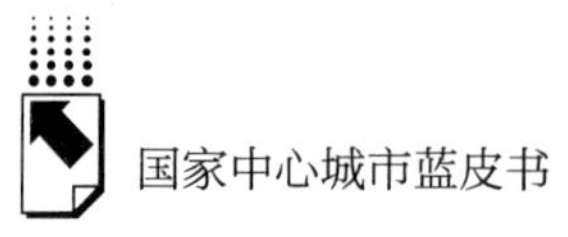

管理事项，对监管对象实施差异化监督管理，从而优化营商环境。

4. 安全管理

“一网通办”在追求办事效率的同时，守护信息安全也是至关重要的。在实践中，上海市先后出台了《大数据中心项目测试流程规范》《项目测试流程操作指南》等文件，探索建立数据安全管理制度体系，设立项目测试流程，明确操作规范。《2019 年上海市推进“一网通办”工作要点》，建立了问题发现处置机制，并提出安全与绩效相关联的考核评价机制。

在技术方面，加强数据共享交换平台的安全可靠性，并全力实现公共数据的归集共享，逐步打消各部门在数据传输和存储安全方面的顾虑。此外，电子政务云的安全认证工作也正在积极开展，针对“一网通办”的渗透测试也在进行中。此外，公共数据共享交换平台也做了充分的应急预案，定期开展应用切换演练，并建立了风险评估机制和应急响应机制。目前，“一网通办”相关平台与系统已建立安全检测监管平台，进行实时监控预警；并建立了不同类别数据的安全等级与保密等级规范，以避免数据泄露、敏感信息非授权访问等风险。

（三）案例介绍

1. 综合窗口

上海市综合窗口改革，主要任务是解决审批流程过多、原有各窗口工作人员能力参差不齐等问题，目前已初步探索出无差别综合窗口、分领域综合窗口和单部门综合窗口三种模式。无差别综合窗口，是指所有业务窗口统一对民众、企业提供线下服务。如徐汇区将行政服务中心原有的 20 多个职能部门的 83 个窗口，合并为 18 个无差别综合窗口，窗口收件准确率目前已达 90%，在办理事项中已实现 68% 的当场办结率，让越来越多的民众和企业实现了“最多跑一次”。分领域综合窗口，是将各审批部门行业领域、业务流程相关度高的窗口进行合并调整。单部门综合窗口，是将同一部门的多条业务线进行整合。三种模式都显著地精简了业务流程。

为推进综合窗口改革，相关部门正在加大信息系统整合升级的力度。如上海市公安局将工作电脑从 3 台减为 1 台，外接设备从 15 件调整为 7 件，打通了政务外网和公安内网的数据传输通道，实现了数据的共享交换。同时，各试点中心也开发了综合窗口的集成网上预约、在线申请、窗口叫号等服务业务，既对接“一网通办”总门户，也对接各行政审批部门。

此外，各试点单位也在探索相应的人才培育措施：利用下班和周末时间，对员工进行全方位业务培训，并定期考核员工的业务素养、群众办事满意度，以此作为考核员工的依据。与之相配套的还有，动态更新窗口业务知识库，以及针对窗口服务相关问题的探讨交流机制。

2. 随申码系统

2020 年 2 月 17 日，上海市依托“一网通办”的小程序“随申办”，上线了“随申码”，助力疫情期间的健康出行和防控管理。这项业务以上海市大数据中心为依托，整合卫健、公安、交通等部门，以及移动运营商、互联网公司等方面的数据，分析测算居民健康的风险等级，健康码分为红、黄、绿三色码，并规定某些场合只有显示绿码，才可进入。市民可通过微信、支付宝、随申办市民云三种 App 获得随申码，而不再需要到行政服务中心办理申请，避免了人群聚集。持有随申码的市民可在出入居住小区、办公场所，以及公共场所出示或扫描随申码，以便相关检查人员快速核查身份，确认其健康状况，实现高效的疫情防控。

随申码为政府精细化管理提供了技术支撑，极大地方便了政府对市民进行行踪轨迹比对、健康风险研判，进而能够更加科学地指导市民疫情防护工作。随申码也能帮助企业准确掌握员工与来往客户的健康状况，从而确定复工复产的时间，明确复工后的工作安排。

同时，上海市也积极推动随申码与外省市尤其是长三角地区的健康码的互通互认工作。由于各地区的风险分类标准不一，长三角地区通过数据共享、规则互认，加快布局疫情的联防联控，助力跨地区复工返岗，提升疫情期间必要的跨省出行的便利性。在长三角一体化示范区内，青浦、吴江、嘉善三地率先实现了健康码互认，三地居民经检查核实身份、体温测试正常后，便可在区域内跨省通行，避免了重复检查，提高了防疫与复工的效率，加快了资源要素流动的步伐。

三　经验梳理

中共上海市委书记李强指出，“一网通办”是打造上海一流营商环境、推进政府职能转变的重要手段，要引领上海市数字政府、智能政府建设进入新阶段，逐步建成智慧政府。在此过程中，上海也积累了一些可供全国参考的经验。

（一）强调公共需求导向的服务

“一网通办”建设是以公众的需求作为出发点和落脚点，一方面，政府更加注重向民众和企业提供更为全面、便捷的政务服务；另一方面，政府更加提倡服务对象提出看法和建议，将公众满意度作为绩效考核的指标。与“一网通办”相匹配的是问题导向型的政务服务，协调、整合服务事项，从而形成一站式服务，提高办事效率。

重视市民的需求，是政务服务理念调整的一个重要体现，其中有三方面的表现。

第一，主动发现问题、解决问题。智慧政府强调政府对于公共事务的责任感与回应能力，这就要求政府不仅要处理好已经出现的问题，更要尽早发现问题，尽快提出解决方案。“一网通办”作为智慧政府建设的技术支撑，帮助政府及时了解社会普遍反映、公众需求旺盛的事项，助力政府提高服务的主动性。

第二，依靠政府、群众和企业的协同共治。智慧政府要求的智慧，是全社会的集体智慧。在政府内部，上海市政府各部门能够做到顾全全市的政务服务，放下部门的利益纠纷；同时，“一网通办”在规划上经过了大量专家学者的科学论证，聘请大批优秀人才进行开发，并积极听取社会各界的意见以优化设计。

第三，努力满足市民的个性化需求。在“一网通办”的助力下，上海市政府不断强化服务职能，拓展服务范围，通过开辟 PC 端、移动端、窗口服务改革等方式，掌握市民的个性化需求，并不断探索满足多样化需求的方法。

（二）政务服务的整合与协调

在上海市“一网通办”和智慧政府的实践中，遵循整体性政府理论，其核心在于政务服务的整合与协调，关键点和难点在于流程再造。上海市已经完成了很多单个政府机构内部的跨部门服务整合，因为它们本身相关性高，规章制度相同，这也是逐步实现跨政府组织、跨层级服务协同的基础，但后者目前整合效果不明显，还有待进一步探索。政务服务整合的内在支撑，在于政府组织之间的相互信任和责任意识。目前，运用“一网通办”的技术优势，上海市努力推动区域间、城市间的协同合作，诸如个人事项全市通办、G60科创走廊政务服务“一网通办”等，建立起政府间合作机制，并秉持公开透明、公正合规、问责有力的原则，不断加强公职人员的责任意识。

（三）发挥好信息技术的支撑作用

整体性政务服务需要数字化技术的嵌入，数字治理为优化政务服务、转变政府服务思路、提升服务效率不断赋能，为跨部门、跨层级、跨区域的信息交流、数据共享提供渠道。“一网通办”在新一代信息技术更新迭代、社会信息化不断加深的背景下，充分运用互联网、大数据、云计算等技术，顺应了智慧政府建设的大趋势，逐步形成政府的功能一体化的要求，满足市民一站式服务的诉求，同时提高了政务的公开度，增强了服务的规范性。

信息技术推动治理模式的重构、政治生态的优化。传统的官僚制度等级森严、权力体系块状分割，这导致了政府、相关部门的信息独占。但是，新技术的不断发展，可以逐渐打破这种模式，使得信息开放、透明，部门、层级之间融合、协作，促进多元主体协同共治，从而推动政府向服务型政府转型，不断提高服务意识、服务能力。“一网通办”应用信息技术，逐渐打破信息传递在政府纵向、横向的壁垒，推动信息传递扁平化变革，从而实现流程的精简优化，降低了社会成本。此外，通过信息技术对职能部门、窗口工作人员的监督，大大减少了行政审批中的“灰色地带”，加强了审批的规范性，提升了行政效率。

“一网通办”实践中提出的“循数”治理模式是智慧政府建设的一大趋势，即以数据为资源、依据和工具，发现、分析、解决公共问题。目前，上海市已通过从大量分散信息中，挖掘出有价值的治理资源，完善政府基础数据库：建成电子证照库，广泛应用于多种场合；对各类政务服务进行跟踪测算，分析各类政务服务办理时间和材料数量是否可以进一步压缩；开通“好差评”功能，及时将群众的办事感受反馈给政府部门，帮助政府识别问题和短板，对服务方式、服务范围等进行动态调整。

四 几点建议

（一）要重视民众的获得感与幸福感

“一网通办”举措自实施以来，始终坚持从群众需求和城市治理突出问题出发，充分发挥大数据平台的支撑作用，整合分散式信息，让政府治理现代化、数字化、高效化，让群众感觉受用。上海市第十一届委员会第九次会议上，李强书记进一步提出，要以人民为中心，进一步提升上海大数据服务的能级和水平，把提升人民满意度作为根本追求，在重视大数据服务的同时，要保持人文情怀，把握好技术应用的尺度，建设人民城市。

精简优化流程、建设综合窗口。这类改革的目的并不是要打造无人的服务，而是减少重复性的耗时耗力的工作，并使其规范化；而节省下来的时间和精力，应更多地投入到对群众的人情关怀上面，去了解人民群众的诉求、企业面临的实际困难，并从中得到他们对政务服务工作的意见反馈，从而不断完善政府的服务性工作。

数据是冰冷的，但人和社会是有温度的。在科技不断应用于工作的同时，政府不能忘记对弱势群体的关心。数字经济目前还没有达到100%的普及，特别是老、幼、病、残等弱势群体，对于新技术的学习或使用存在困难，政府应该主动关心这一群体，并提供更多样化的服务，帮助他们更好地适应新时代的发展。同时城市管理者应该思考的更多、更全、更超前一点，提高应对突发事件的能力，如自然灾害、智能设备损坏、停电时的应急能力。建议研发替代操作体系，增设供应水、电、食物，提供医疗卫生服务的避难场所。只有关心特殊群体、关注突发事件，才能真正体现出人民城市的内涵，才能把上海建设成一个人人可以出彩、人人都能有序参与治理、人人都能享受高品质生活、人人都能切实感受人文关怀、人人都有归属感和认同感的城市。

另外，数据不是万能的，不能出现技术至上的数据中心主义。新技术的引进，必须与管理模式、管理理念的创新相结合，并利用人的智慧，引领城市治理从数字化走向智慧化。大数据的使用，也必须基于社会科学规律，尊重人的尊严和市场规律。现在由于数据服务发展很快，但在进一步发展的过程中，要在法治框架下，不侵犯个人隐私，并鼓励市场的多元竞争。这就需要相关部门加快数字技术相关的立法工作，建立伦理和舆情风险跟踪识别机制，及时消除隐患，减少广大民众对大数据发展的顾虑。

（二）改进技术方案

为提升政务服务的精准度，使之更紧密地结合公众多样化需求，政府可以对不同服务对象设计个性化网页，提前有预判地推送相关服务信息。为此，上海市大数据中心可以利用“一网通办”归集大量数据，探索“神经元”+“城市大脑”的智慧治理系统，形成对服务对象需求的科学预判，加强对服务过程的监管能力，建立完善的应用场景目录，从而实现政务服务按需有效整合。

要加强政府部门内部数据的整合度和办事流程的协同度，就需要继续加强线上线下数据同步的整合优化。从技术的角度出发，须重视系统的整合和数据的共享，推进信息系统上云“应迁尽迁”，业务专网实现最大限度的合并整合；同时建立数据安全运营中心，在数据安全管理方面绝不能放松。无人干预自动办理也是未来需要探索的一大方向，要实现以办理过程标准化为基础、数据共享与审核为手段、事中事后监管为保障，并经过严格认证的程序逻辑自动办理。

此外，目前仍有部门企业办事人员从未使用过“随申办市民云”，对“一网通办”的认同度不高。因此，上海市政府应在继续加大宣传力度的同时，提升电子政府服务界面的友好性，并应用信息技术，收集和分析服务对象的意见反馈，不断优化服务流程。同时也应注意，在未来的宣传过程中，要承认“一网通办”的局限性，对公共管理、公共服务中的一些特例事项、特殊人群可能难以适应，这样也能提高群众的认同度。

（三）提高大数据服务的引领度

近年来，上海市利用互联网、大数据手段，打造出了政务服务“一网通办”和城市运行“一网统管”两张网，体现了人民城市为人民的理念。中央对上海“两张网”的实践给予充分肯定，也提出了更高的要求与期待。

习近平总书记提出：“上海在长三角一体化和长江经济带发展中，要起到核心带头作用”。以两张网为代表的数字治理、大数据服务，也要在其中发挥更大的引领和示范作用。在上海市一级不断提升大数据服务精细化、现代化的同时，也要把视野扩展到整个长三角地区，进行更大范围的谋划与布局，把上海的经验和做法总结好，并研究推广的可行性、构思推广的方案。例如，通过新型区域合作的方式，与长三角城市群主要城市联合公开倡议，发布大数据服务的正面清单和负面清单，并联合制定人工智能大数据相关法律法规，为长三角数字经济的世界级产业集群提前做出布局。

参考文献

赵勇、叶岚、李平：《“一网通办”的上海实践》，上海人民出版社，2020。

上海市人民政府办公厅：《上海政务服务“一网通办”有关材料汇编》，2020。

上海市人民政府办公厅：《“随申码”宣传报道集》，2020。

张学良：《以人民为中心，提高上海大数据服务的能级与水平》，上海高校智库，2020。

B.13 北京城市副中心建设面临的问题与发展思路

刘宪杰*

摘 要： 规划建设北京城市副中心，是以习近平同志为核心的党中央做出的重大决策部署，是千年大计、国家大事，将与河北雄安新区共同打造北京新的“两翼”。目前，北京城市副中心已经进入规划建设的全面实施阶段。随着各项重大工程项目的落地实施，北京城市副中心经济社会发展取得积极成效，但也面临诸多突出困难和问题，尤其是按照城市功能定位和高质量发展需要，北京城市副中心建设还存在不小差距。把握好北京城市副中心发展中的重大全局性、战略性、关键性问题，明确未来发展总体思路和重点任务，对于高水平规划建设北京城市副中心，推动北京城市副中心持续健康发展至关重要。

关键词： 北京城市副中心　功能重塑　高水平开放

一　北京城市副中心建设发展存在的不足和薄弱环节

“十三五”以来，随着北京城市副中心控规和各项重大项目的落地实施，北京城市副中心城市功能不断完善，公共服务供给能力不断增强，生态环境不断优化，经济规模和质量实现双提升，城市建设发展水平有了明显提高；但对

* 刘宪杰，北京方迪经济发展研究院部门经理，研究方向为区域经济、产业经济。

标功能定位要求，北京城市副中心现代化建设还存在一些不足，突出表现在以下六个方面。

（一）城市骨架尚在发育拓展阶段，城市空间及其发展腹地不足

按照北京城市副中心控制性详细规划，未来北京城市副中心要着力打造以科技创新、行政办公、商务服务、文化旅游为主导功能，形成配套完善的城市综合功能。这些城市功能的建设都需要足够的城市空间与发展腹地来承载。但目前北京城市副中心总体上还处于规划建设的起步阶段，行政办公区、运河商务区、文化旅游区等许多功能板块也均处于开发建设阶段，功能承载力有限，功能集聚效应尚未发挥出来，外围拓展腹地也发展缓慢，加之城市各功能节点交通联络网络不完善，城市骨架尚处于发育拓展阶段。

重大功能板块和重大功能性项目尚处于开发建设阶段。行政办公区一期已基本建成，市委、市政府已迁入办公，但二期尚处于规划建设阶段，周边配套设施尚未启动，与安全优良的政务环境要求还有很大差距。承载北京城市副中心高端商务功能的运河商务区建设取得积极成效，一期 16 个项目已启动招商，但入驻的企业项目数量不多，有影响力的企业少，尚未形成集聚发展态势。文化旅游区环球主题公园、道路基础设施已进入收尾阶段，但整体配套设施还不完善。

北京城市副中心发展腹地不足。北京城市副中心规划面积仅 155 平方公里，长远来看，难以支撑北京“一核两翼”中重要一翼的功能建设，需要在更大空间尺度上统筹城市功能布局。按照北京城市副中心控制性详细规划，副中心拓展区覆盖通州全区 906 平方公里，并辐射带动廊坊北三县协同发展。但从现实来看，拓展区内特色小镇建设也处于起步阶段，受到跨区域协调机制尚不完善等诸多因素影响，副中心与廊坊北三县协同发展程度较低，外围腹地对北京城市副中心的功能承载能力有限。

（二）交通和公共服务不完备，对中心城区各类要素吸引力不足

建设中心城区功能和人口疏解的重要承载地，是北京城市副中心的重要使命之一。但从现实来看，北京城市副中心与中心城区在城市建设品质、公共服务水平、产业生态环境等方面都存在较大差距，对中心城区人口和资源要素缺乏吸引力。

与中心城区交通联系不够便捷。近年来，通过实施建设市郊铁路副中心线、地铁 7 号线东延、八通线南延、广渠路东延等一批重大交通基础设施项目，区域交通承载力不断提升。但与中心城区的交通联系仍不够便捷，效率不高。除中心城区东部区域外，其他中心城区居民难以实现 1 小时到达城市副中心的通勤需求。根据极光大数据发布的《2018 年中国城市通勤研究报告》，通州区居民平均通勤路程为 15.7 公里，在全市各区通勤路程中排名第一，是全市居民上下班通勤距离最长的区。

与中心城区之间的公共服务落差很大。近年来，通州区引入了北京学校、景山学校、友谊医院通州院区等一批优质公共服务资源，但大部分处于建设阶段，即使全部落地实施，能在一定程度上弥补公共服务设施“历史欠账”，但总体上仍存在优质公共资源不足的问题（见图 1）。根据《北京公共服务发展报告（2018～2019 年）》，通州区公共服务水平排在全市末位。而且，副中心高品质公共空间缺乏，大型文化、体育设施建设滞后，要发挥对中心城区人口和功能疏解的“反磁力”作用，还有很长的路要走。

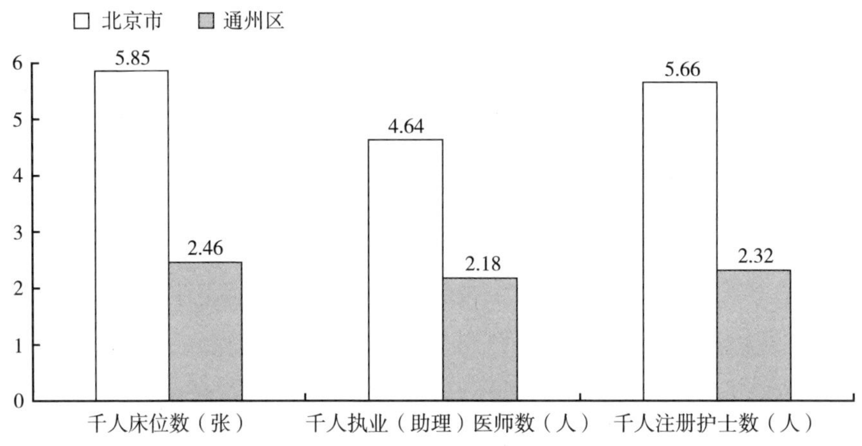

图 1　2019 年通州区医疗资源与全市平均水平比较

（三）产业规模体量小，与功能定位相匹配的新兴产业尚处于培育阶段

北京城市副中心要打造北京“一核两翼”中的重要一翼，形成京津冀世

界级城市群的重要战略支点，必须具有一定的经济实力，构建起与副中心功能定位相匹配的高精尖产业体系。当前北京城市副中心经济发展还相对薄弱，面临着一系列问题。

区域经济规模实力和结构水平距离北京重要一翼目标相差很远。2019 年，通州区 GDP 仅占全市的 3%，与顺义、昌平等平原新城也有一定差距；第三产业比重为 59%，远低于北京市中心城区水平，对区域经济和城市功能的支撑作用不足。这就要求北京城市副中心加快培育经济增长点，争取实现高于全市平均水平的经济增长，提升经济支撑力。

与北京城市副中心主导功能相匹配的高精尖产业发展尚处于培育阶段。商务服务业发展较慢，总部企业和高端专业服务机构等高端商务资源较少。商务服务业增速低于服务业平均增速，占服务业比重仅为 2.1%；总部型企业仅 70 家，占全市的 1.7%，且缺乏有国际竞争力的知名总部企业。金融业规模小、层次低，竞争力弱。2019 年金融业实现增加值 74.8 亿元，仅占全市的 1.1%，驻区金融机构以银行、保险机构的营业网点为主。文化产业存在“有文化现象、无文化产业”的问题。规模以上文化产业法人单位收入占全市的比重不到 1%，在全市排第 13 位。

区域创新驱动发展能力有待提升。通州区创新创业资源相对较少，创新能力较弱，创新对区域经济支撑作用有限，高技术产业和战略性新兴产业竞争力不强。2018 年全区有国家级高新技术企业 1024 家，不及海淀区的 1/10；技术合同成交总额 93.1 亿元，仅相当于海淀区的 5.3%；专利授权量 4285 件，仅为海淀区的 1/10。创新能力与亦庄、大兴、昌平等平原新城也有很大差距（见表 1）。

表 1　2018 年通州区及其他区创新能力比较

区域	技术合同成交总额(亿元)	排名	专利授权量(件)	排名
海淀	1747.2	1	42768	1
朝阳	1035.3	2	22304	2
丰台	835.1	3	6744	7
东城	476.4	4	7289	5
大兴	266.2	5	7798	4

续表

区域	技术合同成交总额(亿元)	排名	专利授权量(件)	排名
西城	208.8	6	10947	3
昌平	110.0	7	7182	6
通州	93.1	8	4285	9
石景山	82.6	9	2485	10
顺义	36.8	10	5436	8

资料来源:《北京区域统计年鉴2019》。

(四)城市治理存在短板,城市治理能力有待提升

坚持以人民为中心,突出生态优先、绿色发展,建设高水平社会主义现代化城区,是国家及北京市赋予城市副中心的重大使命,也是人民对美好生活的期待。当前,北京城市副中心现代化建设水平与这一目标还有较大差距。

生态环境建设短板突出。近年来,通州区通过城市绿心、大运河森林公园、流域水系综合治理等一批生态环境治理工程,取得了积极成效。但生态环境建设仍需持续发力,大气污染、水污染治理任务依然艰巨(见图2)。2019年,通州区PM2.5年均浓度为46微克/立方米,高于全市年均浓度4微克/立方米,在全市排名倒数第一(见表2)。

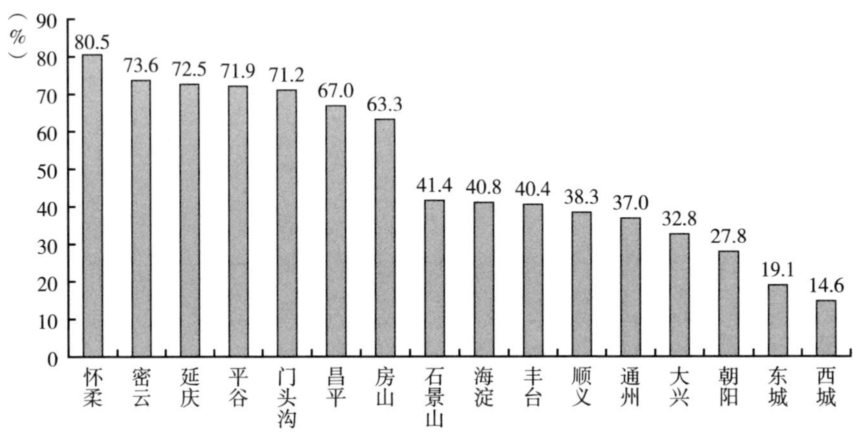

图2 2019年通州区与其他区林木绿化率比较

表 2　2019 年通州区与全市及其他区 PM2.5 浓度比较

排名	城区	年均浓度（微克/立方米）	排名	城区	年均浓度（微克/立方米）
	全市	42	9	丰台	42
1	密云	34	9	房山	42
2	怀柔	35	11	石景山	43
3	门头沟	36	11	朝阳	43
4	延庆	37	13	亦庄	44
4	昌平	37	13	西城	44
6	平谷	40	13	大兴	44
6	海淀	40	13	东城	44
8	顺义	41	17	通州	46

城乡治理能力亟待提升。社会民生建设存在短板，对照“七有五性”标准，学前教育缺口、老旧小区更新改造、生活性服务业品质和便利化程度有待提高等关系群众生活的部分诉求还不能从根本上予以解决；基层治理机制有待进一步完善，服务群众的最后一公里亟待打通，精治、共治、法治水平仍有待提升；城乡之间发展不平衡的问题仍然存在，农村集体经济活力不强，基础设施和公共服务差距依然明显，新型城镇化建设和改革任务依然艰巨。

（五）推进北京城市副中心高质量发展面临诸多体制机制约束

努力创造“城市副中心质量”，实现更高质量、更有效率、更加公平、更可持续发展，需要进一步转变发展理念，创新发展机制，采取更加有力措施，破解当前面临的各种体制机制障碍，充分发挥政府的引导作用，更好地利用市场化机制，引导各类社会主体参与城市副中心建设，形成发展合力。

改革创新的力度需进一步加大。当前，北京城市副中心建设发展面临许多瓶颈制约，亟待加强体制机制的改革探索。城市副中心党工委和管委会被赋予市级管理权限，但具体工作机制仍有待进一步健全。推进城市更新、实现土地减量集约利用中面临着拆迁成本抬高、减量背景下空间改造利用对社会主体吸引力降低、农村集体经营性建设用地统筹利用难度大等诸多困难，迫切需要在土地管理制度、规划审批改革、投融资机制等方面进行改革探索。

国际化开放发展层次有待提高。与中心城区以及亦庄、顺义等开放型经济发展较好区域相比，通州区开放型经济发展水平较低。2018 年通州区实际利用外商直接投资 5.5 亿美元，仅为顺义的 1/3，不及海淀的 1/14，在全市排在第 7 位。高品质的国际化服务设施缺乏，对国际高端人才和产业资源吸引力不强。通州区拥有国际学校 5 所，不及顺义区的一半，仅为海淀区的 1/3、朝阳区的 1/4。北京市获得 JCI 认证的医院共 13 家，主要集中在朝阳、西城等城区，通州尚未有一家 JCI 认证的医院。

国际化营商环境需要进一步优化。近年来通州区着力创新管理服务机制，出台了鼓励人才创新创业引领高质量发展的若干措施，推出一事一策“普惠服务包”和一企一策“定制服务包”等，区域营商环境不断优化，2019 年营商环境第三方评价排名由全市第 10 位上升至全市第 5 位。但与国内发达区域相比，通州区营商环境建设水平仍有较大提升空间，在吸引国际高端人才、提升口岸通关效率、推动重点服务业领域投资贸易便利化、投资项目审批制度改革等方面亟待改革创新。

（六）与廊坊北三县一体化发展的“四统一”协调机制有待进一步完善

推动通州区与廊坊北三县协同发展，打造京津冀区域协同发展示范区，对于推进北京非首都功能疏解、优化首都发展格局、拓展北京城市副中心发展空间、辐射带动更大区域统筹协调发展都具有重要意义。当前，区域协同发展中仍面临着许多深层次的矛盾和问题，需要进一步完善体制机制，探索创新性思路和举措。

“四统一”机制有待进一步完善。由于北京城市副中心和廊坊北三县隶属不同行政区，两地行政等级不对等，许多跨区域重大事项和重大项目的协调存在协调层次多、决策效率低的问题。虽然提出了“统一规划、统一政策、统一标准、统一管控”的思路，但具体的实施机制不够完善。比如在缩小公共服务标准和社会保障标准方面，由于通州区与北三县经济水平和财政实力落差大，上级政府支持力度差异也很大，短期内真正实现“统一标准”难度较大。

区域产业协同路径亟待探索创新。当前，通州区和廊坊北三县经济发展水平相当，均处于新兴产业正在培育与传统产业转型升级的阶段。重点产业领域重合度比较高，工业主要集中在汽车制造、医药制造、电子信息等产业领域，尚未形成细分领域差异化发展的格局，以龙头企业为核心的上下游配套合作也较少，区域间产业竞争大于合作。与北京城市副中心功能定位相适应的现代服务业和科技创新产业处于培育阶段，自身竞争力弱，尚不具备对周边区域的辐射带动作用。如何跨区域打造产业链、创新链、服务链需要进一步探索适宜的模式与路径。

推进区域协同治理存在诸多薄弱环节。近年来，北三县采取“贴边”发展，与通州交界部分区域开发强度不断加大，聚集了大量人口，面临着基础设施跟不上、公共服务供给不足等一系列社会问题。通州区与北三县之间的跨界交通问题突出，交通拥堵严重，尤其是早晚高峰时段交通秩序混乱，亟待加强交通通道建设和创新交通协同管理机制。跨区域生态协同治理面临着环保标准不统一、引导社会主体参与的政策不统一等问题，亟待探索一体化的市场化治理模式。

二　北京城市副中心发展的阶段性特征

当前及今后一段时期，北京城市副中心将进入强功能、补短板、促发展、提品质、塑形象的关键阶段，城市经济社会发展呈现出新的阶段性特征，主要表现在五个方面。

一是落实城市战略定位重塑区域功能进入关键突破期。新版北京城市总体规划不仅明确了首都城市战略定位，也赋予了通州区建设北京城市副中心的全新定位。未来北京城市副中心要落实好“四个中心”功能定位，承担好科技创新、行政办公、高端商务和文化旅游四大主导功能，加快建设国际一流的和谐宜居现代化城区，打造北京“一核两翼”中的重要一翼，辐射带动周边地区发展，形成以首都为核心的京津冀世界级城市群的重要战略支点。当前，北京城市副中心功能建设刚处于起步阶段，基础比较弱，支撑核心功能的资源要素聚集度比较低，需要尽快在区域功能重塑方面取得实质性突破。随着行政办公区二期、运河商务区、文化旅游区、中关村通州园等重点功能载体的建设发展，北京城市副中心核心功能将不断强化，区域功能格局将加快形成，并将引领带动区域经济社会的全面发展。

二是建设国际一流和谐宜居典范城市进入全面提速期。随着城市化快速推进，通州区市政基础设施、公共服务等方面出现许多短板问题，历史欠账严重，与国际一流的和谐宜居现代化城区建设目标差距甚远。北京城市副中心战略实施以来，北京市举全市之力加快副中心建设，在基础设施、公共服务、生态环境等领域布局了一批市级重大项目，为北京城市副中心发展奠定良好基础。同时，按照控规提出的建设低碳高效的绿色城市、蓝绿交织的森林城市、自然生态的海绵城市、智能融合的智慧城市、古今同辉的人文城市、公平普惠的宜居城市等目标，未来北京城市副中心将进一步加快基础设施建设、生态环境治理、社会民生改善等领域的相关举措和重大项目落地实施，必将推动国际一流和谐宜居典范城市建设进入全面提速阶段。

三是构建高精尖产业支撑区域发展进入动能转换期。当前北京及通州区经济下行压力加大，迫切需要加快构建创新引领的现代化经济体系，推动经济高质量发展。从现实来看，通州区经济基础比较薄弱，高端产业发展不足，亟须加快产业转型升级构筑经济发展新动能，形成与北京城市副中心定位相匹配的现代化产业体系，更好地发挥重要一翼作用，支撑首都经济健康持续发展。北京城市副中心明确提出到 2025 年打造总部经济、财富管理等符合副中心定位的千亿级产业集群，近年来也正在依托运河商务区、文化旅游区等功能区域加快推动一批重大产业项目落地，重点“高精尖”产业项目储备超 200 个。随着重点产业功能区以及一批重大科技创新项目、高端服务项目和“高精尖”产业项目的落地实施，加之城市功能的完善、基础设施承载力的提升以及区域营商环境的改善，各类产业要素聚集将不断提速，产业发展新动能将加快培育，创新驱动经济高质量发展的格局也将初步形成。

四是推进新型城镇化示范区建设进入破冰攻坚期。北京城市副中心打造新型城镇化示范区，就是要坚持城乡融合，以 155 平方公里的核心区带动周边腹地的特色小城镇和美丽乡村建设，形成功能联动、融合发展、城乡一体的新型城镇化格局。当前，在北京城市副中心加速建设过程中出现了城乡发展不平衡、乡镇发展动力不足、各类社会矛盾更趋复杂等诸多问题，迫切需要进一步加大改革攻坚力度，探索创新型城镇化模式与路径。通州是国家第一批新型城镇化综合试点地区（北京市唯一一个），承担着先行探索和政策创新的责任。未来通州区将率先探索城乡融合发展的体制机制和政策创新，充分发挥北京城市副中心的核心带动作用，分区分类分级建设一批新市镇与特色小镇，走一条符合通州实际的新型城镇化之路，发挥好先行示范作用。

五是率先构建京津冀协同示范区进入加速深化期。目前《北京市通州区与河北省三河、大厂、香河三县市协同发展规划》已正式发布，强调要充分发挥北京城市副中心的辐射带动作用，推进通州区与北三县高质量发展，成为京津冀交界地区协同发展的典范。规划还明确了区域协同发展的九大重点任务以及“四统一”的共同治理机制，为进一步推动通州区与廊坊北三县深度协同发展指明了奋斗方向、划定了工作重心、破除了机制障碍。随着规划的落地实施，通州与廊坊北三县的协同发展将进入深度融合、加速推进的新阶段，跨区域协同效应将逐步释放。

三　北京城市副中心经济社会发展总体思路

立足发展中存在的突出问题，把握发展的阶段性特征，未来北京城市副中心建设发展，要坚持以习近平新时代中国特色社会主义思想为指导，着眼于新时期国家、北京市对城市副中心发展的新要求、新期待，围绕北京城市发展规划及副中心控规确定的城市功能定位和目标方向，紧扣高质量主题和供给侧结构性改革主线，聚焦落实城市功能定位、建设和谐宜居现代化城市、推进区域协同与开放发展等重点任务，全力实施“三新”战略，集中优势资源，突出重点，集中攻坚，尽快出形象、成规模、见成效，为高标准落实好北京城市副中心规划建设目标奠定坚实基础。

超常态集聚高端要素，超常规推进融合创新，打造副中心跨越发展“新引擎”。发挥国家、北京市重大项目和重大事件的示范带动作用，积极策划一批具有较强集聚力和引领力的重大项目，下大力气集聚国际、国内、北京市等多元资源要素，全方位推进城市功能、区域、文化科技融合创新，打造北京城市副中心跨越发展的新的动力之源。

补短板优服务，以一流治理促一流品质，建设没有城市病的现代化城市“新标杆”。摒弃追求规模和速度的传统城市化发展模式，坚持以质量和效益为核心的城市化发展理念，瞄准国际一流水平，科学谋划北京城市副中心空间布局、交通结构、公共服务配置和城市治理体系，着力补短板、优服务、强治理、提品质，实现副中心城市化发展质的飞跃，树立我国现代化城市建设发展的新标杆。

在开放上求深化，在改革上求突破，塑造副中心高质量发展“新高地”。聚焦北京城市副中心建设发展的痛点难点和关键问题，在新的高度和广度上率先探索，以更高水平的全方位对外开放和更深层次更大力度的改革创新，塑造集聚国际高端资源要素、新型城镇化改革探索、减量发展体制机制、城市治理体系建设的新优势，支撑首都城市战略定位的落实和城市高质量发展，将北京城市副中心打造为首都乃至全国改革开放高地。

按照国家以及北京市高质量发展的主题要求，结合北京城市副中心的战略定位和目标要求，未来副中心建设发展应把握以下五个方面的重点任务。

一是突出功能导向，立足以首都为核心的京津冀世界级城市群建设，打造与“一翼”相匹配的高能级功能。北京城市副中心规划建设必须以服务首都城市战略定位和区域功能定位为根本出发点和落脚点。强化“3+1”功能建设，是北京城市副中心建设发展的核心首要任务。北京城市副中心功能建设，不能仅仅立足于自身发展的需要，应该立足打造北京“一核两翼”的重要一翼、建设京津冀世界级城市群的重要战略支点的战略视角，着力提升核心功能的竞争力和影响力。因此，未来北京城市副中心应围绕科技创新、行政办公、高端商务、文化旅游四大主导功能，加快高能级的服务机构、创新主体集聚，实现副中心城市能级大幅提升，打造北京新的增长极和“反磁力中心”；应立足更大空间尺度，在更大腹地范围内合理配置核心功能和配套服务功能，处理好核心区、外围拓展区及廊坊北三县的关系，构建功能协同的发展格局，助推以首都为核心的世界级城市群建设。

二是突出创新驱动，立足北京现代化经济体系建设，加快培育与功能定位相匹配的“高精尖”产业。建设以创新驱动为引领的现代化经济体系，是党中央着眼于实现“两个一百年”奋斗目标、顺应中国特色社会主义进入新时代的新要求做出的重大决策部署，是推动国家高质量发展的重要支撑。北京“十四五”时期也将加快推动构建与首都城市战略定位相适应的现代化经济体系。当前，北京城市副中心经济发展面临着产业层次低、新增长点培育不足、创新驱动力不强等现实问题。突出创新驱动，加快培育与“3+1”功能相匹配的“高精尖”产业体系，这不仅是北京城市副中心自身高质量发展的需要，也是打造首都经济新增长点、支撑首都经济持续健康发展的需要。未来北京城市副中心应加快推动运河商务区、文化旅游区、中关村科技园区等重点功能区建设，加快重大产业项目落地和“高精尖”企业引入；加强与“三城一区”协同联动，积极争取国家级和北京市重大科技创新平台落地，积极承接重大科技创新成果转化落地，增强区域自主创新能力，提升创新驱动经济发展的水平。

三是补齐短板，立足北京国际一流和谐宜居之都建设，加快建设国际一流的高品质城区。以最先进的理念、最高的标准、最好的质量推进北京城市副中心规划建设，打造国际一流的和谐宜居之都示范区，是国家及北京市赋予北京城市副中心的重要使命。“十三五”时期是城市副中心科学规划、夯实基础、试点突破的阶段，“十四五”时期将进入加快建设、全面提升的关键阶段。未来北京城市副中心应坚持“以人为本、生态优先、文化传承、绿色发展”的理念，加快补齐基础设施、公共服务、生态环境等短板，着力打造高承载力的基础设施体系、建设高水平的公共服务体系、制定国际领先的城市建设管理体系、塑造国际一流的宜居环境，争取实现高品质现代化城区建设的重大突破。同时，北京城市副中心应按照首都超大城市治理体系建设的任务部署，积极围绕城市治理中的难点裉节创新探索，着力提升城市治理能力。

四是突出区域协同，立足京津冀协同发展的战略使命，推动与廊坊北三县高质量协同发展。“十四五”时期，是推动《北京市通州区与河北省三河、大厂、香河三县市协同发展规划》实施的关键期，也是北京城市副中心拓展外围腹地、在更大空间尺度上配置城市功能、率先实现区域一体化发展的关键阶段。因此，北京城市副中心建设发展，应突出区域协同的思维，站在与廊坊北三县的统筹协同发展的视角，谋划经济社会发展的重大任务部署和空间安排，探索产业链和创新链协同、基础设施一体化建设、公共服务资源跨区域配置、生态环境共治共享的路径模式，在更大尺度范围内构建起北京城市副中心的基本框架。同时，要聚焦协同发展面临的突出问题，在体制机制、政策创新、标准统一等方面加强创新突破，为区域协同发展提供制度保障。

五是突出改革开放，立足区域发展的体制机制和政策创新需求，在新的高度和广度上实现高水平突破。当前北京新一轮改革开放已进入攻坚期，如何强化首都国际交往中心功能，如何打造高水平对外开放新优势，如何破除各方面的体制机制约束推动改革向纵深发展，都是北京需要破解的重大课题。把北京城市副中心打造成北京发展新高地，是市委、市政府赋予的重要使命。未来北京城市副中心在北京新一轮改革开放中也理应走在前列。一方面，北京城市副中心应聚焦痛点、难点和关键问题，加大改革创新力度，围绕市级管理权限下放、新型城镇化改革、土地管理制度改革、投融资机制创新等方面率先探索，争取一批突破性政策先行先试；另一方面，北京城市副中心应抓住北京新一轮服务业扩大开放和自贸区政策探索的重大机遇，加强政策创新突破，营造良好的国际化营商环境，增强对国际高端资源要素的吸引力、聚合力，在新的高度和广度上实现高水平突破，全方位融入世界城市体系。

参考文献

赵弘、何芬：《京津冀协同发展视角下北京城市空间布局优化研究》，《经济与管理》2017 年第 1 期。

初军威：《把“高质量”贯穿北京城市副中心发展始终》，《北京日报》2003 年 1 月 7 日。

杜立群等：《以品质提升为导向的北京城市副中心控规编制》，《城市规划》2020 年第 1 期。

B.14
以遂潼一体化示范区建设助推成渝中部崛起研究

重庆城市提升战略研究中心智库课题组*

摘　要： 产业转移是生产力发展的必然结果，是进一步优化资源配置、形成合理产业分工体系的有效途径，是推进产业结构调整、加快经济发展方式转变的必然选择。本文以四川遂宁和重庆潼南共同建设遂潼一体化产业转移承接示范区为典型案例，分析了成渝中部塌陷地区承接外部产业转移面临的综合竞争环境，认为遂宁、潼南等成渝中部城市，具备地理区位优、资源禀赋好、空间拓展大、综合成本低等系列比较优势。可结合成渝地区双城经济圈建设等重大机遇，加大对东部沿海地区和重点中心城市的产业转移承接力度，并提出结合产业转移，将遂宁打造成为西部高质量发展先行区、川渝产业转移协作示范区、成渝中部崛起战略新支点等细化为三大发展新定位。

关键词： 遂宁　成渝地区　双城经济圈　产业转移

推动成渝地区双城经济圈建设，是以习近平同志为核心的党中央着眼全局

---

* 课题组组长：彭劲松；执笔：彭劲松，重庆社会科学院城市与区域经济研究所所长，研究员，研究方向为城市与区域经济；陈剑，重庆市建设用地事务中心高级工程师，研究方向为土地管理；王彬燕，博士，重庆城市提升战略研究中心特约研究员，研究方向为区域经济；朱旭森，博士，重庆社会科学院城市与区域经济研究所副所长、研究员，研究方向为区域经济；李林，重庆市综合经济研究院城市与区域发展研究室主任，研究方向为城市与区域经济；唐于渝，重庆城市提升战略研究中心特约研究员，研究方向为区域经济。

和长远发展做出的战略部署，是形成高质量发展重要增长极、优化国家区域经济布局的战略决策，是打造内陆开放战略高地、优化国家对外开放格局的重大行动。遂宁地处成渝中部，是成渝地区双城经济圈协同联动发展的交汇点和推进成渝地区中部崛起的战略支点。站在新时代交汇处，立足于新的历史方位，处于四川和重庆毗邻地区的遂宁和潼南，应主动抢抓历史性机遇，加快产业转型步伐，创新打造承接产业转移新模式，大力提升承接产业转移承载能力，拓展承接产业转移空间，促进各类要素合理流动和高效集聚，打造成渝地区双城经济圈现代产业承接与协同发展集聚区，助力在成渝地区加快形成以国内大循环为主体、国内国际双循环相互促进的新发展格局，进而推动遂宁高质量发展。

一　发展环境分析

（一）发展优势

1. 地理区位优势

一是毗邻成渝，占据地理中心。遂宁市地处成渝地区双城经济圈地理中心，与成都、重庆呈“等距三角”，是成渝发展主轴上三个地市之一，也是东进重庆，西入四川的第一门户，东承以重庆为中心的重庆主城都市区，西启成都平原经济区，连接川南、川东北经济区，起着左传右递、传承辐射的作用，与广安、南充、资阳、内江、德阳、绵阳及下属县区以及重庆市下辖的潼南、大足、铜梁、合川等近二十个县域空间构成了区域性互联互通网络体系，区位优势明显。遂宁市作为成都平原经济区的重要组成部分，既是成渝城市能量区域辐射的衔接与接续要冲，又是成渝地区双城经济圈与中原方向经济能量辐射与交换通道的关键节点，既保持了与两个中心城市的紧密联系，又有相对独立的潜在经济影响腹地，在参与成渝之间的对话交流、产业互补互促等方面具有先天区位优势。

二是内外通达，节点功能凸显。遂宁市地处国家西部陆海新通道主通道延伸线，是西部陆海新通道主通道向西北腹地拓展的重要节点，也是连接“一带一路”和长江经济带的重要节点城市，位于国家“十纵十横”综合运输大通道中的临河至磨憨运输通道之上，依托综合性高速公路与铁路网，成为成渝双城经济圈对外联系开放的“桥头堡”，内部联通的“中转站”。在外向联系与开放方面，依托达成、遂渝与沪汉渝蓉铁路以及遂渝高速等，遂宁市可直通京津冀、长三角、粤港澳大湾区等国内经济发展核心区；依托成南高速、遂内高速同西部陆海新通道形成密切联系；依托内河航道，可打造形成连接嘉陵江、长江主航道的水上货运通道，推动流域大宗货物运输多式联运。在经济圈内部联通方面，达成、遂渝铁路在此交汇，“一环八射”高速公路网高效运行，已与周边城市形成综合衔接、一体高效的交通网络体系，交通区位优势突出。综上，遂宁市内通外畅的交通网络体系为建设成渝地区双城经济圈现代产业承接与协同发展集聚区提供了优良的基础设施保障。

2. 资源禀赋优势

一是油气资源丰富。独具特色的地理条件为遂宁市提供了丰厚的自然资源，天然气、盐卤等矿藏资源尤为丰富。遂宁市与潼南区共同拥有全国最大单个、单层整装天然气藏，其中遂宁磨溪气田已探明的天然气可开采储量达4403亿立方米，日产天然气2400万～2700万立方米。盐卤地质储量达42亿多吨。此外，境内河流众多，同时遂宁市丘陵低山的地貌形成较大落差，使众多的河流为遂宁提供了充足的水能资源。

二是特色果蔬及现代养殖业等发展良好。遂宁市生物资源门类繁多，是四川粮食、棉花、油料、生猪、水果、蔬菜、中药材等的重要生产基地，已初步构建形成“一环两区七带”的现代农业格局，成为全国冬春蔬菜基地、国家级食用菌标准化示范基地、全国最大白芷基地。2019年，建成优质柑橘50万亩、绿色菌菜51.8万亩、精品粮油60万亩、道地药材9.8万亩、标准化稻鱼综合种养基地3.7万亩、高效林木15万亩，生猪、柑橘等入选四川省特色农产品优势区。“遂宁鲜”产品全年销售额达62亿元，较2018年增长10.7%，“安居红苕”入选中国农业品牌目录。

三是绿色生态特质鲜明，文旅资源丰富多样。遂宁钟灵毓秀、山川秀美，绿色生态是其最厚重、鲜明的特质。区域内形成自然山水与人工绿地环境有机融合的绿色生态系统，气候宜人、雨量充沛、植被丰茂，森林覆盖率接近40%，空气质量居全国前列。截至2018年，遂宁市有国家A级景区13个，以灵泉寺、广德寺所代表的宗教名胜古迹系列，以卓筒井为代表的古代科技文明，以陈子昂为代表的诗文化，以沱牌酒业为代表的酒文化，以宗教壁画为代表的绘画艺术，精妙绝伦的宋瓷艺术以及浓郁的唐风氛围，使遂宁旅游资源的文化内涵丰富，美学观赏价值大，有一定的代表性和典型性，旅游资源丰富多样。

3. 综合成本优势

遂宁市优良的自然资源、显著的地理区位优势以及丰富的人力资源，使遂宁市经济与产业发展进一步形成综合成本优势。遂宁市在劳动力成本与工业企业生产成本方面优势突出，其2018年规模以上工业企业总资产贡献率及成本费用利润率分别达到20.92%与11.44%，远高于四川省（12.03%、8.01%）及重庆市（11.90%、7.00%）平均水平，在周边城市中亦位居前列（见表1）；其单位就业人员平均工资则同周边城市相比处于较低水平，仅略高于资阳市，劳动力成本优势明显。在物流成本方面，2012～2019年，遂宁市社会物流总费用与GDP的比率年均下降0.4个百分点，物流业降本增效效应明显，遂宁陆港型国家物流枢纽的建设则将使遂宁市工业企业物流成本进一步降低约20%。相对较低的人力成本与企业经营成本、因物流枢纽建设而带来的物流组织效能的持续提升使遂宁市形成独特的综合成本优势，为承接产业转移，吸引规模以上工业企业落户建厂，进而结合优势资源打造综合产业集群、支撑产业高质量发展提供了有力保障。

表1　2018年遂宁市与周边地区生产成本对比

单位：%，元

地区	规模以上工业企业总资产贡献率	规模以上工业企业成本费用利润率	单位就业人员平均工资
遂宁市	20.92	11.44	53152
成都市	9.94	6.43	80645
德阳市	16.64	9.66	71687
绵阳市	8.45	4.62	63299
资阳市	11.00	5.64	48987
内江市	13.02	6.73	53307
自贡市	14.08	5.27	59329
广安市	14.28	4.67	57368
南充市	19.61	8.05	55553
潼南区	23.60	—	82964
合川区	10.60	—	73018

续表

地区	规模以上工业企业总资产贡献率	规模以上工业企业成本费用利润率	单位就业人员平均工资
大足区	23.80	—	68842
铜梁区	16.70	—	78367
璧山区	14.30	—	67911
四川省	12.03	8.01	71374
重庆市	11.90	7.00	78928

资料来源：根据《四川统计年鉴2019》《重庆统计年鉴2019》计算而得。

4. 空间拓展优势

遂宁市在产业发展空间方面也具有显著优势与潜力。当前以遂宁经济技术开发区、遂宁高新区为核心的产业发展载体建设已初见成效，各开发区发展空间储备充足，建设用地空间保障充分，特别是遂宁经开区与遂宁高新区两个核心产业承载平台，其当前已开发面积尚未达到规划面积的40%（见表2）；遂潼一体化样板区的建设则将进一步拓展遂宁产业承载与发展空间，为承接产业转移与产业集群发展提供特有优势条件。

表2　遂宁市开发区用地空间基本情况

单位：平方公里，%

园区	规划面积	已开发面积	已开发面积占比
遂宁经开区	138.00	24.42	17.69
遂宁高新区	61.60	22.00	35.71
安居经开区	22.80	6.00	26.31
射洪经开区	7.20	6.60	91.66
大英经开区	16.00	13.10	81.87
蓬溪经开区	19.40	16.00	82.47
总计	265	88.12	33.25

资料来源：遂宁市发展和改革委提供资料。

5. 后发积累优势

成渝双城竞争和极化发展，导致成渝中部“塌陷”，但这也为遂宁市承接产业转移提供了后发优势。产业转移是发生于不同经济发展水平的区域之间的一种重要的经济现象，是发达区域的部分企业顺应区域比较优势的变化而发生的生产转移行为。基于对区域经济发展关键指标的综合分析发现，当前成都、重庆经济发展均进入工业化高级阶段，两市主导经济由工业经济向工商业经济转型，对工业产业转移产生迫切需求；遂宁当前则整体处于工业化初级阶段，呈现由初级阶段向中级阶段过渡的过程，工业化是区域发展的主导过程，同成渝两个经济中心城市之间形成产业级差，也存在对承接工业产业转移的迫切需求，为产业梯度转移创造了基础条件。

（二）面临的挑战

1. 国际国内宏观形势带来的挑战

当前，全球宏观经济低迷的形势短时间内难以得到根本性扭转，叠加全球疫情“黑天鹅”影响，发达经济体复苏势头仍然疲软，新兴经济体经济增长后劲不足，世界经济不确定性和风险因素明显增多，外需疲软将成为常态化。从我国来看，预计未来五年内，我国与发达国家产业将以竞争性为主，市场、资源、技术、人才等方面的竞争更为激烈。同时，随着发达国家再工业化和低成本国家工业化进程不断加快，高端制造业逐渐回流发达国家国内，低端加工贸易主要流向越南、马来西亚、印度等要素成本更低的国家和地区，这使得包括成渝地区双城经济圈在内的中国制造业集聚区在新的全球产业链、价值链分工体系中面临双重竞争压力。与全国形势一致，遂宁市引进先进技术将面临更大困难，承接国际产业转移将面临更多制约，拓展国际市场将面临更大挑战（见表3、表4）。

表3　区域经济发展阶段评价框架

单位：元，%

评价指标		工业化阶段			后工业化阶段
		初级阶段	中级阶段	高级阶段	
1	人均GDP	低于50000	50000～80000	80000～100000	大于100000
2	非农产业占比	低于50	50～80	80～95	大于95
3	城市化率	低于50	50～70	70～80	大于80

资料来源：笔者整理。

表 4　2019 年遂宁市与成都、重庆经济发展阶段对比

城市	人均 GDP	城镇化率	非农产业占比	经济发展阶段
遂宁市	42115	51.5	86.2	工业化的初级阶段
成都市	103386	74.4	96.4	工业化的高级阶段
重庆主城都市区	90062	76.6	95.3	工业化的高级阶段

资料来源：重庆、成都和遂宁市 2019 年国民经济和社会发展公报。

2. 中心城市虹吸效应持续放大

成都都市圈和重庆主城都市区是成渝地区双城经济圈的“双核”，两大核心在信息交换、产业组织、要素配置等方面都具有周边地区无可比拟的优势。随着成渝两地交通方式的不断革新和加快完善，成渝地区发展要素流动将明显呈现出由边缘城市向中心城市集聚、由低频次向规模化转变，形成要素虹吸与极化现象，成都和重庆两大“极核”对周边中小城市的要素吸附作用将更为明显，人口流动、产业关键环节、创新要素等领域表现得更为突出。由此，遂宁等中小城市承接高端产业转移、吸引产业“塔尖”“塔基”人才以及金融、物流、信息等产业发展要素的能力进一步削弱，并面临逐步扩大的风险，进一步导致资金、信息、产业和就业机会减少，对遂宁发展既有产业、承接外部产业转移、推动产业提质升级形成制约。

3. 与周边区域同质化竞争加剧

成渝两地资源禀赋相似，发展水平大体相当，产业布局门类大体一致，在电子信息、汽车、装备制造、生物医药等产业领域同质化明显，尚未形成错位发展、配套发展的局面。四川的遂宁、广安、南充、绵阳以及重庆的潼南、铜梁、大足、合川等地，依托各自优势加快产业导入，交通腹地共享、资源禀赋、产业基础及规划定位方面同质化趋势明显，导致市场、资源、人才等方面的竞争压力增大，区域间争项目、争投资、争资源等情况日趋激烈，产业同构、产能过剩在未来较长时间内难以得到根本性改观。与周边区域相比，遂宁对先进制造业的吸引力明显不足。受此影响，遂宁市在产业门类、发展政策、发展平台、发展规模、运作方式和效益上与周边地区相比缺乏明显的比较优势，承接产业转移、推动产业转型升级压力日益激增（见表 5）。

表 5 遂宁市与周边地区的重点特色产业

区域	重点特色产业
遂宁	锂电及新材料、机械与装备制造、电子信息、油气盐化工、食品饮料
南充	装备制造、能源化工、电子信息、纺织服装
广安	装备制造、电子信息、先进材料
绵阳	电子信息、汽车、新材料、节能环保、高端装备制造和食品饮料
潼南	智能终端、天然气及精细化工、农副食品加工、柠檬、蔬菜
铜梁	机械装备制造、新型材料、电子信息、文化旅游
合川	能源、汽摩及零部件、生物医药、信息安全、建材、农副食品加工、粮油
大足	汽摩、五金、家居、锶盐新材料、文化旅游

资料来源：遂宁市发展和改革委提供资料。

二 重大意义

（一）是贯彻国家及省市重大决策部署的现实需要

“不谋全局者，不足谋一域”。建设“一带一路”、长江经济带发展、新时代推动西部大开发形成新格局、成渝地区双城经济圈建设等国家重大战略部署，是国家整体战略层面的统筹谋划，事关国家发展全局。推动遂宁经济高质量发展，必须把遂宁的发展置于全国大局、全省大势之中，在服务全局中谋划一域，以遂宁一域服务全国、全省发展全局。立足遂宁产业基础优势和综合区位优势，加快优化发展环境，做好做实承接产业转移，既是顺应国家重大生产力布局调整优化，形成主体功能明显、优势互补、高质量发展的区域经济布局的客观要求，也是以承接产业转移为突破口，全力促进资源要素高效自由流动，加快把国家战略大势转化为遂宁发展优势的客观要求。

（二）是推进成渝地区中部崛起协同发展的必然要求

不同于长三角和粤港澳大湾区等城市群中超大城市、特大城市、大城市、中小城市协调发展的格局，成渝地区双城经济圈城镇体系不完善，区域内部成都、重庆“双核独大”，成渝地区中部缺少经济体量大、发展质量优、支撑能力强的区域性中心城市作为相向发展的纽带和支撑，整体上呈现“中部塌陷”格局。遂宁地处成渝中部，是成渝地区双城经济圈协同联动发展的交汇点和推进成渝地区中部崛起的战略支点，客观上承担着承接成渝两大都市区功能外溢和产业转移的重任，也是促进成渝地区中部区域分工和协调发展的重要功能载体。加快优化产业发展环境、提升承接产业转移能力，打造成渝地区双城经济圈现代产业承接与协同发展集聚区，在成渝中部崛起中发挥主力军作用，在成渝产业转移协作中发挥示范作用，既是助力川东地区和重庆主城新区尽快由“中部塌陷”转变为“中部崛起”的客观需要，也是发挥遂宁特色产业基础优势，推动成渝中部地区加快形成功能互补、产业协同的功能传递通道的战略需要。

（三）是培育发展新动能推进高质量发展的战略选择

“十四五”时期，加快推动遂宁在高质量发展道路上行稳致远，为全面建设社会主义现代化国家开好局、起好步做出遂宁贡献，必须加快培育发展新动能、不断创新发展新模式，努力实现更高质量、更有效率、更加公平、更可持续的发展。围绕承接产业转移和推动产业提质升级，发挥遂宁基础优势，着力打造成渝地区双城经济圈现代产业承接与协同发展聚集区，培育壮大特色优势产业，既可以加快遂宁现代化经济体系建设进程，促进遂宁产业迈向全球价值链中高端，培育新的经济增长点和新的发展动能，也可以进一步拓展对外开放领域，提升内陆开放水平和质量，增强经济整体实力和自我发展能力，带动成渝毗邻地区协调发展，为成渝地区中部全面、深度融入全球产业链和价值链做出示范和表率。

三　发展思路与对策

（一）坚持产业承接的重点定位与方向

坚持政府引导与市场化配置相结合、因地制宜与错位发展相结合、深化改革与开放带动相结合、加速发展与绿色发展相结合，立足遂宁在成渝地区的比较优势，结合成渝地区双城经济圈的战略定位、战略重点，将遂宁建设成成渝地区双城经济圈现代产业承接与协同发展聚集区，细化为三大发展定位。

——西部高质量发展先行区。着力优化现代产业承接的平台载体，优化投资营商环境，构建新技术、搭建新平台、营造新场景、提升新产业，在产业承接中不断推进产业链、供应链和价值链融合，不断提升产业基础高级化和产业链现代化水平，围绕核心产业补链、延链、强链，传统产业优化发展、新兴产业茁壮发展，打造未来产业接续发展的高质量之地。

——川渝产业转移协作示范区。深化改革、先行先试，积极在遂宁与潼南、合川、南充、广安等交界地带，探索行政区和开发区适度分离的模式，在产业开发区跨区协作体制机制创新上取得重大突破，为川渝毗邻地区科学有序承接产业转移提供制度保障，为加速川渝区域产业集聚化、集约化发展提供可借鉴、可复制的范本。

——成渝中部崛起战略新支点。以构建现代产业体系和积极融入成渝地区产业大循环为重点，实施遂宁城市空间南扩战略，拓展战略空间，持续做大区域经济总量，提升遂宁市在全省和成渝地区经济总量比重，提升区域经济集聚、辐射能力，有效支撑成渝“中部塌陷”地区产业联动和产业升级，实现区域后发赶超。

（二）明确产业承接发展的重点

围绕产业提档升级和培育新的增长点，明确主攻方向，因势利导、因地制宜承接适合区域发展的优质产业。

一是根据国家新能源政策导向，按照“依托龙头企业、引进关联项目、延伸产业链条、形成产业集群”的思路，以打造西部地区具有较强影响力的锂电及新材料产业基地为核心，加快引进和建设一批具有特色优势的锂电及新材料行业领军企业。二是着力发展壮大油气钻采装备制造和电工电器产业，突破发展节能环保装备、智能装备制造和机器人产业等，打造成渝地区双城经济圈的重要机械装备制造基地。三是结合成渝汽车产业发展和梯次布局态势，通过梳理产业链条紧盯整车企业配套供应商精准承接引进，重点打造汽车及零部件制造产业集群。四是按照“强基地、补链条、引终端、壮产业”的工作思路，围绕电子电路、新光源、集成电路（新型元器件）及电子终端等产业发展重点，打造成渝地区双城经济圈高端电子信息产业配套基地。五是依托遂宁化工产业基础和富集天然气、盐卤资源优势，着力补齐化工产业链短、产业层次低的短板，以石油化工、天然气化工、盐化工、精细化工为重点，大力承接和培育骨干龙头企业、特色企业和产业链关键企业。六是结合提升成渝地区作为应对重大突发公共卫生事件和自然灾害事件重要保障基地建设，以城乡监测预警、预防防护、处置救援、应急服务为重点，大力发展应急产业，建设安全韧性城市，形成辐射成渝及周边地区的综合应急保障能力。七是积极融入西部陆海新通道建设，充分发挥成渝间重要节点城市和综合交通枢纽的区位优势，立足于双联双拓、全域开放，形成立体全面开放新态势，牢牢把握“建成国家级综合物流枢纽城市”的总体目标，推动现代物流产业持续快速发展。

（三）优化承接产业转移的发展环境

1. 积极优化投资营商环境

对标国际规则和国内最佳实践，全面落实《优化营商环境条例》，建立优化营商环境考核评价机制，制定优化营商环境目标任务和责任清单，努力打造一流营商环境。营造更加便利的政务环境，以“最多跑一次”为重点，进一步压缩审批时间。深化工程建设项目审批“多合一”改革，推动改革事项向县（市、区）、市直园区延伸。营造主动靠前的服务环境，提升各区县、园区企业服务能力，营造重商、亲商、安商、护商的良好氛围。优化市场准入机制，创新要素供给方式，进一步优化通关、退税、外汇等环节，营造优良的内外市场环境。

2. 建设人才集聚的公园城市环境

着力提升城市形象，依托生态环境优势，完善城市功能，加快构建“产、城、人、境、业”高度融合的公园城市，打造成渝地区高品质生活宜居引领地。依托四川职业技术学院，围绕成渝两地的重点产业体系，积极引进类似于中德职业教育等合作项目，谋划中德职业教育联盟西部中职示范基地、遂宁中德工程学院、遂宁中德跨企业培训中心总部基地等项目建设，打造成渝地区重要的现代职业教育中心和产教融合示范基地。

（四）强化承接产业转移的物流保障

1. 加快对外出口通道建设

推进成遂南达万高铁、遂德高速、遂宁安居机场等重大项目建设，力争成南高速扩容、涪江复航（一期）等工程开工，加快绵遂内铁路、遂广黔铁路、新兰渝高铁等项目前期工作。积极推进涪江复航，打通成都平原经济区经遂宁至重庆出海大通道。充分发挥既有铁路货运通道功能作用，深化与珠海、黔南、湛江、钦州、北海等重要节点城市的对接，加快融入西部陆海新通道。

2. 推进城市基础设施联通

有序推进市到县快速通道提档升级和县与县之间骨干路网互联互通，完成中环线、农环线、城际环线，形成“四环四射”市域干线公路网络。加快推进国道350线大英段等项目建设，进一步提升国省干线互联互通水平。以“农环线”为重点统筹推进农村公路建设，织密农村公路“毛细血管”网络。适时启动轨道交通规划建设，缓解城市交通压力。

3. 强化交通物流枢纽功能

协调铁路、公路、机场、港口等各类运输方式，构建多式联运综合交通枢纽。完成遂宁火车站升级改造，提高客运交通效率和服务水平。加快遂宁安居机场建设，同步推进升级为民用运输机场。以中国西部现代物流港为基础，以成渝双城物流配送中心、国际公路货运中心建设为依托，进一步推进国家陆港型物流枢纽建设，加快构建多式联运网络，打造成渝地区双城经济圈重要的物流运作组织中心，带动区域内市场需求、资源供给、产业发展的一体化提升。

（五）强化承接产业转移的机制保障

1. 积极争取多方支持

积极争取四川、重庆两省市支持遂潼共建川渝毗邻地区一体化发展先行区，并从国家、省战略层面认可和明确遂宁作为成渝地区双城经济圈现代产业承接与协同发展聚集区的定位，支持鼓励遂宁有效承接成渝电子信息终端产品制造和产业配套、机械与装备制造等产业的梯度转移，支持引导遂宁与周边地区以及东部省市探索建立区域利益分享机制。积极争创国家级高新区，加快建设四川自贸试验区协同改革先行区，申建保税物流中心（B型）、遂宁综合保税区等开放平台，提升产业吸引集聚能力。争取将遂宁锂电、白酒、罐头、PCB、油气化工等优势工业纳入全省区域产业布局指导意见和引导目录，加大对遂宁市承接国家、省重点项目的政策性支持力度。

2. 制定全链条政策包

对标全国先进，对接国家级和省级战略，用好用足国家级自贸区、综保区等成渝利好政策，注重区域内各项政策举措的配套组合，强化政策内容同国家战略、成渝双城战略的政策联动，统筹推动各项政策在区域内系统集成，不断放大政策集成效应。统筹配置好财税、土地、金融、社保医疗、住房、教育等各类政府综合配套资源，完善制定优于周边地区的企业落户政策、财税优惠政策、金融支持政策，形成“一业一策、一事一议”的承接转移政策供给体系。着力推进重大产业培育建设、重大布局优化调整、重大技术升级改造、重大创新研发平台打造。

参考文献

张少军、刘志彪：《全球价值链模式的产业转移——动力、影响与对中国产业升级和区域协调发展的启示》，《中国工业经济》2009 年第 11 期。

陈建军：《中国现阶段的产业区域转移及其动力机制》，《中国工业经济》2002 年第 8 期。

袁国华、贺正楚：《产业转移、承接能力与承接产业目录：广西对策》，《社会科学家》2020 年第 2 期。

任太增：《比较优势理论与梯级产业转移》，《当代经济研究》2001 年第 11 期。

曹炜威、杨斐、官雨娴、庞祯敬：《成渝经济圈城市群的经济联系网络结构》，《技术经济》2016 年第 7 期。

宋军、杨运哲：《成渝经济圈：竞争优势与发展障碍》，《西南金融》2006 年第5 期。

杨波、李治霖：《成渝地区双城经济圈的跨界问题与协同发展的激励机制设计》，《商业经济》2020 年第 4 期。

《中国共产党重庆市第五届委员会第八次全体会议决议》，《当代党员》2020 年第 8 期。

李应兰：《加快融合发展　增强综合实力　奋力在全面融入成渝地区双城经济圈建设中展现新作为》，《重庆行政》2020 年第 3 期。

李林：《现代化都市圈引领城市群高质量发展的路径——以成渝城市群为例》，《开发研究》2020 年第 1 期。

蔡彬：《基于绿色经济理念的遂宁市农业产业集群研究》，《安徽农业科学》2012 年第 3 期。

遂宁市人民政府：《2020 年遂宁市政府工作报告》，遂宁新闻网，http：//www. suining. gov. cn/web/sn/lhwj/ －/articles/12639969. shtml，2020 年 5 月 26 日。

遂宁市人民政府：《2019 年遂宁市政府工作报告》，遂宁新闻网，http：//www. suining. gov. cn/web/sn/jcgk/ －/articles/8129036. shtml，2019 年 3 月 5 日。

B.15
"成德眉资同城化"现状考察及深入推进的思考

杨继瑞　许明强　杜思远　许辰迪*

摘　要：　四川省的成都、德阳、眉山、资阳4个城市，地理相连，人文相近，经济实力在我国中西部地区居于领先地位，区域创新优势明显，门户枢纽地位突出，发展空间潜力巨大，同城化发展基础坚实。成德眉资同城化的发展定位为高质量发展重要增长极核、全国重要的科技创新策源地、内陆改革开放示范区、全球公园城市实践典范。2019年以来，成德眉资围绕同城化体制机制健全、规划体系对接、交通设施互联互通、产业协作共兴、公共服务共享、生态体系共建等任务开展了诸多工作，取得突出成效。但同城化进程也面临产业发展上竞争大于合作，中心城市极化作用大于辐射作用，资金要素和土地要素供给约束又日益显著等诸多困难，为此建议从强化监督考核、优化顶层设计、保障要素投入等方面加快推进成德眉资同城化进程。

关键词：　同城化　有利条件　发展定位　体制机制

* 杨继瑞，博士，成都市社科联名誉主席，西南财经大学成渝经济区发展研究院院长，博士生导师，研究方向为区域经济学、政治经济学；许明强，博士，成都大学商学院区域经济研究中心主任，教授，研究方向为区域经济学；杜思远，博士，西南财经大学成渝经济区发展研究院院长助理，副教授，研究方向为区域经济学；许辰迪，西南财经大学经济学博士研究生，研究方向为区域经济学。

一　成德眉资同城化的建设背景

成德眉资同城化[①]发展概念的提出是四川省全面贯彻落实习近平总书记对四川工作系列重要指示精神和中央关于推动成渝地区双城经济圈建设战略部署的基础上，坚持以新发展理念为指引和积极推动“一干多支”发展战略实施的背景下所下的一招系统性、牵引性的区域经济“先手棋”。

2018 年以来，在四川省委以及省政府的高度重视下，成德眉资同城化步入了发展黄金期。在工作机制层面，成都市、德阳市、眉山市、资阳市 4 市联合建立同城化发展的“决策层 + 协调层 + 执行层”三级运行机制，构建了层次分明、合作紧密、执行有力的联动协调工作体系；在统筹机制层面，四川省委、省政府顾及全局，统筹安排，聚焦建设面向未来、面向世界、具有国际竞争力和区域带动力的成都都市圈[②]；在规划指导层面，四川省委、省政府审时度势，高瞻远瞩，为同城化发展绘制了宏伟而又明晰的蓝图[③]。

二　成德眉资同城化的有利条件

（一）地理相连、人文相近

成德眉资 4 市同属一个省级行政区，同处四川盆地，是都江堰灌区的主要覆盖区，也是成都平原的主体，自古就是人居福地，享有“天府之国”的美

---

① 成都市、德阳市、眉山市、资阳市 4 市总面积 3.31 万平方公里，共 17 区、18 县（市）。17 区包括成都市下辖的锦江区、青羊区、金牛区、武侯区、成华区、龙泉驿区、青白江区、新都区、温江区、双流区、郫都区、新津区；德阳市下辖的旌阳区、罗江区；眉山市下辖的东坡区、彭山区；资阳市下辖的雁江区。18 县（市）包括成都市下辖的简阳市、都江堰市、彭州市、邛崃市、崇州市、金堂县、大邑县、蒲江县；德阳市下辖的广汉市、什邡市、绵竹市、中江县；眉山市下辖的仁寿县、洪雅县、丹棱县、青神县；资阳市下辖的安岳县、乐至县。

② 四川省推进成德眉资同城化发展领导小组：《成德眉资同城化发展暨成都都市圈建设三年行动计划（2020—2022 年）》，2020。

③ 中共四川省委办公厅、四川省人民政府办公厅：《关于推动成德眉资同城化发展的指导意见》，2020。

誉，龙门山、龙泉山连绵4市，沱江、岷江贯通全域。4市具备同城通勤的黄金半径，德眉资3市与成都接壤边界超过680公里，中心城区距成都主城区50公里左右，均处于高铁半小时、高速一小时通勤圈内。4市经济联系密切，人员往来频繁，大数据分析显示，成都人口流入流出地中德眉资居于前三位，合计约占成都人口流动总量的30%。4市同为古蜀文明的重要发源地，拥有深厚的历史渊源和人文纽带，具备同城化发展的社会心理基础。

（二）经济实力中西部领先

成德眉资同城化所形成的成都都市圈是四川经济最为发达活跃的地区，综合发展水平中西部地区领先，位居全国都市圈中上游。从具体数据上来看，2019年成德眉资4市共计创造地区生产总值2.15万亿元，经济总量占全省的半壁江山，人均GDP超过8万元，人均指标是四川全省平均水平的1.5倍有余，成德眉资4市常住人口超过2500万，占全省总常住人口近四成；同时，4市常住人口城镇化率近70%，远远超出全省平均水平①。成都国家中心城市“五中心一枢纽”功能不断增强，已成为我国中西部地区的经济组织中枢，正加快建设公园城市示范区，德阳以中国二重集团为首的重型装备制造业集群在全国处于领先水平，眉山农副产品加工产业已形成完整的链条，资阳交通运输设备等产业也已打下坚实基础。

（三）区域创新优势明显

以全面创新改革试验为抓手，成德眉资同城化所形成的成都都市圈创新能力日益增强，4市总计年研发经费支出和有效发明专利数量均已占到全省总量的半壁江山。科研机构、科技人员规模和集聚度名列中西部前茅，拥有普通高等学校72所，国家级创新平台百余家。区域新经济发展势头迅猛，集聚国家高新技术企业近5000家，高新技术产业规模过万亿，位居中西部前列；拥有校企地全部类型国家双创示范基地和近百家国家级孵化器和众创空间，已跃升至西部科创制高点。

---

① 四川省统计局、国家统计局四川调查总队编《四川统计年鉴2019》，中国统计出版社，2020。

（四）门户枢纽地位突出

成德眉资同城化所形成的成都都市圈位于“一带一路”和长江经济带战略交汇点，是引领西部开发开放的重要引擎。以成都为核心的国际门户枢纽建设已形成骨架，初步形成国际空港、铁路港的“双枢纽”格局，亚蓉欧“空中丝绸之路＋西部陆海新通道”立体通道体系和口岸体系不断完善，2019 年成都双流国际机场国际（地区）航线 126 条，旅客吞吐量全球排名 25 位，中欧班列（成都）年度开行量和累计开行量位居全国第 1。成都开放平台种类不断拓展，2019 年实际利用外资 83.31 亿美元，在蓉世界 500 强企业近 300 家，外国获批设立领事机构 20 家。依托自贸试验区协同改革先行区建设，以及紧邻开放平台枢纽区位优势，德眉资 3 市对外开放水平迅速提升。

（五）发展空间潜力巨大

成德眉资区域凭借优越的自然条件、深厚的文化底蕴、丰富的科教资源和坚实的产业基础，凭借自身区位优势，已成为西部首屈一指的现代都市城市圈。成都作为都市圈中心城市，积极响应四川省委、省政府号召，以点带面，辐射带动周边城镇，与成都城市发展主要方向紧密对接、相向布局，正合力在成都平原向东部丘陵地区过渡地带，重塑优化区域经济地理格局，以更大的空间尺度集聚人口和资源，以成德眉资同城化为引领的成都都市圈建设态势已初步形成。

（六）同城化发展基础坚实

四川省高度重视成德眉资同城化发展，专门成立省推进成德眉资同城化发展领导小组，建立起领导小组会议、领导小组办公室主任会议、专项合作领域分管市领导协调会议、同城化办公室联络员会议等多级协调会议制度，形成了领导小组统筹指导、领导小组办公室协调组织、省直部门强力指导、4 市部门区（市）县主体推进的工作联动格局。成德眉资 4 市规划一体协同、设施对接成网、产业协同发展、公共服务便利共享、生态环境共保共治进程不断提速，为成德眉资同城化发展打下坚实基础。

三　成德眉资同城化的举措与成效

成德眉资聚焦壁垒突破，体制机制建立健全，在省级层面建立了“领导小组 + 五大片区联席会议”，成德眉资 4 市建立了同城化发展的“决策层 + 协调层 + 执行层”三级联动协调机制，4 市抽调专门人员，在成都成立了同城化发展工作办公室，构建层次分明、合作紧密、执行有力的联动协调工作体系。

（一）成德同城化

2019 年成都与德阳两市围绕同城化体制机制健全、规划体系对接、交通设施互联互通、产业协作共兴、公共服务共享、生态体系共建开展了诸多工作，扎实稳定地推进了成德同城化发展。德阳市成立了推进区域协同发展领导小组，建立了区域协同发展工作推进会月推进机制，力促各项工作落地落实。

成都聚焦蓝图共绘，规划体系日臻完善。总体规划方面，《成德同城化空间发展规划》已形成初步成果，《成都都市圈发展规划》《成德同城化发展“十四五”规划》启动编制。专项规划方面，《成德工业同城化发展规划(2019—2022 年)》印发实施，《德阳市综合交通体系规划》和《成德同城化乡村振兴先行示范带规划》编制完成。

成德聚焦通勤同城，交通体系互联成网。德阳围绕打造环成都经济圈最佳通勤城市，逐步构建同城化半小时现代通勤圈，成德动车公交化运营车次不断加密，日开行近 80 列，日均客流量增至近 2 万人次；“公交一卡通”正式落地，4 市城区已全面实现天府通“一卡通刷”及优惠互享。

成德聚焦协作共兴，产业发展添新动能。成德双方边界园区紧密合作，推进成都、德阳国际铁路物流港共建姊妹港，共创国家开放口岸，打造“一港两区”合作模式。成德一体化市场环境不断优化，成都与德阳联合发布《城市机会清单》和《2019 年成都德阳地方名优产品推荐目录》，共同举办“2019 环成都经济圈新经济活动成德专场”；成都农交所德阳所首创“律师审查意见书 + 公证书 + 交易鉴证书”的“三书模式”，至 2019 年末年累计成交项目 1898 宗，交易金额约 32 亿元。

（二）成眉同城化

2019 年成都与眉山市从体制机制对标、区域规划共审、城际交通互联、产业协作共兴、开放平台共建、营商环境共优、生态环境联防、公共服务同享等八个方面深入推进了成眉同城化发展工作。

成眉双方坚持对标强化工作机制。眉山市成立市成德眉资同城化发展领导小组，在市发改委内设立实体化运行的同城化发展办公室，部分县（区）也建立相应机构，市级部门均由重点业务科室负责同城工作，全市构建了顺畅协调的工作体系。实行“项目制 + 清单制 + 责任制”，两市发改、政府督察部门共同印发实施的 2019 年成眉同城重点任务，纳入两市目标考核体系，层层压实责任，坚持“月督促、季通报、年考核”，倒逼任务落地落实。2019 年 2 月，两地市委主要领导就同城工作进行安排部署和意见交换，全方位、多层面沟通谋划，高效率、深层次洽谈合作，促进两市联合印发并实施《成眉同城化五年行动计划》。

成眉双方坚持区域规划协编共审。成都市将眉山市贵平镇等 4 镇纳入成都东部新区协同区统一规划。目前，已完成《空港经济区总体规划（2018—2035 年）》《眉山天府新区东部片区综合交通规划》编制工作，《成都都市圈发展规划》也已完成初步成果对接，共同编制形成《三区三带空间规划初步方案》，完成《成眉同城化空间发展规划》。《天府新区成都—眉山交界地带融合发展方案》《新津—彭山交界地带融合发展方案》正式发布。

成眉双方坚持城际交通互联互通。重点提速市域铁路，目前两市已达成共识，按照统一制式、互联互通原则，加强 S5 线技术标准衔接，优化完善线路和站点方案。着力推进跨界断头路建设，联合制定《成德眉资打通同城化城际“断头路”行动计划》。成眉间开通 4 条跨市公交，2019 年 4 月 10 日起成眉间动车组列车数量增加至 62 列。

成眉双方坚持产业发展协作共兴。举办“2019 成眉新能源新材料产业同城发展对接会”，签订“成眉新材料中试孵化基地合作共建框架协议”；举办“2019 眉山（成都）生物医药产业推介会”，签订投资合作协议 7 个，协议投资金额 36 亿元。

成眉双方坚持生态环境联防联治。眉山与成都、乐山、宜宾等市共同签订

《四川省岷江流域突发环境事件联防联控框架协议》，商定流域联席会议、突发环境事件防控、突发环境事件协作处置等合作内容，高效推动岷江流域突发环境事件处置工作。

成眉双方坚持公共服务对标同质。眉山持续推进川大华西第二医院眉山市妇女儿童医院、成都嘉祥七中等重大同城公共服务项目建设，实施成眉“校对校”“实践基地共享”计划。逐步推动二级以上医院检查检验结果互认，推动眉山加入成都和成渝带量药品集中采购联盟，实现部分医保4市通办，建立医保基金监管协同机制，促进医保关系无障碍转移。签订《成德眉资住房公积金同城化发展合作协议》，建立同城区域新市民自愿缴存住房公积金政策体系。

（三）成资同城化

成资同城化的发展相较于成德、成眉同城化发展而言，在4市同城化进程中处于相对落后的一环，资阳的整体经济实力及独特资源优势在4市中均居于末尾，成资同城化发展的进度和水平在一定程度上代表了成德眉资同城化发展水平的“木桶短板”。2019年成资双方积极从同城化氛围营造、同城化思路谋划、同城化机制完善、重点项目对接等方面进一步推进成资同城化的发展，积极补齐4市同城化发展的“短板”。

积极全面发动，营造同城化浓厚氛围。一是全体动员，资阳市委常委会、市政府常务会多次专题研究部署同城化工作，2019年初召开成资同城化千人电视大会动员部署，市委、市政府主要领导及市政府分管领导多次召开专题会议督促推进，凝聚了工作合力。二是深入讨论，围绕“如何率先、怎样突破”，开展“十问成资同城化”大讨论和“我为同城化献良策”活动。三是全面对标，启动常态化开展“全面对标成都”活动，持续对标学习成都理念、标准、作风和效率。四是广泛宣传，编发同城化信息80期600余条，在重点区域设置广告牌60余处，举行“成都网络媒体资阳行”等同城化专题采访活动，各类媒体刊发资阳同城化稿件1200余条（篇），营造起强大声势。五是强化学习，组织到珠三角等地区学习考察，在中山大学举办同城化专题培训班，赴成都参加“东进大讲堂”讲座，举办“同城化大讲堂”，不断深化认知理解。

科学系统谋划，积极主动对接。一是深入研究，积极组建同城化专家智库，优选15名国省级专家提供定向智力服务。二是密切对接成都，资阳各层面、各领域与成都全面对接沟通，市委、市政府主要领导及相关市领导多次到成都学习考察、对接座谈，各县（区）、市级各部门与成都市发改委、东部新城办等开展60余次对接协调。两市联合印发《成资同城化五年行动计划》，明确92项重大合作项目。2019年，两市共签订各类合作协议方案200余项，达成合作项目135项，其中105项已启动实施，举行“中外知名企业四川行”成资同城化投资推介会等5次专题推介活动，签约项目52个，总投资400余亿元。三是全域积极推进。全市5个单元全域与成都协同联动，雁江与东部新城共筑“五城一园”，与蒲江县共建现代农业产业园；安岳与武侯资本集团共建“飞地园区”，乐至强化与简阳整体对接、与金堂深化合作，两县积极承接双流鞋服产业转移；资阳高新区与成都高新区开展产业、创新等领域十项合作，与金牛区推进轨道交通产业协同发展，促成成都高投集团与资阳开投公司合作；临空经济区“一区两片”联合编制《三年行动计划》，达成16个合作项目（事项），整体布局临空产业，建立联合招商机制，加快建设交通路网。

持续完善机制，构建同城化坚实保障。一是健全工作机构，在全省率先组建同城化发展工作局。二是完善推进机制，推行“项目制+清单制+责任制”管理，对成都平原经济区协同发展涉及资阳的72项重点任务、成资同城化90项重点任务逐一建立台账、压实责任。坚持“月督查、季通报、年考核”，加强日常督促检查，及时印发督查通报，促进各项重点任务落地落实。

狠抓重点项目，同城化取得积极进展。一是加强规划统筹衔接，共同编制形成《成资同城化空间发展规划》《沱江发展轴（资阳片区）空间规划》初步方案，加快编制农业、工业、服务业等同城化专项规划，加强与成都东部新城规划、国土空间规划、“十四五”规划等统筹衔接。二是推进基础设施互联互通，围绕构建成资同城化“3高10轨7快”路网格局，扎实推进14个重大交通项目，“张老引水”工程取水口开工建设，毗河供水一期工程完成总干渠自验式通水试验，一体共享的水安全保障体系加快构建。三是强化产业有机分工协作，成德眉资联合发布实施支持制造业发展十条政策措施，发布实施聚焦“5+N”产业加快工业转型升级推动高质量发展政策，推动轨道交通、造车产业为成都企业协作配套，成都新华能集团重整资阳四海公司、华西希望德康养殖等39个产业合作项目加快推进，成都261户鞋企签约入驻、64户建成投产，临空经济区“一区两片”整体布局临空产业。四是力促公共服务共建共享，推动两市公共服务平台共建、资源共享，资阳城区公交纳入成都东部新城公交规划，成渝高铁停靠资阳班次增至19对；签订成德眉资职教联盟协议，74所学校与成都学校结对共建；市级医院与华西医院、省人民医院等4家医院深化合作办医，县（区）医院与成都医学院等11家成都医院共建医联体；社保卡在两市6000余家医疗医药机构直接结算，社会保险实现无障碍转移接续；率先共享成都天府市民云服务平台。

四　加快推进成德眉资同城化的思考与建议

成德眉资同城化发展在机制共建、规划共谋、产业共兴、交通互联、服务共享、生态共建等领域取得了诸多成就，但同城化进程也面临诸多困难。比如，产业发展上竞争大于合作，中心城市极化作用大于辐射作用，资金要素和土地要素供给约束又日益显著。为进一步推进成德眉资同城化的发展及保障国家成渝地区双城经济圈战略的实施，成德眉资同城化工作宜坚持从以下层面加快推进。

（一）强化监督考核，保障工作推进

成德眉资4市要继续坚持和完善同城化发展“决策层+协调层+执行层”三级运行机制，在顶层沟融和市域协同领域保持一致。各市要进一步落实和强化按“项目制+清单制+责任制”以推动各项同城化工作开展，确保纳入工作台账的任务按照时间节点扎实推进，进一步完善年度任务清单和工作台账制度。加强4市沟通对接，争取新签署一批合作协议；抓紧形成一批重大合作项目，积极筹备同城化项目开工仪式；抓好同城化示范项目，集中精力、锁定节点、加快推进。强化同城项目保障机制，把4市优势资源集中到同城化的重点区域、重点产业、重点项目上来，全力加快同城化发展。

（二）完善规划体系，优化顶层设计

成德眉资4市要进一步完善规划体系的衔接机制，着力打破体制政策制约

以促进区域资源要素自由流动，充分推动同城化进程发展；进一步完善产业协同机制，科学编制产业协同规划，避免4市产业的同质同构性，加快取得产业协作的实质性突破；优化顶层合作机制，科学认识"虹吸集聚"和"辐射扩散"效应机制，充分尊重同城化发展规律，进一步优化成德眉资同城化发展的顶层设计，确保在体制机制的设计层面不再加剧4市同城化发展的"矛盾"和壁垒；积极完善收益共享机制，探索健全"存量不动＋增量分成"财税利益分享机制，以建立4市良性的竞争与合作关系。

（三）保障要素投入，打破制约瓶颈

目前，在成德眉资同城化的发展过程中，仍然存在着资金要素、土地要素及众多基础设施不足的瓶颈，要进一步推动成德眉资同城化的发展和成渝地区双核经济圈建设战略的落实，就必须从省级层面进一步加大要素投入以破解诸多瓶颈限制，以分清主次确立先后保障成德眉资同城化发展要素供给的充足。同时，要全面坚持落实省委、省政府出台的《关于推动成德眉资同城化发展的指导意见》，按照起步期、成长期、提升期三个阶段推进，全面增强现代产业协作引领功能、创新资源集聚转化功能、改革系统集成和内陆开放门户功能、人口综合承载服务功能，聚力建成面向未来、面向世界、具有国际竞争力和区域带动力的成都都市圈。

参考文献

顾文：《以更高站位推进成德眉资同城化》，《成都日报》2020年8月12日，第6版。

常晓鸣：《生态圈融合是成德眉资产业协同共兴的关键》，《成都日报》2020年8月12日，第6版。

王荣木：《探索新路径　提供新样板——成渝地区双城经济圈建设背景下成德眉资协同立法路径研究》，《民主法制建设》2020年第8期。

《关于推动成德眉资同城化发展的指导意见》，《四川日报》2020年7月31日，第1版。

盛毅：《成德眉资同城化：为双城经济圈建》，《先锋》2020年第3期。

张盼：《成都都市圈：坚持成德眉资同城化发展的方向路径——专访成都市发展和改革委员会党组成员、副主任向进》，《中国投资》（中英文）2019 年第 23 期。

中共成都市委政策研究室课题组：《借鉴广东经验　加快推进成德眉资同城化建设》，《先锋》2019 年第 4 期。

《成德眉资未来展望　以公园城市理念引领都市圈建设》，《四川在线》2020 年 8 月 6 日。

B.16

郑州以“中优”为抓手推动城市更新和功能完善的思路与举措

刘晓慧　于善甫*

摘　要： 郑州“中优”对推动城市更新和功能完善具有重大意义。在梳理郑州推进“中优”和所面临的挑战的基础上，从政务管理优化、文化形态优化、人居环境优化、功能布局优化、产业布局优化、公共服务优化六个方面理清郑州“中优”的发展思路。从功能更新、业态更新、形态更新三个层面，提出推动核心商圈迭代升级、提升高端服务产业能级、实施中原文化复兴工程、推进城市精准精细治理、增强公共服务供给能力、健全社区治理服务体系、促进老旧小区提质蝶变、强化一系列保障措施等具体举措。

关键词： 郑州市　中优　城市更新

一　郑州“中优”对推动城市更新和功能完善的重要意义

2018年2月7日，郑州市政府正式公布《郑州建设国家中心城市行动纲要（2017—2035年）》，提出了“东扩、西拓、南延、北联、中优”的发展思

* 刘晓慧，中国（河南）创新发展研究院区域经济研究部部长，副教授，研究方向为区域经济、产业创新；于善甫，中国（河南）创新发展研究院副院长，副教授，研究方向为区域经济、创新创业。

路。2019 年 9 月郑州对城市功能布局提出了“东强”“西美”“南动”“北静”“中优”“外联”的新发展思路。

（一）“中优”是郑州提升城市发展能级的重要支撑

“中优”区域是郑州市的主城区，是城市结构的核心地区和城市功能的重要组成部分，是城市公共建筑和第三产业的集中地，为城市和城市所在区域集中提供经济、政治、文化社会等活动设施和服务空间。对标郑州市“国际综合枢纽、国际物流中心、国家重要的经济增长中心、国家极具活力的创新创业中心、国家内陆地区对外开放门户、华夏历史文明传承创新中心”的功能定位，明晰“中优”发展思路与举措，是落实《郑州建设国家中心城市行动纲要（2017—2035 年）》和谋划郑州大都市区发展的重要举措，对新形势下进一步提升郑州城市发展能级具有重大的现实意义。通过全面改造和微改造相结合、“自上而下”和“自下而上”相结合的方式进行城市更新，使“中优”区域成为郑州最具城市韵味、中原文化符号最突出、最具消费活力的地方，可以为加快建设全面体现新发展理念的国家中心城市做出巨大贡献。

（二）“中优”是推进城市更新和功能完善的应有之义

以“中优”实现城市有机更新和功能品质完善是建设国家中心城市的有效途径和重要抓手。城市更新和功能完善不能简单地拆和建，而是要通盘考虑区块与城市的关系，明确区块功能定位，提早谋划公建配套。郑州城市更新和功能完善不仅要求“东强”“西美”“南动”“北静”“中优”“外联”之间各自的错位发展，而且要求“中优”发挥综合协调和沟通各板块的作用。如果“中优”区域落败、塌陷，那么郑州城市更新和功能完善就没有完全成功。

（三）“中优”是推动城市更新和功能完善的有效抓手

进入新型城镇化时代，郑州城市建设进入由外延规模扩张向内涵功能提升、由粗放型发展向集约型发展转变的关键时期。郑州“中优”区域大部分属于城区重要节点，存在管理粗放、布局混乱、卫生不佳、基础设施缺失等问题，严重影响城市整体面貌。同时，郑州“中优”区域发展已经明显受到土地和空间资源的制约，亟须拓展老城区承载能力。“中优”的内涵不仅包括盘活老城区存量用地，改善人居环境和生态环境；而且包括保护弘扬中原文化特色，加深文商旅融合发展，提升综合服务功能。因此，“中优”既是优化郑州城市空间、提升城市品质的民生工程，又是促进城市更新、完善城市功能的重要抓手。

二　郑州推进“中优”的基础条件与主要挑战

郑州市“中优”的范围可以界定为：东至中州大道、南至南四环、西至西三环、北至北三环合围的郑州中心城区，涵盖金水区、二七区、管城回族区、中原区的大部分城区以及惠济区的小部分城区，属于承载郑州历史记忆的老城区。近年来，郑州市人民政府紧紧把握以人民为中心的发展思想，紧紧围绕服务国家中心城市建设、加快形成高质量发展的区域增长极这一目标，聚焦提升城市核心竞争力、城市承载力及公共服务保障能力，推进城市建设品质不断提升。郑州“中优”既有良好的现实基础，又面临着巨大的风险挑战。

（一）科教文卫资源集聚，经济社会发展基础雄厚

郑州“中优”布局的主战场涉及金水区、二七区、中原区、管城区等中心城区。作为承担省会功能的核心区、郑州市委市政府所在地、郑州最具有历史文化底蕴的城区和郑州老工业区的代表，“中优”涉及的区域拥有众多大学科研院校、中小学校、医院、文化古迹、商贸中心、专业市场、物流通道等资源（见表1），以及金水河、十八里河、东风渠等水系资源，是城市慢节奏生活、市民休闲游憩和商旅人士光顾的重要区域。

2019 年郑州市 GDP 达到 11589.7 亿元，连续两年进入“万亿 GDP”城市俱乐部，在全国 GDP 30 强城市中排第 15 位。如表 2 所示，在郑州市 16 个区县中，金水区的 GDP 总量位居第一，二七区、中原区 GDP 排名位于中上游水平，管城区 GDP 增速十分可观。从三次产业结构来看，三个区的第三产业占比均处于 70% ~90% 的水平。赛迪顾问城市经济研究中心发布的“2019 中国城区高质量发展百强”显示，金水区进入 2019 年全国综合实力百强区（第 26 位）。中国中小城市高质量发展指数研究课题组等联合发布的榜单显示，二七

区强势登榜2019年全国综合实力百强区（第85位）、全国绿色发展百强区（第74位）、全国投资潜力百强区（第61位）、全国科技创新百强区（第89位）等4项榜单；中原区入选2019年度全国科技创新百强区（第79位）、全国新型城镇化质量百强区（第76位）。

表1　郑州“中优”区域的主要教育、医疗、公园、商圈和文化资源

城区＼资源	中小学校	医院	公园及文化资源	商圈
金水区	河南省实验中学、河南省实验小学、纬五路第一小学、文化路第一小学、郑州经纬中学等	河南省人民医院、郑州大学第二附属医院、河南省中医学院第一附属医院、河南省肿瘤医院等	紫荆山公园、绿荫公园、文博公园、东风渠滨河公园等	花园路商圈
二七区	郑州四中、兴华中学、郑州二中、陇西小学、幸福路小学等	郑州大学第一附属医院、河南省妇幼保健医院、郑州大学第五附属医院等	人民公园、南环公园、二七纪念塔	二七商圈、火车站商圈
中原区	郑州外国语中学、郑州一中、伊河路小学、互助路小学、建设路第二小学等	郑州大学附属郑州中心医院等	碧沙岗公园、绿城广场、月季公园、五一公园、国棉六厂、二砂厂等	中原万达、王府井
管城区	郑州市回民中学、创新街小学	郑州市第一人民医院、郑州市第七人民医院	商城遗址、城隍庙、文庙	

表2　2019年郑州中心城区主要经济指标

城区＼指标	GDP(亿元)	在全市GDP的占比(%)	GDP在全市各区县中的排名	GDP名义增速(%)
金水区	1752.5	15.1	1	27.1
二七区	754.8	6.5	6	14.56
中原区	688.6	5.9	8	46.28
管城区	654.8	5.6	10	70.93

说明：郑州“中优”布局涉及的中心城区主要涵盖了金水区、二七区、中原区和管城区的大部分区域，只包括了惠济区很小的一部分，故只列出以上四个区的情况。

资料来源：郑州市统计局相关数据。

（二）城市治理精准精细，整体形象面貌焕然一新

郑州市将“三项工程一项管理”作为抓手，推出“一环十横十纵”道路综合改造，在全国第一个提出以自然路段进行城市精细化管理。郑州是全国第二批数字化城市管理试点城市，其中二七区智慧城区综合服务平台将辖区三级路长及市政、园林、爱卫办等相关职能部门全部纳入，实现了“条”与“块”的打通融合。2019 年以来，郑州市提出了城市管理“四化”（“序化、洁化、亮化、绿化”）的新标准，陆续发布了《郑州市高品质推进城市建设三年行动计划（2020—2022 年）》《郑州市 2020 年高品质推进城市建设实施方案》等。

2019 年，郑州中心城区生活垃圾分类处置覆盖率 74.3%、无害化处理率 100%。中心城区改进城市精细化管理体制机制，对工人新村、绿云小区、紫荆小区、连心里胡同、代书胡同、政通路、淮南街、管城后街等老旧小区进行改造，打造美丽街区建设样板。“三路一园”是二七区城市精细化管理“郑州模式、二七特色”的缩影。从二七区连心里老胡同到政通路，一跃成为很多年轻人打卡的“网红街”“网红墙”。

（三）人文底色日益凸显，产城融合导向日渐突出

目前，中原地区“城市会客厅”——商都历史文化区、城市文化“品牌工程”——百年德化历史文化区、国内一流“城市创新工场和工业历史博物馆”——二砂文化创意园等中心城区的文化片区建设正在有序推进，推动传统产业转型升级为现代文化创意产业。二七区在街区建设中植入不同元素的文化主题，打造了“百年德化”“诗路词道”“乡愁记忆”“平说经典”“出彩青春”“爱心街区”等近百条精品示范道路和特色文化街区。

金水区持续发力楼宇经济，依托金水科教园区、河南科技园区、国家知识产权创意产业试点园区、郑州国际金贸港园区、金水“一带一路”经贸产业园等，大力发展信息安全、共享科技、直播经济、人工智能、跨境电商等新兴产业。二七区依托二七新区、二七特色商业区及樱桃沟景区重点片区，重点发展现代商贸业、科技服务业、文旅康养服务业三大主导产

业。管城区围绕商代王城遗址文化区板块建设，正在打造郑州市城市文化名片和国际商都的城市会客厅，担负起“郑州历史文化主干立起来”的历史使命。中原区围绕二砂文化创意园区板块建设，正在打造郑州工业历史遗存文化地标、中原科技文创新经济产业高地、国际化城市文化消费新领地。

（四）二七地标亟须重塑，文化资源有待深度挖掘

城市窗口亟待擦亮、变美。“差、乱、脏、软”的“城市病”在二七地标区域表现得仍然比较突出，形态风貌、业态品质、文化特色方面都远未达到郑州建设国家中心城市的要求。作为城市“脸面”地带，二七广场和德化商业街虽然新建了绿地公园，但周边建筑风格迥异、布局混乱，有些建筑遮挡和影响了地标建筑二七纪念塔的整体形象，市容乱象有待长期治理，管理标准与北京、上海和成都等一流城市也存在较大差距。二七广场空间狭小，缺乏娱乐休闲元素，无法满足人们休憩休闲娱乐的多重需求。作为郑州市的地标建筑，二七纪念塔在社会主义精神文明建设中的引领作用、集聚市内外人气的作用尚未充分发挥出来。

面对城市综合体的多面开花，二七商圈在新型消费市场、时尚消费中心建设中有被边缘化的危险。二七商圈中郑州百货大楼、友谊大厦、华联商厦等传统商场和德化商业街的大部分业态、模式和品牌落后，基本以传统中低端店铺销售为主，体验式消费场景和模式严重匮乏，无法吸引和满足当下 90 后、00 后年轻人的消费需求，对外来游客的吸引力也不够；银基、世贸等批发市场已经没落，没有人气。再现德化街百年历史文化的空间载体和场景模式都明显缺失。同时，商代遗址的故事、韵味未能得到深度挖掘，尚未找到历史文化资源活化的有效载体和创新模式，缺乏可以观看、感受、体验、展示的场景，未能实现商都历史底蕴与现代都市文化的完美结合。郑州厚重辉煌的工业故事尚未讲好，推动棉纺厂区、二砂厂区等传统老工业区加速向都市友好型产业基地转型升级的思路和举措仍然不太清晰。

（五）民生薄弱环节尚存，人居环境短板有待补齐

郑州中心城区居住人口稠密，城市商业、行政功能过于集中，大量的

批发市场、商贸中心，各省厅、市委单位都集中在老城区，这就造成中心城区的开发强度大，建筑密度高，街道狭窄，道路拥堵，空气污浊，人居环境较差。中心城区的空间布局、基础设施已经跟不上市民追求高品质生活的迫切需求，优质文化、医疗、养老、托幼等公共服务能力供给不足，人行天桥、地下通道等利用效率不高，人行道、非机动车道被挤占，出行难、停车难等交通“肠梗阻”问题长期存在，综合承载力亟待进一步提升。

大量老旧小区遍布郑州中心城区，周边生活环境极其一般，社区治理体系有待完善。与城市新区拥有众多公园、绿地、崭新的城市配套相比，中心城区一些居民曾经引以为傲的社区如今也日渐破旧，不仅电梯、停车场和活动中心等硬件设施落后甚至缺失，而且缺乏规范的物业管理。有些小区甚至无人管理，绿地沦为菜地、停车场，道路失修不平，人车混行，私拉电线等，安全隐患较多。仅仅改善小区外观是不够的，更要解决停车管理、地下管网老化、零散绿地公园的长期养护等深层次问题。

（六）政务服务亟须提升，能级达不到国家中心城市要求

《2019中国城市营商环境报告》显示，郑州在营商环境综合排名中居全国第17位，总分75.25。其中郑州政务环境居第28位，总分74.66。但与郑东新区、郑州高新区相比，郑州中心城区政府部门的服务理念、服务标准、服务实践上还有一定差距，在简政放权过程中减得幅度不够大、放得不够开、不够彻底。企业到一个地方投资、群众到一个部门办事，都要和政府打交道，感受最深的就是政务服务效率和质量。

作为中国城镇体系的最高层级，国家中心城市肩负重要发展职责、作用，要在全国具备引领、辐射、集散功能，必须具备综合服务功能、产业集群功能、物流枢纽功能、开放高地功能和人文凝聚功能五大功能。郑州中心城区占据了地理上得天独厚的优势，肩负着协调“东强”“南动”“西美”“北静”的重任，其综合服务功能定位更为突出。但是，目前郑州中心城区的综合服务能级远远达不到国家中心城市建设的要求，仍然无法满足人民群众日益增长的美好生活需要和整个城市高质量发展的需要。

三　郑州以“中优”为抓手推进城市更新和功能完善的总体思路

在推进郑州国家中心城市的建设过程中，要依托科教文卫资源集聚、人文底蕴丰厚等优势，针对文化资源价值挖掘不够、人居环境不尽如人意、基础设施和建筑老旧等方面的短板，关注经济、社会、政治对城市空间的新需求变化，强化政务服务、现代商贸、文化创意、金融服务、国际交往等功能，以激发郑州市中心城区活力带动整个城市功能更新、业态更新、形态更新，实现中心城区的政务管理、文化形态、功能布局、产业布局、人居环境和公共服务“六个更优”，在“十四五”末将中心城区打造为城市综合服务提质增效样板区、中原历史文化传承创新区和高品质和谐宜居宜业城区，最终使郑州“中优”区域成为国家中心城市有机更新示范区。

（一）优化政务管理，打造一流政务服务新高地

对标世界银行标准，营造融合化、专业化、规范化的政务服务环境；打造线上线下融合、“一网通办”的数字政务信息服务平台，实现24小时“不打烊”服务；依托行政管理服务中心和社区党群服务中心，进一步把“以人民为中心”的服务理念落到实处，使政务服务“有温度、有速度、有态度”。以党建为引领，深化“放管服”改革，直击企业和群众政务办理中的痛点、堵点、难点问题，真正实现政务服务便民、利民、惠民，打造贴心、暖心、舒心的“互联网+”智慧政务服务新高地。

（二）优化文化形态，打造中原历史文脉传承创新区

形成特色鲜明的工业景观和创意产业，塑造独特韵味的文化形态。集中力量打造商都历史文化区，把文庙—城隍庙历史文化街区打造成具有传统民俗特色的文化展示和旅游休闲街区，将中原区的国棉厂、二砂厂打造成产业结构完整且内涵丰富的工业文化旅游区。第一，更新文创产业业态。以彰显城市历史文化底蕴和现代设计相结合的总体思路进行中心城区文创产业的业态更新，助力郑州打造黄河历史文化主地标城市。挖掘百年德化街的历史文化价值，体现

商业和文化的充分结合。第二，打造文创产业集聚地。通过商都历史文化区、二砂文化创意园区、百年德化街区等的规划布局，让火车、戏剧、古城墙、旧工厂、老街道等体现郑州城市记忆的元素具象化。

（三）优化公共服务，打造公共服务均等化先行区

发展多层次、多元化城市交通模式，重点推动城市公共交通、快速路网、停车设施及慢行系统建设。有效分流大型综合医院压力，合理整合疏散教育资源，提升街道和社区公共设施配套的服务水平。突破传统思维藩篱，坚持整体效益最大化的原则，统筹生态环境建设和历史文化遗存保护利用。政府统一规划公共场地，建设立体公共停车场，增加停车位的供给数量。用共享经济的概念缓解停车难问题，包括周边商场、广场、学校、机关企事业单位等地方与社区居民错时共享。

（四）优化人居环境，打造高品质和谐宜居样板区

建设洁净、绿色、有序的人居环境，使百姓生活更加美好。攻克环境卫生难点，创新清洁举措，落实市容环境卫生责任制。构建河、渠、湖、湿地的复合水网体系，以及城市公园、社区公园、街头绿地三级绿地系统，全面实现污水管网全覆盖和“300 米见绿、500 米见园”的目标。按照恢复和强化郑州“绿城”的称号的总体思路进行中心城区人居环境的优化。第一，以生活场景强调“慢”的理念进行人居环境的优化，让民众出门就能休闲，有步行、骑行、游玩的空间场所。第二，做好市区绿化的总体设计。以郑州的市树法桐和市花月季花为主体，搭配其他绿植种类，设计中应体现城区绿化的统一性、协调性、地域特色。第三，增加绿地面积和公共空间。充分利用现有边角地、废弃地、高架桥下空间结构等，建设口袋公园、微公园、桥下休闲公园；通过老旧市场的改造和搬迁，腾挪出公共空间。第四，改造更新老旧小区。按照充分尊重社区居民意愿和城市更新规划相结合的总体思路，充分做好老旧小区科学评估、统筹工作。

（五）优化功能定位，打造城市功能更新引领区

按照“三减三增”原则，对老城区进行功能优化，即减常住人口、减开

发强度、减非核心功能，增文化功能、增旅游业态、增开敞空间；拓宽街道，改造老旧小区，优化居住环境，提升社区服务能力，营造形神兼备、秀外慧中的特色街区；疏解非核心功能，将老城区逐步转化为以中原文化为特质、以新兴业态为载体、文商旅融合的富有河南特色的城市核心功能区。在强化原有城区功能的基础上，培育中原文化展示窗口、都市休闲中心、文创产业集聚地等新的城市功能。第一，强化中原文化展示窗口的功能。把挖掘和展示中原历史文化作为中心城区更新的重要内容，以博物馆、建筑、街道、活动、文创产品等形式充分展示中原历史文化。第二，强化现代商业中心的功能。重点依托二七商圈更新项目，进行中心城区现代商业的优化升级。第三，强化都市休闲中心的功能。通过人居环境优化、街道美化与秩序规范、公共绿地与公共基础设施的增建，打造宜人的活动空间。

（六）优化产业业态，打造城市业态更新示范区

根据中心城区的现有产业基础，未来中心城区重点进行现代商业、文创产业、康养产业等产业的业态更新。以恢复和强化郑州“商都”称号的总体思路，进行中心城区现代商业的业态更新，重点实施二七商圈的更新升级；以彰显城市历史文化底蕴和现代设计相结合的总体思路，进行中心城区文创产业的业态更新，助力郑州打造黄河历史文化主地标城市；以构建集健康、体育、养老、医疗等多功能复合体的总体思路，进行中心城区康养产业的业态更新；把德化步行街打造成媲美上海南京路、北京王府井、成都春熙路等全国知名的逛街、娱乐、休闲活动场所，把花园路商圈打造成现代化的时尚休闲购物中心；围绕二七南部产业片区板块建设，打造全链覆盖、相互支撑的国际高端健康医疗产业集群；围绕二砂文化创意园板块建设，打造中原科技文创创新经济产业高地、国际化城市文化消费新领地。

四　郑州以“中优”为抓手推进城市更新和功能完善的有效举措

郑州要围绕传统商圈升级、壮大产业能级、促进中原文化复兴、提升城市精细化治理能力、社区体制添彩及城市生态和基础设施建设等推进“中优”，

优化中心城区的政务服务、现代商贸、文化创意、金融商务等功能，实现中心城区功能更新、业态更新、形态更新，推动城市精明有序增长，促进城市功能和发展能级迈上新台阶。

（一）推动核心商圈迭代升级，加快提升城市商业层次

强化顶层设计，全面推进二七商圈、火车站商圈、花园路商圈等郑州传统核心商圈有机更新，凸显“老郑州、新气质”；增强传统核心商圈的活力和吸引力，是提升郑州中心城区品质、集聚人气的重要战略支撑。一是打造国货潮牌集聚、文创展示体验的二七商圈。二七商圈要以“潮”“美”为核心，重点部署文化创意、社交旅游、主题购物、休闲娱乐、精品百货、餐饮酒店等业态，树立落实城市“中优”布局的新坐标。全面整改二七商圈的建筑物和德化街的品类品牌，培育适合年轻消费群体的网红打卡店铺、体验型特色百货和潮玩主题街区，谋划一批主题化、全业态的夜经济项目，树立“醉美·夜郑州”地标商圈、“中部第一商圈”的新形象。二是打造原创服饰首发、小商品场景消费的火车站商圈。火车站商圈要突出“时尚”，强化顶层设计，对标美国纽约中央车站、日本东京站和京都站、印度孟买市希瓦吉站，围绕服装、孕婴童、小商品等部署产业发展，通过周边建筑、物业、产业等改造升级，深度“交流对接”赋能品牌未来。三是打造国际大牌云集、新商业模式迭代的花园路商圈。花园路商圈要依托各路商业大咖云集花园路和农科路酒吧休闲一条街晋升国家级特色商业街的优势，着力发展创意类、体验式、智能型等新消费业态，全力打造夜间消费“打卡地”、夜经济示范区，尽快树立郑州商业场景新地标。

（二）提升高端服务产业能级，做大做优城市特色产业

围绕提升中心城区发展能级，强化跨境电商、现代金融、高端商务、文旅、健身、康养等高端服务功能，推动产业、行业交叉渗透、提档升级。第一，加快跨境电商全链提档升级。充分发挥金水“一带一路”经贸产业园的投资贸易便利化政策优势，优化国际贸易供应链金融服务、国际物流服务、创新创业孵化及展览推介服务等跨境电商全链服务。第二，对标国际谋划高端商务中心。以金水区“四纵四横”的楼宇经济聚集带为核心，优化“块状”和

“带状”楼宇经济布局，引导信息科技、商务服务、金融服务头部企业聚集及企业总部入驻，推动商务服务业向专业化和高端化拓展。二七新区要聚焦高端商务，发展总部经济，高标准构建产城融合展示区，早日成为郑州高端商贸门户。第三，高质量发展中原特色文旅产业。以郑州商城遗址、百年德化、郑州文庙、郑州城隍庙、二七纪念塔、郑州二砂、郑州火车站等特色文化服务设施集聚地为依托，有机融合文、旅、商元素。第四，建设智慧化医养康养中心。以二七区南部产业片区板块为支撑，推进新基建与医疗健康深度融合，积极创新医疗服务供给模式，形成覆盖全生命周期、结构合理、富有郑州特色的大健康服务业体系。支持医疗机构在养老机构设立医疗点（分院）或发展远程医疗，提供“智慧化”医疗服务，将上门巡诊、线上问诊等护理服务延伸至居民家庭；新建居住区和社区要投放专业健康检测设备、智能穿戴设备等，配套建设医养结合的智慧微养老中心、社区日间照料中心等智慧康养基地，积极探索“互联网+养老”居家智慧养老服务模式。

（三）实施中原文化复兴工程，传承城市历史文化基因

要以重大文化工程为引领，以中原文化、郑州元素为依托，深入挖掘主城区历史文化遗产资源，围绕商代王城遗址、二七纪念塔、百年德化等区域标志，整合红色文化、商业文化、铁路文化等资源，谋划塑造一批能够传承郑州历史文化魅力的城市新 IP。一是综合推进“二七精神”弘扬工程。凝练“二七精神”的内涵价值，建设一批独具“二七”特色的标志性工程；高标准筹建“二七精神纪念馆”和“城市时光记忆馆”，加快推进二七广场文化中心、红色旅游中心等项目建设。二是做大做强展示郑州历史文化魅力的地标工程。加强郑州商代王城遗址、郑州二七革命文化等的保护与利用，活化国棉厂、二砂等工业遗产，全面启动核心区域展示历史文化魅力的地标改造提升重大工程。三是强力推进郑州老字号振兴工程。重点推进老天成金店、精华眼镜店、艳芳照相馆、友布鞋、三义绸布庄、昆仑望岳艺术馆等郑州老字号复兴，做大做强郑州合记烩面店、京都老蔡记馄饨馆、萧记三鲜烩面馆和葛记坛子肉焖饼馆等餐饮品牌。四是塑造具有中原文化特色的建筑风貌。新建房屋和老旧小区改造等要突出中原元素，统一德化街两侧的亚细亚、友谊大厦、旺角城等的建筑风貌，提升百年德化的文化内涵、商业氛围。

（四）打造新型智慧城市和海绵城市，加快新型城镇化建设

第一，提升新型智慧城市建设水平。建设一体化公共应用平台，形成涵盖城市安全应急、城管、交通、能源、教育、医疗、社保、文化、旅游、房管、社区服务等诸多方面的城市管理、社会事业、公共服务三大智能化体系，实现全城互联、数据开放、融合应用、智能感知。推进数据资源汇集、挖掘、应用和开放共享，深化云计算在重点领域运用，提升中心城区精细化治理能力。第二，落实海绵城市建设管控要求。以问题为导向，以解决城市内涝、雨水收集利用、黑臭水体治理为突破口，推进区域整体治理。推进海绵型建筑与小区、海绵型道路与广场、海绵型公园和绿地、雨水调蓄与排水防涝设施等建设，加快改造和消除城市易涝点。

（五）不断优化公共服务供给，提升城市生产生活品质

第一，启动中心城区公共服务设施五年行动计划，统筹布局重大区域性公共服务设施及功能性设施，将五年计划的点位全部落实到具体的街巷和地块，基本解决城市教育、医疗卫生、保障住房等公共服务设施供需突出矛盾。第二，把握“两个优先、两个分离、两个贯通、一个增加”的建设理念，分步实施“一环十横十纵”和其他城市路网综合改造提升，尤其要对二七广场、苑陵街广场、纪念堂广场、钱塘路入口广场及大同路口等重要节点进行公共空间打造。第三，以“安全、生态、景观、文化、幸福”为原则，统筹推进中心城区河道生态治理体系，构建多层级的城市公园、绿地体系，打造具有标志性和韵律感的滨水景观，构建兼具娱乐、游憩、休闲功能的户外活动圈。

（六）健全社区治理服务体系，提高城市基层治理水平

要提高社区精细化治理能力，强化社区公共服务功能，全方位提升社区人群归属感与舒适感，打造“宜居、宜业、宜游”的生活共同体。比如，抓好基层党组织建设中的组织平台、信息平台、监督平台建设，健全新型社区管理和服务体制，发挥基层群众性自治组织基础作用，形成“共商、共建、共治、共享”的社区治理模式，构建共建、共治、共享的城市治理格局；以构建社

区全龄公共服务体系为目标，高标准配置社区卫生服务中心和卫生服务点，建设社区图书馆、文化活动室、市民中心、老年学校、青少年培训中心等多样化的文化设施，加强社区养老院、日间照料中心、老年活动室等社区老年服务设施以及无障碍设施建设。

（七）促进老旧小区提质蝶变，持续改善城市人居环境

要以增进民生福祉为导向，全面提升老旧小区环境品质，打造一批有颜值、有文化、有温度的精品小区和老旧小区提质改造样板。第一，建立老旧小区改造机制。健全老旧小区改造提质工作链条和推进机制，建立老旧小区改造后续长期维护和运营管理机制，避免陷入“改造—破坏—再改造”的恶性循环。第二，处理好重点与一般的关系。突出“一拆五改三增加”，即重在拆除违章建筑，重在实施“上改下”、建筑外立面和节能改造、雨污分流改造、加装电梯、“白改黑”、绿地改造，重在增加党群服务用房、物业管理用房和安防设施。第三，精细化推进老旧小区垃圾分类。明确物业管理企业是生活垃圾分类投放责任人，推动 4 分类垃圾箱逐渐覆盖老旧小区，建立生活垃圾分类智慧化管理平台，使更多的老旧小区蜕变成垃圾分类“时尚小区”。

（八）强化一系列保障措施，增强城市更新工作合力

首先，完善工作机制。建立健全由政府主要领导负责、多部门参与的“中优”推进工作运行机制，研究制定“中优”推进实施方案，完善监管、考评、奖惩机制，不断提高“中优”推进工作效率。其次，加强政策保障。加强经济社会发展政策的统筹协调，注重短期政策与长期政策的衔接配合，围绕重点领域研究建立配套政策储备库，综合实施消费、投资、产业和财政等政策。再次，强化项目保障。围绕“中优”的总体思路和重点任务，储备一批重大项目，形成动态有序的项目储备制度，实施重大项目目标责任制。最后，落实资金保障。优先安排涉及基础设施建设、公共服务体系建设、社会民生福利等领域的财政支出，设立创业投资引导基金、产业投资基金等，推广“银行＋共保体”融资模式，支持市属银行、驻郑金融机构开发符合创新需求的金融服务，构建多渠道多主体投融资体系。

参考文献

郑州市人民政府:《郑州建设国家中心城市行动纲要(2017—2035 年)》,2018。

郑州市人民政府:《郑州市城市精细化管理三年行动实施方案》,2019。

郑州市人民政府:《郑州市高品质推进城市建设三年行动计划(2020—2022 年)》,2020。

成都市规划管理局:《成都市“中优”规划优化方案》,2017。

罗坤、苏蓉蓉、程荣:《上海城市有机更新实施路径研究》,《持续发展　理性规划——2017 中国城市规划年会论文集》,2017。

张铁伦:《城市老工业区改造景观有机更新问题及策略研究——以郑州第二砂轮厂为例》,北京交通大学硕士学位论文,2018。

林涛:《深化城市有机更新　实现中心城区高质量发展》,《唯实》2019 年第 1 期。

陈洋:《上海推进城市有机更新的新思路和新举措》,《科学发展》2019 年第 12 期。

魏文林:《“工业锈带”变“生活秀带”的城市有机更新逻辑》,《中国建设报》2020 年 8 月 27 日,第 5 版。

B.17
深圳推动科技创新发展的特色实践

熊雪如　覃成林*

摘　要： 深圳是全国科技创新的标杆。自1980年经济特区成立以来，深圳通过不断改革创新，从“无高等院校、无科研机构、无创新载体”的低起点边陲农业县发展成为全国首个以城市为单元的国家自主创新示范城市、首个标准国际化创新型城市、首个国家知识产权示范城市，被广泛誉为“创客之都”和“科技之都”。其创新发展历程见证了中国企业从最初“三来一补”专业代工到模仿创新、集成创新，最终向原始创新努力迈进的奋斗历程。实践表明，科技创新不仅是推动深圳经济社会快速腾飞的主动力，同时也让深圳成为全国改革开放的排头兵，向世界展示了深圳速度、深圳质量、深圳标准。

关键词： 科技创新　创新发展　深圳

一　深圳科技创新发展概况

概括起来，深圳科技创新呈现出如下发展特征。

（一）全国科技创新重心，正迈向全球“创新之都”

深圳秉承“敢闯敢试、敢为人先、埋头苦干”的特区精神，坚持创新驱动发展，着力破解自主创新和原始创新能力薄弱的“瓶颈”，逐渐构建“基础

* 熊雪如，博士，深圳市宝安区发展研究中心高级经济师，研究方向为区域经济、特区经济；覃成林，博士，暨南大学经济学院教授，暨南大学经纬粤港澳大湾区经济发展研究院院长，研究方向为区域经济、发展战略。

研究+技术攻关+成果产业化+科技金融”的全过程创新生态链，创新实力和创新成果全国领先。在2018年福布斯中国发布的“创新力最强的30个城市”榜单上，深圳位列榜首，在《中国城市创新竞争力发展报告（2018）》蓝皮书中，深圳在中国副省级城市创新竞争力排名中位居第一，同时在中国城市创新竞争力排名第三。2019年，国家发布《粤港澳大湾区发展规划纲要》和《关于支持深圳建设中国特色社会主义先行示范区的意见》，确定大湾区要建设国际科技创新中心，并明确要以深圳为主阵地建设综合性国家科学中心，积极推动综合授权改革试点。自此，深圳进入了“双区驱动”和“科创双中心”建设的新阶段。至2019年底，深圳先进制造业增加值占规模以上工业增加值比重超过70%，新型显示器件、人工智能、智能制造装备等3个产业集群入选国家战略性新兴产业集群发展工程，5G、人工智能、区块链等一批创新性产业发展走在全国前列。

（二）科技创新主体活跃，梯次创新企业群形成

近十年来，深圳新登记商事主体数量以平均两位数的速度快速增长，从2009年的30.72万家增长到2019年的320万家，增长了9倍多（见图1），其中深圳本地企业在中小板和创业板上市企业连续9年居大城市首位。世界500强企业中深圳企业有7家，包括华为投资控股有限公司、正威国际集团等，占广东省世界500强企业总量的54%。独角兽企业有12家，数量在全国位列第

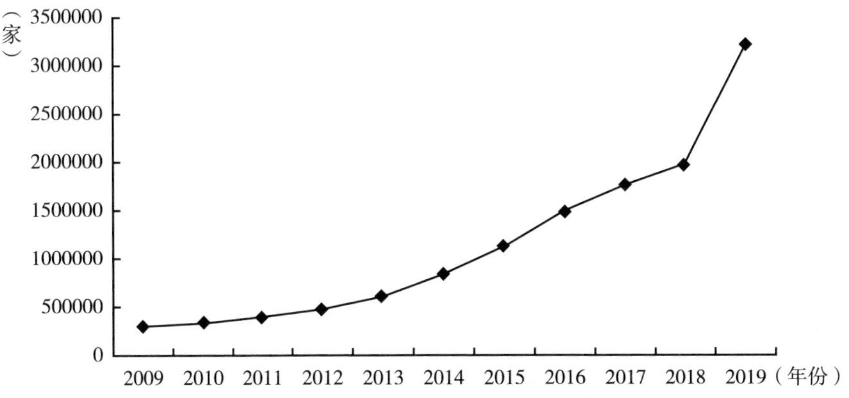

图1　2009～2019年深圳新登记商事主体数量变化情况

资料来源：《深圳统计年鉴2019》、《深圳市政府工作报告》（2020）。

四，平均估值为44.2亿美元（任泽平、连一席、谢嘉琪，2020）。深圳高新技术企业一直位居全国城市前列，2019年全市高新技术企业数量达到1.7万家，较2009年增长了12倍，数量位居中国城市第二，广东省第一；此外，“众创空间—孵化器—加速器”的创业孵化链条正在加快构建。截至2019年底，深圳共拥有141家市级以上科技企业孵化器、281家众创空间，其中国家级孵化器30家，国家专业化众创空间3家①，并成功举办中国深圳创新创业大赛、中国创新创业大赛电子信息行业总决赛、人工智能大赛等活动。

（三）以自主研发为主，研发投入占比全球领先

深圳的创新动力源自企业在创新活动中的主体作用，这主要体现在“6个90%”上：深圳90%以上的研发资金来源于企业、90%以上的研发人员集中在企业、90%以上的研发机构设在企业、90%以上的职务发明专利出自企业、90%以上的创新型企业是本土企业、90%以上的重大科技项目发明专利来源于龙头企业。特别是在研发投入方面，2009～2018年深圳研发投入呈快速增长趋势（见图2），其中，2018年，深圳全社会研发投入超过1100亿元，占GDP的4.2%，为全国平均水平的2倍，与以色列、韩国等发达国家比肩。研

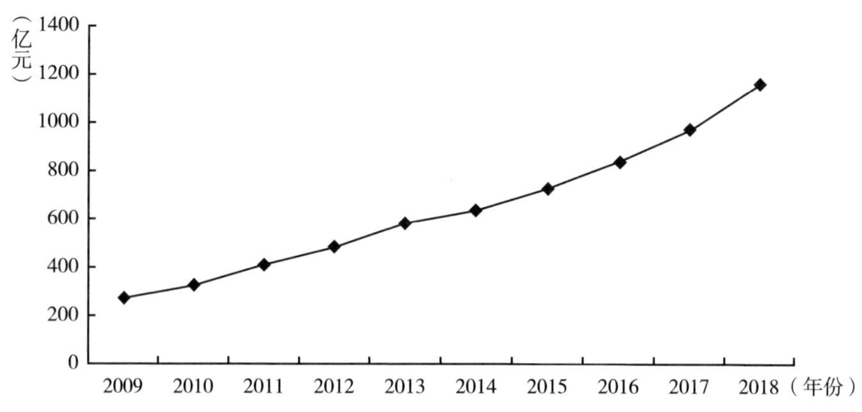

图2　2009～2018年深圳全社会研发投入趋势

资料来源：《深圳统计年鉴2019》。

① 数据来源于深圳市科技创新委员会网站。

发的高投入推动了深圳企业国际综合竞争力水平的提升。以华为为例，2020年上半年华为集团研发投入超过672亿元，约占上半年营收总额的14.9%，成为华为站稳国际高端手机第一阵营的保障；中兴通讯2019年研发投入占比为13.8%，达近三年最高，推动了公司国际业务的快速恢复。

（四）科技创新成果丰硕，PCT专利申请量增速居全球首位

从专利来看，2019年深圳专利申请量为26.15万件，占全省专利申请量的32.38%，占全国专利申请总量的6.23%，在全国大中城市排名中列第一。2009～2019年的10年间，全市专利申请量增长了6.2倍（见图3），每年增速均保持在两位数。2019年，深圳专利授权量16.67万件，占全省专利授权量的31.59%，占全国专利授权总量的6.73%。其中，华为发明专利授权量4510件，腾讯发明专利授权量2146件，分别列全国第一名和第五名。深圳有效发明专利量达13.85万件，占全省有效发明专利总量的46.82%，五年以上维持率为85.2%，稳居全国各大城市首位。每万人口发明专利拥有量为106.5件，是全国平均水平的8倍。PCT专利申请量1.75万件，占全省总量的70.61%，占全国总量的30.74%，连续16年居全国大中城市第一。PCT国际专利公开量仅次于日本东京，持续领先纽约、硅谷、以色列等发达地区。此外，深圳的创新主体在美、欧、日、韩等国家（地区）的发明专利公开量达1.68万件，在全

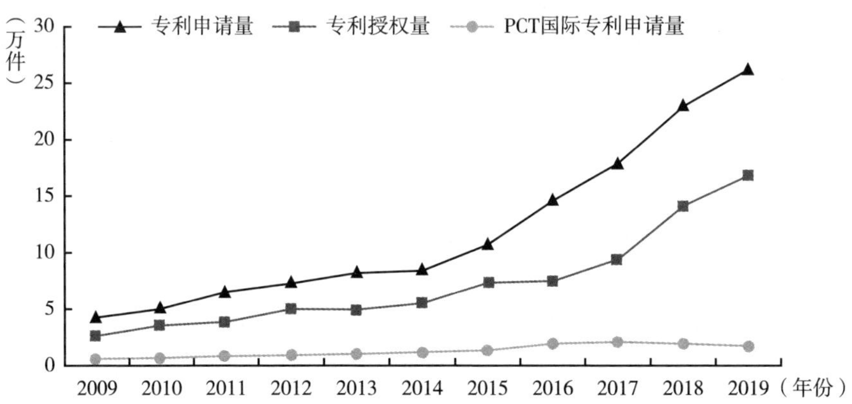

图3　2009～2019年深圳国内专利申请量、授权量和PTC申请量

资料来源：《深圳统计年鉴2019》《深圳市2019年知识产权发展状况白皮书》。

国各城市中名列第一。其中，华为公司 PCT 国际专利申请量蝉联全球第一；深圳大学 PCT 国际专利申请量排名全球第三。随着深圳高科技企业越来越多地参与国际市场竞争，深圳已开启了从“技术专利化”到“专利标准化、标准国际化”的进程。截至 2018 年底，累计有 83 家深圳企业登上全国企业标准排行榜，占全国上榜企业的 3.97%，占广东上榜企业的 15.13%。

（五）创新载体不断完善，创新资源进一步汇聚

2019 年，深圳拥有国家、省、市级重点实验室、工程实验室、工程（技术）研究中心和企业技术中心等各类创新载体达 2260 家，与 5 年前相比实现了翻番，与 10 年前相比增长 5 倍多。其中，国家级 118 家、省部级 605 家，覆盖了国民经济社会发展主要领域。在重大科技基础设施方面，深圳陆续实施了国家超算深圳中心、大亚湾中微子实验室等一批重大科技基础设施群规划建设，深圳先进电子材料国际创新研究院、深圳市合成生物学创新研究院、深圳市清洁能源研究院等基础研究机构成功授牌。在重大产业创新平台方面，深圳已建成了深圳湾实验室、鹏城实验室、第三代半导体研究院等重大科创平台，累计组建了深圳格拉布斯研究院、港中大（深圳）瓦谢尔计算生物研究院、深圳盖姆石墨烯研究中心等 11 个诺贝尔奖科学家实验室。在“引进来”方面，在深圳设立研发中心或分支机构的世界 500 强企业超过 100 家，如高通公司深圳创新中心、甲骨文深圳研发中心等。在“走出去”方面，到 2019 年底，深圳累计建立海外研发机构超过了 250 家，孵化海外项目 200 余个，构建了“源头技术—孵化加速—二次开发—项目投资—产业资源—市场对接—政府支持”的国际科技创新合作生态圈。

二　深圳市推动科技创新发展的重要举措

40 年来，深圳在改革创新的历程中，在注重顶层制度创新的同时，大力支持优势企业开展自主创新，通过向内搭建科技创新平台，向外开展全球技术创新合作，不断优化创新环境，逐步形成了以企业主导、政府引导的官产学研协同发展的开放式创新模式。总体而言，深圳采取的促进科技创新发展的重要举措主要有以下几方面。

（一）顶层科技体制改革创新

深圳从经济特区成立至今，其科技体制改革大体经历了四个阶段。第一阶段为探索期（1980～1992）。这一时期深圳经济体制改革重点是推动计划经济向市场经济转变，为此深圳做出了实施加强科技工作的决定，并首次提出以企业为主体的科技创新模式。1987 年，深圳在全国率先出台《关于鼓励科技人员兴办民间科技企业的暂行规定》（深府〔1987〕18 号文），明确提出鼓励科技人员创办企业，支持以技术入股等方式鼓励科技人员创业。第二阶段为转档期（1993～1997）。在这个时期，深圳宣布停止登记“三来一补”企业，并在 1995 年明确以高新技术产业为先导的战略思想，提出信息产业、新材料、生物技术为三大支柱产业的发展方向，并出台了《关于推动科学技术进步的决定》《深圳经济特区技术成果入股管理办法》等政策。第三阶段为关键期（1998～2012）。深圳在这一时期为了实现从技术跟跑向自主创新的跨越转变，出台了《关于深化科技体制改革提升科技创新能力的若干措施》《关于进一步扶持高新技术产业发展的若干规定》等系列政策，推动企业自主创新。第四阶段为攻坚期（2013 年至今）。在当前这个阶段，深圳为了弥补原始创新的不足，重点围绕科技创新，在提升企业竞争力、人才优先发展、高等教育发展等出台了一系列文件，特别是 2019 年提出推动高新技术产业高质量发展，出台了《深圳经济特区自主创新示范区条例》，并大力推动科技计划管理改革，修订科技计划项目管理办法和资金管理办法，科技体制向科学化、规范化、专业化纵深发展。①

（二）大力支持企业开展自主创新

深圳的企业自主创新能力之所以在全国领先，不仅得益于企业自身的科技创新活力，同时也离不开深圳市政府对企业开展自主创新的支持。在这个方面，深圳市政府主要采取了以下几个措施。一是政府主导开展超常规推进创新基础建设，大力推进国家基因库、国家超算深圳中心等重大项目，为企业源头

---

① 陈望远：《深圳科技体制改革总结与成效》，《深圳经济发展报告（2019）》，社会科学文献出版社，2019，第 137～139 页。

创新提供强大支撑，使得深圳在5G、基因测序、无人机、超材料、新能源汽车等领域企业创新能力跃居世界前列。二是政府搭桥，推动企业与科研院所之间的合作，促进产学研成果高效转化。以深圳虚拟大学园为例，万余平方米的空间集聚了北大、清华、复旦等60多所国内外知名大学。至2019年底，深圳虚拟大学园累计设立研发机构229家，其中获批市级以上重点实验室、工程实验室等创新载体74家；累计孵化科技企业1362家，培训各类人员35.9万余人。此外，深圳还实施了技术转移和成果转化科技计划，仅2019年下达技术转移和成果转化项目36个，资助金额1337.81万元。三是政府支持构建自主创新投融资体系。为缓解企业融资需求，深圳市政府充分发挥财政资金引导和放大作用，建立银政企合作项目库，对入库企业予以不同力度的贴息资助。仅2019年就下达贴息项目132个，累计贴息金额达3036万元。为充分发挥引导基金的作用，鼓励社会资本投向创新创业、新兴产业发展等领域，深圳设立了总规模为1000亿元的政府投资引导基金，并通过深圳市投资控股有限公司、深圳市创新投资集团有限公司等市属国有企业建立天使投资引导基金，其基金首期规模达50亿元。

（三）立足重大科技创新平台推进产学研协同

建设重大科技创新平台是深圳汇聚创新资源、开展科技创新的重要路径。随着综合性国家科学中心和国际科技创新中心的建设，深圳逐渐建立起“3+1”重大科技创新平台。“3”是指深港科技创新合作区、光明科学城和西丽湖国际科教城，“1”是指深圳国家高新区。其中，深港科技创新合作区主要是对接香港科技创新成果并开展成果转化。作为国家级重大科技创新合作平台，粤港澳大湾区唯一以科技创新为主题的特色创新载体，目前深港科技创新合作区已进入全面建设期，深港开放创新中心、深港科创综合服务中心以及周边14个卫星园区和配套项目同时开工建设，总投资超过615亿元。光明科学城作为综合性国家科学中心的核心承载区，重点布局科学设施集群、科教融合集群、科技创新集群“三大集群”，目前脑模拟与脑解析、合成生物研究、材料基因组、空间引力波探测、空间环境与物质作用、精准医学影像等6大科学装置已落户，中科院深圳理工大学等多个科研院所已确定落户。西丽湖国际科教城作为部、省、市共建平台，汇聚众多科研院所，主要聚焦变革性技术关键科学问题，开展科技创新。目前西丽湖国际科教城已上升为部、省、市共建平台，初步建成“云脑”“云网”等四大科学装置。深圳国家高新区一直以来承担着引领深圳科技创新的重大使命，其以占全市不到 0.6% 的土地面积创造了约 11% 的 GDP，诞生了华为、腾讯等诸多知名企业。2019 年深圳国家高新区实现扩容提质，形成“一区两核多园”发展新格局。扩容后，深圳国家高新区企业总量超过了 1.7 万家。

（四）加强对外开放寻求全球技术创新合作

深圳是中国经济体制改革和对外开放的“试验场”，其 40 年来的科技高度发展离不开与全球的技术创新合作。总体上，深圳对外合作可分为三个层次。一是深港合作。由于深圳与香港创新资源、禀赋互补性强，“香港科研资源 + 内地产业资源”成了深港科技合作的重要模式。当前，香港各大高校在深圳设立的研究机构数量高达 70 家以上，包括深港产学研基地、深港脑科学创新研究院等。除了深港科技创新合作区外，前海深港现代服务业合作区作为深港合作的前沿阵地，在前海注册的港资企业达 1.17 万家，深港青年梦工场累计孵化 446 家创业团队，融资超过 15 亿元。二是珠三角跨区域合作。随着深圳产业转型升级和部分企业外迁，深圳对珠三角周边城市的科技外溢不断加强。2012 年深莞惠三市签署《深圳市东莞市惠州市共建深莞惠区域创新合作协议》，提出要建设科技创新中心和开放型区域创新体系，打造全国创新型区域和亚太地区重要创新中心与成果转化中心。2019 年发布的《关于支持深圳建设中国特色社会主义先行示范区的意见》明确提出“推进深莞惠联动发展”。随着未来深莞惠一体化建设的加速，三地有望探索共建合作试验区。三是国际合作。积极参与国际大科技计划，与芬兰、以色列、德国等多个国家签署科技合作协议。在与以色列合作方面，启动了 10 轮深圳—以色列科技研发合作联合资助项目，与以色列正式签署《中以创新合作产业园区战略合作框架协议》，积极开展“中以创新合作产业园区”建设。在与德国合作方面，宝安区加入中德工业城市联盟，设立中德产业合作基金，引进德国双元制职业教育模式，中德（欧）产业示范园一期已建成。

（五）不断优化营商服务环境

良好的营商服务环境是深圳开展科技创新的保障。在法制建设方面，深圳颁布了促进科技创新、加强知识产权保护和技术秘密保护等一系列法规条例，设立了首个知识产权法庭，最高人民法院第一巡回法庭、最高人民法院第一国际商事法庭、最高人民法院“一带一路”经济纠纷调处中心等重大项目落户前海。在2019年底中国社科院等单位发布的《中国营商环境与民营企业家评价调查报告》中，深圳营商环境综合评分排名全国第二，法治环境指数得分居全国首位。在优化政务服务方面，深圳不断深化商事登记制度和行政审批制度改革，出台了一系列优化营商环境改革政策。全市政务服务事项实现100%进驻网上办事平台，94.05%的行政许可事项实现“零跑动”办理。除此之外，深圳市政府不断加快“数字政府”和“智慧城市”建设，率先在全国首创区块链电子发票，推出“税务—产业”联盟链，打通税务、金融、产业三方跨链融合和数据互通互联。在人才引进方面，深圳实施了杰出人才培育引进计划、海外高层次留学人才“孔雀计划”等，出台了《关于促进人才优先发展若干措施》（深发〔2016〕9号）、《深圳市户籍迁入若干规定》（深府〔2016〕59号）等系列文件。至2019年，深圳累计认定国内高层次人才9000余人，海外留学人员超过13万人。

三　深圳市科技创新面临的新挑战

尽管深圳在科技创新发展中取得了显著的成绩，但其科技创新仍存在着一定的风险和不确定性。特别是受新冠肺炎疫情冲击，全球经济形势愈加低迷，企业发展动力不足，深圳在“十四五”期间科技创新发展不可避免地将遇到前所未有的挑战。

（一）中美贸易摩擦转入长期竞争态势

近年来，中美贸易摩擦的不确定性风险增大。特别是美国提出一系列加征关税措施之后，继续加强了技术封锁，修改出口管制规则，规定只要外国公司使用了美国芯片制造设备，就必须先获得美国政府的许可，并将38家华为相关实体列入出口管制“实体清单”，直接导致华为芯片面临断供。当前，中国关键核心技术和零部件的进口和技术攻关正面临巨大的挑战，深圳作为一个外向型经济特征显著，且以科技创新为主导的城市更是首当其冲。可以预见，深圳过去基于跟踪模仿引进再创新的发展之路难以为继，核心技术、关键零部件和元器件、特种材料自主可控成为爬坡过坎的关键。未来，深圳如何冲破核心技术壁垒，在芯片、人工智能、机器人等新技术领域真正实现自主创新是急需突破的战略性、全局性问题。

（二）国内外需求紧缩抑制创新积极性

在“十三五”收官之年，新冠肺炎疫情肆虐全球，从需求和供给两端冲击各国经济，形成史无前例的全球性危机，对生产要素国际流动形成阻力，深刻影响全球产业链、供应链。同时，中美间的政经博弈更加激烈，单边主义和贸易保护主义行动与新冠肺炎疫情影响形成叠加之势，不断推高全球投资贸易壁垒，呈现经济全球化布局逆向收缩加剧的趋势，国际贸易出现断崖式下跌，经济全球化进入艰难调整期，国际政治和经济关系变得更加错综复杂，国家之间的科技创新合作遭受前所未有的挑战。这无疑给深圳企业开展科技创新带来压力，在一定程度上抑制企业的创新投入。

（三）周边区域对科技产业资源的竞争加剧

从深圳周边城市看，广州南沙正在建设40平方公里的科学城；东莞松山湖科学园自华为入驻后，已渐成气候，滨海湾新区也蓄势待发；惠州潼湖科学园在高校科技成果转化方面独树一帜，已得到教育部的大力支持和全国众多高校响应，产生了较大影响。所有这些都标志着粤港澳大湾区在制造业之后的新一轮产业创新竞争即将来临。随着周边区域对科技产业资源的竞争加剧，如何通过体制机制优化和运营模式创新，在争取优质创新资源的同时，寻找自身特色和优势产业，有效避免区域间产业同质发展，也是深圳在未来科技创新发展方面要面临的重大挑战。

（四）深圳自身创新条件仍需进一步完善

在深圳创新发展过程中，仍存在一些问题尚待解决。一是基础源头创新不足。虽然近几年深圳市在源头创新上出台了不少措施，并加快了科技基础设施建设步伐，但国家级创新载体数量相对于北京、上海、武汉等地而言差距仍较大，核心技术和关键零部件供给不足问题日益突出，制约了城市创新能力的进一步发展。二是城市生活成本不断上升，人才吸引力减弱。近五年来，深圳房价飞涨，涨幅在全国排名前列，这对新引进人才造成较大影响。同时，国内多个城市之间“抢人大战”不断加码，对深圳吸引高端人才造成一定压力。三是深圳过去依托经济特区所带来的政策优势推动了科技创新的发展，但现在吸引创新人才、资源和企业的政策洼地效应正在消失，深圳不可能再像过去那样获得很多特殊的政策和资源，而必须更多地依靠自身的力量，推动科技创新发展。

四　新形势下深圳推动科技创新发展的建议

过去40年，深圳向世人展现了令人惊叹的科技创新活力和举世瞩目的创新发展速度。未来，随着“双中心”建设的推进，深圳需要进一步推动科技创新高质量发展，担负起推动中国科技创新迈向自主创新、国际领先的重任。为此，深圳需要从以下几个方面着手，大力推动科技创新加快发展。

（一）加强科技强市战略部署

一是做好“十四五”科技创新专项规划的研究编制，并将科技创新作为“十四五”规划的重中之重。在“十四五”规划中，要坚定不移实施创新驱动发展战略，重点明确深圳推动科技创新发展的目标定位、空间布局和重点任务，专项规划要紧密结合粤港澳大湾区、中国特色社会主义先行示范区的实际，统筹做好重大科学基础设施布局、高水平大学和科研院所、重点领域跨区域跨国际联合攻关等内容，同时制定《实施细则》，确保规划的科学性、前瞻性和引领性。二是加强关键核心技术攻坚战略部署。围绕关键核心元器件、高端装备和基础软件等领域，探索构建央地协同、省市联动的关键核心技术攻关新型体制，开展梯度攻关计划。落实《加强从“0到1”基础研究工作方案》，保障一批重大任务落地实施。三是建立更加科学有效的科技管理新机制。深圳要继续深化科技体制机制创新，围绕重大科技基础设施建设模式，科研管理体制、税制，知识产权保护，人才评价制度改革，新技术应用等方面先行先试。

（二）高标准建设综合性国家科学中心

面向世界科技前沿和国家重大需求，以“3＋1”重大科技创新平台为重点，引导和推动高端创新资源要素加快集聚，打造科技创新中心新地标。一是加强重大科技创新平台的协调发展。进一步明确“3＋1”科技创新平台的定位和协调机制，加大创新资源统筹力度，形成科技产业集聚合力，打造创新生态链。二是强力推进重大项目建设。加快推进深港开放创新中心、深港科创综合服务中心、国家超算中心等重大科技项目建设，谋划一批标志性、稀缺性世界级重大科技基础设施和前沿交叉研究平台。三是推动产业与城市建设深度融合。对标世界一流城区，加强深港科技创新合作区、光明科学城产业规划和城市规划，进一步完善交通基础设施及相关公共服务配套，推动湾区人才链、创新链、产业链与城市建设协同发展。

（三）进一步强化企业自主创新水平

深圳要继续壮大国家高新技术企业队伍，深入推进“国家高新技术企业规模化、规模以上企业国高化”。支持企业加大研发投入，继续推动规模以上工业企业研发机构全覆盖，鼓励企业承担参与国家、省市重大科技创新计划。鼓励龙头骨干企业创建国家级、省市级企业技术中心，并购海内外科技企业和研发机构，与国内外知名高校园所、上下游企业共同组建产业创新联盟、联合开展关键核心技术攻关，引导中小科技型企业聚焦专业技术细分领域研发创新。实施大孵化器战略，建立“创业苗圃＋众创空间＋孵化器＋产业基地＋产业集群”的梯级孵化体系，逐步构建“概念验证＋技术验证＋市场验证”的孵化创新服务体系，完善科技孵化可持续发展的激励机制，规划建设海归创业园、博士创业园、港澳青年创新园、众创空间等载体，不断壮大创新创业队伍。

（四）打造国际化高素质复合型创新人才高地

一是实施更加开放便利的境外人才引进和出入境管理制度，进一步降低国际人才在深圳创办科技型企业、担任科研机构法人代表的准入标准。开展外籍创新人才创办科技型企业享受国民待遇试点，争取在技术移民等方面先行先试。二是实施人才梯度培养战略，建立从博士（后）到优秀青年、杰出青年的人才成长若干周期支持机制，针对人才成长的周期性特点和需求差异，制定相应的住房、子女教育、医疗等配套政策。探索实行以增加知识价值为导向的人才分配新模式，赋予创新团队和创新领军人才更大的人、财、物支配权和技术路线决策权。三是加大人才引进力度。建立紧缺人才清单库，定期发布紧缺人才需求。完善人才激励机制，健全人才双向流动机制，为人才跨地区、跨行业、跨体制流动提供便利条件。针对核心技术和关键领域，加大“千人计划”“孔雀计划”“珠江人才计划”创新团队引进和科技领军人才的引进，鼓励创新人才带项目来深圳孵化或实施产业转化。

（五）加强国内国际多层创新网络建设

加快促进国际国内两个市场、两种资源有效对接，在更高层次参与国际科技创新合作。一是深化粤港澳大湾区创新合作。依托深圳与香港良好合作基础，充分发挥深圳前海、深港科技创新合作区等重大合作平台作用，着力突破与港澳科技协同创新制度层面制约，探索科技创新协调协同发展新模式。深化深圳与珠三角其他城市的全面务实合作，构建要素流动通畅、科技设施联通、创新链条融通、人员交流畅通的体制机制，推动创新要素开放共享。二是强化与国内两大科创中心和三大综合性科学中心、京津冀和长三角创新圈深度合作，建立大科学装置和交叉研究平台等常态化合作交流机制。三是开展国际科技产业交流合作。探索举办全球“科技悬赏”大赛，面向全球征集有效技术解决方案，争取实现一批重点产业共性关键核心技术突破。积极争取联合国工业发展组织等国际科技组织分支机构落户。设立国际学术交流中心，吸引国际学术组织、创新机构和跨国公司在光明举办高水平科技交流活动。加大对外资企业服务，支持外资企业在深圳设立总部和研发机构，鼓励外资企业及其母公司研发成果在深圳产业化。谋划建设深圳—以色列、深圳—日本等国际产业合作园区。扶持具备条件的企业设立海外创新中心。

（六）推动实施新基建赋能计划

推进5G基础设施提速建设，发挥政府在数字基础设施投资中的引领作用，加快千兆固定网络改造和5G网络建设，推动建设具备“云脑”功能的数据中心和超算中心，推进连接中小企业的专线建设，提升基础设施能级。加强标识解析体系建设，完善工业互联网标识解析节点和公共递归解析节点布局，支持企业开展工业互联网标识解析的产业化应用模式探索，利用标识实现供应链系统和企业生产系统间精准对接，实现跨地区、跨行业、跨企业的产品全生命周期管理。培育引进工业互联网标识解析服务商，提供整体解决方案和服务。推动各种人工智能软件以及图像识别、语音识别、机器翻译、智能交互、知识处理、控制决策等关键共性技术的研发应用。

参考文献

任泽平、连一席、谢嘉琪：《中国独角兽报告：2020》，澎湃网，https：//www. thepaper. cn/newsDetail_ forward_ 8500300，2020 年 7 月 29 日。

《深圳市科技创新委员会 2019 年工作总结及 2020 年工作计划》，深圳市科技创新委员会网站，http：//stic. sz. gov. cn/xxgk/gzjh/ndgzzj/content/post_ 7673358. html，2020 年 5 月 29 日。

吴定海、董晓远主编《深圳经济发展报告（2020）》，社会科学文献出版社，2020。

吴定海、董晓远主编《深圳经济发展报告（2019）》，社会科学文献出版社，2019。

郭跃文、向晓梅主编《中国经济特区四十年工业化道路》，社会科学文献出版社，2020。

B.18
南京发挥中心城市作用的强省会战略

章寿荣　孟 静*

摘　要： 南京以“创新名城，美丽古都”为愿景，以新发展理念指导实践，坚持高起点定位、以现代化标准谋划城乡建设，坚持创新驱动，充分发挥新型研发平台的“引力波”作用，推动产业发展强链条上高峰，不断提升高质量发展的首位度，推进板块式开发、以现代化新城标准建设城市副中心，坚持行动维实，把增进人民福祉、促进人的全面发展作为落脚点，坚持向改革要动力，持续优化发展环境，其省会城市功能和高质量发展的首位度不断提升。下一步南京的发展需要继续推动自我超越，实现从提升城市首位度向提升都市圈首位度的转变，更加突出“创新名城，美丽古都”特色，呈现出面目更加清晰的南京，不断提升城市的综合服务能力，推动创新链、产业链、人才链、资金链、政策链有机融合，形成发展合力，以建成国家中心城市和具有国际影响力的创新名城。

关键词： 南京　中心城市　强省会战略　高质量发展　创新名城

20世纪初，受制于发展定位不清晰、要素优势发挥不足、特色竞争力不突出、跨江通道不畅等，南京的城市能级与省会城市的地位一直不相称，2001~2013年地区生产总值一直低于苏州、无锡，这也导致宁镇扬都市圈发

---

* 章寿荣，江苏省社会科学院副院长、江苏区域现代化研究院院长，研究员，研究方向为区域经济与区域现代化、产业经济学；孟静，硕士，江苏省社会科学院社会政策研究所助理研究员，研究方向为城乡规划与区域发展。

展受限。为改变这一状况，南京市在习近平新时代中国特色社会主义思想指引下，贯彻落实“强富美高”要求，坚持高质量发展，坚持创新+改革双轮驱动，不断推动城市功能升级，2020年上半年南京经济总量首次进入全国十强，高质量发展综合考核连续两年居江苏首位，逐步担当起中心城市的战略作用，宁镇扬都市圈也成为同城化发展的示范区。2019年底以来，面对新冠肺炎疫情带来的冲击，南京深入落实“六保”“六稳”“四新”部署，经济保持了正增长，2020年上半年GDP增长2.2%、列GDP超万亿元城市第一位。下文分析了南京突破瓶颈、建成国家中心城市的举措和经验，并进一步思考未来发展的着力点。

一 南京建设国家中心城市的实践背景和重要意义

（一）突破自身发展瓶颈需要更大格局

南京自身的空间资源有限，迫切需要探索空间受限下的中心城市崛起之路。南京的土地面积仅6587平方千米，不足杭州的2/5、合肥的3/5，且境内有大量低山、丘陵和水域。加之南北狭长、东西狭窄的空间特征，最南、最北土地开发较难，城市发展所需的建设用地不足。要突破土地资源的制约，必须与镇江、扬州、滁州等周边城市合作，实现行政辖区不扩容，但发展的空间扩容。

南京的重化工业比重偏高，生产性服务业比重偏低，导致科教资源集聚的优势长期难以有效发挥，城市能级不高。2010年，化学原料及化学制品制造业、黑色金属冶炼及压延加工业、石油加工炼焦及核燃料加工业、烟草制品业、金属制品业的主营业务收入在各行业中分别位列第2、第4、第5、第8和第10。要把科教资源优势转化为创新优势，实现重化工业的优化发展，迫切需要形成新的、更高质量的经济结构，采取研发+生产基地（1+N）的发展模式，借助长江黄金水道通江达海的优势延长产业链。

（二）应对国际形势变化需要加强区域合作

当前，国际新冠肺炎疫情持续蔓延，导致世界经济低迷、全球市场萎缩，加之各国之间的贸易保护主义加剧，使得全球的供应链呈现碎片化、区域化态势，导致外需市场、关键核心技术和产品的引进压力增大，考验着各城市经济发展的韧性和质量。一方面，稳增长、扩内需成为现阶段的关键举措，“双循环”中国内大循环的实现需要各方共同发力，中心城市的发展有利于引领各城市形成合力，引导企业深耕区域市场，实现纵深发展；另一方面，全球产业链、供应链的大变局中，也孕育着优势产业集群发展的机遇，补链、强链无法仅依靠某个城市力量，而需要跨区域的合作，龙头城市的带动有利于合作的实质性推进，南京作为经济强省的省会理应承担起中心城市的使命。

（三）南京具备建成国家中心城市的实力

南京的区位条件好，沿江 GDP 过万亿的 5 个城市中有 4 个已经被确定为国家中心城市，上海的辐射作用要更好地向西传导，沿江发展轴要联动做强，需要在上海与武汉间增加一座能承担起“托手”作用的城市。接近上海与武汉断裂点的城市中，南京的经济发展水平、消费水平、开放程度、创新能力等都是最强的，其总体竞争力和沿江国家中心城市武汉、重庆、成都基本持平，也有能力建成国家中心城市。尤其是科教资源和人才优势十分突出，是全国重要的科研教育基地，拥有高等院校 53 所，也是全国唯一的科技体制综合改革试点城市，国家“双一流”大学和学科数量仅次于北京、上海，每万人中大学生数超过 1100 人、居全国第一。在以创新为主要特征的新经济发展中，南京有能力拔得头筹。也只有南京作为沿江发展轴中东部引擎的作用得到充分发挥，才能实现沿江沿海发展轴的联动。

二　南京城市发展的现状特征和主要成效

近年来，南京坚持新发展理念，以改革创新推动经济发展方式转型，城市高质量发展的首位度不断提升，“强富美高”新南京建设取得了突破。2019 年底、2020 年上半年，在新冠肺炎疫情和贸易战带来的不利影响下，南京经济依然保持了正增长，区域带动能力不断增强，人民群众的获得感不断提升。

（一）综合实力和区域影响力显著增强

2019 年，南京坚持稳中求进，经济总量和人均量均获得显著提升，全年实现地区生产总值 14030.15 亿元，比上年增长 7.8%（见图 1），人均 GDP 16.57 万元，列省会城市首位。2020 年上半年，南京 GDP 增长 2.2%，位列全省第一，改革开放 40 多年来经济总量首次进入全国十强，位列第九。在总量提升的同时，发展质量也有了显著提高，高质量发展综合考核连续两年居江苏省首位。2020 年，在 GaWC 综合考察城市规模、生产性服务业、交通通信、文化体育、全球影响力等指标的世界城市排名中，南京在全球城市中列第 87 位，较 2018 年上升 7 位，跻身世界二线大都市之列，在中国大陆城市中列第 7 名，较 2018 年上升 1 位。①

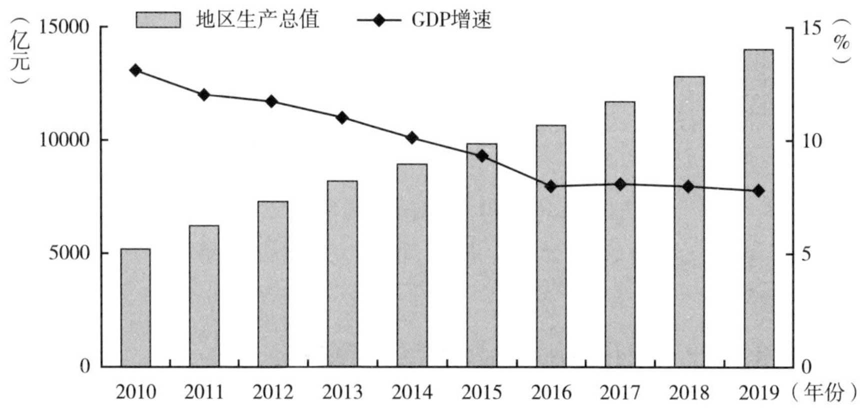

图 1　2010 ~ 2019 年南京市 GDP 及 GDP 增速

资料来源：《南京统计年鉴 2019》《南京市 2019 年国民经济和社会发展统计公报》。

（二）创新引擎发挥强大带动作用

“创新名城”建设初具成效。科研平台建设获得大发展。截至 2019 年底，南京拥有省级以上科技公共服务平台 85 家，国家重点实验室 29 家，南京集成

---

① Globalization and World Cities Study Group and Network，The World According to GaWC 2020，发布时间：2020 年 8 月 21 日。

电路产业服务中心、国家健康医疗大数据（南京）中心等的服务半径已经远远超出南京本市，可以为江苏乃至长三角和全国提供研发支撑。科研成果丰硕。2019 年，南京新增专利授权 55004 件，比上年增长 24.8%，其中发明专利授权量占 22.5%（见图 2），形成了“研发 + 产业”的发展模式，科技研发对产业发展的带动能力不断增强，技术合同成交额从 2017 年的 284.75 亿元增加到 2019 年的 588.41 亿元，两年间数量翻了一番。

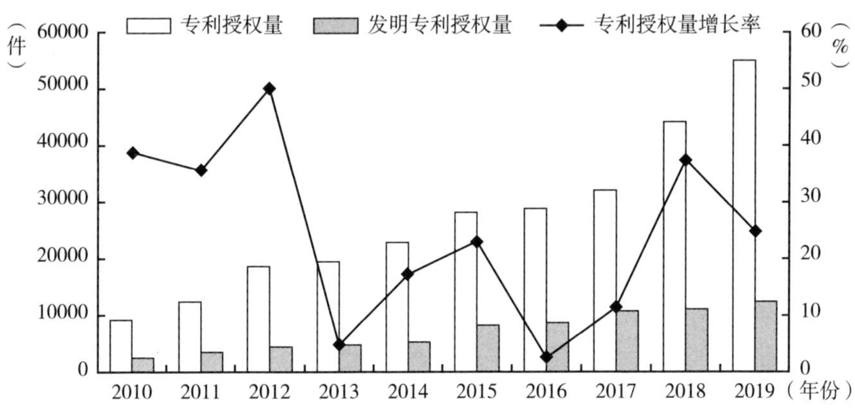

图 2　2010～2019 年南京市专利授权情况

资料来源：《南京统计年鉴 2019》《南京市 2019 年国民经济和社会发展统计公报》。

（三）产业现代化水平和辐射能力不断提升

产业发展在成规模基础上，南京进一步实现了强质量、筑高峰，对周边的辐射带动能力不断增强，产业链初具规模。产业结构偏重的情况基本改变，生产性服务业比重不断提高，对经济发展形成了强有力支撑，2019 年三次产业结构调整为 2.1∶35.9∶62.0（见图 3）。高新技术产业发展迅猛。全市高新技术企业从 2017 年的 1844 家增加到 2019 年的 4680 家，两年增长 154%；2019 年，实现产值 1.15 万亿元、比上年增长 12%，占规上工业产值的 20.7%；2020 年上半年，完成高新技术产业投资 275.79 亿元，比上年增长 34.6%。形成了鲜明的产业特色。2019 年，南京新型电子、绿色智能汽车、高端智能设备、生物医药与节能环保新材料四大先进制造业共实现增加值 2179.90 亿元，比上年增长 9.9%，占规上工业增加值达到 70.5%；信息传输、软件和信息技术服务业增加值增长 15.0%。

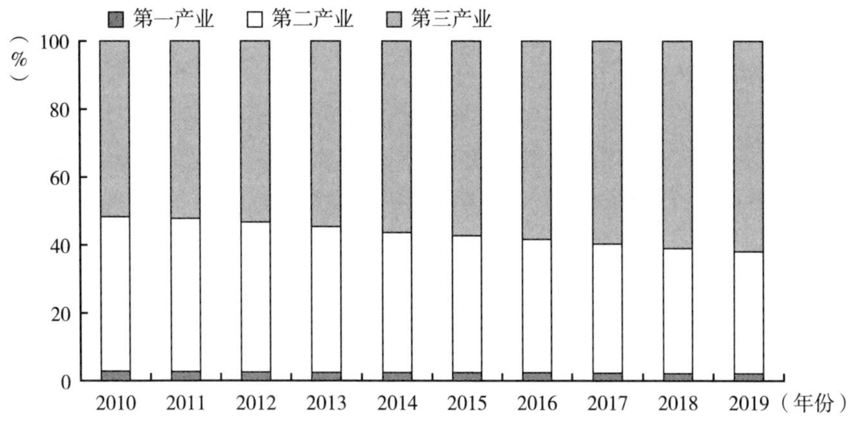

图 3　2010～2019 年南京市三次产业结构

资料来源:《南京统计年鉴 2019》《南京市 2019 年国民经济和社会发展统计公报》。

(四)开放发展成效显著

外资项目签约量保持增长，成功招引了环保科技、新能源、半导体科技等一批外资重点项目。2019 年，全市实际利用外资 41 亿美元，比上年增长 6.4%(见图 4)，占全国份额的 3%，总量连续 9 年位居全省第二；2020 年上半年，新增实际利用外资 25.7 亿美元，同比增长 6.9%。外贸进出口实现逆势上扬。2019 年，全市实现进出口 4828.1 亿元，比上年增长 11.8%，增幅高于全国 8.4 个百分点；2020 年上半年，完成进出口总额 2299.0 亿元，同比增长 6.9%。服务贸易发展走在全国前列。2019 年全市实现服务进出口总额 169.4 亿美元，比上年增长 12%，商务部发布的 2017 年中国服务外包示范城市综合评价结果，南京排名全国第一。

(五)人民获得感持续提升

坚持改善民生是第一要务。2019 年，南京全体居民人均可支配收入达到 57630 元，比上年增长 8.9%(见图 5)。就业是最大的民生，南京实施积极的就业政策，2019 年，城镇新增就业 32.52 万人，城镇登记失业率仅 1.75%。社会保险覆盖面有效扩大，待遇水平稳步提高，城乡基本养老、医疗、失业保

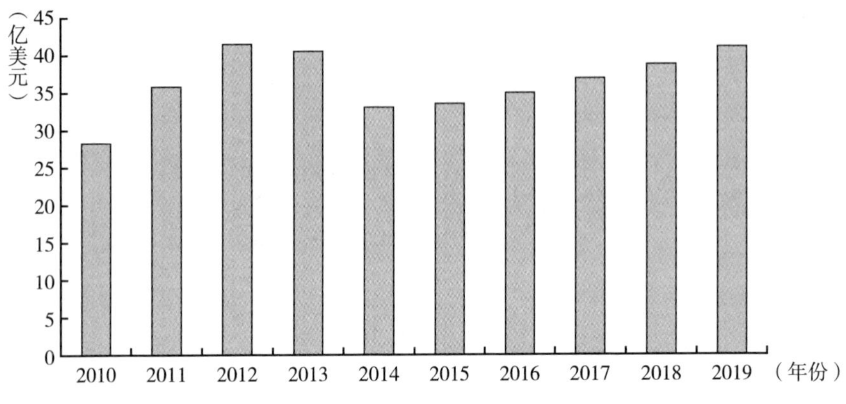

图 4　2010～2019 年南京市实际利用外资情况

资料来源：《南京统计年鉴 2019》《南京市 2019 年国民经济和社会发展统计公报》。

险参保率均保持在 98% 以上，2019 年企业退休人员人均养老金达 3063 元/月。构建解决相对贫困的长效机制，连续 17 年上调低保标准，2019 年达 945 元/月，年度增幅 5%；同时各部门出台相应帮扶政策，包括医疗、教育、住房以及水、电、气等，每名低保对象获得优惠减免约 400 元/月。2019 年南京农村低收入人口全部脱贫，经济薄弱村全部摘贫困帽。南京连续 10 年被评为中国最具幸福感城市，2019 年在中国最安全城市排名中位居第一。

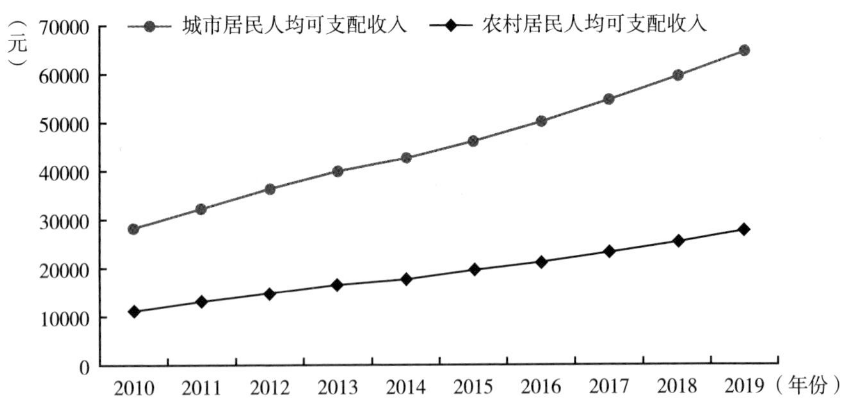

图 5　2010～2019 年南京城市居民和农村居民人均可支配收入

资料来源：《南京统计年鉴 2019》《南京市 2019 年国民经济和社会发展统计公报》。

三　南京建设国家中心城市的关键举措和经验启示

南京以“创新名城，美丽古都”为发展愿景，认真贯彻新理念、落实新要求，以创新为第一动力，以人才为第一资源，把提升省会城市功能和中心城市首位度作为对标找差距的主攻方向，塑造城市特色和核心竞争力，积累了一系列可复制、可推广的成功经验。

（一）高起点定位，以现代化标准谋划城乡建设

城市性质代表着一个城市的特色和发展方向。南京坚持以现代化理念、全球化视野制定发展策略和规划。纵观历次总规对城市性质的定位，从江苏省中心到沿海和长江流域中心、东部地区重要中心城市，再到新一轮总规中的国家中心城市，发展的视野越来越开阔、格局越来越大，体现了南京对自身发展的高标准、高要求；从科研教育基地到全球创新名城，南京对于自身优势的挖掘越来越深入，科教创新这一特色更加鲜明，成为城市的核心竞争力（见表1）。

表1　南京城市性质功能演变情况

规划	城市性质
《南京市城市总体规划(1981—2000年)》	著名古都,江苏省的经济、文化中心
《南京市城市总体规划(1991—2010年)》	著名古都,江苏省省会,沿海地区和长江流域中心城市
《南京市城市总体规划(2011—2020年)》	江苏省省会,东部地区重要的中心城市,国家历史文化名城,全国重要的科研教育基地和综合交通枢纽
《南京市城市总体规划(2018—2035年)》	江苏省省会,国家中心城市,国家历史文化名城,综合交通枢纽,全球创新名城,新时代中国特色社会主义的国际化城市

中心城市功能目标的实现，首先要做好内功，推动自身建设品质化。南京的城乡建设立足宜居宜业目标，从自然山水、文脉传承、精致现代、安全韧性等方面着手高标准推进城乡建设，不断彰显美丽古都特色风貌。一是高标准配套市政公用设施，超前规划应急管理、防灾避难等安全保障设施，普及新技术，力求建成“最智慧的城市”。老城区通过雨污分流、背街小巷整治、文商

旅城融合发展等一系列匠心工程，全面提升存量空间品质；新城区高标准推进地下综合管廊建设、海绵城市建设和面向未来的文体设施建设。二是落实习近平总书记“绿水青山就是金山银山”理念，挖掘襟江带湖、龙盘虎踞的山水城林优势，建设各类公园，老山、紫金山、牛首山山林绿地，美丽乡村，形成类型丰富的绿地网络；围绕“长江大保护”推进岸线整治工作；高标准打造九大“城市客厅”，初步建成“山水城市主轴”“世界级魅力人文江岸”，不断增进居民生态福祉。

在提升自身功能的基础上，发挥辐射带动作用，还需要赋予合作主体——企业以平等联通世界的机会，要以便捷的交通、信息等流动网络建设为支撑。南京致力于打造“一带一路”综合集成交通枢纽，拥有禄口机场这一国家干线机场、长江沿线江海转运港，形成了“一环两横八射”的铁路网、“两环两横十五射”的高速公路网，城市轨道交通通车里程居全国第四，实现了航空、高铁、公路、水运交通枢纽功能的无缝对接。同时，适应现代化和5G发展需求，加快数据基础设施和云平台建设，构建了“城市数据大脑”，由此实现了企业间的无障碍沟通，企业与消费者之间的零距离沟通，用数据提高了供应链效率和要素流通效率。

（二）坚持创新驱动高质量发展，充分发挥新型研发平台的“引力波”作用

习近平总书记指出，创新是引领发展的第一动力。拥有高端核心技术，是提升城市辐射能级的基础。南京以建设具有全球影响力的“创新名城”为目标，坚持顶层设计、系统布局，2011年聚焦“四个第一”实施创新驱动战略，2017年实施创新驱动“121”战略，2020年“南京市委创新委”正式挂牌成立，创新对城市发展的支撑力、引领力持续增强。

第一，畅通源头供给的“最初一公里”，量质并举建设新型研发平台，平台服务区域范围已经远超南京和江苏。一是围绕产业链关键环节建设自主创新平台。以南京集成电路产业服务中心为代表，可以为企业提供晶圆检测等“一站式”专业服务，每年为企业节省研发费用过亿元。二是围绕国家重大战略和本市优势建设创新平台。围绕健康中国战略，建设了国家健康医疗大数据（南京）中心，是亚洲最大的基因测序基地，可以为全国的前沿医疗、精准医

疗提供研发服务。落实长江经济带战略，建设扬子江生态文明创新中心，成为生态环保领域原创技术和产业技术的输出地。三是建设综合性创新平台。以紫金山实验室为代表，同时发力于深化基础研究和改革体制机制，赋予实验室自主决策、首席科学家技术路线决策权、项目经费调剂权、科研团队组建权、成果混合所有权等权利，力求建成“科研特区”。

第二，打造集聚创新资源的“强磁场”，积极主动推动开放创新合作，使南京成为全球创新网络中的重要节点。一是聚焦前沿科学研究，高水平打造国际化大会、赛事。包括南京创新周、南京国际生命健康大会等，汇聚全球创新创业人才，展示创新成果，达成合作协议，2020 年为克服新冠肺炎疫情影响，南京创新周通过线上云平台展示南京创新图谱，取得了丰硕的合作成果。二是实施“生根出访计划”等，推动全市各板块分别与目标国家开展创新合作，建设高水平“创新共同体”，积极引进世界 500 强企业和高端研发机构与研发人才。目前，剑桥大学南京科创中心、南京大学伦敦国王学院联合医学研究院、伯克利南京研究中心等均已落户南京。

第三，针对重大关键技术开展自主创新，推动原始创新，增强创新策源供给能力。建立了主导产业核心技术攻关“揭榜制”，制定发布攻关榜单，鼓励企事业单位揭榜攻关。形成了一系列重要的自主创新成果，如紫金山实验室成功研发全球首个大网级网络操作系统，开通全球首个网络内生安全试验场，成功进行全球首个确定性广域网创新试验，成功研制出 5G 毫米波芯片等。

第四，畅通成果转化的“最后一公里”，打通科研与产业的通道。通过共建大知识—产业创新圈、产学研联合体等，实现科学家和企业家共事，成果和企业共生，科技和产业共进，确保了校地融合、成果落地。在新型研发机构中，积极推动人才团队持大股、市场化运作、企业化运营，充分调动创新团队的积极性。启动“城市硅巷”建设，充分挖掘名校、名所、名企等创新资源，打造无边界的创新平台，形成了共享开放的创新生态。

第五，坚持人才是第一资源，投入实实在在的行动和资源集聚优质人才。一是以实质性投入招揽人才，即便在贸易战和新冠肺炎疫情导致财政收入增速放缓的背景下，南京也没有削减用于科技和人才的资金投入。二是坚持优选人才，创新组建了南京市高层次人才举荐委员会，施行高层次人才“举荐制”，发现、选拔和培养战略性新兴产业、“4 +4 +1”主导产业需要的优秀领军人才。三是组织部、科技局、人社局三驾马车形成内生合力，优化发展环境，使人才能够留得住。

（三）产业发展强链条、上高峰，提升高质量发展的首位度

南京坚持发展是第一要务，不再仅是追求扩大地域面积，而是通过贯彻新发展理念提升高质量发展的首位度。以高端化、智能化、集群化、绿色化为产业发展方向，通过“两融合一落地”打通了创新链和产业链、价值链，在此基础上通过产业地标强链、主导产业扩容、传统产业提优、新兴产业做大，不断迈向全球价值链的中高端。

第一，聚焦主导产业，聚力新兴产业，聚合周边城市补链、强链，推动自主可控产业链发展，形成了鲜明的产业发展特色。聚焦集成电路、绿色智能汽车、新医药与生命健康、软件和信息服务、人工智能、智能电网、轨道交通、智能制造装备等 8 条产业链 20 个领域，实施强链、补链行动。大力引进头部企业和行业领军企业，由此汇聚并跨区域布局上下游企业是南京成功的经验。一是围绕台积电配套落户相关产业，建成了集成电路设计及综合应用基地、集成电路设计产业基地、集成电路先进制造业基地等，建设“芯片之城”。二是以上汽大通为轴心，以汽车空调、汽车充电、汽车传动部件、汽车底盘和发动机等行业的龙头企业为支撑，布局了绿色智能汽车研发制造产业版图。三是以国际健康城、生物医药谷、生命科技小镇等为载体，布局包括新药研发生产、诊断试剂、基因检测、医疗器械、研发服务外包、医药销售、健康服务等在内的生命健康产业链，建设“健康之城”“基因之城”。

第二，发力“双循环”，精心种好“三棵树”。一是“移栽大树”，积极招引全球科技和产业大项目，培育外贸新业态新模式。二是“育苗造林”，构建了从初创期科技企业、科技型中小企业、高新技术企业、创新型领军企业到瞪羚、独角兽、拟上市企业的梯度培育矩阵和政策支持体系，打造创新型企业—专精特新企业—独角兽、瞪羚企业—上市企业的“雁阵梯队”。三是“老树发新芽”，引导在宁企业加快技术改造、转型升级步伐。借助竞争双选实现产业升级，在企业间、各区政府间形成了良性的竞合关系，通过企业优选落户地、政府优选企业，有效提高了产业的发展水平和政府的服务能力。

第三，提升区域枢纽服务功能。大力发展商务金融、文化创意、软件信

息、现代物流、健康休闲等现代服务业。一是坚持产融互促，河西金融集聚区形成了以银行、证券、保险等传统金融业为主体的发展格局；江北新区全面推动扬子江新金融集聚区建设，资产管理、股权投资、基金保险等新金融业态发展迅速。二是引进数字经济头部企业，阿里巴巴江苏总部在南京落户，为阿里集团全国第三大总部，对南京的科技创新、培育孵化中小企业创新创业、促进传统企业数字化转型、搭建政府服务网络等都发挥了积极作用。三是集聚培育法律服务、优质中介服务机构，形成了政务服务—法律服务—会计服务等总部企业落户发展的一条龙服务体系。四是大力促进外综服企业创新转型。2020年8月成功列入新一轮全国深化服务贸易创新发展试点，中国（南京）软件谷成功申报首批国家数字服务出口基地。

（四）推进板块式开发，以现代化新城标准建设城市副中心

为了避免地域南北狭长的不利影响，破解两端与中间发展不平衡的问题，南京着力做强板块经济，以建设新中心、引领未来发展的高度规划建设每个新区，形成了各板块优势互补、协调发展的良好局面，有效提升了南京的城市能级和辐射带动力。

第一，通过板块式开发、集聚优惠政策等做优做强多个中心，多中心结构有效促进了城市的平衡发展，提升了城市的空间价值。建邺区以建设滨江地区繁华新城、科技新城、生态新城、和谐新城为目标，以承担大赛要事的主场馆保障工作迅速拉开城市框架，在此基础上通过发展现代服务业，成功实现了发展动力由硬件建设向创新软件驱动的转型。栖霞区抓住南京由沿河向拥江发展战略格局调整的机遇，致力于建成南京先锋城区、全球先锋科学城，推动科技智造产业发展，打造中国（南京）智谷。江宁区借助国家级开发区建设和撤县设区的机遇，大力发展战略性新兴产业，建设大学城科教创新园区，建成了南京南部的重要增长极。江北新区发挥国家级开发区和自贸区双区叠加的优势，面向未来，发展4+2产业体系，打造芯片之城、基因之城和新金融中心。

第二，推进载体赋能升级。以“一区多园”的发展思路，将分散在全市的82个各类科技产业园区，按照国家标准，整合为15个“无边界”高新园区，为实现产业集聚化发展提供全新载体。按照建设“世界一流高科技园区”目标，创新了“创新委+高新区管委会”的治理架构，实现了管理模式、支

持政策、园区品牌、考核体系四个统一，高新区已经集聚了全市 50% 的规上工业和服务业企业，79.5% 的高新技术产业企业。

（五）坚持行动维实，把增进人民福祉、促进人的全面发展作为落脚点

南京的城市发展始终坚持以人民为中心这个根本立场，以经济强带百姓富，以社会保障兜底民生，坚持硬件、软件两手发力。第一，在产业发展的基础上，不断提高就业质量，增加居民就业收入。新冠肺炎疫情期间针对保就业出台了一系列扶持政策，内容涵盖加大援企稳岗力度、降低缓缴社保费用、指导企业和劳动者返岗复工、加强企业用工保障、吸引硕博优秀人才来宁见习等。第二，聚焦就业、教育、医疗、养老、住房等重点领域，每年安排十大民生实事，推进学前和义务教育普惠优质发展，医养结合、时间银行、喘息服务等养老服务的南京实践获得推广，探索了“一门受理、全科办理”的社会救助服务模式。第三，硬件上，以“美丽古都”建设为抓手，通过提升城市品质和涵养生态满足人民对美好生活的向往；软件上，探索特大城市治理现代化路径，以为人民解难题为核心目标，通过网格化治理基本形成了网格员发现问题、部门综合执法解决问题的闭环，并且将金融、消防、治安、安全生产等风险排查纳入网格化治理清单，确保民生安全。

（六）向改革要动力，持续优化发展环境

南京的国家中心城市建设，牢牢把握全面深化改革这个内在动力，科技创新、营商环境、基层治理等领域的突破，无一不得益于改革。第一，将打造公平高效一流的营商环境作为提升省会城市功能和中心城市首位度的重要途径，系统化构建政务服务体系。出台了《南京市优化营商环境 100 条》，全面深化“放管服”改革，简化办事流程，提升办理效率，持续激活市场活力；出台惠企“宁 10 条”，以减税降费和精准助企服务推动中小企业健康发展；建设知识产权保护中心，打造“知识产权保护最严格城市”，维护企业合法权益。第二，互联网 + 公共服务特色突出，打响了不见面审批品牌，智慧城市建设走在前列。建立了全市统一的跨部门数据共享交换平台，实现群众网上办事“一次认证、多点互联”和多渠道服务的“一网通办”，群众事项平均办理时间由

原来的8.65天降至3.7天，效率提升了57%。以栖霞区为代表，探索了“外网受理、内网办理、全程公开、快递送达、网端推送、无偿代办”的审批新模式。第三，以钉钉子精神推动各项改革部署落地见效。坚持“重点工作重点抓、系统工程系统干、创新文章创新做”，对重点工作实行集中办公、实体运作、专班推进，着力解决跨区域、跨板块分工合作问题。

四　未来发展需要进一步解决的问题和建议

高质量发展必然是不断实现自我超越的发展，对既往的发展路径、优势和短板做出全方位审视，对实现更高质量的发展尤为重要。南京在提升省会城市功能和中心城市首位度上取得了显著成绩，但也面临着一些挑战：一是在全球新冠肺炎疫情和贸易保护主义的冲击下，挤压了企业原有的生存和发展空间。二是城市能级需进一步提升。目前南京对与自身发展梯度差异大的城市和紧邻的城市形成了强大的带动力，但对长江沿线其他城市和苏中、苏北的带动能力有限。三是数字经济时代要求政府决策短、平、快，需要基层机构有相当的决策权，对改革赋能的要求依然强烈，但是随着体制机制改革进入深水区，“难啃的骨头”越来越多、对系统性的要求越来越高，使得体制机制创新的难度加大。四是高技术产品出口额占出口总额比重、服务贸易占对外贸易的比重有待进一步提高，服务业的对外开放涉及法律、服务标准、执业资格、监管制度等各方面的调整，难度较大。五是各板块基本形成了自己的特色，如何在板块做强的基础上形成发展合力，如建邺区金融区与江北新金融区如何互补发展等，需要进一步探讨。解决上述问题，南京需要进一步强化创新型、服务型、枢纽型、引领型功能，以新发展理念引领高质量发展实践。

（一）从提升城市首位度到提升都市圈首位度

南京承东启西、连接海陆的区位优势的发挥，必须实现城市发展格局从“沿秦淮河发展”到“拥江发展”再到“江海联动”的跨越，这就要求南京联动周边镇江、扬州、淮安、马鞍山、滁州、芜湖、宣城等市做强城市能级和扩大影响力，实现由提升城市首位度到提升都市圈首位度的跨越。产业规划、载体建设和数据资源等要立足整个都市圈，在都市圈内首先实现设施共建、交通共网、创新共赢、市场共通、人才共用、功能共享、生态共保、机制共创。具体就是要采取“强核心＋紧链条＋跨边界”的发展模式，立足更广阔的地域空间延长、补强产业链，确保城市四大中心与副中心间立足优势、互相支撑、形成合力：鼓楼、秦淮、玄武等中心城区板块，严格控制工业用地、加快低效用地挖潜和棕地再开发，优先发展现代服务业，向文化生产、知识和创新策源地转型；建邺、江宁、江北新城重点发展高新技术产业和生产性服务业，建成战略性新兴产业总部集聚区；溧水、高淳重点发展先进制造业和现代生态农业，建成城市绿肺；采取“研发中心＋生产基地”的布局方式，在句容、溧阳、仪征、滁州等毗邻地区探索设立特别合作区，实打实推进宁镇扬同城化，布局生产基地，在区域发展中切实发挥龙头带动作用。

（二）呈现出面目更加清晰的南京

进一步挖掘亮点，更加突出“创新名城，美丽古都”特色。要增强“美丽古都”的历史厚重感和内涵深度，形成系统化、有国际影响力的“美丽古都”意向，彰显新老并进的协调美、锐意创新的活力美、古今交融的人文美、山水城林的意境美、开放包容的气度美、安定文明的和谐美。“创新名城”建设要由争取国内排名向形成全球影响力跨越，同步推进国家综合性科学中心和科技产业创新中心建设：坚持以自主创新为核心，形成世界领先的基础研究能力，打造几所世界一流的高等院校和科研机构；以创新锻造高质量发展的新增长点，强化领军企业培育和项目孵化，打造若干个具有核心竞争力、国际影响力的原生高新技术企业，聚焦智能制造、集成电路、生命健康、未来网络等打造“地标产业”，打造世界知名的“智慧城市”“芯片之城”“健康之城”。

（三）完善服务功能增强制度上的创新性

城市的综合服务能力对提升城市吸引力具有重要作用。南京要强化领军企业培育、项目孵化、科技创新、人才引进、金融、贸易、信息、对外交往中心等功能，形成信息渠道多、发展环境优、创新创业活力强的大服务体系。一是由建设交通枢纽到建设人流、物流、资金流、信息流等多功能枢纽，促进信息基础设施互联互通、数据资源共建共享。二是更多更好地为周边城市、长三角乃至全国提供优质科研创新服务，推动知识共享，充分发挥知识的溢出效应，形成有形与无形、线上与线下互联互动互补的知识产权交易服务体系，引进创业孵化、技术转移、知识产权、科技金融等科技服务机构，构建全方位、全链条、全流程的创新创业服务体系。三是建设区域性金融中心，加快推进宁镇扬都市圈金融同城化，强化沪宁金融合作，形成承接上海、覆盖江苏、辐射皖赣、延伸全国的金融服务能力。四是扩大公共服务设施服务半径，跨行政区域推动公共文化服务、医疗健康服务等。五是成为制度创新的示范者和引领者，积极探索城市间的竞合发展制度，创新社会管理机制。

（四）推动各领域共建形成发展合力

系统梳理产业链、供给链的堵点、难点问题，通过新资源、新平台、新技术、新制造、新金融、新模式“六新”共建，推动创新链、产业链、人才链、资金链、政策链有机融合、精准对接，形成发展合力。以新平台吸引企业，以新技术培育企业，以新金融的发展确保企业的金融服务需求在区域内得到满足，同时以总部企业带来的产业链大发展为金融机构提供广大的市场，并由此确保产业链相关企业能够落户且得到快速成长，由此形成良性循环。

参考文献

陈江龙、高金龙、徐梦月、陈雯：《南京大都市区建设用地扩张特征与机理》，《地理研究》2014 年第 3 期。

官卫华、叶斌、何流：《改革开放 40 年以来南京城乡规划发展的演进——兼谈新时代国土空间规划的融合创新》，《城市规划学刊》2019 年第 5 期。

官卫华、叶斌、周一鸣、王耀南：《国家战略实施背景下跨界都市圈空间协同规划创新——以南京都市圈城乡规划协同工作为例》，《城市规划学刊》2015 年第 5 期。

姚士谋、李广宇、燕月、陈爽、陈振光：《我国特大城市协调性发展的创新模式探究》，《人文地理》2012 年第 5 期。

于涛、张京祥、罗小龙、陈眉舞：《人本视角下的城市发展动力与治理创新——基于南京实证研究》，《城市规划》2018 年第 3 期。

张鸿雁：《被长三角结构空洞化的南京城市定位批判研究与建构——中国城市“十二五”规划雷同化纠谬与创新》，《中国名城》2011 年第 3 期。

探　索　篇

Exploration Reports

B.19

未来中心城市韧性设计原则

仇保兴*

摘　要： 随着城市化进程加快和城市人口增多、功能和规模不断扩大，城市面临的不确定性和安全风险越来越多，对城市规划建设和管理、可持续发展带来了巨大的冲击。加快韧性城市建设，确保城市发展安全，是坚持以人民为中心的发展思想、全面贯彻总体国家安全观的必然要求，不容忽视，势在必行。建设韧性城市，应着力从结构韧性、过程韧性和系统韧性三个方面构建城市韧性系统，并在城市规划中要体现主体性、多样性、自治性、冗余、慢变量管理、标识等六大要素。

关键词： 城市发展安全　韧性城市　韧性设计原则

---

* 仇保兴，国务院参事，国家住房和城乡建设部原副部长，国际水协（IWA）中国委员会主席，中国城市科学研究会理事长，经济学、城市规划学博士，哈佛大学访问学者，中国人民大学、浙江大学、天津大学和中国社会科学院博士生导师，研究方向为城市规划与城市治理。

现代城市是一个由多要素高度聚集的复杂社会系统。随着我国城市化进程明显加快，城市人口不断增多、功能和规模不断扩大，发展方式、产业结构和区域布局发生了深刻变化，新技术、新材料、新能源、新工艺广泛应用，新产业、新业态、新领域大量涌现，城市运行系统日益复杂，面临的不确定性和安全风险也越来越多。于是，加强韧性城市建设，确保城市发展安全，便成为实现城市高质量发展绕不过去的话题。

一 加强韧性建设是城市安全发展的必然要求

一部城市发展历史告诉我们，无论规划、建设还是管理，都必须把安全放在第一位，否则，城市不安全一切归零。有关研究成果表明，一个国家和地区年人均 GDP 超过 3000 美元后，经济和社会发展中的各种问题会凸显出来，城市公共安全将随之进入一个高风险阶段。未来城市特别是特大型中心城市发展，面临的普遍问题是气候变化、环境危机以及各种极端事件所带来的威胁。这些不确定性和安全风险，不仅会对城市经济社会形成严重冲击，而且还可能对城市居民的生命安全和身体健康构成严重威胁。这次在全球扩散蔓延的新冠肺炎疫情，就充分印证了这一点。

城市面临的威胁，可以归纳为面临的不确定性越来越多。城市规模越大，它面临的不确定性就越多。一是极端气候的变化。最近大家都知道，我国十几条河流的水位已超过历史纪录，现在一旦出现旱灾或者水灾，许多都是超历史极值的，所以通常的承载力估算或者传统防灾的预案是没有用的。二是城市的高集中性。前不久，无人驾驶汽车在上海率先测试，已宣布无人驾驶时代即将到来。无人驾驶，意味着另一个方面的高不确定性。如果无人驾驶车被黑客所控制，那么汽车就变成了在市区内横冲直撞的危险工具了。三是新技术的快速涌现。人工智能、物联网，特别是人工合成生命，这些都是带有颠覆性的技术。许多新的科技本身就是新的脆弱性产生的新源头。现在物联网和 5G 时代已经来临，也就是万物互联的时代来了，但万物互联也意味着危险互联。四是快速发展和高度国际化的脆弱性。我国正在经历着快速的机动化，高铁、高速公路、网络化，时空被高度地压缩了，任何一个大城市一旦有什么动乱或疫情发生，就会迅速地扩散到周边。全球范围的高速连接，也意味着任何一个地方甚至国际上的一些灾害，会迅速传递到中心城市，而中心城市的一些灾害也会迅速扩散。五是多主体的复杂性。因为人口的大量流动，特别是国际人口大量流动，都会带来各种各样新的不确定因素，特别是现在面临着的一些气候灾难问题，局部动乱造成的人口大量流动问题，这些都是我国中心城市必须考虑的新的不确定性。

那么，应对这些新的不确定性或者说未来的灾害，我们有什么办法呢？这就是要建议建设韧性城市。因为所有这些大的灾害，都可以称为“黑天鹅”。“黑天鹅”总是在人们预料不到的地方飞出来。因为它们是预料不到的，那么我们原先制订的预案显然是无法应对的。另外，按传统的思路，我们要么把冗余放大，要么制订预案，但这些老办法对“黑天鹅”事件都是无效的。那怎么办呢？20 世纪 80 年代以来，国际社会统一了思想，提出了建设韧性城市。

党的十八大以来，习近平总书记高度重视重大风险防范化解工作。他指出：“我们面临的重大风险，既包括国内的经济、政治、意识形态、社会风险以及来自自然界的风险，也包括国际经济、政治、军事风险等。如果发生重大风险扛不住，国家安全就可能面临重大威胁，全面建成小康社会进程就可能被迫中断。”他还说：“面对波谲云诡的国际形势、复杂敏感的周边环境、艰巨繁重的改革发展稳定任务，必须始终保持高度警惕，既要高度警惕‘黑天鹅’事件，也要防范‘灰犀牛’事件；既要有防范风险的先手，也要有应对和化解风险挑战的高招；既要打好防范和抵御风险的有准备之战，也要打好化险为夷、转危为机的战略主动战。”习近平强调指出，人命关天，发展绝不能以牺牲人的生命为代价。这必须作为一条不可逾越的红线。他要求各级党委政府必须坚决贯彻总体国家安全观，坚持底线思维，增强忧患意识，提高防范化解重大风险的本领和能力，做到居安思危、未雨绸缪。

贯彻落实习近平总书记重要指示精神，加快推进“以人民为中心和绿色发展”的新型城镇化，要求我们必须坚持以新发展理念为引领，把防范化解城市重大风险放在突出位置来抓，着力加强韧性城市建设。

二 建设韧性城市应着力构建城市韧性系统

所谓韧性城市，就是城市的经济系统、技术系统、基础设施系统等面对灾害的冲击和压力，它能够保持基本的功能、结构、系统和特征不变。也就是在灾害冲击而来的时候，城市的这些基本功能能够维持，这样的城市系统就是韧性系统。韧性城市可以化解未来的对其社会、经济、技术系统和基础设施的冲击和压力，仍能维持城市基本的功能、结构、系统，是一种前沿的城市设计原则。

城市的韧性系统是有模型的，可以将其转化为结构韧性、过程韧性和系统韧性三个方面。从结构韧性视角看，我们把它分为技术韧性、经济韧性和社会韧性、政府韧性。技术韧性，指的是基础性的公共品服务，也就是城市的生命线，涉及城市的通信、能源、供排水、污水处理、交通、防洪、防御等系统。对此，我们应该有足够的认识应对不测的风险，因为未来是不可预测的。经济韧性，指的是一个经济体通过调整经济结构和增长方式，有效应对外部干扰，抵御外部冲击，实现经济可持续发展的能力。社会韧性，就是我们的城市社会各类主体在大的威胁、大的灾难来临的时候，能够保持理性，不放大危险。政府韧性，就是通过韧性城市的建设，它在任何情况下都能够准确地搜集到情况，然后率领民众抗击灾害，保证职能的正常运行。

从过程韧性视角看，任何一个城市特别是国家中心城市，如果面临“黑天鹅”事件和灾害的时候，它应该具有一种维持力。第一阶段，就是事件和灾害来了以后，一般的灾害或事件都能挡得住，能够保持城市的主要功能不变。第二个阶段指的是，如果城市暂时某个功能消失了或者交通中断了，也能够迅速恢复，比如说供电、供水中断了，能够在 24 小时恢复，这个 24 小时是一个黄金节点。第三个阶段，通过对每一次灾害、每一次干扰，我们进行科学的研判以及科学的总结，找出短板，把它迅速地补齐，这样一来，这个城市就能够转型升级和提高抗压性，可以应对更大的不确定性。由此可见，维持、恢复、转型这三个阶段，体现出一种过程的韧性。

系统韧性指的是，城市各类主体相互作用形成的韧性。我们经常说城市是有智慧的，这个智慧是基于每一个城市的单元或主体，它们首先对发生的问题能够获得足够的数据、能够感知，感知以后通过人工智能或者某种模型能够进行快速运算。第三个阶段就是将运算指令送到执行机构进行执行，精准地解决问题。最后对执行的结果进行反馈，反馈了以后再感知，所以感知、运算、执行、反馈就构成了这么一个系统的闭环运作。这个闭环越敏感、运转的速度越快，城市系统越能够应对外部的干扰，这就是城市呈现的系统韧性。

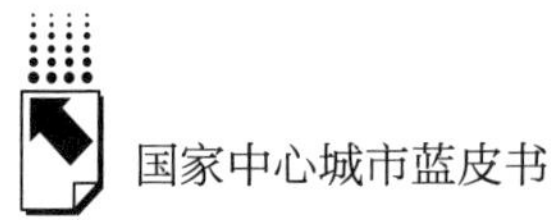

在这样一些原则指导下，我们的城市特别是未来的国家中心城市，怎样提高自身的韧性呢？这就需要引进一种新的方法论工具即 CAS，也就是复杂适应系统，也就是说系统中每一个主体都能够对外界的干扰做出自适应反应，而且各种主体之间会产生复杂的、良性的互动，就造就和涌现出某种能力，使整个城市能够在大的灾害或者大的事件到来之前或之中，保持主要的功能能够运转，如果不能运转也能够迅速恢复。

韧性城市实际上是我们人类一直追求的比较理想的城市模式。人类追求理想的城市已经至少有五千年的历史。一个理想的城市，它首先应该是安全的，其次是活力宜居的，再次是绿色可持续的。这个就是理想城市的“铁三角”，这种“铁三角”可以包括在城市韧性建设过程中，建设韧性城市虽然只有约 40 年的历史，但它确实已成为世界上所有重要城市的努力方向。比如说纽约就提出“2040，韧性压倒一切”，伦敦提出“2045，韧性是最重要的因素”，巴黎提出“2045 的巴黎，要着重考虑韧性的问题”，这些城市都不约而同地提出韧性的问题。

三　建设韧性城市应考虑的六个要素

第一个要素是“主体性”。主体性实际上就是系统的主体作用的充分发挥，城市主体也就是民众，包括各个市场主体，其应对外部的干扰或者灾害来临的时候，它的应对、学习、转型、再成长的各方面能力决定城市的韧性。有个日本作者写了一本韧性城市的新著，他提出：“一个城市的韧性，首先着重于人们素质的提高，只要提升居民的个人素质，既可以决定减灾的成败。”在灾害的现场要求人民在不确定信息的基础上，开展合理的避灾行动。日本与地震灾害进行了近千年的斗争，一般的地震来的时候，日本的民众伤亡和次生灾害是最小的，它来源于主体的适应能力是最高的。当然主体还应该包括多个层次，比如说建筑、社区、城区，这些也都是城市主体，企业、单位、各级政府都是主体，不同的主体相互之间良性互动，是我们对主体性的要求。那么，主体性还要求我们每一个主体要充分发挥自己的功能，比如说，欧洲一些国家提出来建设微农场，在建筑内部生产蔬菜，通过新型 LED 光源，它一年能够有 20～25 次的采摘，单位土地面积蔬菜、瓜果产出量比大田要高出 50 倍。这就是中心城市现代版的菜篮子、米袋子。如果每一个城市都这样做，那么我们城市的安全性就提高了。再比如，欧洲现在提出立体农场餐厅这个概念，15 分钟菜肴就可以从田头到达案头，而且顾客全程可以看得见，整个产业链非常短，叫短链生产体系。这个短链生产体系就具有韧性，它就是我们中国经常讲的菜篮子的现代化。

第二个要素是“多样性”。我们要求任何一个城市系统，特别是中心城市的产业应该多样，防灾能力也要多样，更重要的是一定要在城市基础设施上推广分布式、去中心、小型化、并联式。这种新型的生命线系统，比传统城市那种大规模化、中心控制、串联运行要有韧性得多。我们一些城市特别是中心城市这方面的教训不少。比如说，天津滨海新区那次危险品仓库的大爆炸，隐患早就埋下了，当时规划的时候，新区就要把它建成亚洲最大的危险品仓库。为什么危险品仓库要最大呢？这没有意义嘛，应该把危险品分散、小型专业化储存。再比如，北京市的新发地市场，规划初期，有的人就要把它建成世界最大的批发市场，结果河北甚至山西的蔬菜果品，都要到新发地进行流通，这没必要，越集中越危险！我们一定要领会这个道理。工业文明要中心化、大型化、流水线化，但也造成了新的脆弱性。英国有一位韧性城市专家曾经说过，真正的大规模的杀伤性武器不是别的，就是那种集中性的、大型的城市基础设施。这个话说得是非常对的！那么交通也一样，我们经常把城市交通设计成一种串联式系统，从步行到公交，从公交到轨道，从轨道再到高铁，其实应该做成并联式的，就是各种各样的交通工具都可以到达目的地，这样人们可以有多种多样的选择余地，这种交通模式才是韧性系统。再比如说，北京出现的涝灾问题，如城市公共空间规划设计通过各种各样的空中连廊把它们连起来，到特大的洪水、超历史纪录的洪水来临时，这些空中连廊就可变成应急的生命线功能和避灾场所，而且保持城市的基本交通功能不变，平时则作为低碳绿色步行通道。

第三个要素是“自治性”。也就是说，每个城市单元、每个主体，特别是城市社区，都具有自救功能，能够在灾害来临的时候存活、自救，并帮助临近市民和社区。比如说，日本居民家里就有“三个一”，即每个家庭都有一个急救包，这个急救包里有三天的食品、三天的水、三天的药品，在三天被外界隔离的情况下，可以维持正常的生存。周边社区、公园也有一个急救站，这个急救站可以维持一个社区一万人口三天的水、药品、食品。城市里还有若干个急救中心，可以维持所有市民三天的生存所需，三个三天加起来是九天，那么这样的城市和这样的社区，就有强大的自治功能，可以把许多灾害造成的次生灾害消除在萌芽状态。

第四个要素是“冗余”。冗余就是指有“备胎”，因为工业文明时代人们往往仅追求系统的运行效率，运行效率越高越容易出现脆弱性。所以任何一个复杂系统，特别是特大型城市、中心城市必然有一个“备胎”，以备不时之需。所以这次新冠肺炎疫情防控，中央也决定把救助药品、救助物资的仓库系统运转好。其实在每一个居民区里面有一定规模的超市，而且这些超市应储备必要数量的米面、油、干净饮用水，包括基础性的药品，应该备足可供这个小区居民三天之用，这样的超市政府可给予一定的补贴。就是说，这些必需的储藏品应该有一定的冗余。再比如说，我们在每一个卫生间里面装上微中水系统，就可以节水 35%。也就是另外一个小的冗余系统。比如把建筑雨水收集起来，在每一个落水管装上一个 3 立方米的水桶，这个水桶就可以吸去洪峰 30%，再加上屋顶绿化，透水的地面，可以把一般降雨造成的洪峰吸走一半。这些系统在灾害来的时候，它们实际上就是备胎系统，也就是很好的一个微救灾系统。城市可以把中水进行 N 次循环使用，循环的次数越多，这个城市水的系统韧性越强。在雄安规划设计时，我们推荐新型集装箱式的污水处理系统，每一个集装箱每天处理一百吨到两百吨污水，不够的话再装个集装箱。每一个小区的污水都可以就地收集、深度处理，所以造成了无数个小的水微循环，如果哪一个集装箱坏了马上换一个，如果临近社区某个污水处理中心坏了，管道就可以联通替代，可以并列式运行。我们传统的一个大的集中式污水处理厂一旦坏了，这个城市怎么办？

第五个要素是“慢变量”管理。城市许多的脆弱性，都是温水煮青蛙造成的。比如说，燃气管道泄漏到一定程度以后，在管道的空腔里面，燃气与其他气体混合到了一定比例时就会产生大爆炸。我们慢变量的管理就是要找到那种泄漏临界点。如果我们把这些慢变量临界点能够找出来，不仅可以预防“黑天鹅”事件，也可以预防“灰犀牛”事件。这些问题，都是建设韧性城市时要考虑的。那么慢变量管理是比较难的，但现在通过微计量和智慧城市的办法，能够精确地把这些数据搜集起来，然后和标准模型对比，确定什么时候会出现颠覆性的事件，然后通过这个慢变量的管理系统可以发出警报。

第六个要素是“标识”。标识在复杂系统中提供了相互之间主体配对和解决灾变所带来的次生灾害的具体办法，所以标识实际上是一个古老的方法，但在现代情况下越来越重要。比方说，消防队员为什么要穿红色的衣服？医生为什么要穿白色衣服？这些都是标识。标识在危机的时候，就会发挥作用。比如需要医生的时候，找到穿白大褂的就是找到对象了；火灾的时候你找到红色就是找到救助对象，颜色就是一种标识，标识帮助人们进行迅速配对。大自然界包括人类的免疫系统都存在这种标识，没有标识这个系统自然界就没法运行，如果这个标识是可靠的，而且能够自动寻找对方、自动配对的，那么这个标识系统就是非常强大的。现在的人脸识别、人工定位，实际上都是标识系统。一个好的标识系统，例如，在这次新冠肺炎疫情防控过程中，就可以把每一个感染者的空间轨迹进行精确定位，在一个小区里面居民手机一打开，就知道某某人是疑似病人，他是在房间里还是到处乱跑，跑到哪几个地方，居民就可以主动避开。手机一打开，就知道周边几米内有没有感染者，这些都是保持主动隔离的好办法。如果没有这套标识系统呢？结果是一个人感染，全市封城，全市人民“吃药”，大家都蹲在家里不能动了，倒是感染的人可以乱跑，那么城市系统就混乱了。所以一定要有配对标识，这非常重要，通过智慧城市的建设完全可以做到。

我们现在也面临着万物互联带来的一些不确定性。这种万物互联其实有两种不确定性。一种不确定性是可能把各种危险都连接在一起，但另一种，我们只要把万物互联根据现在韧性城市进行标识的配对使用，可以迅速帮助人们在需求与供给之间自动进行自组织配对，所以手机就成为居民方便的一个智能终端，在混乱中起到关键性减灾作用。未来城市 5G 系统就能在灾害来临的时候，帮助人们进行迅速的配套和配对，然后迅速自动地发出配套援助的信号，这样一个标识系统，在灾害来临的时候就可以减少大量的人员伤亡和物资损耗，把次生灾害减少到最小程度。

四 小结

首先，传统城市防灾思维总是企图建造一个巨大的拦水坝，把各种各样的

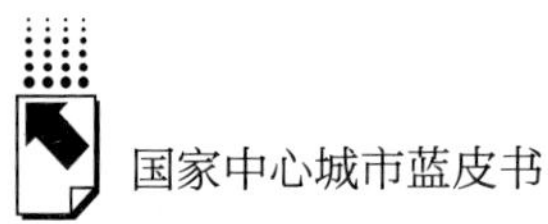

不确定性拒之于城外，这样做不仅浪费极大，有时还会造成新的脆弱性。其次，传统的工业文明思维认为，城市越集中、越大型、越中心控制越好，其实这就是大规模的杀伤性武器，这样的思路必须彻底摒弃。什么世界上最大的新发地市场，世界上最大的危险品仓库，这些都会成为灾害，所以必须辅之以各种微循环、分布式的新模式，而且这样的成本更低、效果更好。最后，在韧性城市设计中，采用第三代的系统理论，跳出第一、第二代系统论的局限，因为第三代系统坚持了主体的自主能动性，只有在坚持主体自主能动性的基础上，这个中心城市社会、经济系统才有多样性、才有自治性、才有足够的冗余和备胎，才可以进行慢变量的管理，标识系统才更丰富，城市的韧性才能变得越来越强，中心城市才能够完成其历史使命。

B.20

以区域经济高质量发展应对外部环境新变化*

黄奇帆**

摘　要： 受新冠肺炎疫情冲击影响，当前我国经济社会发展的外部环境不容乐观。而推动区域经济高质量发展是各地区做好自己的事、应对外部环境变化的根本之道，其关键在于如何培育区域经济发展新动力源。本文认为在培育新动力源的过程中，应重视和把握好以下六个方面的要求：一要合理规划城市群都市圈的空间架构；二要科学设计城市内部功能分区和交通网络；三要积极构建垂直整合的产业链集群；四要提升要素市场化配置效率；五要持续改善区域发展的营商环境；六要着力汇聚用好各类高层次人才。这六个方面是构成区域经济新动力源的有机整体。

关键词： 区域经济　高质量发展　新动力源

尽管中国在短短两个月内迅速控制了新冠肺炎疫情蔓延，顺利推进了复工复产，但由于欧美国家抗疫不力，经济陷入停摆且疫情迟迟得不到有效控制，未来几年世界经济持续陷入衰退、萧条是大概率事件。这对中国经济发展的外部环境将带来实质性影响：不仅外需熄火，而且我国产业链也将因欧美经济停

* 本文初稿发表于《瞭望》2020年第21期，有部分扩充和修改。

** 黄奇帆，研究员，中国金融四十人论坛学术顾问，复旦大学特聘教授，重庆市原市长，研究方向为资本市场、金融市场、房地产市场、数字经济、城市发展、产业结构转型升级、支柱产业集群化发展、城乡地票制度、国际贸易格局等。

摆遭到上下游夹击，这个时间短则一两年，长则可能持续三五年。对此，习近平总书记在2020年4月8日召开的中央政治局常委会上指出："要做好较长时间应对外部环境变化的思想准备和工作准备。"① 对各地区而言，推动区域经济高质量发展是做好自己的事、应对外部环境变化的根本之道，而其关键在于如何培育区域经济发展新动力源。认真学习领会习近平总书记在疫情发生以来的重要讲话精神，结合总书记关于区域协调发展的有关论述，笔者认为以下几个方面值得重视和注意。

一　合理规划城市群都市圈空间架构

习近平总书记指出："产业和人口向优势区域集中，形成以城市群为主要形态的增长动力源，进而带动经济总体效率提升，这是经济规律。"② 城市群是人口大国城镇化的主要空间载体③。当前，我国城镇化率已经超过60%，各类城市正由各管各的发展阶段迈向都市圈和城市群发展阶段，特别是京津冀、长三角、珠三角、长江中游、成渝等地区已经开启了大都市圈、城市群的发展过程，其中的红利将高达数十万亿级。因此，接下来不管外部环境如何变化，围绕一些中心城市高质量建设都市圈、城市群应当成为我们新形势下扩大内需、提振经济的一个重要抓手，而这需要我们高瞻远瞩地做好规划布局。

对中国的许多超级大城市而言，其发展规划一定要考虑三个圈，即超级大城市本身2000～3000平方公里的核心圈，以超级大城市为中心100公里的半径形成都市圈，包含超级大城市在内的以200公里为半径的其他大、中、小城市共同形成的城市群。超级大城市有义务带动周边、照应周边，不仅要考虑自己市域范围的事情，还要考虑到整个都市圈、城市群的发展：一方面，要将部分资源让渡给都市圈、城市群，以促进后者更快地发展；另一方面，城市群、

① 《中共中央政治局常务委员会召开会议　分析国内外新冠肺炎疫情防控和经济运行形势　研究部署落实常态化疫情防控举措全面推进复工复产工作》，《人民日报》2020年4月9日。

② 习近平：《推动形成优势互补　高质量发展的区域经济布局》，《求是》2019年第24期。

③ 从全球城市化进程看，美国、欧洲、日本等国家和地区的城市化都经历了从单个城市发展到大都市圈乃至城市群的不断演化的过程，美国东北部大都市区连绵带在2%的国土面积上，容纳了全美20%的人口；日本东京、名古屋、大阪都市圈集中了全国80%以上的大型企业和全国50%以上的人口。

都市圈发展后又会“众星拱月”，促进资源的优化配置，使超级大城市实现更好的发展。考察世界知名的城市群一般都有如下基本特征：城镇化水平较高，城镇化率在70%以上；大中小城市规模协调，相邻等级城市人口比例大多在1∶3至1∶5以内，这种比例不能过大，过大了如同齿轮模数不配无法啮合那样，大中小城市之间的功能传递和要素流动就会受影响。

比如在我国的长三角城市群中就体现了这种基本特征。上海是超级大城市，2019年常住人口为2428万，城镇化率88.1%，城镇人口2139万①，是一个“大齿轮”。周边100公里范围内的城市中，南通常住人口731.8万，城镇化率68.1%，城镇人口498万；苏州常住人口1075万，城镇化率77%，城镇人口827.75万；无锡常住人口659万，城镇化率77.1%，城镇人口508万。再远一点如杭州常住人口1036万，城镇化率78.5%，城镇人口813.26万；宁波常住人口854万，城镇化率73.6%，城镇人口628.7万。这些城市的城镇人口，基本与上海的人口比例控制在1∶5左右。这些城市正如一个个咬合上海这个大齿轮的“中齿轮”圈层。在这个圈层之外、距离上海200~300公里的半径中，还有一批“小齿轮”，如常州城镇常住人口347万、扬州城镇常住人口310万、泰州城镇常住人口309.7万、绍兴城镇常住人口345.9万、金华城镇常住人口386.4万等，这些城市与“中齿轮”的那些城市之间的人口比例控制在1∶3内。这种“大齿轮”“中齿轮”“小齿轮”之间的这种人口分布的“经验性规律”在珠三角城市群中也可以观察到：广州和深圳是两个超级大城市，其城镇常住人口分别为1323万和1343万，是两个“大齿轮”，周边的“中齿轮”东莞城镇常住人口779.6万，佛山城镇常住人口775万，再往外围还有“小齿轮”中山的城镇常住人口298.8万，江门308.8万，大致也在1∶3以内。②

反观京津冀城市群，这方面仍有待改进。比如北京、天津作为超级大城市，城镇常住人口分别达到1865万、1303.8万，是“大齿轮”，在距离这些

① 这里严格来说，应该用城区人口的数据。住房和城乡建设部公布的《城乡建设统计年鉴》中，上海2018年城区人口为2423万，这应该是比较准确的。但《城乡建设统计年鉴》只有省一级的数据，没有周边城市的城区人口数据。所以，本文中为了便于比较，统一用常住人口乘以城镇化率来估算城区人口，尽管这并不十分准确，但也基本能说明问题。

② 本文中，城市常住人口和城镇化率数据来自该城市经济社会统计公报。城镇人口数据是根据常住人口与城镇化率相乘得到。

“大齿轮”100公里范围内几乎没有像样的“中齿轮”（比较靠近北京的廊坊常住人口492万，城镇化率61%，城镇人口300万）。而在距离北京150公里外有几个节点城市，如唐山、承德、张家口和保定。其中，唐山常住人口796.4万，城镇化率仅比全国平均水平高4个百分点，城镇常住人口512万，与北京、天津比在1∶5范围内，也还说得过去。但是其他几个节点城市都与北京、天津落差很大。其中，承德常住人口358万，城镇化率仅53%，城镇常住人口才190.8万；张家口常住人口442.3万，城镇化率58.4%，城镇常住人口仅258万；保定虽然常住人口达到939.9万，但城镇化率也才54.7%，尽管城镇常住人口514万，实际市区人口也就200万左右。从这个分析可以看出，京津冀城市群的问题在于“大齿轮”太大，缺少“中齿轮”的啮合，“小齿轮”直接被“大齿轮”带着“飞跑”的结果是，容易出现资源被“大齿轮”尽数吸走。而“大齿轮”也不堪重负，出现了城市病。从这个角度，我们可以深刻理解为什么党中央要在雄安这个地方设立新区，建设一个将来能容纳500多万人口的城市？其目的就是要为京津冀城市群装上一个“中齿轮”，让大中小不同齿轮之间模数匹配、互相啮合，进而实现高质量发展。

二　科学设计城市内部功能分区和交通网络

任何大城市，都有居住、商务、产业、教科文卫、基础设施和生态休闲娱乐等功能集聚区，在布局上应结合城市地形地貌和人文特色，按照“大联通、小分布”原则，实行“多中心、组团式”策略。每个组团内部，都配建上述功能设施，但要分类布局、相对集聚、互相配套；各个相对独立的组团之间，依靠自然山水体系和城市绿化带合理分隔，并通过城市快速路、轨道交通等互联互通。这种板块特色鲜明、整体效益最优的现代化大都市，能够有效疏导人流、物流、资金流，促进城市资源优化配置和提升基础设施利用效率。

都市圈、城市群要形成有机整体，综合交通网络是其血管系统。要重点建设以下四个“交通”：一是承载区域枢纽功能的大交通，包括铁路、机场、港口通道等，这是城镇群提升辐射带动能力的基础要件。二是承载城市群各城市之间连通功能的交通，如城际铁路、高速公路、快速干道等，是城镇群的动脉血管。三是承载市民日常出行功能的城市内部交通，要通过城市道路、地铁及公交站场建设，确保城市平均车速达到30公里/小时，高峰时段不低于15公里/小时。四是承载各种交通方式衔接过渡的换乘枢纽。这些交通基础设施，影响城市的运行效率和区域地位，对助推城镇化极其重要。

特别值得一提的是，当前中国全社会各种物流成本占到了GDP的15%，而美国只有GDP的7%，欧洲、日本为6%～7%，甚至连东南亚发展中国家也只有10%左右，我国物流成本偏高已是社会共识。其中一个重要原因是，铁路运量比重低，目前仅占总运量的9.5%，公路、水路分别占74.3%和16.2%（美国铁路运量的比重是20%）。一般来说，铁路运输成本是高速公路成本的1/3，如果把铁路运量比重提高到15%～20%，将有效节约物流成本。为此建议：一是将铁路线尽快延伸到各类开发区、厂矿企业，打通铁路运输“最后一公里”；二是随着高铁线路的逐步延伸，可以将原来的普快调整为货运专线，提升利用率；三是推动公铁、水铁和空铁无缝对接，在一些交通枢纽深化改革、提升多式联运效率；四是优化企业园区布局，促进产业在空间上聚集，节约上下游运输成本；五是推进新一代信息技术在交通运输中的应用，建设人流、物流、信息流多流集成、高效畅通的智慧交通。要采取措施将这些投入巨资建设的铁路、高速公路、港口机场的综合效率发挥出来，以更为便利的运输体系将物流成本占GDP的比重由15%降到10%以内。

三　积极构建垂直整合的产业链集群

此次疫情造成了全球产业链、供应链断裂，引起广泛关注和担忧。从目前复工情况看，那些产业链相对完整、产业集群自成体系的地方，如苏州、重庆等地，恢复起来要比那些两头在外、高度依赖国际供应链的地方要快、要好。这些地方的电子制造相关产业的配套零部件，超过80%是在本地生产的。这种集群化生产模式降低了从全球采购零部件所带来的风险，在疫情时期更突出显现了其竞争力。

这种在一个地方垂直整合的产业链集群与传统的水平分工的区别在于，产业链上的企业尽管还是国际化水平分工，但不再是广泛分布在地球每一个角落，而是选择合适的地区，在1小时到3小时车程半径内（50～200公里半径）形成整个上中下游70%以上的零部件、半成品的集群化生产基地。这不仅可以使产业链的上中下游企业之间的资源要素实现有机整合，避免行业内的供需错配，使供给更加精准有效，还能通过产业链条上生产技术和工艺的良性竞争，推动企业不断创新，促进优胜劣汰，延长产业的寿命周期，实现产业能级的快速跃升。更具现实意义的是，能够有效降低物流等成本，补齐创新等短板，形成核心竞争力。产业集群发展模式，能为地方政府调结构、转方式起到核心支撑作用，是不容易垮掉的。疫情之下，我们更应该倒逼自己去补齐产业链集群的短板。具体方式上，要推动三种集群。

首先是制造业上游、中游、下游的集群。比如说汽车产业，一辆汽车有上万个零部件，要形成支柱，就要把上中下游原材料、零部件产业、各组的百分之七八十都实现本地化生产。又如，搞电子产业，笔记本电脑有 2000 多个零部件，就要本地化几百上千家零部件企业，从集成电路到液晶面板，从印刷线路板到机壳，各种各样关键零部件都能实现本地生产。这样上游、中游、下游制造业产业链，形成集群。

其次是促使同类产品、同类企业扎堆形成集群。当一个大产品产业链集群形成之后，那么它的上游原材料、零部件配套产业既可为这家龙头企业服务，也可为那家企业服务，这就有条件把同类产品、同类企业扎堆落户，形成集群。打个比方，就像一个地方有希尔顿也有喜来登，有可口可乐也有百事可乐，这样就使得这个产业“东方不亮西方亮”。否则，如果只有一个世界级企业，今年它订单多了，就可能大发展，明年如果丢了几个大单子，就可能出现 20%、30% 的负增长。这样，会使得一个地区的经济大起大落，进出口也大起大落。只要形成了这种同类企业集群，即使有个别龙头企业遇到困难，但就产业整体而言，是稳定的，是持续向上的，整个产业集群就能健康发展。

最后要促进生产性服务业和制造业形成集群。新产品开发过程中，会有很多从事研发、设计、科技成果转化服务、知识产权应用等生产性服务业企业为之配套，这就涉及创新链条的延伸。这方面有条件的地方应该积极创造条件，促进此类产业在本地集聚。同时，在产品销售过程中，还会产生结算和物流等环节。比如，产品在全球销售、在全国销售，就会使得与结算、物流相关联的各种服务型企业集聚扎堆，围绕着制造业集群来布局产业链。这种集群背后往往是各大企业集团的销售中心和利润中心的聚集，是价值链的整合，是形成地方税收的重要源泉，理应全力争取过来。

四　提升区域要素市场化配置效率

改革开放以来，我们不仅建立了极为丰富的消费品市场和生产资料市场，像土地、劳动力、资本、技术等生产要素市场也得以发育并茁壮成长。与商品市场中有千千万万的品种、规格、性能的商品不同，要素市场一般品种相对单一，场所或平台相对集中，一般具有资源优化配置功能、维护市场秩序功能、集中竞价功能、资金枢纽功能和大数据汇集功能。不论是国家级的要素市场，还是区域性要素市场，成功的前提是能够在业态上做到三个“集聚”：一是交易量的集聚能力，成功的要素市场往往能集聚区域性或全国性的80%以上的相关要素交易资源。二是交易会员单位、中介机构等各类企业和品牌的归集和集聚。三是物流通信的枢纽集聚功能。作为一个成功的要素市场，理应有完善的通信基础设施以支撑这个要素市场的大数据、云计算和人工智能的枢纽条件。基于此，要素市场的效率往往决定了一个经济体的运行效率，成为国家和国家之间、地区和地区之间竞争的核心能力的体现。相较于普通经济体，那些拥有全球要素市场影响力的经济体竞争优势更为突出。

由于种种原因，要素市场在运行过程中不同程度地存在行政干预过多、市场化运作不畅、资源配置效率不高等问题。尽管中央文件屡有提及，但受思想观念的影响和利益固化的藩篱的羁绊，这些年来要素市场的改革进展缓慢。2020年4月，中共中央、国务院发布了《关于构建更加完善的要素市场化配置体制机制的意见》。在抗击新冠肺炎疫情的关键时刻，这份文件的发布进一步彰显了以习近平同志为核心的党中央坚定不移深化改革开放的决心。文件提出的许多措施属于生财型、聚财型和资源优化配置型的改革，也是培育区域经济发展新动力的重要举措。事实上，疫情下的发展，除了在需求侧进行逆周期调控外，很重要的是要在供给侧方面下功夫。而土地、劳动力、资本、技术、数据等要素的市场化配置都是供给侧方面重大改革。但凡要素供给侧结构性改革，一定是基础性制度的改革，一定是体制机制性的改革，会带来每年万亿级的红利。在当下地方经济增长和财政收入因疫情而大幅受挫的背景下，这种不花钱或少花钱却又能带来巨量红利的改革显得尤为珍贵，不仅符合经济社会实际，也有利于激发企业活力、重启经济循环。有关地方应抓紧抓好这方面改革的落地工作。

比如，针对土地要素，文件提出“深化产业用地市场化配置改革”，要“健全长期租赁、先租后让、弹性年期供应、作价出资（入股）等工业用地市场供应体系；在符合国土空间规划和用途管制要求的前提下，调整完善产业用地政策，创新使用方式，推动不同产业用地类型合理转换，探索增加混合产业用地供给”。这些措施不仅有利于城市盘活现有低效利用的工业用地，促进腾笼换鸟、转型升级，还有利于降低企业用地成本。再如，针对劳动力要素，文件提出“放开放宽除个别超大城市外的城市落户限制，试行以经常居住地登记户口制度”，不仅将直接改善进城农民工待遇，促进农民工变市民，还有利于在现有基础上延长有效劳动时间，增加劳动供给，释放潜在人口红利。落实好这些措施，有利于提升要素流动性，有利于引导各类要素协同向先进生产力集聚，为区域发展增添新的活力和动力。

五　持续改善区域发展的营商环境

新冠肺炎疫情使许多企业承受重压，需要各地及时出台措施亲商、安商，帮助企业渡过难关。从长远看，打造市场化、法治化、国际化营商环境仍是各地方工作的共同任务。

打造市场化营商环境。受新冠肺炎疫情等影响，企业困难凸显，亟须更多采取改革的办法破解企业生产经营中的堵点、痛点，强化为市场主体服务。过去几年，在党中央、国务院持续推动下，放管服改革成效显著，大幅降低了经济社会运行的“隐性”制度成本。接下来，仍要继续秉持为各类市场主体干事创业、经商经营、国内外贸易等活动提供最大便利的理念，进一步深化放管服改革，重点在提升投资项目建设便利度、简化企业生产经营审批和条件、优化外资外贸企业经营环境、提升涉企服务质量和效率等方面出台相应的改革措施，加快形成高效便利的市场化营商环境。

打造法治化营商环境。在地方政府层面，应注意按照竞争中性、同等待遇的原则公平对待各类企业。尽管这在认识上容易统一，但实际操作的结果往往千差万别，疫情之下政府机构更应在办事的细节上付诸实践，全面落实准入前国民待遇加负面清单管理，以规则公平确保竞争公平。谁在这方面率先塑造出“公平”信誉，谁将赢得下一轮资本竞争的青睐。此外，还要进一步加强知识产权保护。当前大国之中，唯有中国成功控制住了疫情，发达国家一些创新成果希望能到中国进行转化，以收获中国强大的国内市场带来的产业效益。那些知识产权保护有力的地方将是吸引这类成果落地转化的首选。

打造国际化营商环境。尽管疫情在全世界蔓延对世界经济带来严重冲击，但经济全球化的历史大势不会改变，中国深化改革开放的决心和方向不会改变，在非常时期各地方扩大对外开放的步伐也不应改变。目前，我国已有 21 个自贸试验区、1 个自由贸易港。党的十九届四中全会提出要建立更高水平的开放型经济新体制，接下来对外开放的广度、深度和高度都将有更进一步的提升，集中体现在自贸区有望扩面提质、服务业进一步扩大开放和以数字经济引领经贸规则制定等方面。对此，有条件的地方应结合自身实际，积极争取先行先试的政策支持，大胆闯、大胆试、自主改，为中国进一步开放探索经验。

如果把上述几方面工作做好，区域经济的营商环境将得到极大改善。无论国际环境如何变化，本地区的竞争力、软实力和创新活力都将持续存在。

六　着力汇聚用好各类高层次人才

区域经济高质量发展离不开人才的支撑。应结合实际工作，着重汇聚和用好三类人才。

一是培养和选拔务实专业、讲党性、肯担当的党政人才。这不仅需要地方主政的党政一把手带头形成真抓实干的氛围，营造能者上、平者让、庸者下的选人用人导向，还需要通过强化培训和培养，进一步优化党政人才的年龄结构和能力结构。我们既需要懂得城市管理“绣花”功夫的专业人才，也需要善于在地区竞争中捕捉机遇的战略人才，更需要能有效把握科技和产业革命大势、积极应用最新科技成果提高区域经济发展效能的高层次人才。这些人才需要有计划的培养和选拔，以备发展之需。

二是引进或培养敢冒风险、敢打敢拼的优秀企业家人才。企业家是产业发展最为核心的灵魂。一个地方要在发展中占据优势，团结和招引一批优秀企业家人才来本地发展是不二法门。这里就涉及有效的招商、安商、亲商，建立新型亲、清政商关系。其中，招商的关键是要研究这些企业家及其背后的产业短板，以己所长、补其所短。安商的关键是要信守承诺，不能前任承诺的事项现任就不管了，更不能做“杀鸡取卵”“雁过拔毛”“开门招商关门打狗”的事。而亲商的关键是在确保“清”的前提下保持与企业家的热络度，随时掌握产业发展的新动向，及时解决面临的新问题。

三是健全高层次科技人才创新创业的体制机制。近年来，关于科技成果转化方面的体制机制改革持续推进，特别是最近两年，成果发明人享有股权的比例可以达到50%甚至75%，极大地释放了广大科技工作者创新创业的热情。但仅仅这样，还是不够的。因为能搞出“0～1”的不一定搞得出“1～100”，基础创新的设计发明人与科研成果转化为生产力的人、生产工艺转化者、生产制造组织者是两个完全不同的体系。术业有专攻，给予这些科研人才过多的股份、过强的激励，反而制约了其他参与主体的积极性，不利于科技成果转化和产业化。这也是为什么我们给了发明人50%、75%的股权，最后好像没看到太多的百万、千万、亿万富翁出来的重要原因。对此，我们应学习借鉴发达国家经验，理顺产业转化有关机制设计，把科研机构、研发人员、科技企业三方积极性都调动起来，以加速科研成果转化和产业化。

总之，上述六个方面构成了区域经济的有机体：如果说城市群、都市圈的空间架构是区域经济的脊梁和骨骼，那么功能分区和交通网络就是区域发展的身躯和血脉，而垂直整合的产业链集群就是区域发展的五脏六腑，要素市场就是联系区域全局的神经系统，营商环境就是区域发展的“腠理”、是体内微循环健康运行的重要依托，而集聚而来的各类高层次人才则是区域经济发展的“大脑”和“中枢”。疫情冲击之下，各地方抓好了这六个方面，好比强健了区域经济的有机体，是培育经济增长的新动力源、应对各种风险挑战的根本之道。

参考文献

习近平：《推动形成优势互补　高质量发展的区域经济布局》，《求是》2019年第24期。

《中共中央政治局常务委员会召开会议　分析国内外新冠肺炎疫情防控和经济运行形势　研究部署落实常态化疫情防控举措全面推进复工复产工作》，《人民日报》2020年4月9日。

黄奇帆：《如何构建完整的内需体系，形成国内国际双循环新格局》，《瞭望》2020年第29期。

上海、南通、苏州、无锡、杭州、宁波、常州、扬州、泰州、绍兴、金华、广州、深圳、东莞、佛山、江门、北京、天津、廊坊、唐山、承德、张家口和保定等城市的2019年国民经济和社会发展统计公报。

《河北雄安新区规划纲要》，人民出版社，2018。

B.21
时间窗口与功能建构
——关于国家中心城市建设的两点思考

张大卫*

摘　要： 国家中心城市是中国城镇体系规划设置的最高层级，是区域战略实施的重点和核心。本文从公共卫生体系建设和供应链枢纽建设两个方面，对国家中心城市建设和功能完善提出了系统的思考和建议，对于抗疫背景下的国家中心城市建设和发展，以及相关公共政策和产业政策的制定具有重要的理论意义和参考价值。

关键词： 国家中心城市　公共卫生　供应链枢纽

在以习近平同志为核心的党中央坚强领导下，我国的疫情防控取得了重大战略成果。郑州师范学院国家中心城市研究院召开这次视频会议，专门讨论抗疫背景下的中心城市发展建设问题，很及时也很有必要。

2020年7月3日，中共河南省委、省人民政府召开专题会议，研究加快推进郑州国家中心城市建设步伐问题。会议强调，要以更高站位、更宽视野、更大格局来审视谋划郑州发展，要跳出郑州看郑州，跳出河南看郑州，跳出中国看郑州。会议特别提出要贯彻国家赋予的历史使命和战略任务，以战略定位引领功能定位，推动城市功能质变、地位提升，并在扩大开放、提高城市人文品位、优化空间结构、促进生态保护和高质量发展方面做出了一系列重大部

* 张大卫，经济学博士，河南省人民政府原副省长，河南省人大常委会副主任，中国国际经济交流中心副理事长兼秘书长，研究方向为区域经济、产业经济。

署。会议做出的“疫情影响下，区域竞争优势正在加快转换”的判断尤为清醒并充满了危机意识和机遇意识。多年来，犹如参加体育运动中的皮划艇比赛一样，郑州咬紧牙关，奋力向前，在全国城市发展竞争中的位次不断前移。多年来，在省委省政府、市委市政府领导下，郑州靠改革开放、创新不断打开发展空间，为郑州增添了持续的动力。

国家中心城市是中国城镇体系规划设置的最高层级，它与区域中心城市、地区性中心城市和中小城市、小城镇一起构成了覆盖全国的城镇体系。国家有关部门对国家中心城市的战略定位是：居于国家战略要津、肩负国家使命、引领区域发展、参与国际竞争、代表国家形象的现代化大都市。在国际上，发达经济体和新兴经济体的中心城市往往也是国际性都市。2020 年 1 月 3 日，习近平总书记在研究黄河流域生态保护和高质量发展问题的中央财经委员会第六次会议上，提出了“强化西安、郑州国家中心城市的带动作用”的明确要求，这标志着我国国家中心城市的布局已经基本形成。

国家中心城市所依托和带动的是都市圈和城市群。上述关于国家中心城市的战略定位，清晰地表明了国家中心城市应该具有的功能和应承担的任务与责任。我们如果把 9 个国家中心城市与国家区域发展的布局进行比较，可以清楚地看到它所对应的恰是京津冀协同发展、长三角一体化、粤港澳大湾区、成渝双城经济圈、长江经济带和黄河流域生态保护与高质量发展这些重大区域战略。因而，我们可以说，国家中心城市与都市圈、城市群一起构成了国家区域战略的城市形态，而国家中心城市则是区域战略实施的重点和核心。

中央判断，我国发展面临前所未有的风险挑战。习近平总书记强调，面对波谲云诡的国际形势、复杂敏感的周边环境、艰巨繁重的改革发展稳定任务，我们必须始终保持高度警惕，既要高度警惕“黑天鹅”事件，也要防范“灰犀牛”事件；风险挑战有些是趋势型的，人们看着它一步步走近，这就是所谓的“灰犀牛”事件。而有些可能是突然发生的，什么时候降临不可预知，这就是“黑天鹅”事件。任何风险都有一个积累的过程，但有些不确定性事件仍然是人们难以预料的。比如新冠肺炎疫情今冬还会不会二次暴发？另外随着疫情的发展和逆全球化潮流涌起，全球供应链承受着巨大的调整压力，一些发达经济体开始收缩它的供应链并设想使之区域化、本地化。这些都使我国的供应链安全受到威胁，有些甚至有中断的危险。从风险的积累到准确应对、化

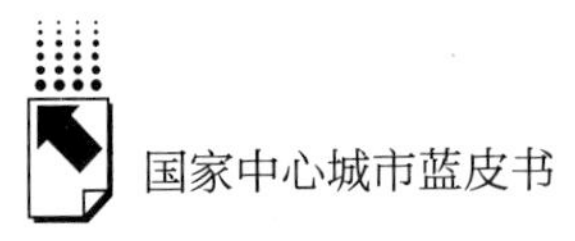

解风险之间有一个窗口期，在这一期间我们必须有所作为，去推迟或尽力消解可能发生的风险。结合国家中心城市建设，笔者谈几点看法。

一　关于公共卫生体系建设

在2020年4月18日举行的中国区域经济50人论坛视频会议上，笔者针对武汉疫情提出了一个观点，即在大城市发展中，我们重视了要素和人的聚集，重视了竞争力提升，但是忽视了城市功能性生态的构建。经过这次新冠肺炎疫情，我们对什么是城市功能生态，一定要搞清楚。作为高级社会系统，它应该是一个各功能间相互协调、平衡、相互依存并提供能量的链环和圈层结构。这一结构如果失去协调性、平衡性，就会造成城市的功能性缺陷，如果问题长期得不到解决，它就会向周边释放负效应。我们过去总讲，中心城市在聚集要素上的低成本、高效率特征，讲它具有带动周边发展的增长极作用，但如果中心城市功能失衡，它向周边释放的负效应可能就是灾难性的。这也是这次疫情的一个重要教训。

我们绕不过武汉的例子。武汉是我国中部地区优质卫生资源最为集中的城市，它拥有驰名国内外的同济系、协和系医疗机构，而且武汉还是全国重要的综合交通和物流枢纽，有强大的后勤保障系统。以卫生医疗资源为例，如表所示。

表　2018年部分国家中心城市卫生健康相关指标

中心城市	总人口数（万人）	三甲医院数量（家）	医疗机构数量（家）	床位数（万张）	医护人员数量（万人）	社区卫生服务中心数量(家)	入选中国医院排行榜数量(家)
广州	1490.44	38	4598	9.51	12.58	152	10
成都	1633.00	27	10755	14.30	14.00	228	4
武汉	1108.10	27	6340	9.53	10.96	421	5
郑州	1013.60	18	4773	9.82	10.10	378	2
西安	869.76	27	6638	6.90	8.02	121	5

资料来源：广州、成都、武汉、郑州、西安城市统计年鉴；其中“入选中国医院排行榜数量”来源于复旦大学医院管理研究所发布的《2018年度中国医院综合排行榜》。

引发新冠肺炎疫情的是天灾。抛开治理体系、治理能力和应急能力问题不讲，事实是当社会面临突发性公共卫生事件时，武汉这样的中心城市虽然有良好的卫生资源，但它的公共卫生体系仍然是不适应的。武汉的医疗系统当时几近崩溃，并因疫情向外扩散，使周边城市受到很大冲击，这就是中心城市向外释放了负效应。如果不是习近平同志为核心的党中央举全国之力，实施规模空前的生命大救援，调集全国力量驰援武汉，对口支援湖北各市，后果不堪设想。对此我们要痛定思痛，要反思并总结教训。

原因何在？让我们看一组数字，拿湖北与邻省河南比较一下。据国家统计2018 年数据分析：在城镇人口中，湖北 86. 8 人拥有一名卫生技术人员，河南为 79. 9 人；在乡村人口中，湖北 628. 5 人拥有一名医生和卫生员，河南为 449 人。在地级市的层次上，河南每千人口拥有的卫生技术人员、执业医师、注册护士（师）数亦普遍高于湖北。

上述数据分析说明：武汉的优质卫生资源集中度高；武汉周边城市的公共卫生体系薄弱；武汉优质的卫生资源在突发公共卫生事件时存在错配或无法应对的状况；武汉的产业系统、仓储物资品种结构、应急保障能力和十分发达的物流系统未能适应突发公共卫生事件的应急需求。

这些情况表明，当公共卫生事件突发时，中心城市未能成为都市圈、城市群的坚强堡垒，反而因为人口过度密集和缺乏与工作、居住城市的“黏度”，将问题扩散到了公共卫生体系更为薄弱的城市。这种情况不仅出现在武汉，其他国家中心城市也存在同样的问题。据数据分析，东部两个省份乡村人口分别为 906. 2 人和 2440 人拥有 1 名医生和卫生员，西部某大省为 632 人（高于湖北）。

这就是我们的短板所在。为健全和完善公共卫生体系，建议国家中心城市全面加强疾控、医疗救治、公共卫生事件应急管理和保障、生态卫生安全、卫生监督与基层管理、卫生健康服务、卫生健康产业支撑、国际与区域合作协调体系和能力建设。这其中也包括我们在应对突发公共卫生事件时，如何使城市居民特别是老人、学生、儿童、病人的基本生活不受严重影响（北京这一轮疫情应对就相对从容了一些）；建议由国家机构或社会组织制订大型城市公共卫生设施和服务保障能力标准，对人口和产业聚集度高的城市，要提出空间和强度配置的要求，促进优质卫生医疗资源合理分布。

要进一步完善公共卫生指标体系，加强统计工作，利用好现代信息技术，建立公共卫生统计系统。我们现在这方面的统计数据很薄弱，有些数据的逻辑关系还可能是错误的。要使公共卫生指标成为大型城市可持续发展能力的重要衡量标准。国家中心城市应该向周边提供更多更好的公共品，同时也要在中心城市的周边城市建设“防洪堤”和“护城壕”，使其与中心城市形成相互支撑的网络并共同护佑中小城镇及广大农村地区。在重要的综合交通枢纽和现代物流中心，建立强大的物资储备、紧急调运、应急保障中心，用于预防和应对疫情、自然灾害与紧急事故。河南有习主席亲自授旗的联勤保障部队郑州中心，有我国第一个军地两用的应急投送中心，这都是国家中心城市难得的资源，要支持它建设好，并能在应急时发挥好作用。

二　关于建构供应链枢纽问题

按照迈克尔·波特的竞争理论，供应链是产业链和价值链的统称，它是从产品生产到销售以及将资金、信息、物流和各种服务联结在一起的网状系统。在全球化和自由贸易深入发展背景下，国家之间的贸易行为和一些跨国公司生产经营的需要，将全球的资源、资本与市场联结在一起，促进了劳动地域分工的全球化，引致产业在全球范围内形成垂直分工体系，也从而形成了全球供应链。

近年来，河南新一轮发展的一个很重要成就，就是通过开放，通过航空经济、中欧班列、跨境电商等重要平台，使自己的产业体系融入了全球供应链。这样做，就使河南的产业体系优势、市场规模优势、区位交通优势和人力资源优势得到了发挥。河南按照国际市场需求调整了自己的供给结构，较好地解决了“市场过剩”问题。河南做得最值得称道的是“苹果（iPhone）供应链”。

2019 年 8 月，笔者到重庆参加中国国际智能产业博览会，苹果公司中国总部的 CEO 告诉笔者，苹果在中国的供应链，郑州做得最好。她邀请笔者帮助他们对其他城市的苹果供应链做些改进，笔者答应了，但是因为疫情没有去做。但笔者知道郑州做得还不够，我们的目标是成为全球供应链重要的节点城市。我们只是用航空物流等手段，把它的总装和一些零部件加工引入到了郑州和周边 9 个城市，这仍属于价值链的中低端。

国家中心城市的一个重要功能和使命，是代表国家参与全球竞争。有经济学家和战略学家分析，今后的国际经济竞争就是城市群的竞争和国际性都市的竞争。因而国家中心城市的一个重要任务，是通过不断提升自身在全球供应链上的“价值位”，使自己成为全球供应链的枢纽或重要节点，使服务中国市场与产业体系的供应链效率更高、更安全可靠，引领中国产业迈向全球价值链的中高端，并为全球供应链的发展做出贡献。

当前，全球供应链正处于“退潮”期，其中原因有四个：一是受美国的单边主义和反自由贸易行为干扰；二是全球供应链因疫情中断造成严重后果引致的市场反应；三是一些跨国公司对其全球供应链系统外溢负效应的主动调整；四是全球经济治理体系和国际经济秩序弱化与混乱导致。但从经济规律和社会发展规律上看，这种退潮和调整仍然是周期性和结构性的，它的发展总趋势不可能改变。但是我们也要看到，全球供应链的区域化也是市场的一种必然选择，如一些市场指向的消费品，涉及公民健康和安全的卫生医疗保障用品等，必定会加快供应链区域化、本地化的步伐。中国这一超大规模市场的消费升级，必然会引起本国供应链乃至全球供应链体系的改变。

在这种背景下，国家中心城市担负着国家供应链巩固、提升、调整和重构的重大责任，应努力做好如下几件事。

优化环境、培育优势、扩大开放，把国家中心城市建设成为全球供应链的枢纽城市。在这方面，国家定位为国际性综合交通枢纽的城市更要勇于担当。如郑州市疫情期间航空货运量逆势增长22%以上，这就凸显了它的优势所在。下一步这些枢纽城市应该在供应链的加工、转运（国际分拨）、研发、贸易、金融结算等方面提升能力。国家有关部委也应在市场开放上更多地赋能放权，让这些政策起到事半功倍的效果。

国家中心城市间也要根据自身的特点，形成合理化分工和差异化定位，实现相互依存、相互支撑、功能互补。如重庆将自己定位为长江上游的金融中心、航运中心；成都将自己定位为西部地区经济中心，最近又提出了“打造中国航空经济之都”的定位，都是很有意义的。当然，定位实现，主要靠市场，但国家也要在这方面有一些顶层设计。

东亚地区是全球经济增长的主要动力源，我国实施的一系列重大战略，已为全球供应链区域化调整做了必要的准备。国家中心城市要在自身的发展中发挥积极作用，做好区域市场和产业的连接与融合。

增强供应链思维，国家中心城市要积极适度向周边拓展自己的“经济空间”，要培育好本地化的产业集群和创新体系，培育建构好互联网平台、供应链管理平台、物流集成体系、综合交通运输枢纽与体系、金融和商务服务业态、对外开放的功能性口岸等。缺少这些要素条件的中心城市，要积极“进补”。希望每个国家中心城市，都有专门研究供应链的机构。

加快经济数字化进程，大力发展智慧城市，改变“智慧城市”功能碎片化倾向，把产业、市政、交通、公共管理、居民生活的智慧化进行系统设计。搭建数字国际贸易平台，促进国际贸易的便利化和数字化。

国家中心城市是国家区域战略的核心，建设好国家中心城市关乎国运和重大民生福祉。国家在政策引导上要加强协调，真正的国家中心城市，也必将是国际消费中心城市、创新中心城市和文化中心城市。国家各部委对此要形成共识，在出台政策和规划时要形成合力，避免分散资源。

B.22

国家中心城市建设功能和作用的再认识

喻新安*

摘　要： 建设国家中心城市，是中央着眼完善全国城镇体系、提升特大中心城市辐射力和带动力做出的重大部署。2007 年，《全国城镇体系规划（2006—2020 年）》首次提出国家中心城市的概念。2010 年以来先后明确了北京、天津、上海、广州、重庆、成都、武汉、郑州、西安等 9 个城市为国家中心城市。10 年来，我国国家中心城市建设取得了重大成就，形成许多宝贵经验。本研究从特大型城市的城市安全、市民生活需求、公共安全需求、社会应急管理需求等方面出发，深刻反思国家中心城市的内涵及功能，并对国家中心城市的布局和扩容、城市管理水平，以及城市功能职责与行政层级的一致性等方面进一步提出改进建议。

关键词： 国家中心城市　城市职能　城市行政层级

一　关于国家中心城市的内涵及功能

什么是国家中心城市？一般的解释是，国家中心城市是全国城镇体系的核心城市（“塔尖”城市），在我国的金融、管理、文化和交通等方面发挥重要的中心和枢纽作用，在推动国际经济发展和文化交流方面发挥重要的门户作

* 喻新安，经济学博士，研究员，中国区域经济学会副会长，河南省社会科学院原院长、河南省高校智库联盟理事长，郑州师范学院国家中心城市研究院首席专家，研究方向为产业经济、区域经济、经济体制改革。

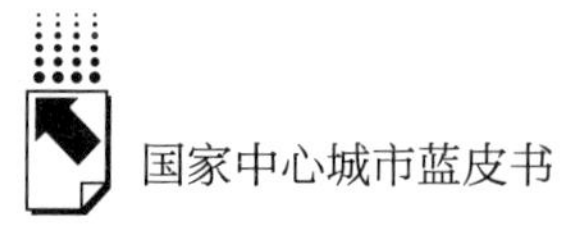

用，具有全国范围的中心性和一定区域的国际性的基本特征。现在，人们谈论或分析国家中心城市，一般包括四个方面的内容，肩负国家使命、体现国家意志、代表国家形象、引领区域发展。

国家中心城市的功能有哪些？由于国家中心城市都居于中心、节点和枢纽等关键位置，所以，一般认为，国家中心城市具有综合性的功能，包括管理集聚功能、综合服务功能、空间辐射功能、综合枢纽功能和生态文化功能。

按理说，这些概括是比较全面和准确的。譬如，综合服务功能，应该包括生产服务和生活服务等内容。但从各个国家中心城市定位的着力点、实际运行、实践效果看，的确存在一些缺失和难以令人满意的地方。

以国家中心城市中的五个省会城市（广州、成都、武汉、郑州、西安）的发展定位为例。广州市的发展定位是：国际商贸中心，科技教育文化中心，综合性门户城市，国际大都市；成都市的发展定位是“五中心一枢纽”，即西部经济中心、金融中心、科技中心、文创中心、对外交往中心和西部综合交通通信枢纽；武汉市的发展定位是三化，即建设现代化、国际化、生态化大武汉；郑州市的发展定位是“三中心一枢纽一门户”，即国家重要的经济增长中心、极具活力的创新创业中心、华夏历史文明传承创新中心、国际综合交通和物流枢纽、内陆地区对外开放门户；西安市的发展定位是“三中心二高地一枢纽”，即西部地区重要的经济中心、对外交往中心、丝路科创中心、丝路文化高地、内陆开放高地、国家综合交通枢纽。

显然，这五个省会城市的发展定位，都强调了经济功能、创新功能、枢纽功能、文化功能、开放功能等，但都没有从千万级别特大型城市的城市安全、市民生活需求、公共安全需求、社会应急管理需求等方面进行定义、布局和考量。

新冠肺炎疫情在武汉市的集中暴发，以及初期一段时间武汉在应对方面的仓促、力不从心、捉襟见肘，促使人们不得不思考：什么是城市？为什么要建设特大城市包括国家中心城市？国家中心城市应该具有什么功能？国家中心城市建设与广大人民群众的健康和生命安全是什么关系？国家中心城市在保障市民福祉方面应该起到什么样的作用？

现在看来，我们建设国家中心城市，不仅要考虑国家中心城市在科技创新、先进制造、商贸物流、文化交往等方面引领、带动和支撑国家和区域创新发展，特别是能够代表国家参与全球城市的竞争与合作，进而抢占全球竞争优势；更要重点考虑如何坚持人民城市为人民的原则，在保证市民健康和生命安全，提高宜居性、韧性以及组团式发展，多层次、多节点网络化发展方面，在完善重大疫情防控体制机制、建立公共卫生等重大突发事件应急体系方面补齐短板，切实提高大型城市、特大型城市应急管理能力和水平，切实保障人民群众生命安全和身体健康。特别要高度重视改革完善疾病预防控制体系、改革完善重大疫情防控救治体系、强化医疗卫生物资储备、健全统一的应急物资保障体系、强化公共卫生科技和人才支撑、加强国家中心城市公共卫生应急管理体系建设，给广大市民带来更多的福祉和幸福感、安全感。

总之，有必要重新认识国家中心城市的内涵和功能，在原有基础上，依据新的情况特别是新冠肺炎疫情暴发对特大型城市治理提出的新任务、新挑战，做必要的补充和完善。要坚持从社会全面进步和人的全面发展出发，按照建设宜居城市、韧性城市、智能城市的要求，推动国家中心城市大组团式、郊区化发展，统筹国家中心城市、都市圈和县域经济发展，提升国家中心城市的竞争力和影响力。

二 关于国家中心城市的布局完善和增设扩容

现在国家明确的九个国家中心城市，都是长三角城市群、京津冀城市群、珠三角城市群、成渝城市群、长江中游城市群、中原城市群、关中平原城市群的首位城市或特大型城市。

这两年，关于国家中心城市扩容的呼声比较高，有不少城市，如济南、青岛、沈阳、昆明、长沙、厦门、杭州、南京、南昌、合肥等均加入了争夺战，有的已经把进入国家中心城市作为近期的努力方向和奋斗目标，其中有些诉求是很有道理的。

适应新的形势，为了更好发挥国家中心城市在扩大内需、强化区域中枢作用，优化和稳定产业链、供应链；发挥我国超大规模市场优势和内需潜力，构建以国内循环为主、国内国际双循环相互促进的新发展格局，建议适时调整国家中心城市空间布局，适当扩大国家中心城市的设立范围。

最近，在国家“十四五”发展的研究中，有专家提出“十四五”时期要优化我国的行政区划设置、增设若干直辖市的建议。这一建议的初衷也许是好的，但牵动面太大、涉及的因素太多、需付出的行政成本过高，至少短期内是不适宜的。比较而言，适当扩大增设国家中心城市范围，进一步增加国家中心城市的密度，完善国家中心城市的空间布局，使国家中心城市更好地引领城市群和都市圈发展，成为我国区域高质量发展的领跑者和带动者，是一个比较现实可行的选择。

完善国家中心城市的空间布局，增设国家中心城市的办法和标准，仍然是要突出城市群的作用。可以按照我国《国民经济和社会发展第十三个五年规划纲要》中关于构建“两横三纵”城市化战略格局的总体思路，除长三角、京津冀、珠三角、成渝、长江中游、中原、关中平原城市群已经明确设立建设的九个国家中心城市外，可以把山东半岛、海峡西岸、哈长、兰州西宁、黔中、北部湾等区域性城市群里的首位城市，分批次纳入国家中心城市建设的范围。具体讲，可以把沈阳、济南、南京、厦门等，纳入国家中心城市进一步扩容优先考虑的范围。

这样布局调整和扩容的好处是，在大体 50 万平方公里国土面积、5000 万人口以上的人口集聚区内，都有国家中心城市布局，从而形成我国新时代区域协调发展的新模式，更加有利于国家中心城市在经济、政治、社会、文化、区域辐射等领域承担国家战略职能，带动庞大国土范围内的经济社会发展和民生基本保障，使得国家中心城市建设更接地气，更多地造福于人民，特别是有利于更好地发挥国家中心城市在我国应对复杂国际环境，构建以国内循环为主、国内国际双循环相互促进新的经济格局中的战略支点作用。

三　关于提升国家中心城市的管理水平

事实证明，城市特别是大城市、特大型城市，是一个非常庞大的、综合的、复杂的、有机的组织系统，管理好城市特别是国家中心城市或特大型城市，是一项重大工程、一门大学问、一个大本领。

管理好城市特别是国家中心城市或特大型城市，也需要顶层设计，有系统性安排，需要方方面面的支持和配合，但最核心和关键的是，选好配好国家中心城市或特大型城市的主要掌门人，说白了，就是国家中心城市或特大城市的市委书记和市长，必须是管理城市的专家或行家里手。国家中心城市的书记和市长，不仅要具备城市建设和管理的各种专门知识，更要有管理特大城市的丰富实践经验。事实证明，管理城市，比管理一个机关、一个学校、一个企业、一个部门要复杂得多、困难得多。事实也已证明，一个曾成功地驾驭过大型、特大型企业的企业家，未必能胜任一个国家中心城市或特大型城市主要管理者的责任。

关于配备好大城市主要领导，我们党是有经验的。1986 年 1 月 9 日，李瑞环同志在《同全国第四期市长研究班学员座谈时的讲话》中指出，20 世纪 80 年代中央非常重视特大城市领导的配备，强调城市主要领导最好是懂得城市建设。他强调："过去中央有个说法，大城市党政一把手要有一个懂城建的。当年北京有李锡铭（曾任北京市委书记）……都当过城建部长，天津是我，工地出身。"查阅资料可知，李锡铭担任城建部长时，还有一个重要职务，就是兼任首都规划建设委员会副主任。李瑞环同志也担任过北京市建委副主任兼市基建指挥部指挥，后到天津市担任常委、副市长，以后担任市长、市委书记。李瑞环同志还说："外行成为专家很难，但掌握一些基本知识也不是什么大不了的事。世上无难事，只怕有心人。只要用心，我们许多城市的领导同志都完全可以由外行变成内行。"

在城市建设上，我们也有不少沉痛教训。如一些地方好大喜功，脱离实际，在城市中心地带建大广场、修大马路，看起来很气派、很风光，但违背城市发展规律，中看不中用，甚至导致交通拥堵等城市病，给市民生活带来很多不便。2013 年 12 月 12 日，习近平总书记在中央城镇化工作会议上的重要讲话中指出："现在，到很多地方去看，都是大马路、大广场、大绿地、大园区，土地利用率很低。这不是强壮，而是虚胖，得了虚胖症，看着体积很大，实际上外强中干、真阳不足、脾气虚弱。"① 因此，近年来，中央对城市特别是特大城市建设提出了很高的要求。2017 年 3 月，习近平总书记在参加上海两会代表团审议时强调：城市管理应该像绣花一样精细。要走出一条符合超大城市特点和规律的社会治理新路子，要持续用力、不断深化，提升社会治理能力，增强社会发展活力。2019 年 11 月 2 日，习近平总书记在上海考察时指出：

① 《十八大以来重要文献选编》（上），中央文献出版社，2014，第 595 ~ 596 页。

“城市是人民的城市，人民城市为人民。”① 在城市建设中，一定要贯彻以人民为中心的发展思想，合理安排生产、生活、生态空间，努力扩大公共空间，让老百姓有休闲、健身、娱乐的地方，让城市成为老百姓宜业宜居的乐园。

总结起来，我们一些地方在城市建设方面之所以走弯路甚至付出沉重代价，说到底，是这些地方的城市管理者、决策者不懂城市，不会管理城市，缺乏这方面的专业知识和实践经验。

所以，我们一定要高度重视国家中心城市和其他特大型城市主要领导人的科学选配。一定要遴选有城市建设管理专业知识储备和大城市实际管理经验的人，来担纲国家中心城市的主要领导责任。要注重国家中心城市主要领导人知识的补充和更新，采取各种有效的方式，增强对大城市运行规律的认识；对宜居城市、数字城市、海绵城市、韧性城市、生态城市、组团城市等新的城市理念，国家中心城市主要领导人必须做到应知应会并能熟练运用。要通过各种途径，利用各种方式方法，培训、历练和储备一批能担任大城市、特大城市主要领导人的优秀干部。这是一个不容忽视的战略性任务。

四　关于国家中心城市的功能职责与行政层级相一致

目前确定的北京、天津、上海、广州、重庆、成都、武汉、郑州、西安九个国家中心城市，分别是我国长三角、珠三角、环渤海三大城市群和成渝城市群、长江中游城市群、中原城市群、关中城市群的首位城市（龙头城市）。但仔细分析会发现，这九个国家中心城市，在行政级别上分为三个层级：北京、天津、上海和重庆是中央直辖市，为正省级；广州、成都、武汉和西安是国家计划单列城市，为副部级规格；只有郑州市属于省辖市，为正厅级。于是，就产生一个问题，作为正厅级的省辖市郑州市，要建设好国家中心城市，其功能和作用是否会受到限制？不利于其最大限度地承担中央赋予的使命和责任？回答是肯定的。

① 《习近平在上海考察时强调：深入学习贯彻党的十九届四中全会精神，提高社会主义现代化国际大都市治理能力和水平》，《人民日报》2019 年 11 月 4 日。

众所周知，2017 年郑州获批建设国家中心城市，是党中央、国务院着眼战略全局和发展未来，高瞻远瞩、深谋远虑做出的重大决策，是基于郑州所具有的综合优势、潜在优势和发展前景而赋予的重大使命。如果论经济实力，2016 年郑州 GDP 为 7994.2 亿元，经济规模不如苏州（15400 亿元）、长沙（9309 亿元）、无锡（9157 亿元）、佛山（8600 亿元）、宁波（8560 亿元），且郑州的行政级别是已经获批建设国家中心城市的九个城市中唯一的省辖市。这说明，中央布局建设国家中心城市，不唯经济规模、不唯行政级别，重在考量其综合优势、发展潜力和未来走势。郑州是一亿人口的河南省省会，是涵盖五个省（河南、山西、河北、山东、安徽）、30 个省辖市的中原城市群首位城市，郑州地处国家“两横三纵”城市化战略格局中陆桥通道和京—哈、京—广通道的交会处，是中国重要的公路、铁路、航空、通信兼具的综合交通枢纽，是全国 12 个最高等级的国际性综合交通枢纽之一，是新亚欧大陆桥经济走廊上体量最大、经济实力最强的城市，在连接东西、贯通南北中发挥着重要作用。概括起来就是，郑州具有显著的区位优势、枢纽优势、市场优势、腹地优势和巨大潜能。区位 + 枢纽，是行政级别偏低的郑州能荣膺国家中心城市殊荣的最重要条件。

以上这些综合起来就是，在新的历史条件下，国家要赋予郑州新的重大历史使命，郑州必须有更大的担当。尽管郑州现在还不够强，但是基于国家的需要，郑州必须强起来、大起来、亮起来、美起来。根据我们的研究和预测，郑州在经济规模上很快就会超越青岛，成为中国北方第三城；到 2030 年，郑州有望成为全国居前十位的特大型国家中心城市；到 2050 年，郑州有望成为全国前五、北方仅次于北京的国际大都市。

但也要看到，行政级别偏低、获取资源能力有限、发挥龙头带动作用受限，已经成为郑州建设国家中心城市的不利条件和重要制约因素。事实证明，在组织结构科层化、级别序列十分严格的行政环境下，郑州与其他城市级别相同的所谓城市群首位城市或中心城市，在推动城市群协同发展、构建城市群一体化机制、增强要素集聚和辐射带动能力、发挥其龙头带动作用方面，往往是无能为力的；而在与建立国家部委常态化沟通机制、争取国家政策支持方面，较高级别的“国家计划单列市”，不同城市群所得到的“外力”支持也是显然不同的。

郑州建设国家中心城市的实践已经三年有余，其成就不容低估，但受制于行政级别偏低，其在郑州都市圈（郑州、开封、许昌、新乡、焦作）方面发挥龙头作用，在涉及五省、30 个省辖市的中原经济区中发挥核心和带动作用方面，还未能取得应有的效果。

因此，国家中心城市的职责，一定要同其行政层级相匹配。顺应中心城市和城市群正在成为承载发展要素主要空间形式的新趋势，要构建以中原城市群为主体、大中小城市和小城镇协调发展的现代城镇体系，形成支撑全国高质量发展的新兴动力源，建议将郑州“升格”为国家计划单列的副省级城市，使郑州这个国家中心城市的龙头高高扬起来，以国际化、现代化、生态化为方向，增强其枢纽辐射、创业创新、开放带动、文化引领等动能，推动城市品质提升，形成引领带动河南全省和中部地区高质量发展的核心增长极。

B.23

郑州能否成为国家重要的经济增长中心？

郑州师范学院国家中心城市研究院课题组*

摘 要： 郑州具备打造国家重要的经济增长中心的区位交通和资源禀赋优势，产业结构持续优化，经济增长潜力巨大。但郑州消费和出口对经济的拉动效应较弱，科技研发与创新能力不强，区域开放合作水平较低，龙头引领和资源集聚能力不足。未来，郑州重点优化行政区划设置，提高城市首位度，坚持科技创新驱动，推动产业升级，深化开放合作，发展枢纽经济，创造经济增长新契机，打造国际经济消费中心，促进区域经济和黄河流域高质量发展。

关键词： 郑州　经济增长中心　市场潜能　首位度　科技创新　高质量发展

郑州是河南省的省会城市，也是中央目前支持建设的九个国家中心城市之一。2019 年 6 月，河南省委、省政府出台《关于支持郑州建设国家中心城市的若干意见》，将打造国家重要的经济增长中心作为郑州建设国家中心城市的重要目标和任务。2019 年 9 月 18 日，习近平总书记在郑州市主持召开座谈会，将黄河流域生态保护和高质量发展上升为重大国家战略，明确提出要提升中心

---

* 课题组组长：陈耀，经济学博士，郑州师范学院国家中心城市研究院院长，中国社会科学院工业经济研究所研究员，教授、博士生导师，研究方向为区域经济、产业空间组织和政府政策。成员：陈梦筱，博士，郑州航空工业管理学院副教授，研究方向为城市和区域经济；李蕾，博士，河南财经政法大学讲师，研究方向为产业升级、产业竞争力；尚永珍，博士，河南大学讲师，研究方向为区域和城市经济；张奕，硕士，郑州师范学院讲师，研究方向为城市规划、城市发展；苗金科，硕士，郑州师范学院讲师，研究方向为城市发展。

城市的经济和人口承载力，从而为沿黄经济和人口规模最大的省会城市——郑州打造国家经济增长中心，带来前所未有的新机遇和新动力。

所谓国家经济增长中心，主要是指一个城市区域的经济产出对全国贡献较大，居于全国乃至全球价值链、产业链和供应链的关键节点或重要环节，具有规模集聚效应和扩散效应，并形成较大范围的影响力、带动力和竞争力。早期经济增长理论研究了资本、劳动、技术、人力资本、自然资源和制度等因素在经济增长中的作用，20 世纪 50 年代以后，经济学家和地理学家将空间因素纳入经济增长分析框架中，出现了法国索瓦·佩鲁的增长极理论、劳尔·普雷维什的中心—外围理论，“二战”后理论界和政府均关注都市圈和城市群发展理论，研究探讨一国增长中心会在哪些地方产生以及形成的原因和机理。

本文基于这些经济增长理论，运用计量分析和比较研究的方法，对郑州市成为国家经济增长中心进行全方位的综合研判、分析，并就未来郑州打造国家经济增长中心提出基本思路和政策建议。

一　郑州成为国家经济增长中心的优劣势分析

（一）主要优势

1. 交通和通信的综合枢纽地位突出

郑州是全国重要的铁路、航空、高速公路、电力、邮政电信的枢纽城市，是国家首批跨境电子贸易试点城市和国家级互联网骨干直联点城市。郑州北站是亚洲最大的铁路编组站，新郑国际机场是获批第五航权中国八大区域性枢纽机场之一，目前已开通航线 236 条，成为全国第二个实现航空、铁路、轨道交通、高速公路一体换乘机场，拥有铁路一类口岸和航空一类口岸各一个，铁路二类口岸和公路二类口岸各一个，“米”字形高铁网正在加快形成，交通和通信枢纽优势日益提升。

2. 人口基数大且吸纳能力强

河南既是人口大省，又是经济总量大省。作为河南省会的郑州市，人口集聚能力强，增长潜力大，劳动力资源优势明显。郑州市是河南省常住人口最多的城市，并且人口的吸纳力持续增强，36.8% 的外省流入河南人口以及 59.8% 的省内跨市流动人口流入到了郑州市。庞大的基数、一定的人口增长空间以及长时期的人口红利，为郑州发展提供充足劳动力和巨大的潜在消费市场。

3. 城市化程度高，建设用地可扩张空间较大

郑州市总面积 7446 平方公里，下辖 6 个市辖区、1 个县，代管 5 个县级市，市区面积 1010 平方公里，中心城区建成区面积 549.33 平方公里（含航空港经济综合实验区），市域城市建成区面积 830.97 平方公里，城镇化率 72.2%。与其他国家中心城市和万亿俱乐部城市相比，郑州市辖区面积明显偏小，建设用地面积还有很大拓展空间。

4. 产业布局日趋合理，产业结构不断优化

郑州市域范围内设立的各类产业功能区共计 22 个，包括产业集聚区、经济技术开发区、高新技术开发区、航空港区、国际物流园区、产业园区、出口加工区等，产业布局日趋合理，特别是七大主导产业发展较快，从图 1 来看，2013～2018 年郑州七大主导产业增速均呈波动态势，其中新材料产业、生物及医药产业这些战略性新兴产业发展迅速，表明郑州加快产业转型升级。

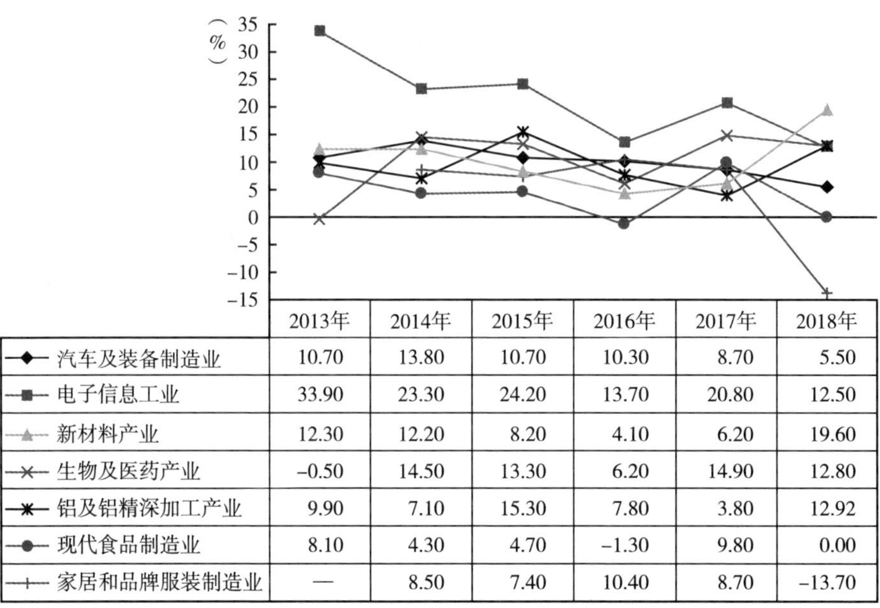

	2013年	2014年	2015年	2016年	2017年	2018年
汽车及装备制造业	10.70	13.80	10.70	10.30	8.70	5.50
电子信息工业	33.90	23.30	24.20	13.70	20.80	12.50
新材料产业	12.30	12.20	8.20	4.10	6.20	19.60
生物及医药产业	-0.50	14.50	13.30	6.20	14.90	12.80
铝及铝精深加工产业	9.90	7.10	15.30	7.80	3.80	12.92
现代食品制造业	8.10	4.30	4.70	-1.30	9.80	0.00
家居和品牌服装制造业	—	8.50	7.40	10.40	8.70	-13.70

图 1　2013～2018 年郑州七大主导产业增速变化

资料来源：Wind 数据库。

从三次产业结构来看，近年来，郑州第一产业产值比重逐年下降，第二产业产值比重呈现轻微下降趋势，第三产业产值比重有较大幅度的提升。如图2所示，2005～2014年，第二产业产值占比均在50%以上，2016年第三产业产值占比突破50%，超过第二产业产值比重，到2018年，三次产业结构比为1.4∶43.9∶54.7，初步形成“三二一”的工业化后期特征。

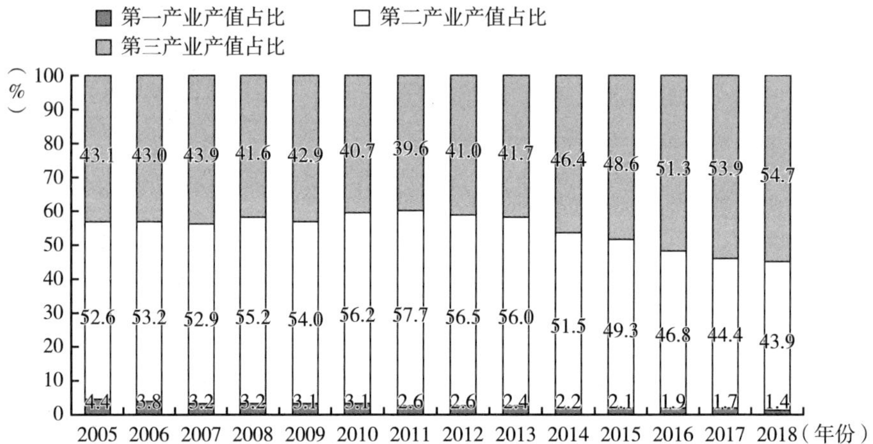

图2　2005～2018年郑州三次产业结构演进

资料来源：Wind数据库。

（二）主要短板

1. 出口和消费拉动效应较弱

投资、消费和出口被称为拉动国民经济增长的“三驾马车”，三者的比例关系协调，直接影响国民经济的稳定、健康发展。从整体拉动情况来看（见图3），2005～2017年，资本和消费在拉动郑州经济增长中始终处于主导地位，出口的贡献一直较小。较之消费，资本的拉动作用稍大，资本形成总额占GDP 50%左右，对GDP贡献率较大，略高于最终消费支出，货物和服务出口增速虽然从2012年开始呈现上升态势，但是基数较小，占GDP比重相对较小。由此可见，郑州的消费增长乏力，货物和服务出口增速呈波动态势，出口对GDP拉动作用较小，说明对外开放对经济的拉动作用较弱。

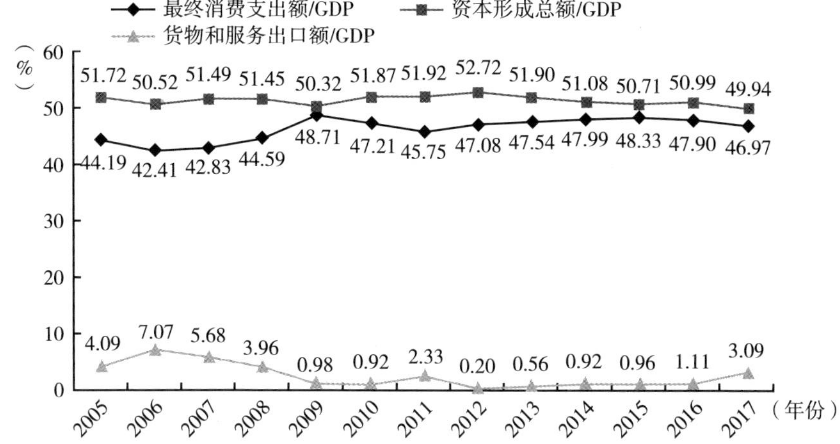

图 3　2005～2017 年郑州“三驾马车”对 GDP 的拉动情况

资料来源：Wind 数据库。

2. 科技研发与创新能力不强

科技研发与创新能力是城市发展的内在动力。将郑州与其他国家中心城市进行横向对比，从表 1 可以看出，2018 年郑州拥有普通高等院校 61 所，其中“211”高校仅 1 所；专利授权量 31585 件，与北京、上海、广州、成都、天津差距较大，尤其是高层次人才，郑州的研究生人数仅 3 万，不足北京的十分之一，专利申请量也相对较少，显示郑州整体创新资源薄弱，科技研发与创新能力不强。

表 1　2018 年九个国家中心城市科教创新水平对比

类别	北京	上海	天津	重庆	广州	武汉	成都	郑州	西安
专利申请量（件）	211000	150233	99000	72100	173124	60511	107801	70128	71250
专利授权量（件）	123000	92460	54700	45700	89826	32397	57370	31585	25042*
普通高校数量（所）	92	64	56	65	83	84	64	61	63
“211”大学数量（所）	26	10	4	2	4	7	5	1	7

续表

类别	北京	上海	天津	重庆	广州	武汉	成都	郑州	西安
研究生人数(万人)	33.6	15.9	6.8	6.5	10.1	13.8	9.9	3.0	10.41*
普通高校在校生数(万人)	58.1	51.8	52.3	76.3	108.6	96.9	91.3	99.3	127.1

*为2017年数据。

资料来源：《国家中心城市建设报告（2019）》，社会科学文献出版社，2019，第358页。

3. 对外交往与开放水平较低

作为国家经济增长中心，也应当是发展外向型经济和开展国际交往的重要门户。据2018年统计，郑州进出口总额仅略高于西安、武汉，实际利用外资额居于末位。在郑州的世界500强企业数量仅有63家，是武汉的1/4；接待外国游客人次50万；友好城市数量仅有11个。对比中西部城市，武汉有5个外国领事馆，成都16个，郑州尚无外国领事馆入驻。综合以上说明，目前郑州的对外开放程度较低。

二　郑州成为国家经济增长中心的潜力分析

（一）经济规模和增长潜力

1. 省域中心城市地位突出

作为河南省的省会城市，郑州经济规模在全省始终处于领头羊的地位。表2数据显示，2000～2018年，郑州GDP远高于河南其他地级市。具体来看，2000年郑州GDP是副中心城市洛阳的1.7倍，是最小的地级市济源的12.5倍，2018年则分别扩大为洛阳和济源的2.2倍和15.8倍。

从经济增长率来看（见表3），郑州自2000年以来GDP呈现高速增长态势，2015年以前增速均在10%以上，2016年到2018年虽有所放缓，但也都在8%以上，而且GDP增速始终高于全省平均水平，2018年在全省18个地市中排在中等偏上的第七位。

表2 2000~2018年河南省及各地市的GDP规模

单位：亿元

区域＼年份	2000	2003	2006	2009	2012	2015	2016	2017	2018
全省	5053	6868	12413	19548	29682	37084	40249	44553	48056
郑州	738	1102	2013	3309	5550	7312	8114	9194	10143
开封	226	282	475	779	1207	1606	1755	1888	2002
洛阳	423	686	1334	2001	2981	3469	3820	4290	4641
平顶山	272	366	675	1128	1496	1686	1825	1995	2135
安阳	256	362	646	1125	1567	1872	2030	2250	2393
鹤壁	85	122	222	364	546	716	772	828	862
新乡	281	379	640	992	1620	1975	2167	2358	2527
焦作	229	341	699	1071	1551	1926	2095	2280	2372
濮阳	204	265	456	662	990	1328	1450	1585	1654
许昌	291	412	719	1131	1716	2171	2378	2633	2831
漯河	164	222	380	592	797	993	1082	1165	1237
三门峡	169	225	412	703	1127	1251	1326	1447	1528
南阳	520	724	1203	1714	2341	2867	3115	3345	3567
商丘	288	340	651	996	1397	1812	1989	2196	2389
信阳	261	347	588	929	1397	1880	2038	2195	2388
周口	341	403	678	1065	1575	2090	2264	2460	2687
驻马店	280	346	572	901	1374	1808	1973	2175	2370
济源	59	94	181	288	431	493	539	600	642

资料来源：EPS数据库与各城市国民经济和社会发展统计公报。

表3 2000~2018年河南省及各地市的GDP增长率

单位：%

区域＼年份	2000	2003	2006	2009	2012	2015	2016	2017	2018	排名
全省	9.5	10.7	14.5	11.0	10.2	8.3	8.2	7.8	7.6	—
郑州	11.1	14.8	16.0	11.4	12.2	10.0	8.5	8.2	8.1	7
开封	9.6	6.4	13.4	12.1	11.1	9.4	8.5	7.8	7.0	14
洛阳	9.6	16.6	15.7	13.3	10.0	9.1	8.6	8.7	7.9	9
平顶山	7.6	10.7	16.0	10.0	6.8	6.5	7.7	8.0	7.5	11
安阳	8.9	13.8	15.8	11.4	7.4	7.3	8.0	7.2	6.7	15
鹤壁	9.7	13.5	17.7	12.8	10.9	8.0	7.9	8.2	5.9	17
新乡	8.3	13.5	14.7	12.4	11.4	6.1	8.3	8.1	7.1	13

续表

区域\年份	2000	2003	2006	2009	2012	2015	2016	2017	2018	排名
焦作	8.6	15.0	15.8	11.3	11.2	8.7	8.3	7.4	6.3	16
濮阳	10.3	10.6	15.9	11.0	12.1	9.4	8.7	8.0	5.8	18
许昌	10.4	12.8	14.9	12.5	12.2	9.0	8.9	8.7	8.6	2
漯河	9.5	11.3	15.3	11.3	12.1	9.0	8.1	8.2	7.7	10
三门峡	9.2	11.5	16.9	12.1	12.0	3.3	7.5	8.2	8.0	8
南阳	7.0	11.2	13.6	10.0	10.1	9.0	8.4	6.8	7.2	12
商丘	9.3	-0.1	13.5	10.8	10.8	8.8	8.7	8.7	8.7	1
信阳	9.5	9.1	13.8	12.0	10.5	8.9	8.3	6.7	8.3	4
周口	9.1	-3.4	12.2	10.8	10.6	9.0	8.5	7.7	8.2	6
驻马店	9.7	1.2	13.2	11.5	10.4	8.9	8.5	8.4	8.5	3
济源	9.1	14.8	16.5	14.1	11.5	6.0	8.0	8.0	8.3	4

注：排名是根据 2018 年的数据进行的，下同。

资料来源：EPS 数据库与各城市国民经济和社会发展统计公报。

与经济规模和经济增速相对应，郑州 GDP 在河南省的占比也在不断提升（见表4），从 2000 年的 14.61% 增加为 2018 年的 21.11%，已占据全省超五分之一的经济份额。从对全省经济增长的贡献率来看，郑州自 2011 年以来稳定在 20% 以上，远高于副中心城市洛阳对全省经济增长的贡献率（见图 4）。可见，郑州在河南省经济规模基础雄厚，是名副其实的省域经济中心城市。

表 4　2000～2018 年河南各地市 GDP 在全省的规模占比

单位：%

城市\年份	2000	2003	2006	2009	2012	2015	2016	2017	2018
郑州	14.61	16.05	16.22	16.93	18.70	19.72	20.16	20.64	21.11
开封	4.48	4.11	3.83	3.98	4.07	4.33	4.36	4.24	4.17
洛阳	8.37	9.99	10.74	10.24	10.04	9.35	9.49	9.63	9.66
平顶山	5.37	5.32	5.44	5.77	5.04	4.55	4.53	4.48	4.44
安阳	5.07	5.27	5.20	5.75	5.28	5.05	5.04	5.05	4.98
鹤壁	1.69	1.78	1.79	1.86	1.84	1.93	1.92	1.86	1.79
新乡	5.56	5.52	5.16	5.07	5.46	5.33	5.38	5.29	5.26
焦作	4.52	4.97	5.63	5.48	5.23	5.19	5.21	5.12	4.93
濮阳	4.04	3.86	3.68	3.38	3.33	3.58	3.60	3.56	3.44
许昌	5.77	5.99	5.79	5.78	5.78	5.85	5.91	5.91	5.89

续表

城市＼年份	2000	2003	2006	2009	2012	2015	2016	2017	2018
漯河	3.25	3.23	3.06	3.03	2.69	2.68	2.69	2.61	2.57
三门峡	3.34	3.27	3.32	3.60	3.80	3.37	3.29	3.25	3.18
南阳	10.28	10.54	9.69	8.77	7.89	7.73	7.74	7.51	7.42
商丘	5.69	4.95	5.24	5.09	4.71	4.89	4.94	4.93	4.97
信阳	5.17	5.05	4.74	4.75	4.71	5.07	5.06	4.93	4.97
周口	6.76	5.87	5.46	5.45	5.31	5.64	5.62	5.52	5.59
驻马店	5.54	5.03	4.61	4.61	4.63	4.87	4.90	4.88	4.93
济源	1.18	1.37	1.46	1.47	1.45	1.33	1.34	1.35	1.34

资料来源：根据河南省统计年鉴中的数据计算。

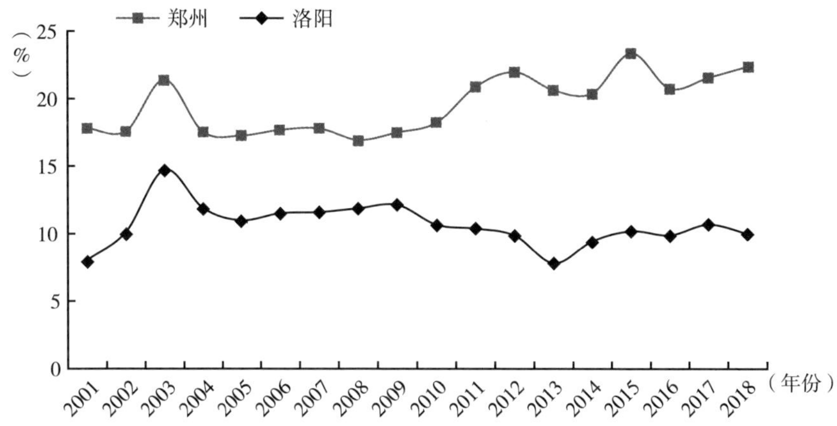

图 4　2001～2018 年郑州和洛阳 GDP 对全省经济增长的贡献率

资料来源：根据 EPS 数据库与郑州市、洛阳市的国民经济和社会发展统计公报中的数据计算。

2. 在全国省会城市中的优势地位日益凸显

从全国 27 个省会城市的经济规模来看（见表 5），郑州经济中心地位日益突出。2000 年郑州 GDP 仅有 738 亿元，在 27 个省会城市中排在第十二位（见图 5）。2007 年以 2487 亿元的规模上升到第九位，2015 年进一步以 7312 亿元的规模上升为第七位，直到 2018 年仍然保持第七的位置。这意味着，郑州已成为全国仅次于广州、成都、武汉、杭州、南京和长沙的第七大经济省会城市。

表5　2000～2018年全国27个省会城市的GDP规模

单位：亿元

城市＼年份	2000	2003	2006	2009	2012	2015	2016	2017	2018
石家庄	1003	1378	2027	3001	4500	5441	5928	6461	6083
太原	347	516	1014	1545	2311	2735	2956	3382	3884
呼和浩特	179	406	900	1644	2476	3091	3174	2744	2904
沈阳	1119	1603	2520	4269	6603	7272	5546	5865	6292
长春	861	1338	1741	2849	4457	5530	5986	6530	7176
哈尔滨	1003	1415	2094	3176	4550	5751	6102	6355	6301
南京	1074	1691	2856	4287	7307	9862	10662	11715	12820
杭州	1383	2100	3443	5111	7834	10050	11314	12603	13509
合肥	325	485	1074	2102	4164	5660	6274	7213	7823
福州	1003	1348	1664	2604	4218	5618	6198	7104	7857
南昌	435	641	1184	1838	3001	4000	4355	5003	5275
济南	952	1365	2185	3351	4804	6100	6536	7202	7857
郑州	738	1102	2013	3309	5550	7312	8114	9194	10143
武汉	1207	1622	2679	4621	8004	10906	11913	13410	14847
长沙	721	1086	2138	3788	6480	8631	9292	10210	11003
广州	2506	3780	6124	9241	13698	18314	19782	21503	22859
南宁	294	503	870	1525	2503	3410	3703	4119	4024
海口	134	229	350	490	819	1162	1258	1390	1511
成都	1157	1705	2772	4503	8139	10801	12170	13889	15343
贵阳	265	381	603	972	1700	2891	3158	3538	3798
昆明	626	812	1207	1809	3011	3968	4300	4858	5207
拉萨	45	70	102	154	260	377	425	479	541
西安	689	942	1474	2724	4366	5801	6257	7470	8350
兰州	309	440	638	926	1564	2096	2264	2524	2733
西宁	92	145	282	501	851	1132	1248	1285	1286
银川	95	157	335	578	1151	1494	1618	1803	1901
乌鲁木齐	275	409	654	1095	2004	2632	2459	2744	3100

注：由于四个直辖市在经济规模上的特殊性，这里将四个直辖市排除在外。

资料来源：国研网、各城市统计年鉴与国民经济和社会发展统计公报。

就GDP增长率来看（见表6），在国内外经济下行压力下，郑州自2000年以来虽然GDP保持高速增长，但增长率呈现缓慢的下降趋势，而且由于经济下行的普遍性和持续性，郑州GDP增长率在27个省会城市中的排名出现剧

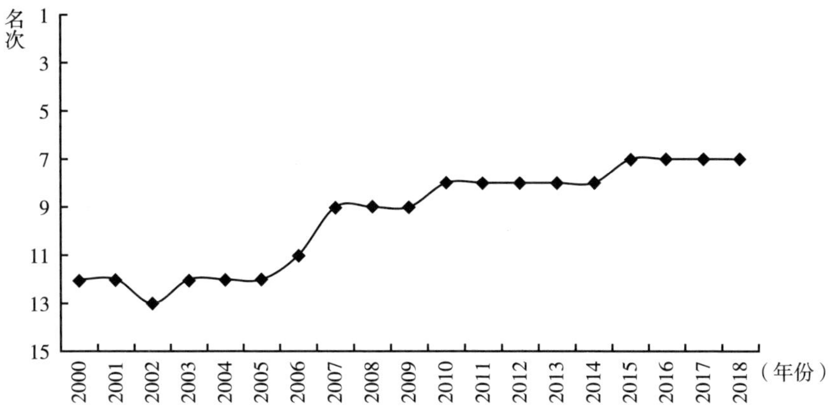

图 5　2000～2018 年郑州 GDP 在 27 个省会城市中的排名

资料来源：国研网、各城市统计年鉴与国民经济和社会发展统计公报。

烈波动（见图 6），但 2015 年以来波动幅度缩小，基本维持在第八位到第十一位，这说明郑州在 27 个省会城市中的经济增长地位日益稳定。

表 6　2000～2018 年 27 个省会城市的 GDP 增长率

单位：%

城市\年份	2000	2003	2006	2009	2012	2015	2016	2017	2018
石家庄	10.5	12.5	13.4	11.1	10.4	7.5	6.8	7.3	7.4
太原	7.8	15.5	11.5	2.6	10.5	8.9	7.5	7.5	9.2
呼和浩特	14.4	24.9	18.0	15.9	11.0	8.3	7.8	5.0	3.9
沈阳	10.3	14.2	16.7	14.1	10.0	3.4	-5.6	3.5	5.4
长春	13.1	14.2	15.1	15.0	12.0	6.5	7.7	8.0	7.2
哈尔滨	12.4	13.1	13.5	13.0	10.0	7.1	7.3	6.7	5.1
南京	12.3	15.0	15.1	11.5	11.7	9.3	8.0	8.1	8.0
杭州	12.0	15.2	14.3	10.0	9.0	10.2	9.6	8.1	6.7
合肥	10.5	13.7	17.5	17.8	13.6	10.5	9.8	8.5	8.5
福州	10.2	14.1	12.3	13.0	12.1	9.6	8.5	8.7	8.6
南昌	9.2	15.5	15.1	13.1	12.5	9.6	9.0	9.0	8.9
济南	12.1	14.5	15.7	12.2	9.5	8.1	7.8	8.0	7.4
郑州	11.1	14.8	16.0	11.4	12.2	10.0	8.5	8.2	8.1
武汉	12.0	12.1	14.8	13.7	11.4	8.8	7.8	8.0	8.0

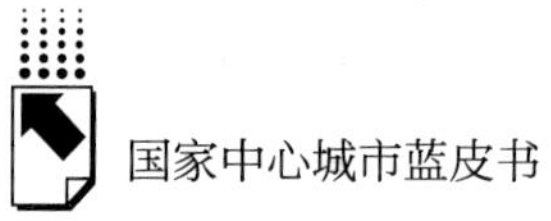

续表

城市＼年份	2000	2003	2006	2009	2012	2015	2016	2017	2018
长沙	12.2	15.2	15.3	14.8	13.2	10.0	9.4	9.0	8.5
广州	13.4	15.2	15.0	11.9	10.4	8.4	8.2	7.0	6.2
南宁	9.3	10.9	16.4	15.1	12.3	8.6	7.0	8.0	5.4
海口	10.2	12.8	12.9	10.8	9.3	7.5	7.8	7.5	7.6
成都	10.7	13.0	14.2	14.7	13.0	7.9	7.7	8.1	8.0
贵阳	10.6	13.0	14.7	13.3	15.9	12.5	10.1	11.3	9.9
昆明	8.4	10.3	12.3	12.8	14.1	8.0	8.5	9.7	8.4
拉萨	17.9	16.8	16.5	12.7	12.2	11.2	10.0	10.0	9.3
西安	13.0	13.5	13.1	14.5	11.8	8.2	8.5	7.7	8.2
兰州	9.5	11.0	12.0	10.8	11.3	9.1	8.3	5.7	6.5
西宁	10.0	13.7	14.5	13.3	15.0	10.9	9.8	9.5	9.0
银川	9.5	14.1	13.4	13.0	12.5	8.3	8.1	8.0	7.2
乌鲁木齐	8.5	12.7	14.0	9.5	17.3	10.5	7.6	8.1	7.8

资料来源：国研网、各城市统计年鉴与国民经济和社会发展统计公报。

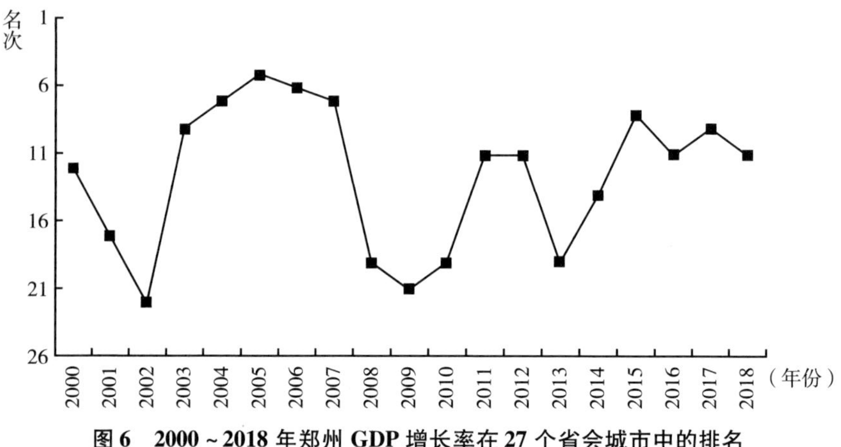

图6　2000～2018年郑州GDP增长率在27个省会城市中的排名

注：2012年郑州与拉萨并排11。表6中其他个别年份也会出现郑州与某个城市增长率相等的情况，这是由于增长率保留了一位小数，而这里的排名是根据原始增长率数据进行的排名。

资料来源：根据国研网、各城市统计年鉴与国民经济和社会发展统计公报中的数据绘制。

3. 在万亿俱乐部城市中的增长潜力大

与其他万亿俱乐部城市相比，郑州虽然在经济规模上并不占优势，但是从

GDP 增长率和市场潜能①来看（见表 7 和表 8），郑州近几年来表现出巨大的增长潜力。具体来看，郑州 GDP 增长率自 2014 年起在 12 个万亿俱乐部城市中稳居前四位，2018 年更是提升到了第二位，成为万亿俱乐部城市中仅次于湖南长沙的高增长城市。

以全国范围计算的市场潜能进一步说明郑州市场潜力巨大，不仅自身的市场潜能快速增长，而且自 2000 年起在 12 个万亿俱乐部城市中的位次逐年上升，从 2000 年的第 11 位上升到 2018 年的第 8 位。

表 7　2000～2018 年 12 个万亿俱乐部城市的 GDP 增长率

单位：%

城市＼年份	2000	2003	2006	2009	2012	2015	2016	2017	2018
深圳	16.3	19.1	16.7	11.3	10.2	8.9	9.1	8.8	7.6
广州	13.4	15.2	15.0	11.9	10.4	8.4	8.2	7.0	6.2
苏州	12.6	18.0	15.8	11.5	10.1	7.5	7.5	7.1	7.0
成都	10.7	13.0	14.2	14.7	13.0	7.9	7.7	8.1	8.0
武汉	12.0	12.1	14.8	13.7	11.4	8.8	7.8	8.0	8.0
杭州	12.0	15.2	14.3	10.0	9.0	10.2	9.6	8.1	6.7
南京	12.3	15.0	15.1	11.5	11.7	9.3	8.0	8.1	8.0
青岛	15.2	16.3	15.3	12.2	10.6	8.1	7.9	7.5	7.4
长沙	12.2	15.2	15.3	14.8	13.2	10.0	9.4	9.0	8.5
无锡	11.1	15.3	15.3	11.6	10.1	7.1	7.5	7.4	7.4
宁波	12.0	15.6	13.6	8.7	7.5	8.0	7.1	7.8	7.0
郑州	11.1	14.8	16.0	11.4	12.2	10.0	8.5	8.2	8.1
排名	11	10	2	9	3	3	4	3	2

资料来源：各城市统计年鉴。

① 市场潜能的计算参考 Harris（1954）的做法，即某一地区所具有的市场潜能（Market Potential）是一个空间加权平均值，该指标与本地区及其他地区的总收入呈正比，与其他地区到该地区的距离呈反比，计算公式为 $HMS_{it} = \sum_{i \neq j}(Y_{it}/D_{ii} + Y_{jt}/D_{jt})$。$Y_{jt}$ 为 j 市的地区生产总值，D_{jt} 为两市间的几何中心距离，D_{ii} 为 i 市的内部距离，$D_{ii} = 2\sqrt{S_i/\pi}/3$，$S_i$ 为 i 市的陆地面积。基于数据的可得性，本文选择国内 283 座城市进行相关城市的市场潜能计算，城市间的距离采用 ARCGIS 软件计算获得。

表 8　2000～2018 年 12 个万亿俱乐部城市的市场潜能

城市＼年份	2000	2003	2006	2009	2012	2015	2016	2017	2018
深圳	1001902	1741648	3496515	4933114	1830548	2428982	2736502	13520036	3449182
广州	741243	1090967	1895039	2851301	2330477	3174518	3467521	6704618	4320885
苏州	446944	811814	1396596	2242232	1588815	2112240	2322229	2377900	2730794
成都	295311	420781	618862	1013045	7789170	10526903	11723243	2473720	14566777
武汉	351547	484247	754939	1345874	4228583	5647600	6099155	3897216	7132674
杭州	289910	440174	721481	1066912	1636389	2107588	2371987	2431252	2832101
南京	339840	524332	922396	1407017	1793427	2181074	2367162	3886291	2927472
青岛	292123	452078	813953	1232344	1736589	2287120	2537730	2155206	3171362
长沙	163489	231500	447480	929953	3479406	4201968	4483657	1585558	5388017
无锡	476038	753850	1308499	1979262	2394365	3230868	3490916	2170643	4260533
宁波	320320	486684	783016	1179486	3001217	3379933	3654473	1711632	4537670
郑州	231242	345270	630398	1035659	1854230	2361244	2541685	1683273	3046518
排名	11	11	10	10	10	9	9	11	8

注：由于 2017 年《中国城市统计年鉴》中只提供市辖区 GDP 数值，故 2017 年的计算结果与其余年份存在较大差异性，其余年份均采用全市 GDP 数值进行计算。

资料来源：《中国城市统计年鉴》。

（二）郑州经济龙头引领作用分析

郑州经济首位度较低，2000 年到 2018 年的 19 年中，郑州经济首位度在 27 个省会城市中排名较靠后，始终排在第 21 位到第 25 位（见表 9 和图 7）；在 6 个中部地区的省会城市中始终排在倒数第一或倒数第二的位置（见图 8）；在 12 个万亿俱乐部城市中（见表 10 和图 9），郑州经济首位度排名也不靠前，多数年份排在中等靠下或倒数的位置。这说明，郑州在经济层面虽然已经成为河南省的省域中心城市，但与其他省会城市、中部地区省会城市以及其他万亿俱乐部城市相比，郑州的龙头引领作用较弱，资源集聚能力不足，缺乏对区域经济的影响力和辐射力，存在很大的提升空间。

表 9　2000～2018 年 27 个省会城市的经济首位度

单位：%

城市＼年份	2000	2003	2006	2009	2012	2015	2016	2017	2018
石家庄	19.71	19.91	17.67	17.41	16.93	18.25	18.48	18.99	16.89
太原	21.14	18.06	20.78	21.00	19.08	21.43	22.65	21.78	23.10
呼和浩特	12.79	17.01	18.20	16.88	15.59	17.33	17.51	17.05	16.79
沈阳	23.97	26.71	27.08	28.06	26.57	25.37	24.93	25.05	24.86
长春	47.28	50.26	40.73	39.14	37.33	39.32	40.51	43.69	47.60
哈尔滨	30.82	34.87	33.71	36.98	33.23	38.13	39.66	39.96	38.51
南京	12.51	13.59	13.13	12.44	13.52	14.06	13.78	13.64	13.85
杭州	22.90	21.64	21.91	22.23	22.60	23.43	23.94	24.35	24.04
合肥	10.69	12.36	17.57	20.89	24.19	25.72	25.71	26.70	26.07
福州	25.59	27.04	21.94	21.28	21.41	21.62	21.51	22.07	21.94
南昌	21.72	22.83	24.56	24.00	23.17	23.92	23.54	25.01	23.99
济南	11.15	11.30	9.98	9.89	9.60	9.68	9.61	9.92	10.27
郑州	14.36	16.05	16.29	16.98	18.75	19.76	20.05	20.64	21.11
武汉	28.22	34.10	35.17	35.65	35.97	36.91	36.47	37.80	37.72
长沙	19.53	23.31	27.80	29.00	29.25	29.86	29.45	30.12	30.21
广州	25.93	23.86	23.03	23.40	24.00	25.15	24.47	23.97	23.50
南宁	14.36	17.81	18.33	19.65	19.20	20.29	20.22	22.24	19.77
海口	25.77	33.01	33.51	29.59	28.67	31.38	31.03	31.16	31.26
成都	28.85	31.98	31.90	31.82	34.09	35.94	36.95	37.56	37.72
贵阳	26.65	26.71	25.78	24.84	24.81	27.53	26.81	26.13	25.65
昆明	32.03	31.77	30.27	29.31	29.21	29.14	29.08	29.66	29.12
拉萨	—	—	35.21	36.99	37.11	36.70	36.91	36.56	36.60
西安	41.45	36.39	31.07	33.34	30.21	32.19	32.25	34.11	34.17
兰州	31.47	31.44	28.04	27.33	27.68	30.87	31.45	33.83	33.14
西宁	34.91	37.12	43.42	46.34	44.95	46.82	48.52	48.95	44.90
银川	35.78	35.20	46.19	42.72	49.16	51.30	51.05	52.36	51.32
乌鲁木齐	20.16	21.66	21.49	25.59	26.70	28.22	25.48	25.21	25.41

注：省会城市不一定是所属省份的经济首位城市，但这里着重分析的是省会城市占所属省份的经济份额，统一称为经济首位度，下文万亿俱乐部城市的经济首位度与此类似，不再另做解释。

资料来源：根据国研网、中经网以及各城市统计年鉴与国民经济和社会发展统计公报中的数据计算。

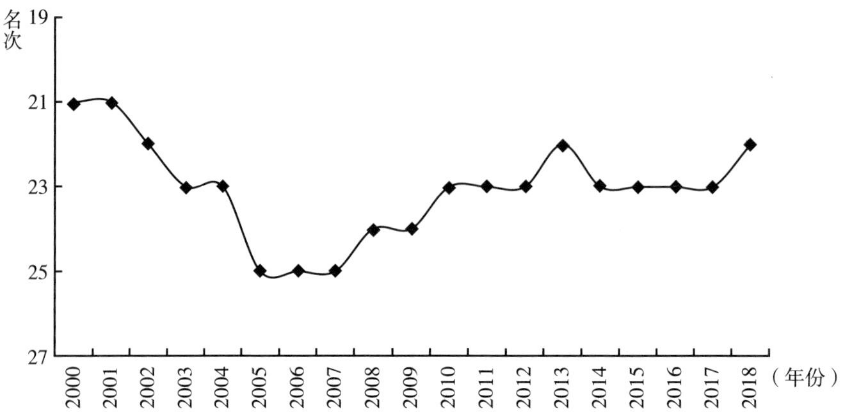

图7　2000～2018年郑州经济首位度在27个省会城市中的排名

资料来源：根据国研网、中经网以及各城市统计年鉴与国民经济和社会发展统计公报中的数据计算。

表10　2000～2018年12个万亿俱乐部城市的经济首位度

单位：%

城市＼年份	2000	2003	2006	2009	2012	2015	2016	2017	2018	2018排名
深圳	22.97	22.97	22.27	21.49	23.34	24.74	24.83	25.07	24.90	4
广州	25.93	23.86	23.03	23.40	24.00	25.15	24.47	23.97	23.50	6
苏州	6.30	22.52	22.76	22.78	22.58	21.05	20.35	20.17	19.98	8
成都	28.85	31.98	31.90	31.82	34.09	35.94	36.95	37.56	37.72	1
武汉	28.22	34.10	35.17	35.65	35.97	36.91	36.47	37.80	37.72	2
杭州	22.90	21.64	21.91	22.23	22.60	23.43	23.94	24.35	24.04	5
南京	12.51	13.59	13.13	12.44	13.52	14.06	13.78	13.64	13.85	11
青岛	13.95	15.48	14.53	14.32	14.84	15.03	14.98	15.20	15.69	10
长沙	19.53	23.31	27.80	29.00	29.25	29.86	29.45	30.12	30.21	3
无锡	13.71	14.73	15.41	14.59	13.77	12.39	12.13	12.24	12.35	12
宁波	18.96	18.02	18.29	18.85	19.04	18.66	18.38	19.01	19.12	9
郑州	14.36	16.05	16.29	16.98	18.75	19.76	20.05	20.64	21.11	7

资料来源：根据国研网、中经网以及各城市统计年鉴与国民经济和社会发展统计公报中的数据计算。

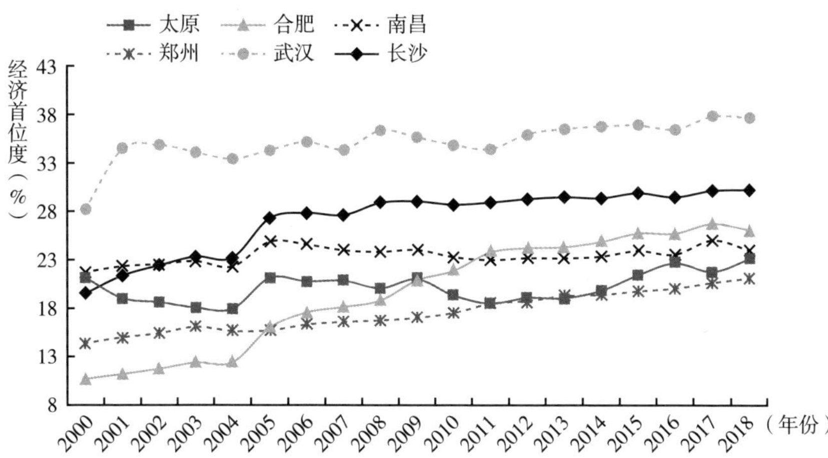

图 8　2000～2018 年郑州经济首位度在中部六个省会城市中的地位

资料来源：根据国研网、中经网以及各城市统计年鉴与国民经济和社会发展统计公报中的数据计算。

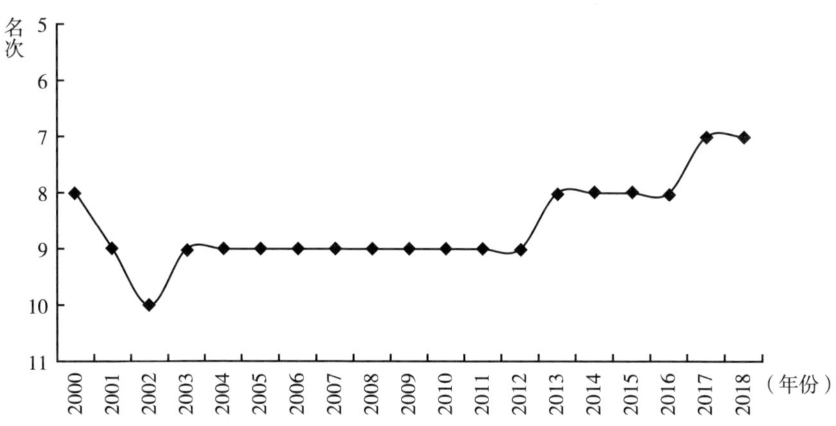

图 9　2000～2018 年郑州经济首位度在 12 个万亿俱乐部城市中的排名

资料来源：根据国研网、中经网以及各城市统计年鉴与国民经济和社会发展统计公报中的数据计算。

三　郑州成为国家重要经济增长中心的机遇与意义

（一）面临的机遇

新一轮科技革命和产业变革的兴起以及全球创新格局的加快调整，为郑州打造国家重要的经济增长中心带来了新的契机。“一带一路”建设的不断推进，内陆开放型经济高地的加快建设，对产业、人才、人口具有强大的集聚效应，加之其连南贯北、承东启西的区位优势和以航空、高铁为主导的综合交通物流枢纽地位，以及空中丝绸之路、陆上丝绸之路、网上丝绸之路、海上丝绸之路等对外开放战略通道的协同发展，形成了郑州打造国家重要经济增长中心的坚实基础。国家促进中部崛起、中原城市群建设等战略的深入实施，郑州航空港经济综合实验区、中国（河南）自由贸易试验区、郑洛新国家自主创新示范区、中国（郑州）跨境电子商务综合试验区以及国家大数据（河南）综合试验区等众多国家战略平台的相继落地和加快推进，为郑州打造国家重要经济增长中心提供了重要的平台支撑和强大的战略保障。黄河流域生态保护和高质量发展上升为重大国家战略，更是为郑州打造国家重要的沿黄高质量经济增长中心带来了新的机遇。

（二）战略意义

1. 郑州国家中心城市建设的内在要求

2019 年 6 月，河南省委、省政府下发《关于支持郑州建设国家中心城市的若干意见》，将打造国家重要的经济增长中心作为国家中心城市建设的重要内容，着重强调了建设全国先进装备制造基地等十个重点领域。可见，打造国家重要经济增长中心是郑州国家中心城市建设的内在要求。

2. “强省会崛起”时代的现实需要

当前，“强省会崛起”已成为多省，尤其是中西部各省的经济发展战略。作为河南省的省会城市，郑州在 2018 年人口突破千万，GDP 突破万亿元大关，正式跨入万亿俱乐部城市行列，成为名副其实的中国特大城市，最符合河南“强省会崛起”的中心城市特征。然而，就目前来看，郑州的高端要素资源集聚力不强，区域辐射带动作用发挥不足，城市首位度也不高。因此，郑州打造国家重要经济增长中心，正是迎合了“强省会崛起”时代的需要，具有鲜明的时代发展特征。

3. 区域协调发展战略的必然选择

当前，中国区域发展的不平衡呈现一些新的特征，不仅表现为东、中、西部三大纵向地带发展的不平衡，也表现为南北发展的不平衡。作为河南省的省会城市和中原城市群的核心城市，郑州已跨入中国特大城市行列，也必然要担起引领中原城市群发展、带动中部地区发展的使命和重任。可见，打造国家重要经济增长中心是郑州引领中原城市群一体化发展、支撑中部地区崛起，进而实现与全国其他重大区域、板块融合发展的重要环节，是区域协调发展的必然选择。

4. 全国综合服务城市建设的重要支撑

国家中心城市需要有相当的经济增长实力来整合周边区域的各项资源，以产业集聚效应带动周边经济结构的调整，实现区域经济的整体提升，在全国发展大局中发挥重要的服务功能。郑州在经济创新能力和资源集聚方面的辐射带动作用较弱，全国性服务功能不足。因此，打造国家重要的经济增长中心，可以有力地弥补郑州在经济增长方面存在的短板，使郑州真正成为对区域经济具有强大支撑引领和辐射带动功能的中心城市，而这正是全国综合服务城市建设的重要支撑。

四　国内外国家重要经济增长中心的经验借鉴

（一）国外增长中心发展经验

1. 强集聚与辐射能力

东京与纽约均是世界重要的经济中心，具有强大的集聚能力和辐射能力。生产性服务业、金融和商业是东京的支柱产业，不仅为东京本身的发展提供了必要的资本与服务，还为其他城市提供及时快捷、有价值的信息，直接推动了其他城市的发展。纽约是美国最大的港口城市，世界知名的跨国银行和多家全美著名的大银行总部均集中在纽约，纽约作为金融中心为纽约及美国经济的发展提供了丰富的资本和信息。

2. 便捷的交通体系

纽约和东京与周边区域之间均形成了四通八达的网络化交通系统，纽约与周边城市之间以公路和区域铁路为主，东京与周边城市之间以轻轨、地铁、新干线组成的轨道交通为主。便捷的交通体系促进了纽约、东京与周边区域之间人口和要素的自由流动和资源要素在更大空间范围内的合理配置。

3. 金融、专项管理服务等第三产业在城市集聚

对比东京与纽约两市的产业组织结构，我们不难发现，纽约和东京均经历了一、二产业比例不断下降，第三产业比例不断上升的发展过程，纽约和东京的金融、专项管理等服务业在核心区域所占的比重越来越大，并呈现强化趋势，具有强大的国际竞争力。

4. 与周边城市之间多形式的协作发展模式

纽约都市圈与东京都市圈的协同管理体制因两国体制的不同存在一定的差异性，前者主要采取非政府组织形式的跨区域协同管理体制，后者以政府主导的协同管理体制为主，不同形式的协作发展模式有效化解了不同行政主体间的利益冲突，实现求同存异的共同发展。

（二）国内经济增长中心发展经验

国内经济增长中心的经验主要选取两种类型，一种是开放型增长中心，比较典型的如沿海地区的广州和内陆地区的重庆市；另一种是创新性增长中心，比较有借鉴意义的是中部地区的安徽合肥市和东部地区的浙江省杭州市。

1. 开放型经济增长中心经验

广州是广东省省会，也是我国开放最早、开放程度最高的城市之一。广州在打造开放型经济增长中心中主要做法有如下几点。

第一，外贸发展方式不断转变。国际金融危机发生后，传统外贸模式受到冲击，广州企业根据世界市场形势及时调整贸易模式，外贸政策开始倾向于减少加工贸易比重而增加一般贸易比重，扭转了对外贸易疲软的局面。

第二，服务贸易加快发展。近年来，广州加强服务贸易发展，主要经验做法是：注重产业集聚，提升贸易比重，发展服务外包，优化贸易结构。近年来，广州市服务贸易额保持了两位数的增长，并呈现高端服务业比重加大

的趋势。

第三，利用外资形式不断创新发展。随着改革开放不断深入，广州市外资利用形式也不断调整，在改革开放初期，对外借款方式是广州市利用外资的主要方式，随着外商直接投资规模的扩大，外商直接投资“独资化”的趋势也日益显现。

第四，企业“走出去”结构优化。广州市结合国家“一带一路”和自贸区建设战略，进一步推动了一批大项目“走出去”，广州市商务委加强了对“走出去”企业的引导和扶持力度，广州市的对外直接投资呈现较为迅猛的增长态势。

第五，国际交往持续拓展。广州国际交往中心建设成果丰硕，国际“朋友圈”日益壮大，截至2018年，驻穗总领事馆、对外友好交流合作城市增加至63个、76个，每年举办广交会、金交会、创交会、文交会等70余场高端展会。

重庆是我国西部地区唯一的中央直辖市，在打造内陆开放高地上主要有以下做法和经验。

第一，大力引进外资。引进外资是重庆内陆外向型经济发展过程中不可或缺的重要环节，重庆充分结合国家产业政策，通过不断地疏通、拓宽吸引境外资金的渠道，创新投融资方式，大力吸引外资，鼓励外来资本以多种方式参与重庆经济建设。

第二，实施“走出去”战略。重庆积极鼓励企业开展对外投资，以对外承包工程和对外劳务合作为重点突破口，使之成为推动重庆内陆外向型经济发展的重要增长点。

第三，大通道体系助力内陆开放高地建设。完善的交通枢纽、便捷的现代物流服务和完善的商贸、要素市场体系，是内陆开放型经济发展的重要基础，也是重庆发挥国家中心城市功能的核心支撑，四通八达的国际物流大通道体系，助推重庆内陆开放型经济飞速发展。

2. 创新型增长中心经验

合肥市是安徽省省会，也是长三角城市群的成员。近些年在科技创新上积极作为，成为我国新成长起来的创新型增长中心，其主要做法如下。

第一，安徽省合肥市两级领导高度重视科技创新工作。合肥市专门成立了市自主创新领导小组，建立高层面、跨部门的科技管理体系，统筹协调各部门开展创新工作；努力争取省级层面政策项目支持，安徽省全省科技资源向省会合肥倾斜。

第二，持续优化城市综合创新生态。2015 年，新修订的《合肥市促进自主创新政策》着重从科技投入等六个方面支持科技创新发展，并且合肥在全国率先对产业扶持政策做出重大调整，对分散在各部门的产业扶持政策和资金进行整合，形成了统一规范的政策体系。

第三，重视科技成果转化体系建设。按照“省院合作、市校共建”的原则，由安徽省、中科院、合肥市与中科大四方合作共建中科大先进技术研究院，集研究所、大学、企业孵化器等多重功能，打造产学研无缝对接的高端创新研发平台、共性技术研发平台、创新公共服务平台、科技企业孵化平台等四大平台。

第四，加大人才引进力度。在吸引人才方面，合肥注重精准施策，突出“高、精、尖、缺”导向，着力集聚、培养创新创业领军人才，出台多项政策，加大资金投入，吸引各类人才在合肥创新创业。

杭州是浙江省省会，近些年抓住新一轮科技革命的机遇，大力推进新技术、新产业、新业态、新模式，成为我国重要的创新型增长中心。2008 年以来，杭州市为解决科技型企业“融资难”问题，推进经济转型升级，促进“创新型”城市建设，在科技和金融结合方面进行了大量的创新。

第一，财政资金投入效率高。杭州市先后出台《关于杭州市创业投资引导基金管理办法的通知》等政策性文件，由市政府设立政策性基金，并以市场化方式进行运作，支持创业投资企业发展。

第二，政府、银行、创投、担保四方联动。杭州市通过政府、银行、创投、担保四方联动，创新融资模式，努力使科技型中小企业获得更多的筹措资金。政府作为引导方在四者中起到桥梁作用，将各金融服务机构联结在一起，对各主体给予一定风险资金补贴，促进金融工具发挥作用。

第三，成立杭州银行科技支行。2009 年 7 月，借鉴美国硅谷银行模式，杭州市成立杭州银行科技支行，为科技中小企业融资提供专项服务。杭州科技银行自开业以来，不但获得科技扶持资金、创投资金，而且杭州市还专门建立了专家咨询委员会进行专业指导，有效控制了贷款风险。

（三）国内外经济增长中心发展经验对郑州的启示

1. 以全方位开放促改革促发展

广州和重庆，一个为沿海城市，一个是内陆城市，但在不同时期均抓住机遇，成为我国对外开放的前沿，吸引高端要素汇集，面向高质量发展。尤其是重庆的对外开放经验说明，即使是内陆城市，只要找准自己的定位，将自己的优势、要素最大化利用，也能走出一条堪比沿海城市的对外开放发展之路。

2. 以制度创新促科技创新

合肥深挖已有资源，加大人才引进力度，走出了一条创新发展之路；杭州则在科技和金融结合方面进行了大量的创新，着力解决科技型企业“融资难”问题，促进“创新型”城市建设。科技研发与创新能力不强是郑州打造国家重要经济增长中心过程中的一大短板，如何在已有资源的基础上增强自身的创新能力，郑州需要重点从制度层面进行突破。

3. 以合作共赢促全区域共同发展

无论是国外都市群的中心城市东京和纽约，还是国内的中心城市广州和杭州，作为区域的经济增长中心均通过产业分工合作与周边城市形成利益共同体；为深化城市间的产业分工与合作，不管是国外或国内，协调运行机制都是城市间合作的重要保障。

五　郑州成为国家经济增长中心的目标和路径

（一）主要目标设定

根据对郑州经济规模、经济增长率、经济首位度及其与省会城市和万亿俱乐部城市的比较分析，结合万亿俱乐部城市跨入万亿俱乐部时的情况以及2018 年的情况（尤其是借鉴中部地区的武汉），并考虑到疫情下经济发展的不确定性，为郑州打造国家经济增长中心设定如下目标。

1. 短期目标

2020 ~ 2025 年，郑州 GDP 继续保持中高速增长，形成河南省的核心增长极。到2025年，郑州经济总量和人均水平在万亿俱乐部城市中（除四个直辖市外）的排序前移，争取进入前十，经济地位不断提高，区域辐射带动功能日益增强，初步形成引领中原、支撑中部崛起的经济增长极。

2. 中远期目标

到2035年，郑州经济总量和人均水平在万亿俱乐部城市中（除四个直辖市外）的排序进一步前移，争取进入前六，经济地位进一步提高，区域辐射带动功能进一步增强，引领中原、支撑中部崛起的区域经济增长极地位更加突出，初步建成对标全国且具有全球影响力的国家重要经济增长中心。

（二）主要路径

1. 提升高端要素集聚功能

高端要素供给不足，是当前我国高质量发展的一大痛点，也是郑州目前经济高质量发展和高端产业发展缺乏动力的主要制约因素。因此，推动郑州经济高质量发展，必须提高高端要素集聚功能，加快高端要素向郑州聚集。

2. 提升科技研发与创新能力

无论是与其他中心城市还是与全国的平均水平相比，科技创新能力都是郑州作为经济增长极的最大短板，创新能力的缺乏严重制约着郑州产业和经济的发展，建设国家重要经济增长中心的主要障碍；而科技创新关键靠人才和平台，因此，郑州要面向国内外聚合创新资源、搭建创新平台，尽快补齐科技研发和创新的短板。

3. 深化对外开放以提高区域合作水平

虽为“一带一路”的重要节点城市和我国重要的综合交通枢纽，但是郑州开放水平较低，对外交流合作作用较弱，区域合作也不深入。因此，郑州要推动对内对外开放联动，提升内陆开放门户地位，不断拓展开放发展新空间，深化与中原、沿海地区的联动，积极服务和参与“一带一路”建设，形成新亚欧大陆桥经济走廊区域互动合作的重要平台，辐射带动中原和中部地区开发开放。

4. 积极应对国内外复杂多变的环境

当前，国内外经济发展环境的深刻变化，对郑州打造国家重要的经济增长中心是一个严峻挑战。郑州要紧抓新一轮科技革命和产业变革的机遇，积极作为，发挥丰富的资源和广阔的市场优势，聚合创新资源，实施创新驱动发展战略。在此基础上，充分释放国家战略平台的内在潜能和政策红利，并结合本地实际，创造条件推动产业升级，从而增强对外界环境的抵抗力，积极应对国内外复杂多变环境带来的挑战。

六　郑州成为国家经济增长中心的对策措施

（一）优化行政区划设置，通过区域融合拓展发展新空间

1. 优化行政区划设置，实施撤县（市）设区

在新的形势和要求下，郑州可参照广州、武汉、南京等中心城市建设经验，进行撤县设区，全域设区，实施扁平化管理，提高管理效率。

2. 设置郑州新区，培育引领发展新引擎

结合郑州航空港综合经济实验区和建设国家中心城市的需要，申请设立郑州新区，更好地引领郑州都市圈高质量发展。将前期谋划的包括郑东新区、郑州经济技术开发区、郑州国际航空港区、中牟县在内的区域设置为郑州新区。

3. 推动区域融合，拓展郑州发展新空间

提高郑州中心城市和中原城市群对经济发展优势区域的经济和人口承载能力，推动郑州与开封、新乡、焦作、许昌四市深度融合，联动洛阳和济源，形成“1+6”的郑州都市圈，打造“一核、四轴、三带、多点”的空间发展格局。未来适当的时候，可参照济南合并莱芜、合肥拆吞巢湖等，合并郑州都市圈内的其他城市，拓展郑州区域发展新空间，提高对人口和经济的承载力，沿黄河向西联动关中城市群的西安，提升郑州对中原城市群和中西部崛起的辐射带动作用；发挥枢纽作用，加强与东部地区和国际的联系，促进区域经济和黄河流域高质量发展。

（二）增强首位度，提升经济增长引领辐射力

国家对郑州中心城市建设的定位是引领中原发展、支撑中部崛起、服务全国大局，这就要求提升郑州首位度，拓展城区面积，提高作为黄河下游国家中

心城市的承载力；放开户籍，吸纳更多人口聚集；提高科教文卫等公共产品供给，大力引智；提高对高端人才的吸引力，提升区域增长极的规模。同时，重点加强郑州与周边城市的产业分工和协同互补，实现经济、社会、生态、服务、设施等共建共治和联动发展，扩大郑州的经济辐射范围，增强郑州对区域和全国经济增长的辐射带动作用。

（三）推动产业升级，增强经济增长新动力

郑州努力发展现代服务业，建设全国区域金融中心、培育新兴服务业集聚高地。支持郑东新区金融核心功能区大力引进国内外大型金融机构总部，建设国际会展城，争取中国中部投资贸易博览会永久会址落户郑州。争创国家级信息安全产业示范基地；支持郑州建设国家制造业高质量发展示范区。继续保持投资规模和力度，重点推进5G技术应用、物联网应用、人工智能应用，抢占数字经济制高点，建设具有国际影响力的新型显示和智能终端生产制造基地、全国5G产业发展先行区和创新应用示范区、数字经济区域总部和创新中心集群、中西部人工智能发展高地以及中国（郑州）智能传感谷，努力在大数据、物联网、云计算、新一代人工智能等方面实现突破，增强经济增长新动力，以助推郑州打造国家重要的经济增长中心。

（四）提升科技创新能力，加强创新体系建设

1. 利用国内国外两种教育资源，重点建设一批高水平大学

通过设立分校、合作办学等多种形式，引进国内外著名高校与郑州开展深层次的合作办学，重点建设本科层次以上、万人规模、高水平大学，探索高水平大学建设新模式。

2. 推进智慧城市建设，优化创新基础环境

持续推进郑州新型智慧城市建设，应用先进适用技术分级分类推进智慧城市建设，形成互联互通、联动协调、开放共享的空间格局，以数据资源为驱动，通过数据采集、存储、处理、分析、挖掘和应用，实现大数据的最大价值。

3. 加快金融体制创新，破解科技型企业融资难题

优化资源配置、创新财政科技投入方式，由郑州市政府设立政策性基金，

支持创业投资企业发展；引导银行业金融机构服务科技创新，支持各银行机构对中小科技企业开展贷款业务；发展科技金融平台。

（五）扩大开放，打造内陆开放高地

1. 借力“空中丝绸之路”，加快对外开放步伐

差异化构建“郑州空中丝绸之路试验区”，不断推进多式联运创新发展，努力构建航空港、铁路港、公路港、出海港无缝衔接的“四港联动”多式联运体系，全面推动河南“空中丝绸之路”建设的科学健康发展。

2. 探索创新跨境电商发展模式，打造“网上丝绸之路”

郑州重点推动跨境电商与服务业、制造业等深度融合，发展壮大“跨境电商 + 航空物流”“跨境电商 + 中欧班列（郑州）”“跨境电商 + 保税物流”“跨境电商 + 特种商品口岸”“跨境电商 + 海外仓”等业态模式。

3. 以自贸区建设为主要抓手，探索内陆开放的有效模式和路径

根据与沿海型自贸区的发展差异性，从功能定位、政策指向、产业发展中寻找新出路。要以“立足内陆、服务全国”为总体目标，在内陆自贸区自身位置、特点和优势的基础上，发挥其“承东启西、辐射南北”的战略性功能。

（六）发展消费经济，打造国际国内消费中心

1. 吸引国内和国际时尚消费，拉动经济增长

消费中心是现代化国际大都市的核心功能之一，是消费资源的集聚地。未来郑州要加强消费环境建设，完善消费促进机制，建设新型消费商圈，开拓优质消费资源，推动消费融合创新，打造消费时尚和智慧商圈，提升郑州在全球的知名度，提升郑州的消费能级，加快构建消费品供给、消费空间布局、消费业态创新、消费商贸服务、消费环境保障体系，建成对全国和全球有影响力的专业化、区域化的消费中心。

2. 发挥“国际郑”对国内和国际消费的影响力

借助郑州航空经济综合实验区、空中丝绸之路、跨境电商、中部综合保税区、郑欧班列、郑州到卢森堡的欧亚大陆新通道，发挥郑州“买全球”和“卖全球”的优势，更高水平发挥“国际郑”对国内和国际消费的影响

力。借助郑州航空港领事馆区的建设，申请国际旅客过境 144 小时免签等政策支持。建立国际购物小镇，吸引国内外游客，提高国内外消费拉动经济增长的作用。

3. 加强公共卫生和医疗设施建设，满足对健康和医疗的消费需求

疫情之下，进一步加大公共卫生的建设，满足人民群众对公共医疗资源的需求，确保人民健康和生命安全。对接北京非首都功能的疏解，承接北京医疗资源的对外转移，满足人口大省和中部地区对优质医疗资源消费的需求。打造中高端医疗服务消费载体，吸引健康体检、整形美容等高端服务消费在郑州聚集，增强健康消费。

4. 完善促消费的税收政策

降低中高端消费进口税，扩大国内国际游客退税试点地区。加强城市商圈改造和建设用地保障。放宽健康医疗、整容美容、文化创意、休闲娱乐等新兴消费服务领域的市场准入条件，促进消费拉动经济的作用，推动郑州经济增长中心的成长，辐射带动区域经济和黄河流域高质量发展。

参考文献

吴宏军：《多举措推进郑州国家中心城市建设》，《郑州日报》2019 年 2 月 22 日。

赵健、孙先科：《国家中心城市建设报告（2019）》，社会科学文献出版社，2019。

戴翔、韩剑：《集聚高端创新要素，引领南京自贸区高质量发展》，《南京日报》2019 年 8 月 28 日。

易雪琴：《国际经验与郑州建设国家中心城市研究》，《郑州航空工业管理学院学报》2017 年第 5 期。

易雪琴：《国家中心城市建设的国内经验及其对郑州的启示》，《中共郑州市委党校学报》2018 年第 3 期。

李玲：《郑州国家中心城市建设刍议》，《中共郑州市委党校学报》2018 年第 1 期。

黄奇帆：《区域中心城市郑州的战略定位与发展重点》，“国经中心专家论点”微信公众号，2019 年 10 月 26 日。

薛泽海：《中国区域增长极增长问题研究——基于对地级城市定位与发展问题的思考》，中共中央党校博士学位论文，2007。

《关于培育建设国际消费中心城市的指导意见》，商务部网站，2019 年 10 月 25 日。

《中共中央关于坚持和完善中国特色社会主义制度，推进国家治理体系和治理能力现代化若干重大问题的决定》，《人民日报》2019 年 11 月 6 日。

习近平：《在黄河流域生态保护和高质量发展座谈会上的讲话》，《求是》2019 年第 20 期。

习近平：《推动形成优势互补高质量发展的区域经济布局》，《求是》2019 年第 24 期。

B.24

提升郑州城市能级的路径和对策研究

石　玉*

摘　要：　城市能级是一个城市的经济集聚—扩散能力及其对区域经济发展的带动能力，反映城市的综合实力及其对该城市周边区域的辐射影响程度。提升城市能级，是增强中心城市竞争力和辐射带动力、推动区域高质量发展的客观要求，也是郑州建设国家中心城市的重要抓手。要实现郑州国家中心城市建设目标，把郑州建成具有全球影响力的国际大都市，必须主动对标对表国内外先进城市，着力提升城市能级，强化核心功能，增强城市的吸引力、创造力、竞争力。加快推进郑州城市能级提升，需要以创新精神构建强有力的政策支持体系。

关键词：　郑州　国家中心城市　城市能级　核心竞争力

进入新时代，作为国家中心城市的郑州肩负着重要的使命和责任。按照习近平总书记和中央提出的定位要求，郑州要加快建设具有创新活力、人文魅力、生态智慧、开放包容的国家中心城市，形成推动高质量发展的区域增长极，强化国家中心城市的带动作用，推动沿黄地区中心城市及城市群高质量发展；推进黄河文化遗产的系统保护，引领中原城市群发展、支撑中部地区崛起、服务全国大局。郑州要承担起国家和历史赋予的使命和责任，必须着力提

---

* 石玉，博士，副教授，郑州师范学院国家中心城市研究院原常务副院长，共青团郑州市委书记，中国区域经济学会国家中心城市专业委员会秘书长，研究方向为统计学应用及政府评价。

升城市能级和核心竞争力，这也是实现新时代郑州发展战略目标的集中体现、核心任务和必由之路。

一　提升郑州城市能级的重要意义

（一）提升城市能级是郑州贯彻落实中央战略部署的客观要求

2017 年 1 月，国家发展改革委在《关于支持郑州建设国家中心城市的指导意见》中明确提出，郑州要努力建设具有创新活力、人文魅力、生态智慧、开放包容的国家中心城市，在引领中原城市群一体化发展、支撑中部崛起和服务全国发展大局中做出更大贡献。2018 年 11 月，中共中央、国务院在《关于建立更加有效的区域协调发展新机制的意见》中提出，要以郑州为中心，引领中原城市群发展，带动相关板块融合发展。2019 年岁末，习近平总书记在《求是》上发表题为《推动形成优势互补高质量发展的区域经济布局》的署名文章，表达了对郑州打造推动形成高质量发展的区域增长极的殷殷嘱托。这也是新时代国家赋予郑州的新使命。因此，全面提升郑州城市能级，是贯彻落实中央战略部署的具体体现和必然要求。只有着力提升城市能级，郑州才能更好地把中央战略部署落实到位，把自己肩负的历史使命完成好。

（二）提升城市能级是郑州高质量发展的现实需要

党的十八大以来，郑州牢记使命担当，聚焦建设国家中心城市，积极融入“一带一路”建设，在产业聚集、科技创新、对外开放等方面取得显著成绩，在中原经济区和全省的影响力、辐射力和引领作用不断提升，带动作用日益增强。但郑州现有发展水平与国家赋予的使命相比较，还远不相适应。目前郑州已进入了从区域中心城市向国家中心城市跃升、发展动力从要素驱动向创新驱动转换、产业体系从传统产业主导向新型产业引领转型、城市治理从传统管理向现代治理转变的重要阶段。提升城市能级，内在地要求提升郑州的经济综合实力、产业竞争力、科技创新力、文化创造力、枢纽辐射力和国际影响力，推动城市功能和城市能级的全面优化，推动郑州发展向更高质量、更有效率、更加公平、更可持续的方向前进，提升郑州在世界城市体系中的地位。这是郑州实现高质量发展的必然选择。

（三）提升城市能级是郑州更好发挥国家中心城市作用的迫切要求

国家中心城市是国家综合实力最强、引领作用最明显、集聚辐射和带动能力最大并代表国家参与国际竞争的中心城市。作为国家中心城市俱乐部的一员，郑州应在引领、辐射、服务区域高质量发展中发挥更大作用。一个国家中心城市要发挥好自身应有的功能作用，首先自身就应具有比一般中心城市更高的城市能级和更强的核心竞争力。目前，郑州的城市能级水平明显低于现有九个国家中心城市中的多数城市，在经济综合实力、产业竞争力、科技创新力、文化创造力、国际影响力等方面与先进国家中心城市相比差距较大。郑州要摆脱这种落后被动局面，迎头赶上先进城市，就必须着力提升城市能级水平，增强城市的竞争力、辐射力和国际影响力。

二　提升郑州城市能级的目标任务和路径选择

（一）提升郑州城市能级的目标

进入新时代，党中央、国务院着眼全国发展大局，确定了郑州发展新的战略定位，赋予郑州以新的使命和责任，要求郑州依托突出区位优势，建成连通境内外、辐射东中西的物流通道枢纽，朝着“买全球”“卖全球”的目标迈进，为丝绸之路经济带建设多做贡献；努力建设具有创新活力、人文魅力、生态智慧、开放包容的国家中心城市，在引领中原城市群一体化发展、支撑中部崛起和服务全国发展大局中做出更大贡献；主动服务“一带一路”建设、黄河流域生态保护和高质量发展等国家重大战略，在中部地区崛起中奋勇争先；以创新驱动促进转型升级，通过技术创新、产业创新，在产业链上不断由中低端迈向中高端；把制造业搞上去，把实体经济搞上去；进一步发挥龙头带动作用，引领中原城市群实现更高质量一体化发展。经过近些年来的努力，郑州城市能级不断提升，目前已连续三年（2017～2019）进入全国新一线城市行列，而且在15个新一线城市的排名逐年上升。但无论是城市发展水平还是城市吸引力、创造力、竞争力方面，都无法与北京、上海、广州、深圳四个一线城市相比；即便是同新一线城市中的成都、杭州、重庆、武汉等城市相比，差距也相当大。因此，郑州提升城市能级和核心竞争力，任重而道远。

综合上述情况，郑州提升城市能级的目标应当是：经过5年的努力，使郑州“三中心一枢纽一门户”的核心功能显著增强，城市能级和核心竞争力大幅提升，城市吸引力、创造力、竞争力全面增强；经济实力全面跃升，经济总量迈上新台阶，现代化经济体系建设加快推进，供给体系质量和效率大幅提高，在全球产业链、价值链、创新链、人才链、服务链中占据一定高端环节；核心功能全面跃升，集聚和配置全国乃至世界高端资源要素的能力显著增强，成为全国乃至世界资金、信息、人才、货物、科技等要素流动的重要枢纽节点；竞争优势全面跃升，城市功能优势、先发优势、品牌优势和人才优势逐步确立，全社会研发经费支出占全市生产总值比例进一步提高；治理能力全面跃升，制度供给更加有效，高效市场和有为政府更好发挥作用，城市治理体系和治理能力现代化水平显著提高。在此基础上，再用5年左右时间，使郑州“三中心一枢纽一门户”的核心功能全面提升，在全球城市体系中具有一定影响力，初步建成全球高端资源要素配置的重要承载地，形成一批具有全国竞争力的一流企业和品牌，成为全国金融体系、贸易投资网络、技术创新网络的重要枢纽城市。到2035年，稳定进入全国一线城市行列，建成令人向往的宜居之城、创业之都、幸福之家，建成具有创新活力、人文魅力、生态智慧、开放包容的国家中心城市和具有全球影响力的现代化国际大都市。

（二）提升郑州城市能级的重点任务

一是在打造国家重要的经济增长中心上取得新突破。在郑州“三中心一枢纽一门户”的国家中心城市功能定位中，国家重要的经济增长中心列在首位。打造国家重要的经济增长中心，是提高郑州经济密度、增强郑州辐射带动功能的现实需要和必然选择。要把制造业发展放到更加突出位置，着力推进先进制造业和现代服务业深度融合，加快传统优势产业转型升级，大力承接新兴产业布局和转移，建设数字经济发展核心区；借助现有高端设备制造业、新一代信息技术产业链，为创新产业集群的构建创造良好的现实环境；积极促进创新产业集群的形成与发展，促进经济结构进一步成熟和完善，提升郑州整体创新能力，达到整体产业结构升级，实现经济增长有效拉动。要加快创新要素资源的聚集，全面提升经济发展核心竞争力，加快形成带动区域经济发展的动力源。要发挥区位优势，大力发展交通、通信等基础设施，增强航空枢纽作用，增加连接全球主要枢纽机场的货运、客运航线，加强国际国内航线对接，强化郑州机场与高速铁路、城际铁路等便捷高效交通系统的无缝衔接；拓展铁路枢纽对外通道网络，巩固优化以郑州为中心的“米”字形铁路枢纽通道。推进郑州与“一带一路”沿线重要口岸的互联互通，提升郑州在新亚欧大陆桥经济走廊建设中的重要节点作用；加快建设5G产业发展先行区和创新应用示范区、国家级智能传感器创新中心，构建顺畅的立体交通网络以及通信网络，打通郑州经济增长通道，增强经济发展后劲①。

二是在打造极具活力的创新创业中心上取得新突破。当今世界，创业已成为经济发展的原动力，而创业在本质上是创新。创新创业活动以创新为实践的主体和核心，对社会经济发展具有重要的促进作用②。作为基于一种创新基础上的创业活动，创新创业是创新经济发展的根基，也是发挥城市功能作用、提升城市能级的根基。目前，创新驱动成为城市发展的主要形态，新兴产业成为国际上城市竞争的焦点。打造极具活力的创新创业中心，是郑州应对新一轮科技革命、实现高质量发展、增强国际影响力的必然要求。要坚持创新是第一动力、人才是第一资源的理念，实施创新驱动发展战略，完善城市创新体系，加快关键核心技术自主创新，为郑州高质量发展打造新引擎。要聚焦企业技术创新，不断做大做强创新主体，抓好高新技术企业培育发展，建成一批千亿级高新技术产业群。要努力打通科技向经济转移转化的快速通道，建立以企业为主体、市场为导向、产学研用深度融合的技术创新体系。科技型中小微企业是最具潜力、最具创造力的企业群体之一，是科技创新的一支重要生力军。要加快制定和实施科技金融扶持计划，通过银政企合作贴息、科技保险、天使投资引导、科技金融服务体系建设和股权投资项目，撬动银行、保险、证券、创投等资本市场要素资源支持企业创新创业。要坚持问题导向，通过全面深化改革开放，着力解决影响创新创业创造的突出体制机制问题，营造鼓励创新创业的社会氛围。

---

① 喻新安、徐艳红：《国家中心城市建设报告（2019）》，社会科学文献出版社，2019，第325～326页。

② 赵丽丽、胡拂晓：《论创新创业活动的实践特征》，《文存阅刊》2017年第19期，第45页。

三是在打造华夏历史文明传承创新中心上取得新突破。文化是一个城市的灵魂。一个城市综合实力与竞争力最核心的是文化软实力。增强文化软实力是提升城市能级和核心竞争力的重要内涵。郑州提升城市能级，就应当充分发挥历史文化底蕴深厚的独特优势，致力于推进华夏历史文明传承创新，建设国际文化大都市，增强城市文化软实力和国际影响力。打造华夏历史文明传承创新中心，是郑州建设国家中心城市的战略定位之一，也是郑州提升城市能级和核心竞争力的重要抓手。要以建设文化魅力十足、文化特色鲜明、文化设施完善、文化精品纷呈、文化氛围浓厚的国际文化大都市为方向，努力将郑州打造成为与国家中心城市地位相匹配的华夏文化传承创新基地、黄河文化魅力之都、文化产业集聚高地、文化资源配置枢纽、文化艺术创作中心、文化交流国际平台。要深度挖掘商都文化、嵩山文化、黄帝文化、黄河文化、革命传统文化等资源，加快商都历史文化区、古荥大运河文化区等文化遗址保护开发和利用，持续办好黄帝故里拜祖大典、国际少林武术节等活动，推动中原优秀传统文化与现代文明融合创新，深化“一带一路”沿线人文交往、交流、交融，建设丝绸之路文化交流中心，提升凝聚荟萃、辐射带动和展示交流功能。

四是在打造国际综合交通和物流枢纽上取得新突破。综合交通和物流枢纽的能力就是城市竞争力，它对于城市能级提升具有战略意义。在中部地区崛起中，地处内陆的郑州日益走向对外开放的前沿，国家综合交通和物流枢纽的地位愈益凸显。国务院印发的《“十三五”现代综合交通运输体系发展规划》明确提出，要建设郑州国际性综合交通枢纽，强化国际人员往来、物流集散、中转服务等综合服务功能，打造通达全球、衔接高效、功能完善的交通中枢。打造国际综合交通和物流枢纽，对于强化郑州在产业发展和空间布局的核心地位，参与生产要素全球化配置和全球化产业分工，深度融入全球产业链、供应链、价值链，增强郑州的辐射带动作用和国家影响力，具有重要意义。要全面贯彻落实党的十九大提出的建设交通强国的决策部署，依托郑州航空港经济综合实验区，以现代口岸功能体系为支撑，以促进航空港、铁路港、公路港、海港之间要素自由流动和产业一体化发展为目标，推进航空港、国际陆港、口岸基础设施建设和互联互通，着力构建资源整合、信息共享、业务创新的多式联运体系，不断增强郑州枢纽在国内外的辐射力、竞争力，进一步提升郑州在国际多式联运中的话语权。

五是在打造高水平对外开放门户枢纽上取得新突破。高水平对外开放门户是国家主要对外开放枢纽，不仅具有组织本国与外国商品流、资金流、信息流、人员流、技术流的国际转国内枢纽功能，也具有国内转国际枢纽功能；不仅是一般性跨国公司基地，也是全球性跨国公司集聚地。郑州要提升城市能级，并依托较高的城市能级和高水平开放，增强面向全球开放的枢纽门户连接能力，进而强化其全球资源配置功能。要抓住“一带一路”建设和经济全球化变革机遇，进一步密切郑州与世界主要经济体的直接经济联系，特别是建设全球性跨国公司基地，全面吸引跨国公司总部，重点培育和发展全球性跨国公司。要以制度创新为核心，实施自贸区 + 战略，通过深化河南自贸区郑州片区改革创新，推动投资贸易便利化、政府职能转变，营造国际化、市场化、法治化营商环境；以要素集聚辐射为目标，实施枢纽 + 战略，通过建设交通信息枢纽设施，引进金融机构、总部机构等枢纽主体，打造各类枢纽型平台，构建国际化互联互通的组织体系和网络体系，进而强化郑州对全球资源要素的集聚辐射和高效配置能力；以科技创新为驱动，实施智能 + 战略，通过推进人工智能和大数据、云计算、物联网等新一代信息技术与产业发展、区域开发、城市管理、社会治理深度融合，为高水平对外开放门户枢纽提供有力技术支撑。

（三）提升郑州城市能级的基本路径

一是以提高经济密度为核心，着力提升城市经济能级。经济规模与总量是城市竞争力的基础，没有一定经济体量作支撑，提升城市能级就是一句空话。但提升郑州城市能级，单靠经济总量扩张是不行的，更要在提高发展质量上做文章。要在继续扩大郑州经济总量和城市规模的同时，更加注重经济密度，在提升经济密度中做大城市经济总量，不断壮大综合经济实力。经济密度是指区域国民生产总值与区域面积之比，它表征了城市单位面积上经济活动的效率和土地利用的密集程度。提高经济密度是提升城市能级的基础支撑之一。按照习近平总书记提出的“在提高城市经济密度、提高投入产出效率上下功夫”要求，上海市确立了“以亩产论英雄、以能耗论英雄、以环境论英雄”① 的鲜明

① 李强：《赴水源地水库污水处理厂及重点工业企业实地调研生态环境保护工作》，《解放日报》2018 年 5 月 24 日。

导向。这意味着上海推动高质量发展，将在不断降低单位土地能耗、环境消耗等经济产出上下功夫。郑州提升城市能级，也应当树立这样的鲜明导向，也应当在这方面下足功夫。要对标国际化大都市的空间布局和空间治理，对标国内最高、国际一流的用地绩效，致力于向存量要空间、以质量促发展，更多依靠优化存量资源配置，扩大优质资源供给，全面提升土地的综合承载容量和经济产出水平。

二是以增强全球资源配置能力为核心，着力提升城市集聚能级。全球资源配置能力是城市国际化发展的核心能力，也是区域中心城市走向国际城市的必经之路。从现实情况看，郑州全球资源配置能力存在亟待解决的结构性矛盾：资本要素配置功能有所增强，但创新资源和文化、信息、人才的配置功能还相当薄弱；经济与科技的融合度还不高，战略性新兴产业发展不足，具有全球联系的高端服务体系尚未建立起来。面向未来，要将郑州由一个国际区域中心城市建成具有世界影响力的全球城市，必须着力提升郑州配置全球高端资源的能力。要坚持内向度与外向度并举，充分发挥中心城市和门户城市的作用，着力拓展全球资源配置的空间范围；坚持本土化与国际化并重，吸引和推动功能性机构向郑州集聚，抢占全球高端价值链；着力构建创新生态体系，加快集聚创新要素，积极融入全球分工体系和产业链、创新链、价值链；拓展城市的社会资本，提高在全球治理体系当中的参与度与话语权。应以航空港经济综合实验区为依托，着力增强全球资源配置能力，努力把郑州建成中国内陆全球化与市场化的超级资源配置平台。要树立全球视野和战略眼光，大力发展智能终端等战略性新兴产业，增强战略性新兴产业在转型发展中的带动作用。要着力提高金融业经济密度，提升金融业贡献率，持续增强全球金融资源配置能力。要强化综合服务功能和基础配套建设，注重生态保护，打造宜业宜居的良好发展环境。

三是以增强科技创新策源功能为核心，着力提升城市创新能级。科技创新策源能力是一种原创能力，是城市能级提升的动力之源。对科技创新中心的战略追求，是郑州顺应科技革命和产业变革、担当国家使命的重大战略选择。科技创新功能应是郑州未来城市发展的核心功能，是郑州提升城市能级和核心竞争力的“牛鼻子”。提升创新策源能力，必须着力强化基础研究，致力于建设世界一流的教育科研机构，集聚更多高水平创新单元和在某些学科领域具有全球影响力的专家学者，聚焦世界前沿领域，实现关键核心技术突破；集聚一批世界一流的跨国企业，聚集一批在某些产业领域具有全球竞争力的新创标杆企业，集聚更多的创新企业家和创新资本；必须优化机制、打通环节、消除堵点，建立完善以企业为主体、市场为导向、产学研深度融合的技术创新体系，培育一批科技服务机构，不断提高科技成果转化率。要经过不懈努力，使郑州在不远的将来成为全国学术新思想、科学新发现、技术新发明的重要策源地。

四是以强化高端产业引领功能为核心，着力提升城市产业能级。高端产业更多地体现在面向未来、面向世界的产业形态，其产业特征主要体现为先进性和引领性。推动产业发展高端化，是提升城市产业能级、实现经济高质量发展的必然趋势和重要支撑。近年来，郑州产业高端化进程不断加快，但其高端化与郑州城市发展的要求还很不适应。面向未来，郑州要加快构建高质量发展的产业体系，培育发展新动能，精准把握产业链核心环节，占据产业链高端地位，抢占新一轮产业变革的制高点。要集中优势资源要素，加快推动新一代信息技术与制造技术深度融合，以智能制造为主攻方向，着力发展智能产品和智能装备，推进传统制造业高端化、智能化、绿色化。要以现代生产性服务业为重点，加快建立现代化经济体系，“加快发展先进制造业，推动互联网、大数据、人工智能同实体经济深度融合，在中高端消费、创新引领、绿色低碳、共享经济、现代供应链、人力资本服务等领域培育新增长点、形成新动能”①。

五是以强化开放枢纽门户功能为核心，着力提升城市开放能级。开放是提升城市能级、优化城市功能、实现城市高质量发展的根本出路。一个城市只有在开放合作中才能聚集更多的资源要素，更好地融入全球产业链、供应链、价值链。面向全球和未来，郑州要承担起国家赋予的新使命，构筑郑州新的战略优势，扩大开放是必由之路。当今中国高质量发展，需要把郑州打造成为中部地区与全球竞争、集聚高端资源的战略平台，需要着力构筑全球化要素资源互联互通、融合集成的功能平台，充分发挥其开放枢纽门户功能。同时，郑州也需要在更高层次对外开放中融入国际产业分工体系，推动形成开放发展的战略优势，并依托开放枢纽门户功能的发挥不断提升自己的城市能级。要充分发挥

① 《十九大以来重要文献选编（上）》，中央文献出版社，2019，第21页。

郑州航空港经济综合实验区开放门户功能，全面实施郑州国际航空货运枢纽战略规划，建设卢森堡货航亚太地区分拨转运中心；吸引知名航空公司在郑州设立基地公司；培育航空偏好型产业集群，打造全球智能终端研发制造基地；建设中卢创新科技产业（郑州）园区；加快发展飞机租赁、飞机维修、航空培训、高端服务等产业。要以国际化、现代化为引领，以高水平对外开放为战略突破口，抢先打造国际交通枢纽门户、对外开放体系高地和参与国际合作高地的“一门户、两高地”体系，让郑州枢纽动起来、强起来。①

三　提升郑州城市能级的政策举措

（一）以更大力度开放合作提升郑州金融业国际化水平和能级

一是以更大开放合作力度提升郑州国际金融中心能级。积极争取国家政策支持，大幅放宽银行业外资市场准入，取消在郑银行、金融资产管理公司外资持股比例限制，支持外国银行在郑州同时设立分行和子行，支持外商独资银行、中外合资银行、外国银行分行在提交开业申请时一并申请人民币业务。支持商业银行在郑州发起设立不设外资持股比例上限的金融资产投资公司和理财公司。支持在郑外商独资银行、中外合资银行、外国银行分行开展代理发行、代理兑付、承销政府债券业务。鼓励在郑信托、金融租赁、汽车金融、货币经纪、消费金融等银行业金融领域引入外资。按照国家现代服务业开放整体部署，鼓励外商在郑州投资设立金融机构、保险公司、投资性公司等。

二是放宽证券业外资股比及业务范围限制，进一步扩大保险业对外开放。鼓励外商在郑州投资设立保险公司，支持合资证券公司发展。积极争取国家政策支持，允许外资在郑州设立证券公司、基金公司、期货公司，取消外资持股比例，不再要求合资证券公司境内股东至少有一家证券公司。扩大合资券商在郑州的业务范围，允许合资券商在郑州从事经纪、咨询等业务。经国务院保险监督管理机构批准取得经营保险经纪业务许可证的外资保险经纪机构，可在郑

① 中共河南省委、河南省人民政府：《关于以“一带一路”建设为统领加快构建内陆开放高地的意见》，《河南日报》2019年6月18日。

州开展为投保人拟定投保方案、选择保险人、办理投保手续，协助被保险人或者受益人进行索赔，再保险经纪业务，为委托人提供防灾、防损或风险评估、风险管理咨询服务等业务。支持外资来郑经营保险代理和公估业务，不设股比限制。以区域性再保险中心、国际航运保险中心、保险资金运用中心建设为抓手，加快郑州国际保险中心建设。以“一带一路”再保险业务为重点，支持郑州保险交易所加快发展。

三是推进更高层次金融市场开放，拓展自由贸易账户功能和使用范围。支持郑商所扩大对外开放，引入境外交易者参与交易，提高郑商所的国际化水平，扩大 PTA 期货市场的国际影响力；支持其研发上市各类符合实体经济需求的期货和期权等衍生品。在国家政策允许的前提下，积极支持合格的境外机构投资者参与郑商所市场的交易。放开银行卡清算机构和非银行支付机构市场准入限制，放宽外资金融服务公司开展信用评级服务的限制。争取将自由贸易账户复制推广至郑州市有条件、有需求的企业及河南自贸试验区（中国）洛阳及开封两个片区；在风险可控前提下，为保险机构利用自由贸易账户开展跨境再保险与资金运用等业务提供更大便利；对通过自由贸易账户向境外贷款先行先试，试点采用与国际市场贷款规则一致的管理要求；支持境外投资者通过自由贸易账户等从事金融市场交易活动。

（二）着力打造更加开放的现代服务业和先进制造业产业体系

一是进一步放宽服务业市场准入。要全面贯彻《河南省人民政府关于扩大对外开放积极利用外资的实施意见》，加快推进服务业对外开放，放宽外商设立投资性公司条件，鼓励外资参与郑州现代服务业发展提速提质行动，推进郑州电信、互联网、文化、教育、交通运输等领域有序开放。鼓励外商投资郑州工业设计和创意、工程咨询、现代物流、检验检测认证、医疗养老、旅游休闲、融资租赁等生产生活性服务业。以制度创新为核心，深度对接国际高标准投资贸易规则体系，发挥投资自由化、贸易便利化、金融国际化、监管法制化等优势，探索外商投资项目备案文件自动获准机制，争取世界 500 强企业、全国 500 强企业在郑设立区域总部、采购中心、物流配送中心等功能性机构，鼓励生产环节在郑州的企业将行政、销售、核算、研发等机构迁入郑州，支持在郑地区总部和总部型机构集聚业务、拓展功能、提升能级。依托郑州市郑东新区龙湖金融岛、龙子湖智慧岛等区域，重点引进一批外资金融、大数据、信托基金等企业总部。积极复制推广上海自由贸易试验区增值电信开放措施，全面推进河南自贸试验区内增值电信业务的开放。引进大型物流集成商和基地航空公司，拓展中欧班列（郑州）铁路线网和腹地范围，推进空铁国外和国内“双枢纽”建设，打造多式联运国际物流中心。大力引进分享经济、数字经济、生物经济、智造经济、创意经济等新业态，与国际知名企业、大型物流集成企业和供应链管理企业深化合作，促进产业融合发展。积极推动建立畅通的国际通信设施，争取将郑州打造成重要的国际化信息枢纽。

二是加快先进制造业对外开放。以建设郑州—卢森堡“空中丝绸之路”为引领，做大做强航空物流、跨境贸易、商务会展等产业，引进高端制造、现代服务业龙头企业，推动产业链上下游拓展，发展壮大枢纽经济。鼓励外资参与郑州先进制造业扩优拓新行动，引导外资投向高端制造、智能制造、绿色制造等先进制造业。符合政策规定的鼓励类外商投资项目，适用引进技术设备免征关税、重大技术装备进口关键零部件和原材料免征关税及进口环节增值税等优惠政策。对符合产业导向的战略性新兴产业、先进制造业等优先发展且用地集约的外资项目，可按不低于所在地土地等别对应工业用地出让最低价标准的70%确定土地出让底价。对符合规划和安全要求、不改变工业用途、在原有建设用地上进行厂房加层改造、增加用地容积率的外资企业，不再增收土地价款，免收城市基础设施配套费用。

（三）构筑中国内陆最具活力的创新创业新高地

一是着力打造有利于激发创新创业活力的营商环境。营商环境是城市能级的生命线，优化营商环境是提升城市能级的制胜之道。要通过强有力的制度和政策措施，不断优化营商环境，有效激发全社会创新创业热情，“推动大众创业万众创新形成企业和经济发展新动能”①。要“进一步转变政府职能，增加公共产品和服务供给，为创业者提供更多机会”②。应借鉴上海市先进经验，深化“放

① 李克强：《推动大众创业万众创新形成企业和经济发展新动能》，中国政府网，2015年9月25日。

② 国务院：《关于大力推进大众创业万众创新若干政策措施的意见》，2015年6月11日。

管服”改革，全面建设以政务服务“一网通办”为载体和标志的智慧政府①；要按照《郑州市进一步推进“一网通办，一次办成”政务服务改革工作实施方案》提出的要求，全面提升“一网通办，一次办成”比率，以权责清单为基础，按照网上可办、网上易办的标准，再次梳理政务服务事项，优化再造办事流程，完善提升郑州市政务服务网，加快推广“网上办”，实现85%以上的政务服务事项“一网通办，一次办成”。各相关政府部门应结合自身工作特点细化落实方案，通过细致的任务分解，明确每项工作的属地责任、部门责任、领导责任，把工作任务落到岗位上、落到人头上。要进一步提高科学决策水平和科学管理能力，建立任务清单、责任清单、问题清单、效果清单，促使相关部门由被动地改善环境，转变为主动跟进、抢抓先机超前制定方案应对环境变化。

二是着力打造更具活力的创新创业生态系统。应学习和借鉴上海市的做法，在“营造勇于探索、鼓励创新、宽容失败的文化氛围，大力扶持创新型企业发展，培育一批市场前景好、成长爆发性强、技术和模式先进的独角兽和超级独角兽企业，一批细分行业专精特新企业和隐形冠军企业”② 上下大功夫。加大财政资金支持中小企业力度，通过资助、购买服务、奖励等方式，支持中小企业公共服务体系和融资服务体系建设，支持民营经济战略性新兴产业、“双创”和“专精特新”企业发展。③ 切实抓好诚信政务、诚信社会、诚信公民建设，构建更加完善的诚信体系。依法加强对各类市场主体合法权益的平等保护，维护公平竞争的市场秩序，促进市场契约精神的进一步弘扬。推动企业和个人诚信建设，完善征信平台，加快推进政府部门诚信建设。大力培育和繁荣发展创新创业文化，积极营造鼓励创业、宽容失败的良好氛围。“发挥各类新闻媒体和网络社交平台等的作用，加大对大众创业、万众创新的新闻宣传和舆论引导力度，大力弘扬创新创业的进取精神、勤劳品质、坚韧毅力。开展‘双创’人物评选宣传活动，树立一批创新创业典型人物，大力培育创业精神和创客文化，将创新创意转化为实实在在的创业活动，让大众创业、万众

---

① 《应勇赴浦东调研　强调要通过改革开放实现新发展》，东方网，2018年4月8日。

② 中共上海市委：《关于面向全球面向未来　提升上海城市能级和核心竞争力的意见》，2018年6月27日。

③ 中共郑州市委、郑州市人民政府：《关于促进民营经济健康发展的若干意见》，2018年12月25日。

创新蔚然成风。”①

三是着力加强创新平台建设。在郑各高校要“紧密对接国家战略需求，以全球视野谋划和推动科技创新，提升使用全球创新资源能力，推动高等教育实现跨越。要聚焦关键核心技术，整合部门、高校、企业的创新资源，组建集中攻关平台，完善机制、协同联动，把高校的科技创新优势转化为产业发展的优势”②。要“加大高校研究院、人才培养基地、技术研究中心等新型研发机构引进力度，赋予新型研发机构人员聘用、经费使用、职称评审、运行管理等方面自主权。建设省级实验室、技术创新中心等重大公共创新平台。建立与国家级研发机构合作机制，高标准建设生物育种创新中心等国家级高端研发平台。建立完善科研设施与仪器共享服务平台，推动资源开放共享”③。要进一步深化科技创新开放合作，加快融入全球创新网络。要着力完善科技创新开放合作机制，继续深化政府间科技合作，完善双多边重点领域的合作研发平台建设，丰富创新对话机制内涵，加强创新战略对接，推动联合研究中心和科技创新中心建设。深入实施科技伙伴计划，组织开展技术和政策管理国际培训，加强建设科技示范园和联合实验室。鼓励社会力量更广泛地参与国际科技创新合作。

（四）打造中国内陆最具吸引力的高端人才集聚新高地

一是实施更加积极开放有效的人才政策，奋力打造人才生态最优城市。要“坚持全球视野和战略眼光，深刻把握变革趋势，对标一线城市，持续推进人才制度的精准创新、系统创新、协同创新，形成具有国际竞争力的人才制度优势”。“以建设国家中心城市为统揽，以深化人才发展体制机制改革为引领，以实施‘智汇郑州’人才工程为抓手，聚焦郑州航空港经济综合实验区、中国（河南）自由贸易试验区、郑洛新国家自主创新示范区等国家战略实施，着力破除制约人才发展的思想观念和体制机制障碍，充分释放和激发人才创新创业活力，努力形成人人渴望成才、人人努力成才、人人皆可成才、人人尽展

---

① 河南省人民政府：《关于大力推进大众创业万众创新的实施意见》，2016 年 5 月 18 日。

② 孙春兰：《加强高校创新能力开放合作　更好地服务党和国家工作大局》，新华网，2019 年 6 月 18 日。

③ 中共河南省委、河南省人民政府：《关于以“一带一路”建设为统领加快构建内陆开放高地的意见》，《河南日报》2019 年 6 月 18 日。

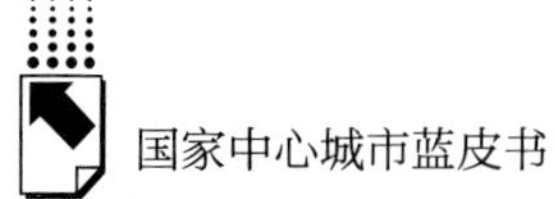

其才的良好局面，为建设国家中心城市提供坚强有力的人才保障和智力支撑。”① 推动实施分层分类、精准有效的人才激励政策，针对高层次人才，在项目引进、人才资助、生活保障等方面推出“全国最优”综合政策。重点引进“海内外院士、国际知名科技奖项获得者等顶尖人才”和“掌握关键核心技术、引领产业发展的国家级领军人才和在国外著名高校担任副教授以上职务的优秀青年人才”；“着力引进培育一批年富力强、活跃在创新创业一线，具有成长为高端人才潜力的地方级领军人才和突出贡献人才”②。要“把握人才引进规律，创新人才工作机制，进一步提升引才、留才、用才水平，为郑州汇聚更多精英人才，强化人才支撑”③。

二是创造更具吸引力的人才引进环境。要以更大力度、更实举措，确保“智汇郑州”人才工程配套措施全面兑现落实，真正把政策优势转化为竞争优势。持续实施高层次人才国际化培养项目、国际人才合作项目。加强各类引智平台建设，实施名校英才入郑计划，扎实开展海外名校英才回归、海外智力郑州行等活动。吸引一批战略性科技创新领军人才，高水平创新团队来郑发展，按照不同层次，分别给予相应资金和政策支持④。“以更大决心、更大力量、更精准措施实施人才强市战略，努力把郑州打造成一流人才的汇聚之地、培养之地和事业发展之地、价值实现之地”。“建好创新平台，让各类人才在郑州创新有条件、创业有机会、发展有空间；要优化城市环境，适应优秀人才对高品质生活的需求，让郑州这座城市更有吸引力；要优化创新生态，不断探索创新人才引育、投入、流动、激励和评价机制，让人才在政治上有荣誉、工作上有待遇、生活上有保障。”⑤

---

① 中共郑州市委、郑州市人民政府：《关于实施“智汇郑州”人才工程加快推进国家中心城市建设的意见》，《郑州日报》2017 年 11 月 23 日。

② 《把握规律突出重点　抓好高层次人才引进　徐立毅察看招才引智创新发展大会郑州馆》，《郑州日报》2019 年 10 月 27 日。

③ 《坚持人才强市战略　打造人才受到充分尊重价值能够充分体现城市》，《郑州日报》2019 年 10 月 27 日。

④ 中共河南省委、河南省人民政府：《关于以“一带一路”建设为统领加快构建内陆开放高地的意见》，《河南日报》2019 年 6 月 18 日。

⑤ 中共郑州市委、郑州市人民政府：《关于实施“黄河人才计划”加快建设人才强市的意见》，《郑州日报》2020 年 9 月 15 日。

（五）打造中国内陆最具魅力的品质生活新高地

一是着力构建更完善的公共服务体系。坚持对标国内一线城市，对标世界城市，以与国际接轨、中部地区领先、方便群众、降低成本为目标和原则，通过健全和完善政策制度、组织架构、运行机制，采取服务前移、窗口受理、内部运转、网上经办、监控测评等具体举措，统筹建立与经济社会发展水平和人民群众预期相适应的公共服务体系，加快实施一批战略性、引领性、功能性重大基础设施和民生项目，努力增加多层次、高水平公共服务供给，提高公共服务的便捷性、可及性、群众满意度，推动形成高品质生活保障体系，逐步实现教育事业优质化、医疗卫生多元化、养老服务全覆盖、人居环境日益优化，使教育、医疗卫生、养老、城乡民生基础设施、交通、住房等主要指标总体达到中部地区领先水平。要进一步优化医疗机构和教育机构规划布局，顺应城市空间格局调整、大都市区一体化发展的新形势，科学编制医疗卫生和教育机构及其设施布局的区域规划，实现机构层级、服务半径与群众医疗需求的精准匹配和无缝衔接。

二是着力营造更加优质的法治环境和人文环境。良好的法治环境和人文环境是高品质生活的应有之义。要全面推进依法治市，推进法治郑州建设，弘扬法治精神，培育法治文化，强化基层普法，努力在全市推动形成办事依法、遇事找法、解决问题用法、化解矛盾靠法的优良法治环境，努力把郑州建成法治环境最好的国家中心城市，使法治成为郑州核心竞争力的重要标志。要坚持以社会主义核心价值观为引领，大力弘扬博大、开放、创新、和谐的郑州城市精神，打造公正包容、更富魅力的人文之城，让郑州更具人文关怀，让城市更有温度。要“保护好、挖掘好、利用好郑州丰富的历史文化资源，延续城市历史文脉，推进商代王城、黄帝故里、登封‘天地之中’历史建筑群等保护开发，凸显厚重中原文化，不断提升郑州‘华夏文明之源、黄河文化之魂’的认同感和感召力，全面提升城市气质、城市气派，让人们感受到华夏文明、黄河文化的历史厚重感，增强文化自信心”。“要努力讲好‘黄河故事’，高标准打造黄河历史文化主地标，建好黄河文化公园，将黄河沿线生态保护与文化挖掘有机结合起来，努力把黄河郑州段建成世界级的黄河文明寻根胜地和中华优秀传统文化观光体验目的地。”①

三是着力推进生态环境质量持续改善。持续改善生态环境质量，是郑州满足全市人民对美好生活向往的重要举措，也是郑州提升城市品质和城市能级的重要内容。生态环境问题是目前郑州城市发展的突出短板。全市上下要认清形势、坚定信心，把生态环境保护工作摆在突出位置，扎实推进生态文明建设。要全面推动绿色发展，坚决打赢蓝天保卫战，坚决打好碧水保卫战，扎实推进净土保卫战，持续加强生态建设。要坚持目标导向、问题导向，突出重点，持续攻坚，在“控、治、建、转”上下功夫，在统筹上做好文章。要严格规划实施环境管控，做到保护有据、开发有界、发展有序、管控有力。要坚决抓好中央环保督察问题整改，切实在解决突出问题上下功夫，既治标更治本，着力实现环境保护体制机制新突破，以制度建设固化整改成效回应社会关切，提高人民群众的幸福感和满意度。要进一步加大投入，加快推进生态建设，不断提高自净能力、碳汇能力和生态承载能力。要着力转变发展方式，推进绿色发展，走好绿色发展路子。要注重统筹、协调推进，进一步完善市域生态空间格局，让天更蓝、地更绿、水更清。

① 徐立毅：《做好“高质量发展区域增长极”的郑州答卷》，《求是》2020 年第 2 期。

B.25

建设郑州黄河流域生态保护和高质量发展核心示范区研究

郑州师范学院经济与管理学院课题组*

摘　要： 黄河是中华民族的母亲河，黄河流域构成我国重要的生态屏障，它也是我国重要的经济区。郑州黄河流域生态保护和高质量发展核心示范区建设，对于推动黄河流域生态保护和国家中心城市高质量发展具有重要意义。郑州黄河流域生态保护与高质量发展核心示范区立足国家中心城市定位，构建"一核四轴三带多点"的空间格局，大力发展绿色经济，打造践行"绿水青山就是金山银山"示范区、发展黄河流域生态保护和高质量发展经济样板区、集中展示黄河文化体验区。本文通过对国内外大江大河生态带建设模式，论证了郑州建设黄河流域生态保护和高质量发展核心示范区的必要性，阐明了黄河流域生态保护和高质量发展核心示范区的目标、主要任务和路径措施。

关键词： 黄河流域　生态保护　高质量发展

---

* 课题组组长：陈西川；成员：关黎丽、刘晓宇、周鼎钧、朱晨阳、郭希智；执笔：陈西川，管理学博士，郑州师范学院经济与管理学院院长，教授，研究方向为创新管理、区域与产业协调发展；关黎丽，硕士，郑州师范学院讲师，研究方向为产业结构创新发展；刘晓宇，硕士，郑州师范学院讲师，研究方向为质量管理；周鼎钧，硕士，郑州师范学院讲师，研究方向为旅游演艺营销、区域经济发展；朱晨阳，硕士，郑州师范学院讲师，研究方向为区域经济优化发展；郭希智，硕士，郑州银行职员，研究方向为投资理财与公司金融。

一　郑州建设黄河流域生态保护和高质量发展核心示范区的意义和价值

（一）郑州黄河流域生态保护和高质量发展核心示范区概况

郑州黄河流域生态保护和高质量发展核心示范区，东起中牟，西起巩义，北起黄河，南达连霍高速公路，总面积1200平方公里。根据规划，今后，郑州市将把这一地区建设成为沿黄生态保护示范区、国家高质量发展区域增长极、黄河历史文化地标。郑州市争取率先在黄河流域生态保护和高质量发展中做出示范，加快建设黄河流域生态保护和高质量发展特色鲜明的国家中心城市。

郑州黄河流域生态保护和高质量发展核心示范区将突出黄河流域生态特色，保护黄河天然河势，努力推进防洪安全与生态建设的有机结合，坚持实现山、川、林、田、湖、草综合治理，把黄河郑州段建设成为黄河流域生态保护的先行区，讲好“黄河故事”，努力把郑州建设成为“华夏文明之根、黄河文化之魂”的主要地标；坚持节约、集约发展的方针，将水资源作为刚性约束，科学规划城市、产业、人口、经济发展，不断提高经济和人口的承载能力，在国家中心城市建设中发挥主导作用，使郑州成为黄河流域生态保护和高质量发展的典范。

目前，郑州市围绕“黄河生态保护示范区、国家高质量发展区域增长极、黄河历史文化主地标”三大功能定位，加快总体发展规划和起步区建设总体方案编制；聚焦生态环保与黄河安澜、水资源节约集约利用、产业转型升级和创新、开放合作、保护传承弘扬黄河文化、基础设施互联互通、民生保障等领域，建立重大项目储备库，谋划项目1500余项，总投资超2万亿元；编制起步区建设、生态综合治理、文化博物旅游、水资源和防洪工程、交通基础网络建设等三年行动计划和年度专项实施方案，形成“1+1+1+N”规划方案体系。

（二）郑州建设黄河流域生态保护和高质量发展核心示范区的重大意义

首先，郑州建设黄河流域生态保护和高质量发展核心示范区，是贯彻落实习近平总书记重要讲话精神，实施黄河流域生态保护和高质量发展战略的具体体现。2019 年 9 月 18 日，习近平总书记在河南郑州主持召开黄河流域生态保护和高质量发展座谈会，并发表重要讲话，首次明确了黄河流域在我国经济社会发展和生态安全中的重要地位，深刻阐述了黄河流域生态保护和高质量发展的意义。按照任务和目标要求，对加强黄河整治保护、促进黄河流域生态高质量发展做出重大部署，这为我们共同抓好大保护、协调推进大治理提供了根本依据。贯彻落实习近平总书记重要讲话精神，要把实施黄河流域生态保护和高质量发展战略的实际行动落到实处。郑州市要站在全局的高度，明确其在黄河流域生态保护和高质量发展核心示范区的重任。规划建设黄河流域生态保护和高质量发展核心示范区，自觉扛起为黄河流域生态保护和高质量发展做出示范的重任，在贯彻实施国家战略、服务国家发展大局中展现郑州担当、做出郑州贡献。这是积极融入黄河流域生态保护服务和国家高质量发展战略的实际行动，是落实黄河流域生态保护和高质量发展战略的具体体现。

其次，建设黄河流域生态保护和高质量发展核心示范区是保护、传承、弘扬黄河文化的战略举措。习近平总书记在黄河流域生态保护和高质量发展座谈会的重要讲话中强调："黄河文化是中华文明的重要组成部分，是中华民族的根和魂。要推进黄河文化遗产的系统保护，守好老祖宗留给我们的宝贵遗产。要深入挖掘黄河文化蕴含的时代价值，讲好'黄河故事'，延续历史文脉，坚定文化自信，为实现中华民族伟大复兴的中国梦凝聚精神力量。"① 建设黄河流域生态保护和高质量发展核心示范区是培根铸魂、共筑炎黄子孙精神家园的内在要求。郑州地区地处黄河之滨、天地之中，是华夏文明的重要发祥地，孕育了灿烂的中原文化。郑州沿黄地区的历史文化遗存，凝聚着华夏文明早期阶段最重要的文化信息，保存了华夏民族最初的历史记忆。郑州独特的地理区位和特殊的历史地位，决定了郑州黄河文化的龙头地位，赋予了郑州保护、传承、弘扬黄河文化的使命担当。习近平总书记曾用"伸手一摸春秋文化，两脚一踩秦砖汉瓦"高度评价中原历史文化之厚重，对我们提出了"传承、创新、发展优秀传统文化""讲好'黄河故事'"的明确要求。在国家实施黄河流域生态保护和高质量发展战略大的历史背景下，郑州建设黄河流域生态保护和高质量发展核心示范区，打造黄河文化主地标，对于保护、传承、弘扬黄河

① 习近平：《黄河流域生态保护和高质量发展座谈会上的讲话》，《求是》2019 年第 20 期。

文化，强化中华传统文化记忆，打造具有国际影响力的黄河文化旅游带，提升郑州“华夏文明之源、黄河文化之魂”的认同感和感召力，提升郑州的城市气质、城市气派，具有十分重要的意义。

再次，建设黄河流域生态保护和高质量发展核心示范区，是建设具有郑州特色的国家中心城市的迫切要求。2016 年 12 月 26 日，国家发改委发布《促进中部崛起“十三五”规划》，规划中明确提出支持郑州建设国家中心城市。这是国家深刻把握全国发展大局、实施区域协同发展战略做出的重大战略部署。黄河流域生态保护和高质量发展已成为国家重大战略，这是郑州的又一重大发展机遇，对于郑州市加快建设国家中心城市具有重要意义。郑州在自然条件、要素禀赋、区位条件等方面都有别于其他国家中心城市。因此，建设的国家中心城市也要体现出自己鲜明的特色。郑州市在深入分析和把握城市自然条件、要素禀赋和区位条件的基础上，坚持以新发展理念为引领，把黄河流域生态保护和高质量发展战略的实施与建设国家中心城市紧密统一起来，把绿色发展理念贯穿于郑州国家中心城市建设中，把黄河文化融入郑州国家中心城市建设中，提出了建设具有黄河流域生态保护和高质量发展特色的国家中心城市的具体目标，进一步凸显了郑州国家中心城市的鲜明特色，生动体现了省委提出的“以更宽视野、更实举措谋划推进国家中心城市建设”的实践要求。

最后，建设黄河流域生态保护和高质量发展核心示范区是郑州把赶超态势变为发展强势和优势、加快形成更高水平的高质量发展区域增长极的内在要求。党的十八大以来，在以习近平同志为核心的党中央坚强领导下，郑州市紧抓战略机遇加快发展，取得了举世瞩目的发展成就，高端要素资源集聚郑州的趋势越来越明显。但也要看到，作为国家批准建设的 9 个国家中心城市之一，郑州面临着排头兵尚远、追兵甚近的竞争局面。在构建国内外双循环发展新格局的新形势、新要求下，郑州市必须不遗余力地实现全方位的奋勇争先。习近平总书记对郑州高质量发展寄予厚望，提出了“郑州要保持较好发展势头，形成推动高质量发展的区域增长极”的要求。郑州市要抓住黄河流域生态保护和高质量发展的战略机遇，顺应产业发展新趋势，打造黄河主要文化地标，建设黄河生态保护和高质量发展核心示范区，因地制宜地做好文化旅游产业发展，加快培育发展新动能，推动郑州文化旅游产业融入国内国际大循环，实现郑州经济社会高质量发展的客观要求。

（三）郑州建设黄河流域生态保护和高质量发展核心示范区的重要价值

郑州位于黄河流域的中心区域，交通、经济、规模效应优势明显。作为河南省会，郑州资源要素较为集中。将郑州市作为建设黄河流域生态保护和高质量发展的示范城市，能够更好地突出优势，形成规模示范作用。

一是充分发挥都市圈优势，促进中部崛起。党中央、国务院《关于建立更加有效的区域协调发展新机制》指出，要以郑州为中心，引领中原城市群发展，推动相关板块融合发展。中原兴则中部兴，中部兴则中国兴，郑州都市圈作为中原城市群的发展核心，有着支撑和带动中部城市崛起、拓展我国经济发展新空间的重大使命，也有着引领河南城市振兴的重要任务。

二是有利于打造黄河文化生态带。打造黄河文化生态带使之与长江经济带形成南北呼应的绿色发展带，对我国区域经济发展具有积极影响。近年来，沿黄城市在围绕建设黄河生态文明城市方面积极行动。郑州理应抓住这一机遇，把黄河变成大郑州的内河，努力建设沿黄生态经济带，为全国黄河文化生态带建设提供经验。

三是有利于统筹黄河水资源的节约利用。建设郑州黄河流域生态保护和高质量发展核心示范区，其一，要与黄河流域及其邻近地区的水资源条件相适应，建立与水资源保护、水资源环境相协调的经济结构；其二，要适应黄河流域及其邻近地区实现小康社会、保障国家能源和粮食安全的需要；其三，要实现黄河流域及其邻近地区经济社会的可持续发展，水资源的可持续利用与生态环境的良性维持相协调。

二　郑州建设黄河流域生态保护和高质量发展核心示范区的定位、战略重点和主要任务

（一）郑州建设黄河流域生态保护和高质量发展核心示范区的定位

1. “绿水青山就是金山银山”践行示范区

郑州贯彻落实习近平总书记生态文明思想，践行“绿水青山就是金山银

山”的理念，大力加强生态文明建设，以黄河生态建设和环境保护为切入点，通过沿黄流域生态功能提升、绿色产业动能培育、资源环境综合利用、产城联动、创新引领、智慧城市和美丽乡村融合发展等措施，将黄河郑州段打造成“绿水青山就是金山银山”践行示范区。

2. 经济高质量发展引领区

郑州充分发挥作为黄河流域中唯一国家中心城市的优势，历史文化资源厚重、经济首位度高、带动能力强等作用，把黄河流域生态保护和高质量发展郑州段建设成水生态特色鲜明、现代与历史风貌有机结合、城镇乡村与环境自然和谐共生、经济繁荣与生态环境优美同步建设的高质量发展样板区，打造黄河流域生态保护和经济高质量发展引领区。

3. 黄河文化集中展示体验区

充分挖掘黄河文化的现代内涵和价值，探索生态产业化路径，通过沿黄文化设施、旅游设施以及配套服务能力建设，塑造人与自然和谐共生的美丽景致，将黄河郑州段建设成为以黄河文化为特色的集中展示区和体验带。

（二）郑州建设黄河流域生态保护和高质量发展核心示范区的战略重点

1. 改变黄河郑州段生态环境脆弱现状

水土保持措施是减少入黄泥沙、防止洪水灾害的根本措施，也是建设黄河流域生态文明、经济社会健康发展的有力之举。郑州必须按照建设生态文明的要求，加强黄河流域生态环境保护，为保障河流生态环境用水、保障黄河流域生态安全创造条件。

2. 消除黄河郑州段的洪水风险威胁

历年来黄河下游洪水灾害频发，是我国重大灾害之一。完善减灾体系，科学管理洪水，改善水沙关系，尽量遏制下游河道淤积抬高，确保堤防不决口。保障黄河下游防洪防凌安全，仍是未来黄河治理开发与管理的第一要务。

3. 提升郑州建设国家中心城市的水资源保障能力

郑州是正在建设的国家中心城市，肩负实现国家发展目标的战略使命与任务，在保障国家中心城市建设用水安全的前提下，必须按照建设资源节约型、环境友好型社会的要求，积极推进跨流域调水工程的建设，增强水资源保障能力，构建水资源合理配置和高效利用体系，合理配置水资源，提升建设国家中心城市的水资源保障能力。

4. 总结提炼黄河文化的深刻内涵

郑州地区蕴藏着黄河沿岸的历史文化遗存，凝聚着华夏文明早期阶段最重要的文化信息，保存了华夏儿女关于黄河的历史记忆，奠定了中华民族独特的文化传统基础，指引了华夏文明发展的方向，体现了根源性、正统性、多样性和连续性特点。要深入挖掘黄河文化底蕴的时代价值，以郑州为核心，建设华夏文明传承创新中心，建设中华文明标识示范城市，构建国家文物保护利用示范区，讲好“黄河故事”，坚定文化自信的道路，延续黄河流域历史文脉，凝聚精神力量，实现中华民族伟大复兴的中国梦。

（三）郑州建设黄河流域生态保护和高质量发展核心示范区的主要任务

1. 做好生态综合治理

加快推进黄河流域山、水、林、田、湖、草生态系统的治理，构建森林邙岭生态区、湿地低洼生态区、休闲中高滩生态区三大系统，坚持浅滩、中滩和高滩分别治理，突出黄河流域生态滩地的自然性，以高标准、高要求实施生态修复工作，推动流域绿色发展。

2. 提升黄河防洪能力

要高度重视黄河流域郑州段的防洪安全建设，进一步提升防治洪水的标准，提升防洪控制的等级。一方面，建设桃花峪水库以提升综合拦蓄调蓄能力；另一方面，优化工程措施，改进工程技术，以高要求建设防护堤。

3. 提高水资源利用率

按照国家建设节水型城市的要求，郑州应加强水利方面的技术研究分析，将黄河流域的水利、防洪项目综合梳理，针对西部地区水资源短缺、黄河引水稳定性不足等重大问题，统筹优化全市水源结构，并进一步加强防洪治理以及流域生态保护。

4. 完善城市高质量发展布局

推动郑州建设，扩大对外开放程度，以将郑州打造为国家中心城市为目标，以成为国际综合交通枢纽、历史文化名城、高质量发展的开放门户、国家重要的先进制造业基地、黄河生态带核心城市为导向，进一步明确城市的功能布局，高质量推进国家中心城市建设。

5. 打造黄河文化旅游带

统筹推进文化工程建设，例如构建黄河国家博物馆、大运河国家文化公园等，将黄河文化带、环嵩山文化带和郑州中心城区商代王城遗址等多个文化板块相结合，谱好郑州、开封、洛阳的文化发展乐章，打造形成世界级的黄河文化旅游带。

6. 加快沿黄路网规划建设

完善城市的路网规划，分类处理好外部引流、内部车行和慢行系统之间的关系，打造慢行为主、内化引流合理的沿黄路网体系。坚持以人为本，科学处理车行、慢行、步行系统之间关系，优化交通组织结构，在做好环保的基础上充分满足群众需求，并将沿黄流域历史文化综合串联起来，形成有机整体。

三　推动郑州黄河生态经济带建设的总体思路和对策建议

（一）郑州建设黄河生态带核心示范区的总体思路

1. 建设黄河生态带保护和高质量发展核心示范区的指导思想

深刻领会并加强学习习近平总书记的重要讲话精神，把握黄河流域生态保护的方向，遵循高质量发展的方向与原则。不断地探索，突出重点不断升华，争取能够在贯彻落实国家重大战略中找到突破口，实现项目的发展规划。同时，要站在宏观的角度上把握整个国家的经济布局，掌握黄河流域发展的趋势，立足中原、立足河南，用全局的观念和发展的理念使河南能够放光彩。

2. 建设黄河生态经济带和高质量发展核心示范区的战略部署

（1）建设郑州黄河生态经济带是服务于国家战略的重要部署，以生态保护优先理念，顶层规划建设黄河生态经济带，可以更好地对接好国家战略，落实好“共同抓好大保护、协同推进大治理”的重大要求。

（2）建设郑州黄河生态经济带是保护黄河流域生态系统安全的必然要求。进一步增强郑州市黄河流域段的集聚辐射功能，促进全郑州市向纵深发展，推动国土均衡开发，实现空间的最佳利用。

（3）建设郑州黄河生态经济带是挖掘郑州市经济发展潜力的需要。黄河流域郑州段具有通道优势、人文资源优势、能源优势和产业优势，重点建设郑州段黄河生态经济带，有利于发挥郑州国家中心城市的比较优势，可以将潜在的增长极发展成为现实增长极，走出一条依托黄河富民兴国的新道路。

（二）目标设计

1. 以生态保护与修复为目标

黄河生态系统是一个完整的水系，不可分割。因此，要站位全局，充分考虑黄河生态系统的上、中、下游之间发展的差异性。郑州市作为黄河流域的下游区域，更应该重点推进实施与黄河相关的重大生态保护建设工程，不断地提升黄河生态水源涵养能力，切实地做好保护工作，为促进黄河流域生态健康系统的建设做出努力。构建水资源、经济社会和生态环境三方面协同发展的美好格局。

2. 以黄河流域层面水利高质量发展为目标

黄河流域层面水利高质量发展，即在遵循自然、生态、经济、社会规律的基础上，以水资源承载能力为刚性约束，以现代化的水利基础设施网络和涉水管理体系能力为核心，以实现人水和谐为目标，推动黄河流域层面水资源供给更加优质持续、水生态环境更加健康美丽、水利公共服务更加均衡、水安全风险应对更加有力、水治理效能更加现代化的发展。

3. 以加强水污染治理和生态发展为目标

实行严格的环境准入政策，加快淘汰落后产能，推进重点行业清洁化改造。加快推进郑州市城区黑臭水体治理，完善城市污水、垃圾处理等设施的建设，在保持现有污水处理厂稳定运营的基础上，加快推进相关环保能源工程项目的建设，加快完善郑州市垃圾焚烧发电等项目的建设工程。

4. 以提升黄河水资源综合利用为目标

做好黄河调水、调沙工程。黄河调水调沙，就是在现代化技术条件下，利用工程设施和调度手段，通过水流的冲击，将水库的泥沙和河床的淤沙适时送入大海，从而减少库区和河床的淤积，增大主槽的行洪能力。持续推进黄河郑州段河道综合治理工程，以游荡性河段、河道整治和顺堤行洪治理为重点，加快险工改建加固、控导工程新续建及加高加固、防护坝工程、堤沟河治理等项目建设。

5. 发展高效节水农业，以提高滩区群众生活条件为目标

（1）发展高效节水农业。持续推进大中型灌区续建配套与节水改造项目、农田水利设施维修养护等项目建设，提高灌溉保证率和农田抗御旱灾能力。

（2）黄河滩区是黄河河道的重要组成部分，人民生产和生活仍受到黄河洪水的威胁。黄河担负着流域两岸的工农业生产和城市生活用水、供水的重任，做好黄河水资源和环境保护，为城市的可持续发展提供保障。

6. 以推动黄河生态带集约型经济的发展为目标

要立足节约资源、保护环境推动发展，把促进经济增长方式根本转变作为着力点，促使经济增长由主要依靠增加资源投入带动向主要依靠提高资源利用效率带动转变。黄河地区郑州段以往走的是以粗放型增长为主的工业化道路，不仅自然资源消耗多、资源使用效率低、技术进步缓慢，付出了生态环境恶化的巨大代价，而且工业化的成效也不理想。

7. 以优化产业结构为目标

在经济新常态下，想要实现国民经济平稳增长，就需要对经济发展方式进行结构性改革，通过释放有效需求，创造新的供需市场来推动新技术、新产业的蓬勃发展。郑州地区的新型工业化道路应当以高新技术推进产业结构升级为中心，用高新技术和先进实用技术改造传统产业，培育环保产业、生态产业等支柱产业，优化产业结构。

（三）郑州黄河生态经济带建设的对策建议

1. 坚持市场主导和政府引导相结合

流域生态经济具有以江河湖泊为空间纽带、以生态环境为依存基础、以绿色发展为路径取向的特点①。建设黄河生态经济带，提升郑州黄河生态经济带发展的质量和水平，应当在明确其生态功能区的基础上，结合郑州的环境状况、资源禀赋和产业发展状况，探索构建黄河生态与郑州经济社会和谐共生的产业体系。这里一方面涉及产业发展资源配置的问题。实现产业发展资源要素

① 刘穷志、王浩：《提升长江流域生态经济建设的质量和水平》，《经济日报》2020年5月12日。

最佳配置，必须将市场置于主导地位，让市场在资源配置中起决定性作用。另一方面，又需要明确产业发展的政策导向。通过科学规划对相关产业进行合理布局，统筹解决好经济效益与环境效益的关系和相关各方之间的利益关系等，这又要求注重发挥政府的引导作用。让市场在资源配置中起决定性作用，有利于充分调动各类市场主体的积极性；充分发挥政府在规划布局、产业引导、政策激励和组织协调等方面的作用，有助于推进产业发展体制机制创新，消除行政壁垒，为实现要素有序自由流动提供优质的政策环境与公共服务。把市场主导与政府引导这两个方面有机结合起来，可推动形成郑州黄河生态经济带发展的合力。

2. 依法规范共建主体的权利和职责，协调经济带与生态屏障的关系

法律是治国之重器。制定良好的法律制度，能够为黄河流域生态保护和高质量发展提供重要的制度保障。黄河流域生态经济高质量发展有赖于完备的法律法规。建设郑州黄河生态经济带，必须有相关的法律政策和国家战略的支撑，才能从根本上保证黄河流域生态保护和高质量发展。运用法治思维和法治方式保障黄河流域生态保护和高质量发展。目前，我国已形成以《中华人民共和国环境保护法》为基本法律，以《土地管理法》《水资源保护法》《矿产资源法》《大气污染防治法》等专门法律为框架的环境资源法律体系。这一法律体系是建设郑州黄河生态经济带必须遵循的法律规范。同时也要看到，黄河生态系统是一个有机整体，黄河流域各地区之间在地理气候、经济结构、历史传统、文化风俗等方面存在的差异，决定了加强黄河流域生态环境保护，推动黄河流域生态经济发展，必须制定和完善针对性更强的地方性法规，确保生态建设各项政策举措落到实处。郑州要建设黄河生态经济带，大力发展生态经济，就必须在地方立法权限内，进一步建立完善适应郑州市情的耕地保护、水资源管理、环境保护等地方性法规，建立完善最严格的源头保护制度、损害赔偿制度、责任追究制度和生态补偿制度，依法惩处污染环境、非法采矿及破坏性开采、盗伐滥伐林木、非法捕捞水产品、非法猎捕杀害珍贵濒危野生动物等犯罪行为，严厉惩治环境监管失职犯罪、造成环境污染严重后果的重大安全责任事故犯罪，筑牢黄河流域生态屏障。

3. 建立郑州段黄河生态经济带与生态屏障共建的补偿机制

黄河流域的生态保护重在保护、重在治理。国家实施黄河流域生态保护和

高质量发展战略的主要目标任务，就是要坚持山水林田湖草综合治理、系统治理、源头治理，统筹推进各项工作，加强协同配合，推动黄河流域高质量发展。生态富民是实现郑州黄河生态经济带的建设可持续发展模式，有着巨大的经济效益和生态效益。但在实际运作中，却由于地区经济发展不均衡，会导致某些地区缺乏资金而无法推动。而且这类具有区域正外部性的工程，让相关地区单独负责也有失公平。因此，设立郑州黄河生态经济带的建设基金，专门用于郑州周边地区天然林保护、退耕还林、水源涵养林建设等生态工程。因此当地政府为此而进行的生产力布局调整、产业结构调整就显得十分必要。

4. 限制和转产污染产业，不断探索新的生态产业模式

黄河流域是我国重要的生态屏障，在我国经济社会发展和生态安全两个方面都占据着无法替代的地位。目前，黄河流域的生态环境频频出现多个问题：黄河流域生态系统严重退化，水资源涵养功能不断降低；同时，在多个地区存在着水土流失和污染严重等问题。这些问题的产生，既有黄河生态系统自身的问题，当然，更多的是由于后天保护不当造成的一系列的问题。其中，工业、农业和生活用水三个方面的污染是造成生态系统失调的最重要的原因。尽管中华人民共和国成立以来、特别是党的十八大以来，在党中央坚强领导下，我国黄河治理保护工作取得了举世瞩目的成就；同时也要清醒地看到，黄河一直“体弱多病”，洪水风险仍是流域的最大威胁，水资源保障形势严峻，流域地区发展质量亟待提高。黄河流域存在的突出困难和问题警醒我们，黄河以有限的水资源和脆弱的生态系统，支撑全流域多年来高资源消耗、高污染排放的发展模式，早已不堪重负、难以为继，必须尽快加以改变。建设郑州黄河生态经济带，必须坚持以习近平生态文明思想为统领，贯彻落实新的发展理念，坚持可持续发展的道路不改变，以长期的经济效益为主要目标，要时刻保持社会、经济和生态三者之间的平衡。合理规划人口、城市和产业发展，坚持生态优先，加快传统产业转型升级。要尽快出台相关政策举措，完善生态环境空间管控体系，实施产业准入负面清单管理，限制和转产郑州沿黄区域的污染产业，并积极探索新的生态产业模式，以可持续发展和形成特色经济为目的，前瞻性地打造郑州段黄河经济带的产业，调整经济结构，加快形成绿色、低碳、循环的现代产业体系。

参考文献

王晓峰、勒斯木初、张明明：《“两屏三带”生态系统格局变化及其影响因素》，《生态学志》2019 年第 7 期。

黄垒、张礼中、朱吉祥等：《河南省水资源承载力时空特征分析》，《南水北调与水利科技》2019 年第 1 期。

吴海峰、苗洁、陈明星：《河南省“三化”协调发展的历程、成就与经验》，《经济研究参考》2012 年第 49 期。

苗长虹、胡志强：《城市群空间性质的透视与中原城市群的构建》，《地理科学进展》2015 年第 3 期。

宋伟：《2030 年河南城市人口空间格局的展望》，《经济经纬》2016 年第 4 期。

张鹏、岩杨丹、李二玲等：《人口城镇化与土地城镇化的耦合协调关系——以中原经济区为例》，《经济地理》2017 年第 8 期。

齐青青、张泽中、高芸：《城市化对郑州市水系结构影响综合评价》，《环境工程》2016 年第 4 期。

郭云、梁晨、李晓文：《基于系统保护规划的黄河流域湿地优先保护格局》，2018 年第 9 期。

B.26
完善郑州生态环境保护治理体系研究

郑州师范学院地理与旅游学院课题组*

摘　要： 党的十九大报告指出，建设生态文明是中华民族永续发展的千年大计。生态环境治理体系已成为推进生态文明建设、实现美丽中国目标的重要抓手，改革完善生态环境治理体系具有重要的现实意义。目前，郑州正处在新型城镇化快速发展、国家中心城市建设加快推进的重要时期，生态环境保护工作面临着重大挑战。近年来，郑州市委、市政府高度重视生态文明建设和环境污染治理，已取得一定成效，但从整体上看，郑州市生态环境现状与人民对美好生活的向往还存在着一定差距。本研究详细分析了郑州生态环境保护主要方面的现状和存在问题，并从监管体系、科技支撑体系、资金保障体系、政策法制体系和组织体系等方面提出了完善郑州市生态环境保护治理体系的对策建议。

关键词： 郑州　生态环境　大气　水环境　有机性生活垃圾

党的十九大报告指出：“建设生态文明是中华民族永续发展的千年大计。必须树立和践行绿水青山就是金山银山的理念。”① 2018 年 6 月，《中共中央国

---

* 课题组组长：罗丽丽；副组长：宋安东、赵永强；执笔：罗丽丽，北京师范大学博士，郑州师范学院地理与旅游学院院长，二级教授，主要研究方向为区域地理；赵永强，博士，郑州师范学院地理与旅游学院副教授，研究方向为地表过程分析与模拟；周庆生，博士，郑州师范学院地理与旅游学院讲师，研究方向为环境污染。

① 《十九大以来重要文献选编》（上），中央文献出版社，2019，第 17 页。

务院关于全面加强生态环境保护坚决打好污染防治攻坚战的意见》提出了“改革完善生态环境治理体系”① 的重要任务。生态环境治理体系已成为推进生态文明建设、实现美丽中国目标的重要抓手，对其进行改革完善具有重要的现实意义。

近年来，郑州市委、市政府始终高度重视生态文明建设和环境污染治理，已取得一定成效。但在生态环境保护治理方面，尤其是在大气、水体和废弃物的处理等方面，与人民对美好生活的向往还存在较大差距。“人民对美好生活的向往，就是我们的奋斗目标。”② 为有效推动郑州市生态环境保护工作提质增效，亟须紧密结合郑州实际，强化问题导向，深化生态文明体制改革，建立健全系统完备、科学规范、运行有效的生态环境管理制度，完善生态环境保护治理体系，提升生态环境治理能力，为郑州建设国家中心城市提供有力的生态环境支撑。

一 郑州生态环境保护现状分析

（一）大气污染防治现状

1. 空气质量总体状况

从 2016～2018 年三年郑州市空气总体质量情况（见表 1）可以看出，2016 年和 2017 年全市 PM10、PM2.5 平均浓度呈不断下降趋势，在 74 个重点城市中的排名有所提前，但仍在倒数位置。2018 年，全市 PM10 平均浓度为 106 微克/立方米，同比下降 10.2%，下降率全省排名第 2；PM2.5 平均浓度为 63 微克/立方米，同比下降 4.5%，下降率全省排名第 5；优良天数 168 天，比 2017 年增加 2 天；综合指数 6.47，同比下降 8.5%，在 168 个重点城市中排名倒数第 18。其中 7、8、9 月份，连续三个月空气质量达到二级标准，实现自空气质量新标准实施以来的历史性突破，PM10 和 PM2.5 分别低于我国相应环境空气质量二级标准 100 微克/立方米和 35 微克/立方米。

---

① 《十九大以来重要文献选编》（上），中央文献出版社，2019，第 519 页。

② 《习近平谈治国理政》，外文出版社，2014，第 4 页。

表1　2016～2018年郑州市空气总体质量情况

年份	PM10		PM2.5		优良天数（天）	综合指数	重点城市排名
	平均浓度（微克/立方米）	同比下降（%）	平均浓度（微克/立方米）	同比下降（%）			
2016	143	14.4	78	18.8	159	7.96	倒数第7
2017	118	17.5	66	15.4	166	7.07	倒数第9
2018	106	10.2	63	4.5	168	6.47	倒数第18

注：2016年和2017年为74个重点城市排名，2018年为168个重点城市排名。

从三年的治理结果来看，郑州市大气污染治理的效果还是较为显著的，2016～2018年可吸入颗粒物逐年降低（见图1），优良天数逐渐增多，在重点城市中的排名逐年提升，充分说明郑州市在大气污染治理中站位高远、领导到位、措施得力、政策得当。但就目前郑州市大气中的PM10与PM2.5具体指标及郑州市在全国重点城市中的排名而言，加上人民对美好生活的向往，郑州市大气污染治理的任务还很艰巨，道路还很漫长。

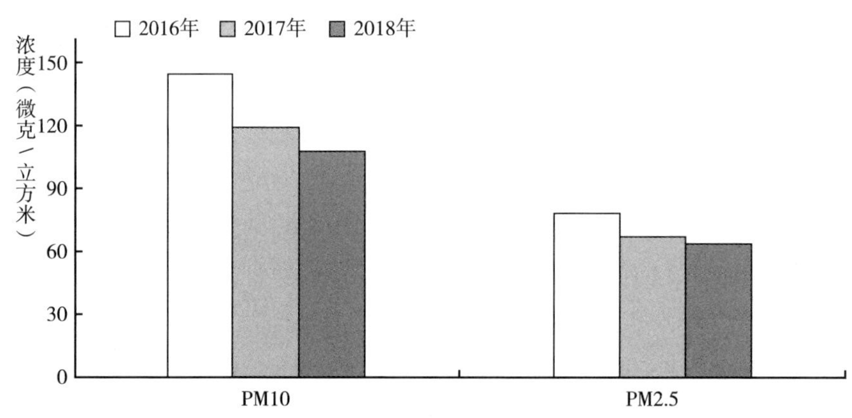

图1　2016～2018年郑州市可吸入颗粒物情况

2. 大气污染物总体情况

2018年郑州市总体污染较为严重（见表2）。在可检测的主要污染源中，对PM10和PM2.5的影响源基本一致，其中影响最大的是扬尘源，然后是工艺过程源、移动源、餐饮源和化石燃料固定燃烧源，影响较小的是生物质燃烧源。

表 2　2018 年郑州市主要污染物排放量及其来源

一级源分类	SO_2(吨)	NO_2(吨)	CO(吨)	VOC(吨)	NH_3(吨)	PM10	PM2.5
化石燃料固定燃烧源	4901	12070	51033	5558	700	2734	1671
工艺过程源	10733	19321	75398	46452	1098	36623	22145
移动源	2103	80776	215268	36244	1716	3637	3398
溶剂使用源	0	0	0	36895	0	0	0
农业源	0	0	0	0	18573	0	0
扬尘源	0	0	0	0	0	122609	33093
生物质燃烧源	329	670	17581	1541	272	1142	1082
储存运输源	0	0	0	5738	0	0	0
废弃物处理源	0	0	0	937.361	3110.888	0	0
其他排放源(餐饮)	0	0	0	2439	0	3484	2787
合计	18066	112838	359280	135834	25470	170229	64176

3. 主要大气污染物浓度变化趋势

（1）可吸入颗粒物分析

2016～2018 年全市 PM10 可吸入颗粒物浓度较为平均。但各县区之间存在着一定的差异，有的县区可吸入颗粒物浓度达到 200 微克/立方米；有的县区处于较低水平，仅为 70 多微克/立方米。2016～2018 年郑州市各县区 PM2.5 可吸入颗粒物浓度差异较大。

郑州市域内可吸入颗粒物污染约 90% 来自相关工业工艺过程源和扬尘源，

而来自化石燃料固定燃烧源、生物质燃烧源、移动源、餐饮源等的污染较小。从图2可以看出，郑州市域内PM10与PM2.5污染源高度一致。

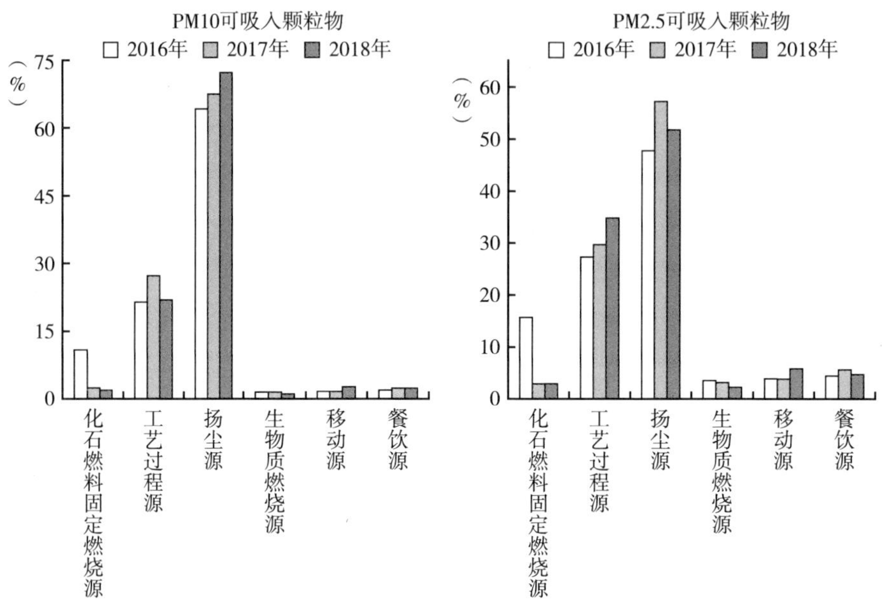

图2　2016~2018年郑州及各县区PM10和PM2.5可吸入颗粒物污染来源分析

工艺过程源PM2.5污染物中有一部分来源于水泥加工生产，水泥相关工厂在全市各个区县内均有分布，且产能较为分散（见图3）。

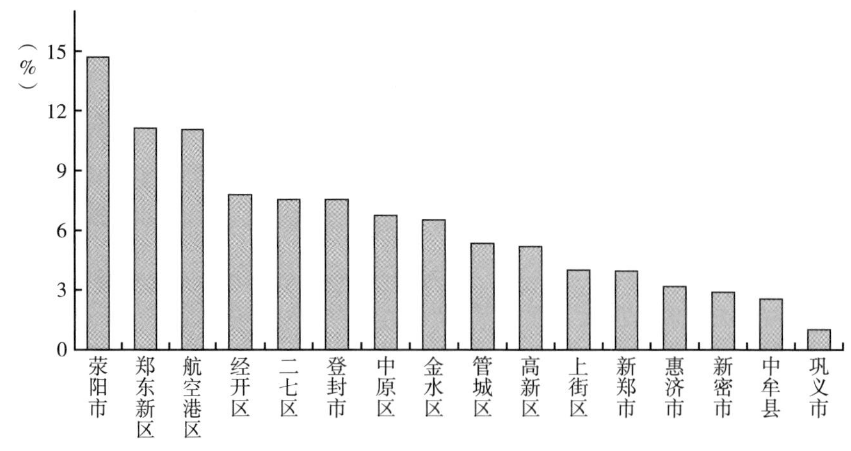

图3　2018年郑州市水泥业PM2.5污染区域分布

扬尘是造成郑州市 PM2.5 居高不下的重要因素之一，分析郑州市 2016 ~ 2018 年扬尘源对 PM2.5 的影响，发现在扬尘造成的污染影响中，65% 左右的来自道路扬尘、32% 左右的来自施工扬尘，而堆场扬尘和土壤扬尘的影响较小（见图 4）。

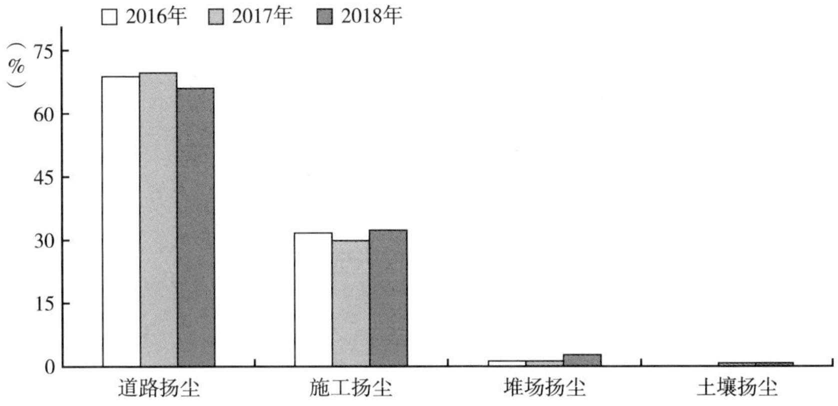

图 4　2016 ~ 2018 年造成 PM2.5 可吸入颗粒物的各类扬尘源分析

（2）SO_2 污染物分析

郑州大气污染防控后，全市 SO_2 污染物浓度从 2014 年 67 微克/立方米下降至 2018 年 15 微克/立方米，已达到我国大气质量标准中规定 SO_2 污染物浓度年平均低于 20 微克/立方米的一级标准。但个别县区的 SO_2 污染物浓度相对较高，分别为 24 微克/立方米和 21 微克/立方米，说明各县区在污染防控效果上存在着一定的差异。

郑州市大气中 SO_2 污染物约 90% 来源于化石燃料固定燃烧（电力供热、工业锅炉、民用锅炉、民用燃烧）和相关工业工艺过程（石墨碳素、电解铝等）（见图 5）。随着全市产业能源结构的优化，化石燃料固定燃烧源 SO_2 污染物占比从 2016 年的 88% 下降至 2018 年的 27%；而工艺过程源 SO_2 污染物急剧升高，从 2016 年的不到 10% 升至 2018 年的 59%。2018 年郑州工艺过程源 SO_2 污染物主要来自巩义市（54%）、登封市（14%）、荥阳市（14%）、新密市（12%）区域内的铝制品、石墨碳素、煅烧耐火材料等相关企业（见图 6）。

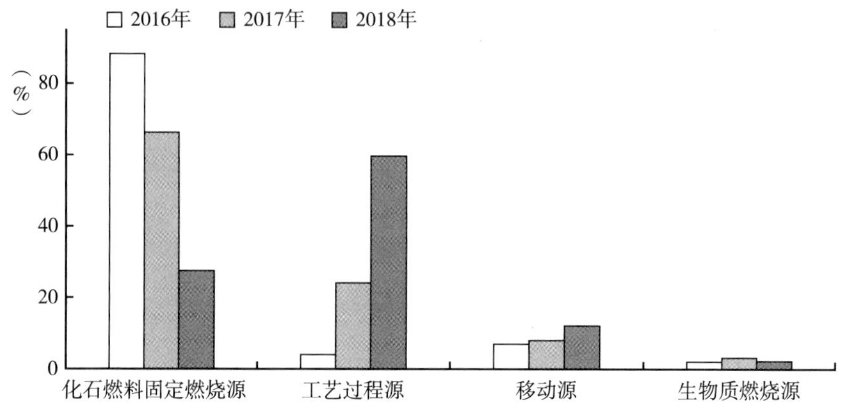

图5　2016～2018年郑州市 SO_2 污染物来源分析

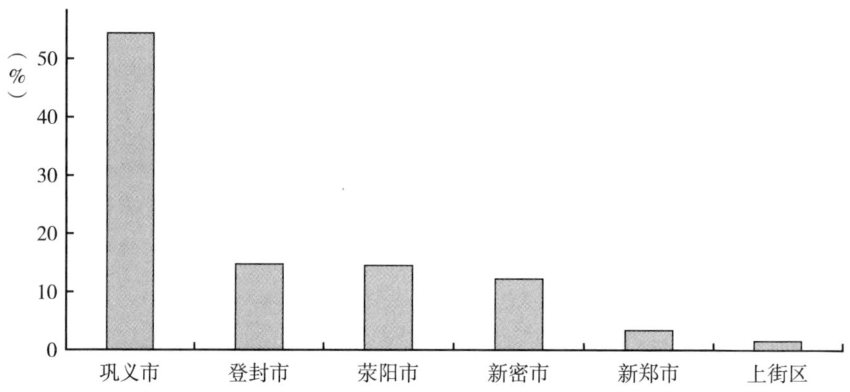

图6　2018年郑州市工艺过程源 SO_2 污染物区域分布

（3）NO_x污染物①分析

2014～2018年，全市 NO_2 污染物浓度下降了21%至50微克/立方米，高于我国 NO_2 环境空气质量二级标准（40微克/立方米）。中心城区 NO_2 年平均浓度高于50微克/立方米，而周边县市 NO_2 年平均浓度低于40微克/立方米，表明 NO_2 污染呈现中心城区高于周边县市的趋势。

NO_x 污染物主要来源于化石燃料的燃烧。随着全市产业能源结构的优化，

① NO_x 污染物包括 N_2O、NO、NO_2，其中以 NO_2 为主。在研究中重点污染物为 NO_2。

化石燃料固定燃烧源 NO_x 污染物占比从 2016 年的 52% 下降至 2018 年的 11%，郑州 NO_x 污染治理成效显著。移动源（机动车）NO_x 污染占比从 2016 年的 40% 升高至 2018 年的 72%，表明郑州市内 NO_x 污染主要来源于柴油机动车，且所占比重呈逐年增加趋势，而这一趋势与郑州市域内柴油机动车的保有量直接相关（见图 7）。

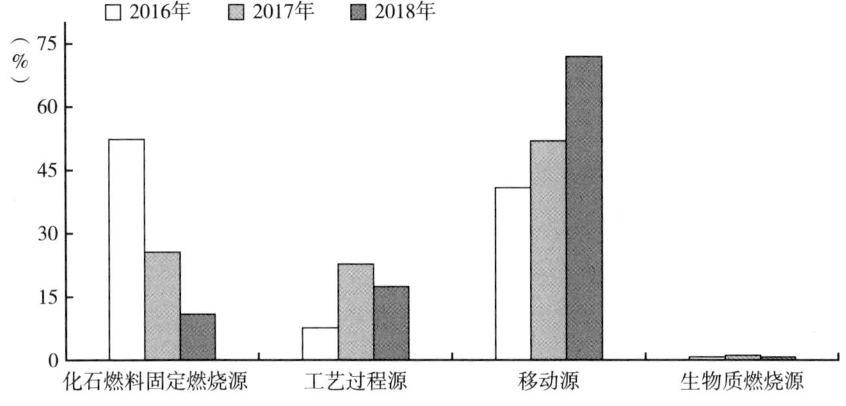

图 7　2016 ~ 2018 年郑州市 NOx 污染来源

移动源 NO_x 污染物中约 75% 来自柴油类客货车等道路机动车，约 25% 来自挖掘机、推土机、压路机等非道路机动车（见图 8）。

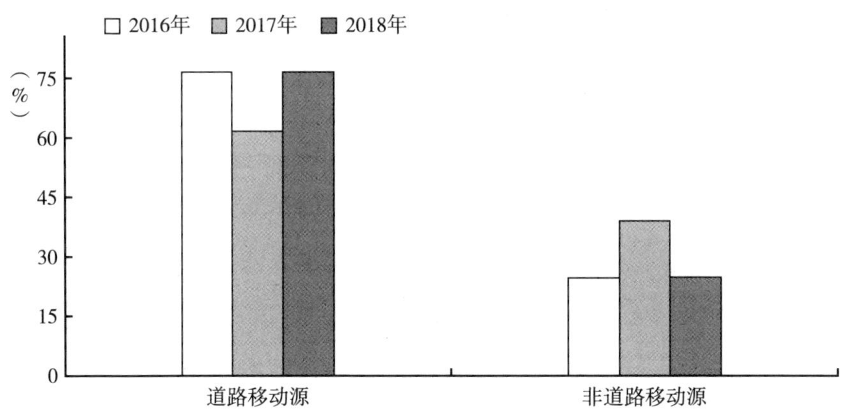

图 8　NOx 污染移动源分析

（二）水生态环境治理现状

1. 水资源现状

（1）水资源短缺

郑州市水资源主要来自天然降水，因受地理条件及气候特征影响，降水量多集中在汛期，时空分布极不均衡，水资源量较少。2018 年郑州市平均降水量为 559.3 毫米，降水总量为 42.0102 亿立方米，比上年增加 6.5%，比多年均值（1956～2000）635.6 毫米减少 12.0%，属平水年份。2018 年郑州市水资源总量①为 7.2782 亿立方米，其中地表水资源量为 3.6424 亿立方米，地下水资源量为 5.4516 亿立方米，地表水与地下水重复计算量为 1.8158 亿立方米。与 2018 年中国和河南人均水资源量相比，郑州市人均水资源量尚不足河南人均水资源量的 1/4，约为全国人均水资源量的 1/27，水资源严重短缺（见图 9）。

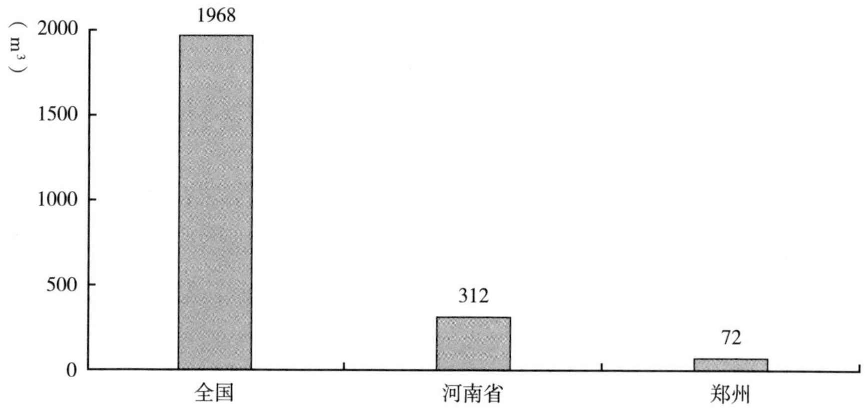

图 9　2018 年郑州人均水资源量与全国和河南省对比

资料来源：2018 年中国水资源公报、2018 年河南省水资源公报、2018 年郑州市水资源公报。

（2）水资源利用程度大

如图 10 所示，2015～2018 年郑州市分项用水中，工业和农业用水量占比不断降低，生态环境用水占比不断提高，从 2015 年的 11.7% 增加到 2018

① 水资源总量是指区域降水所形成的地表和地下的产水量，不包括区外来水量，如引黄、南水北调的供水。

年的22.26%。但2018年工、农业用水占比依旧高达45.87%，严重削减河道生态用水。

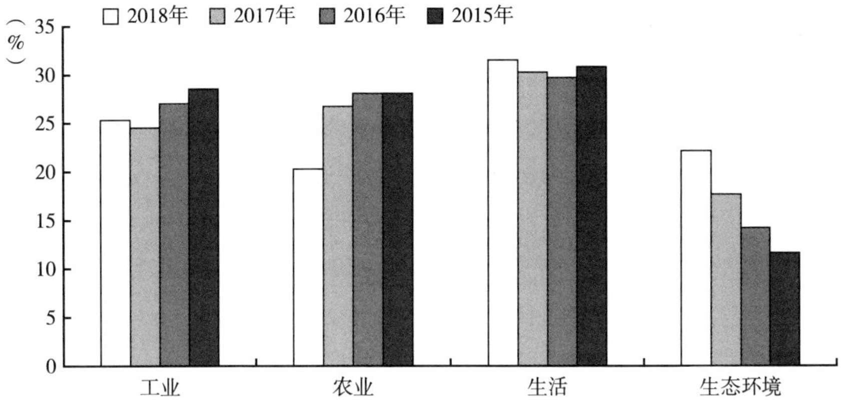

图10 2015~2018年郑州市分项用水量占比变化

资料来源：2015~2018年郑州市水资源公报。

为有效缓解郑州市水资源短缺造成的河流生态缺水甚至断流的现状，郑州市开展了环城循环水工程，通过引入上游河道、东区湖泊退水、污水处理厂中水，为市内5条（潮河、十七里河、十八里河、熊儿河、金水河）生态河道补水。

2. 水环境质量现状

（1）水环境质量有较大的提升

为有效改善水环境质量，“十三五”以来，郑州市在工农业污染防治、饮用水源地保护及基础设施建设开展了一系列工作，有效促进了流域水环境质量改善（见图11）。

（2）水功能区水质空间、季节差异显著

从河流来看，黄河、贾鲁河饮用水水源区段、颍河等河流达标情况较好，但淮河流域部分河流，水质状况仍不容乐观，同时，清溴河等河流还存在严重的断流现象，缺少生态用水（见表3）。从季节来看，9~12月河流断面水质为Ⅳ类及以上的现象较多；同时，受季节降雨因素影响，4~8月河流断面断流情况较少出现。

（3）城区河流水质逐步好转，但水质波动仍旧较大

《中共郑州市委办公厅郑州市人民政府办公厅关于印发〈郑州市2018年

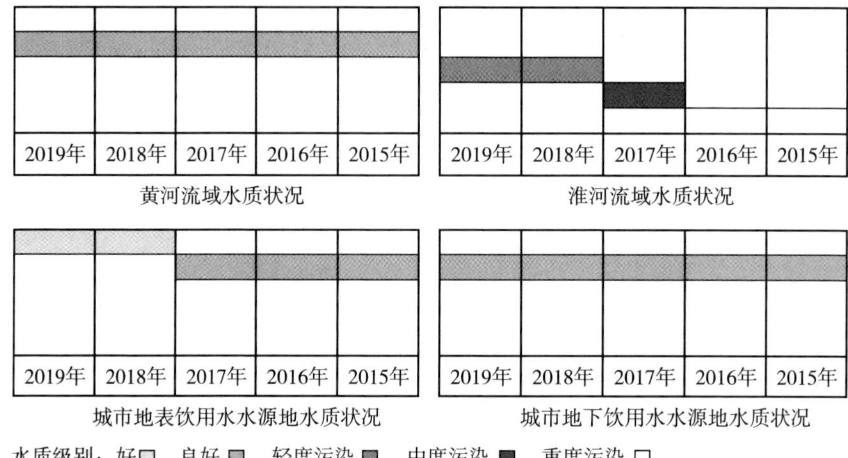

图 11　2015～2019 年郑州市水环境质量变化

资料来源：2015～2019 年郑州市生态环境状况公报、集中式生活饮用水水源水质状况报告。

水污染防治攻坚战实施方案〉的通知》（郑办〔2018〕7 号文）要求“市区建成区范围内金水河、熊耳河、东风渠、七里河水质达到或优于Ⅲ类，其他河流水质达到Ⅳ类”的目标。从 2018 年和 2019 年 10 条河流 16 个断面各月份水质达标情况分析，2019 年上半年水质达标率高于 2018 年同期，但 2019 年下半年水质达标率普遍下降，低于 2018 年同期；从各河流断面达标率年度变化情况来看，郑州市 10 条河流水质均普遍好转（见图 12、图 13）。

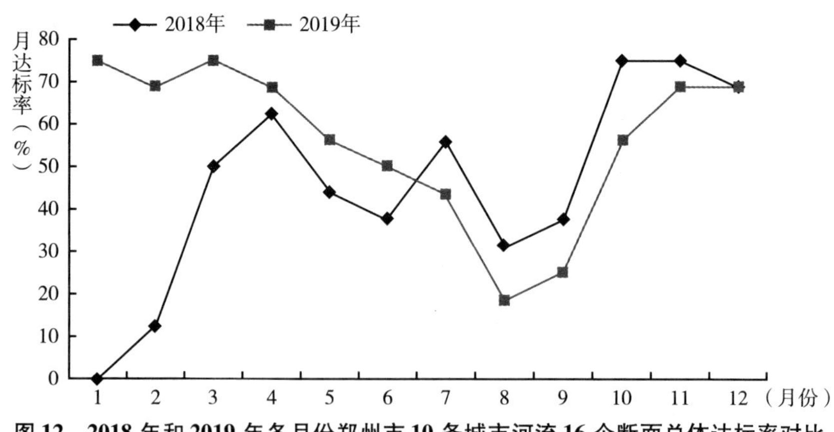

图 12　2018 年和 2019 年各月份郑州市 10 条城市河流 16 个断面总体达标率对比

表 3　2015～2018 年郑州市省考核地表水功能区水质达标状况

序号	一级水功能区名称	二级水功能区名称	监测断面	水功能区目标	2018 年		2017 年		2016 年		2015 年	
					达标率	是否达标	达标率	是否达标	达标率	是否达标	水质类别	是否达标
1	贾鲁河郑州开发利用区	贾鲁河郑州饮用水水源区	尖岗水库	Ⅲ	100%	是	100%	是	100%	是	Ⅲ	是
2	贾鲁河郑州开发利用区	贾鲁河郑州中牟农业用水区	中牟水文站	Ⅳ	100%	是	75%	否	58%	是	劣Ⅴ	否
3	贾鲁河郑州开发利用区	贾鲁河中牟农业用水区	后曹闸	Ⅳ	100%	是	92%	是	50%	否	劣Ⅴ	否
4	清溵河许昌开发利用区	清溵河新郑、长葛农业用水区	增福庙乡公路桥	Ⅳ	断流	否	断流	否	断流	否	断流	是
5	颍河登封源头水保护区		大金店	Ⅲ	100%	是	92%	是	100%	是	断流	是
6	颍河许昌开发利用区	颍河登封工业用水区	告成水文站	Ⅲ	33%	否	0%	否	0%	否	劣Ⅴ	否
7	颍河许昌开发利用区	颍河登封过渡区	蒋庄	Ⅲ	50%	否	8%	否	0%	否	劣Ⅴ	否
8	颍河许昌开发利用区	颍河白沙水库景观娱乐用水区	白沙水库	Ⅱ	92%	是	92%	是	67%	是	Ⅲ	否
9	洛河卢氏巩义开发利用区	洛河偃师农业用水区	山化		100%	是						
10	洛河卢氏巩义开发利用区	洛河偃师、巩义农业用水区	黑石关		91.7%	是						
11	洛河卢氏巩义开发利用区	洛河巩义过渡区	伊洛河入黄河口		91.7%	是						

资料来源：2015～2018 年郑州市水资源公报。

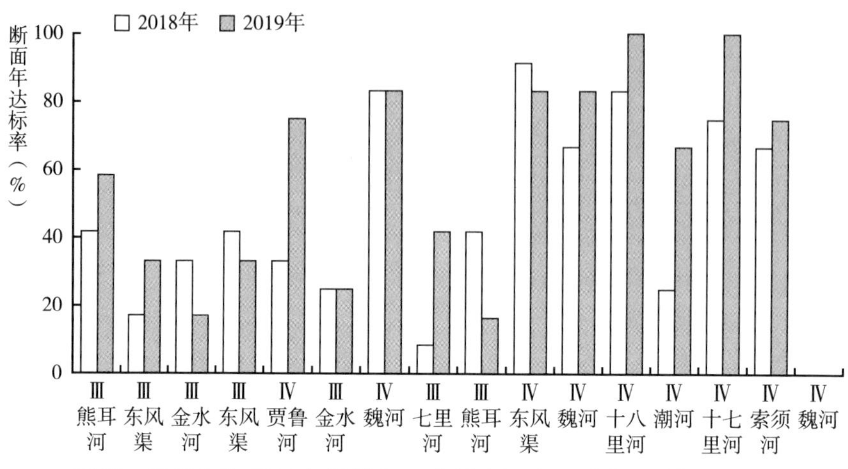

图 13　2018 年和 2019 年郑州市 10 条城市河流 16 个断面达标率对比

3. 水生态现状

（1）生态环境质量良好

2018 年，郑州市生态环境状况指数（EI）为 56.9，生态环境质量为"良"；郑州黄河湿地自然保护区生态保护状况指数（NEI）为 76.2，生态保护状况为"优"。郑州市 4 个生态保护红线中，3 个生态保护红线水源涵养生态功能状况为"优"，分别为：南水北调中线水源涵养生态保护红线、嵩山水源涵养生态保护红线、黄淮平原水源涵养生态保护红线；1 个生态保护红线生物多样性维护功能状况和水源涵养生态功能状况均为"良"：黄河生物多样性、水源涵养生态保护红线。

（2）生态水系初步形成

实施贾鲁河综合治理工程，完成郑东新区生态河流与龙湖、龙子湖、如意湖的联通，启动牛口峪引黄、石佛沉沙池蓄水、中水利用三环中水管网建设等工程，生态调水达到约 100 万立方米/日。

（三）固体废弃物管理现状

近年随着工业化高度发展，自然环境的微妙物质循环利用平衡被人们新的物质生产和消费循环打破，并且产生大量的废弃物。近年来随着中国的经济高度发展，废弃物的品种和发生量都出现迅速增长的趋势，呈现出废弃物处理及再生利用等各种各样的问题。废弃物的处理已经和我国的经济高度发展不相匹配。为推动循环型社会的发展，有关部门就废弃物的再生利用出台了各种方案和对策。2018 年 12 月 29 日，国务院办公厅印发《“无废城市”建设试点工作方案》，方案提出，持续推进固体废弃物源头减量和资源化利用，最大限度减少填埋量，将固体废弃物环境影响降至最低的城市发展模式。

郑州市市区日生活垃圾发生量 7000 余吨，有机性生活垃圾所占比率为 35% ~40%。郑州市生活垃圾收集后主要是作焚烧和卫生填埋处理，近年来随着郑州市人口的不断增长和垃圾发生量的不断增加，郑州市现有的垃圾焚烧设施和卫生填埋用地也逐渐呈现不足状态。因此，对郑州市的城市生活垃圾进行彻底分类及进一步合理进行再生资源化利用等方法进行探究已迫不及待。

2019 年 9 月 30 日，郑州市人民政府发布第 236 号令，《郑州市城市生活垃圾分类管理办法》自 2019 年 12 月 1 日起实施。也就是说，从 2019 年 12 月 1 日起，郑州市开始生活垃圾强制分类。生活垃圾分类为郑州市生活垃圾的再生资源化带来了新契机。废弃物的分类收集不仅有利于废弃物的焚烧处理和卫生填埋，更重要的是有利于废弃物再生资源化利用。

二　郑州生态环境治理中存在的问题分析

我国生态环境污染治理中存在着一些共性问题，如底数不清、污染源不明确、机理不明以及污染物的二次转化等。除此之外，郑州市的生态环境污染治理还存在以下问题。

（一）大气污染防控问题

（1）地区污染不平衡

从郑州市各县区 PM2.5、PM10、主要污染物类型（SO_2、NO_2、CO、VOC、NH_3、TSP）的具体指标来看，各县区存在着严重不平衡的现象，有些地区的某些指标明显高于其他地区。如中原区、经开区、巩义市可吸入颗粒物污染程度明显高于全市平均水平；NO_2 污染物浓度表现出中心城区高于周边县区的趋势；巩义市和登封市、荥阳市的 SO_2 污染物浓度相对较高，明显高于全市平均值。

（2）污染源不明晰或被忽略

对郑州市空气污染影响最大的是扬尘源，然后是工艺过程源、移动源、餐饮源和化石燃料固定燃烧源，影响较小的是生物质燃烧源，但是对于扬尘源，实际上农业生产的扬尘也是很严重的，这一点估计郑州市给予了充分的重视；在雾霾的主成分中，空气中的微生物含量是直接威胁人民健康的重要因素，而微生物的主要来源是城市垃圾、粪便中的一些微生物随着扬尘飘到空气中的，也就是说在寻找污染源时，垃圾也是一个重要的污染源。

（3）污染源与治理方案不匹配

从郑州市 PM10 和 PM2.5 连续三年治理的效果来看，这两个指标都在下降，但是 PM2.5 的下降幅度明显小于 PM10，而对人民身心健康影响最大的是 PM2.5，也就是说在治理方案上，还需要针对 PM2.5 的成因制定有针对性的工作方案；从郑州市域内可吸入颗粒物污染的来源可知道，PM2.5 可吸入颗粒物中约 35% 来源于相关工业工艺过程、52% 来源于扬尘，但是治理扬尘的方案还有很大的缺陷，而目前的治理很多是在调整能源结构上；水泥企业造成的 PM2.5 的影响很大，这一点可以从水泥企业在各县区的分布及各县区 PM2.5 的数据上对应看出，但郑州市在治理过程中给予水泥企业的关注度还是不够高，治理力度也不够大；机动车保有量在不断攀升，郑州市大气污染治理的情况也在逐渐好转，这就表明机动车对大气污染没有太大关系等等。

（二）水生态环境治理问题

（1）水生态环境治理监管体系不够完善

根据水环境质量现状分析发现，郑州市河流水质虽然逐步好转，但部分河流的水质月际变化特别大，甚至出现跳崖式涨落，以东风渠入七里河处断面为例，2019 年 1 ~4 月其水质为Ⅲ类，达到水质目标，而之后再也没有达标，其中 5 ~6 月下降到Ⅳ类，7 月为Ⅴ类，8 月甚至到了劣Ⅴ类；魏河中州大道处断面，水质目标为Ⅳ类，2019 年 1 ~7 月均达到水质目标，8 ~9 月水质却降为劣Ⅴ类，10 ~12 月又好转为Ⅲ类。这充分说明监管体系不够完善，造成水环境质量不够稳定。

（2）水生态环境治理的科技支撑不足

郑州市域内水生态环境治理中，与国际有关组织和机构、省内外科研院所交流合作还相对缺乏，关于水污染防治、水资源保护以及生态环境监测监管等领域前瞻性、基础性和对策性研究还比较少，不利于郑州市生态环境保护水平的提升。

（3）流域水环境管理政策法制体系尚待完善

水环境管理涉及水利、环保、住建、城市管理、农业等多部门，各部门之间缺乏信息共享、协作的机制，管理职责相互割裂，造成水质目标管理时效性和针对性差。同时以流域水质目标管理为核心的水环境管理缺乏统筹设计和信息化决策技术支撑，协同管理机制缺失，技术支撑不足，难以实现科学决策。

（三）固体废弃物管理问题

目前郑州市部分试点区域所开展的生活垃圾分类及分类收集处理，提高了各种资源性垃圾的回收效率，并且减少了个体垃圾回收人员上门收集现象。一定程度上缓解了上门收集垃圾所带来的治安、环境及交通问题。但是郑州市生活垃圾中厨余垃圾（主要包括肉类食品的骨骼内脏、蔬菜叶、果皮、过期食品、剩菜剩饭及茶叶渣等，以下称“有机性生活垃圾”）占有较高的比率，城市垃圾中发生量最大的厨余垃圾仍然处于分类不彻底、收集混乱及垃圾场卫生环境较差的局面。

目前郑州市设置有两个大型生活垃圾焚烧设施，焚烧灰和部分生活垃圾主要进行卫生填埋处理。垃圾焚烧产生一定的污染物质，卫生填埋处理同样出现一定的漏液漏气等诸多环境问题。

三　完善郑州生态环境保护治理体系的对策建议

（一）进一步完善生态环境监管体系

要进一步完善郑州市生态环境监控技术体系。一是加快推进监控网络的完善与升级。在现有监控点和监控装备基础上，增加监控点和监控高度，实现监控的全覆盖、无死角，提高监测数据与空气实际质量的一致性；如大气污染控制中加大对农业生产区域的监控力度，尤其是农业种植季节和收获季节的土壤扬尘、农产品收获扬尘的监控，增加农药喷施环节的空气质量检测；改进现有监控装备，提高监控装备的敏感性和数据共享性。二是加快推进监控参数的完善。在现有监控参数的基础上，增加环境中微生物数量，特别是有害微生物数量的监控。同时，还要进一步完善生态环境保护综合行政执法体系。在理清生态监管职能边界的基础上，按照系统监管理念，构建“源头严防、过程严管、后果严惩”的全过程监管制度体系，强化对突出生态问题的监督检查，对非法开矿、修路、筑坝、建设等重大生态破坏事件进行执法检查。对生态环境造成损害的有关责任人员，必须严格依照有关法律法规严肃追究责任，加大生态环境违法犯罪行为的制裁和惩处力度。

（二）进一步强化生态环境保护治理科技支撑体系

加快构建市场导向的绿色技术创新体系，营造绿色技术创新体系发育成长的环境，释放企业绿色技术创新活力，探索符合生态文明建设领域科研活动特点的科研项目立项和组织实施机制。有效整合驻郑高校和科研院所相关专家、平台和人才为支撑，以实施重大生态环境保护科技专项为载体，开展事关生态环境保护的战略性、前瞻性、基础性、系统性、集成性的科技创新研究；以解决影响郑州市大气污染防控的重大技术、工程、装备创新为突破口，加强生态环境保护技术科技攻关，建立强大的科技支撑体系。加强与科研院校的合作，积极研究和推广生态治理技术，开展自然修复相关技术研究，开展提高水体水环境容量、提升水体自净能力的科技攻关；进一步加强生态环境领域科技人才队伍建设，从郑州实际出发，统筹国内、国际人才资源，培养造就结构合理、素质优良的生态环境保护与修复科技人才队伍；加强高水平人才和创新团队的培养和引进，鼓励科技人员深入环境污染防治攻坚战一线开展研究和服务。积极参与国际环境治理，加强与相关国家在生态环境创新领域的对话交流和务实合作，鼓励科研机构、高等院校、企业等在生态环境技术研发、人才培养等领域开展对外合作；鼓励优势生态环保产业“走出去”，发挥政府间科技创新合作专项的引领作用。

（三）进一步完善生态环境治理资金保障体系

生态环境保护治理，需要强有力的资金保障。建议郑州市政府从战略高度更加重视生态环境治理，将生态环境建设作为财政资金优先重点保障领域之一，给予更有力的财政资金支持。要统筹优化本级预算、积极争取中央支持等途径，逐年加大对水、土壤、大气等突出环境问题整治的资金投入力度。应合理划分生态环境保护领域市与区县财政事权和支出责任，构建并不断完善权责匹配、界限清晰、保障有力的财政生态环保资金投入机制。按照“财政 + 自筹 + 罚没收入 + 风投”的原则，多渠道筹集充足的生态环境治理资金。深入推进生态损害赔偿制度改革，按照“环境有价、损害担责”的原则，落实企业对生态损害、环境污染的修复治理出资责任。各级政府要加大对生态环境污染监控、政策指导以及公用工程的财政经费的支持，强化对污染型企业、行业的环境补偿金或罚金进行收缴，要求企业对生态环境保护治理给予充分的经费保障，政府还需争取风投公司积极设立风投基金用于生态环境保护治理公共建设、技术革新。

（四）进一步完善生态环境治理政策法规体系

目前，我国制定了《环境保护法》《清洁生产促进法》《循环经济促进法》等主体法律，还制定了一系列推进绿色生产和消费的“子法”、细则或行政规章，构成了推进绿色生产和消费法律法规的宏观框架。要保证这些法规规章制度的贯彻实施，还应根据郑州的具体市情，加强地方性立法，构建针对性强、可操作、能见效的地方生态环境法规体系，为生态环境保护提供有力的法规支持。进一步厘清产业边界，大力发展绿色金融，把政策和资金聚焦到对推动绿色发展最重要、最关键、最紧迫的产业上，加大对环境污染第三方治理、节能环保企业的信贷支持，按照国家有关部署试行环境污染强制责任险。《郑州市大气污染防治条例》已在 2020 年 6 月修订、完善，但 PM2.5 控制的法规体系、机动车尾气排放标准等法律法规体系有待进一步完善。

（五）进一步深化生态环境监管体制改革

按照传统的生态环境监管体制，环境保护的职能分散于水利、农林、渔业、城乡建设、发展改革等众多职能部门。这些行政部门依照资源种类的不同分别行使管理权，各部门在事权划分、职能配置和机构设置等方面的分散交叉问题严重，增加了许多不必要的行政成本。尽管经过多次改革，已经形成了环境保护行政部门统管与其他部门分管相结合的管理体制，但一些职责交叉的突出问题仍没有解决。有人举例说："企业排的污水，在岸上环保部门管，到了河里归水利部门管；可能在岸上时，水质还是达标的，但流到河里就不达标了，而各部门自说自话，不能真实反映污染状况。"① 加强生态环境保护，必须基于生态环境保护监管的系统性和综合性，继续深化生态环境监管体制改革，坚决克服以往存在的"九龙治水"、多头监管问题，彻底终结"过去谁都在管，谁也管不全，谁也管不到底"的尴尬局面。要整合分散的生态环境保护职责，强化生态保护修复和污染防治统一监管，建立健全生态环境保护领导和管理体制、激励约束并举的制度体系、政府企业公众共治体系。建立独立权威高效的生态环境监测体系，构建天地一体化的生态环境监测网络。坚决打破区域行政界限，建立跨区域、跨流域的环境联合执法工作制度，创新跨区域生态环境监管体制机制。根据中央要求和郑州实际，加快确定生态保护红线、环境质量底线、资源利用上线，制定生态环境准入清单，严禁在地方立法、政策制定、规划编制、执法监管中变通突破、降低标准。

参考文献

吴舜泽：《规划视角下的生态环境治理体系和治理能力提升》，《环境保护》2016 年第 1 期。

王洛忠、张艺君：《"一带一路"视域下环境保护问题的战略定位与治理体系》，《中国环境管理》2016 年第 4 期。

周庆生：《农业有机废弃物堆肥需求与供给》，科学出版社，2018。

张占仓：《"无废城市"建设的科学内涵与探索方向》，《区域经济评论》2019 年第 3 期。

左其亭：《基于人水和谐调控的水环境综合治理体系研究》，《人民珠江》2015 年第 3 期。

吴舜泽、秦昌波：《构建多元生态环境治理体系》，《社会治理》2017 年第 1 期。

① 王姝：《机构改革：一场国家治理的深刻变革》，《新京报》2018 年 3 月 18 日。

B.27

筑牢特大型城市疫情防控的社区防线

——以郑州市新冠肺炎疫情防控为例

闫德民*

摘　要： 特大型城市由其人口规模大、密集度高、流动性强的特点所决定，发生重大传染病疫情的风险和防控疫情的压力与难度相对比较大。在特大型城市疫情防控全局中，社区疫情防控具有不可替代的基础地位。作为新兴的特大型城市，郑州市在加强社区疫情防控方面进行了有益探索。筑牢社区疫情防线，夯实特大型城市疫情防控基层基础，必须坚持规划引领，推进韧性社区建设；坚持服务导向，积极培育各类社区社会组织；坚持问题导向，强化社区党组织领导核心作用；坚持法治思维，提升社区治理法治化水平。

关键词： 特大型城市　疫情防控　社区防线　韧性社区

特大型城市具有人口规模大、密集度高、流动性强的特点，因而在面对重大公共卫生安全事件特别是重大传染病疫情时，防控的压力、难度和成本也相对比较大。社区是城市的基本单元和城市疫情联防联控的第一线。筑牢了社区疫情防线，就夯实了特大型城市疫情防控的基础。新冠肺炎疫情是对特大型城市疫情防控能力的一次大考。郑州市社区疫情防控体系经受住了这次大考，同时也暴露出一些短板和弱项。要悉心总结经验、汲取

* 闫德民，河南省社会科学院党建与政治研究所原所长，二级研究员，郑州师范学院国家中心城市研究院特聘研究员，主要研究方向为党的建设、社会治理。

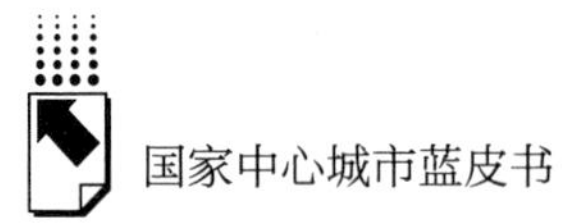

教训，深刻把握特大型城市疫情防控的特点和规律，着力健全和完善社区疫情防控体系，推动城市疫情防控重心下移，构筑起特大型城市疫情防控的坚强社区防线。

一 社区防控在特大型城市联防联控中的基础性地位

特大型城市人口规模大，人口密度高，流动性也比较强，这一方面有利于提升城市的能级和竞争力，增强城市经济发展的活力，但也会给城市公共卫生安全带来一定风险隐患。一旦发生重大传染病疫情一类的公共卫生安全事件，其传播速度之快、辐射面之广、防控难度之大，是一些中小城市无法比拟的。新冠肺炎疫情在武汉暴发的情形，就是有力佐证。“基础不牢，地动山摇。”在特大型城市疫情防控全局中，社区疫情防控具有不可替代的基础地位。特大型城市有效防控重大疫情，关键是要筑牢社区防线。

（一）社区治理在特大型城市治理中居于基础性地位

城市是一个复杂的巨系统，它由若干居民社区构成。社区是指城市一定生活空间的居民所形成的以区域为纽带的社会共同体①。作为城市居民日常的生活场域，社区是城市的基本单元，也是城市治理的主要载体。随着经济转轨和社会转型，大量的“单位人”变成了“社会人”，居民们与社区的关系越来越密切，城市社区日益成为人们居住生活的主要场所。社区具有整合功能、服务功能、教育功能、凝聚功能、稳定功能，这些功能使其在城市治理中发挥着愈益重要的作用，在城市治理中的基础性地位日益凸显。

社区治理是国家治理在城市基层的具体表现形式。党和国家从推进城市治理体系和治理现代化的战略高度，十分重视社区治理在城市治理中的基础性地位。习近平总书记指出：“社区虽小，但连着千家万户，做好社区工作十分重

① 陈柳钦：《论现代城市社区的内涵、特性与功能》，《武汉科技大学学报》（社会科学版）2009 年第 2 期。

要。"[①] "社区是基层基础，只有基础坚固，国家大厦才能稳固"[②]，"社区是党和政府联系、服务居民群众的'最后一公里'"[③]，"社区服务和管理能力强了，社会治理的基础就实了。"[④] 2017 年党中央、国务院发布的《关于加强和完善城乡社区治理的意见》，对新时代加强和完善城乡社区治理提出了目标要求。加强城市治理需要重视社区治理，强化特大型城市治理，同样也必须夯实社区治理基础。

（二）中国特大型城市治理和疫情防控的性质宗旨决定了必须重视社区治理与社区防控

以人民为中心是中国城市治理的核心价值取向。人民是城市的建设者，也是城市发展成果的享有者。人民对美好生活的向往，就是城市建设与治理的发展方向。建设和治理城市，必须始终坚持一切为了人民、一切依靠人民。习近平总书记强调："做好城市工作，要顺应城市工作新形势、改革发展新要求、人民群众新期待，坚持以人民为中心的发展思想，坚持人民城市为人民。"[⑤]

重大疫情防控是城市治理的重要内容。强化城市疫情防控，必须坚持人民至上、生命至上，把人民生命安全和身体健康放在第一位。城市社区是阻击疫病、护佑人民生命安全和身体健康的第一线。筑牢守严社区这道防线，就能有效阻断传播渠道，遏制疫情扩散蔓延，确保人民生命安全和身体健康。城市社区作为城市居民聚居地，做好疫情防控、构筑坚强防线，确保居民生命安全和身体健康，必须依靠社区居民的共同努力。正是在这个意义上，习近平总书记将 2020 年暴发的新冠肺炎疫情防控定性为"人民战争"。既然是人民战争，

---

① 《习近平在福建调研时强调：全面深化改革全面推进依法治国　为全面建成小康社会提供动力和保障》，《人民日报》2014 年 11 月 3 日。

② 习近平：《坚持新发展理念　打好"三大攻坚战"　奋力谱写新时代湖北发展新篇章》，《人民日报》2018 年 4 月 29 日。

③ 《习近平在上海考察时强调：坚定改革开放再出发信心和决心　加快提升城市能级和核心竞争力》，《人民日报》2018 年 11 月 8 日。

④ 《习近平在参加上海代表团审议时强调：推进中国上海自由贸易试验区建设　加强和创新特大城市社会治理》，《人民日报》2014 年 3 月 6 日。

⑤ 中央党史和文献研究院：《十八大以来重要文献选编》（下），中央文献出版社，2018，第 78 页。

防控疫情就没有旁观者、局外人，就要全民动员、全民参与，众志成城地抗击疫情。因此，组织动员社区居民共同参与，筑牢社区疫情防线，对加强特大型城市疫情防控就显得特别重要，同时也是社区治理的内在要求。

（三）社区在特大型城市应对重大疫情防控处在一线位置

作为城市的基本单元，社区是城市居民的聚居地和生活家园。面对突发性的重大公共卫生事件，各特大城市都势必把疫情防控摆在首位。城市疫情防控的核心是人，目的是防止病毒侵袭感染更多居民。因此，在特大型城市疫情防控中，社区处在阻击和防控疫情第一线，是外防输入、内防扩散的最前沿。从城市疫情防控体系看，该体系是由一个个社区连接组合成的，每个社区都是整个体系不可或缺的关键节点。尤其是在采取居家隔离措施后，社区成为疫情防控的主战场。有效控制住疫情在社区的传播和扩散，就等于在社区筑起了有效阻击疫情侵入的坚强堡垒，为打赢全市疫情阻击战夯实了基础。如果社区疫情防线失守，整个城市疫情防控体系便会陷于全线“溃坝”。

新冠肺炎疫情暴发后，习近平总书记亲自指挥部署全国疫情防控工作。他在多地视察指导疫情防控时，都高度重视城市社区在疫情防控中的地位和作用，指出：“社区是疫情联防联控的第一线，也是外防输入、内防扩散最有效的防线。把社区这道防线守住，就能有效切断疫情扩散蔓延的渠道。全国都要充分发挥社区在疫情防控中的阻击作用，把防控力量向社区下沉，加强社区各项防控措施的落实，使所有社区成为疫情防控的坚强堡垒。”① 习近平总书记的重要论述，深刻阐明了社区在城市特别是特大型城市疫情防控中一线位置的重要价值和意义。

（四）社区是特大型城市贯彻落实疫情防控政策措施的关键

为了应对突如其来的重大疫情，从中央到地方都会做出相应的部署，出台相应的防控政策和举措，各特大城市也会把中央和上级提出的要求同本市具体

---

① 《习近平在北京市调研指导新型冠状病毒肺炎疫情防控工作时强调　以更坚定的信心更顽强的意志更果断的措施　坚决打赢疫情防控的人民战争总体战阻击战》，《人民日报》2020 年 2 月 11 日。

防控实际结合起来做出相应的安排。如果不能得到有效的贯彻落实，决策部署和政策措施再好，最后也只能是一纸空文。社区是党和国家方针政策的具体执行者。无论哪一级对城市疫情防控的决策部署和政策措施，都要靠作为城市治理“神经末梢”的基层社区来贯彻落实。

新冠肺炎疫情暴发后，为有效切断传染源、控制疫情波及范围，党中央提出了“内防扩散、外防输出”的防控策略。城市社区无疑是外防输入、内防扩散的重点区域和重要防线。对居民小区实施封闭式管理和全面消杀，对来自重点疫区人员进行排查和管控，对密切接触人员采取居家隔离、医学观察，引导居民群众做好个人防护，做好居民生活物资集中采购和供应等各项防控举措，都要靠城市社区来落实。离开社区的努力，要做好整个城市的疫情防控工作，有效遏制疫情扩散蔓延，是根本无法想象的。

二　新冠肺炎疫情社区防控的郑州实践

郑州是河南省省会，而该省南部与湖北山水相连、毗邻而居，郑州与武汉的直线距离仅为500多公里。郑州又是一个人口流入型特大城市，市区常住人口达1000万以上；郑州地理位置特殊，是国家重要的综合交通枢纽；新冠肺炎疫情暴发正值春节人员大范围密集流动之时，疫情扩散的潜在风险非常高，疫情防控的难度和压力非常大。然而，面对巨大困难和压力，郑州市在以习近平同志为核心的党中央坚强领导下，扛起内防扩散、外防输出的重大责任，在牢牢把握疫情防控战略全局的同时，紧紧扭住社区防控这个关键，坚决落实社区防控措施，强化网格化、地毯式管理，在全市范围内筑起了一个个阻击疫情的坚强堡垒和铜墙铁壁，有效阻断了疫情的跨区域传播，大大减少了感染和死亡病例，并在较短时间内实现了确诊病例、疑似病例、住院病人、无症状感染者全部清零，使全市人民走出至暗时刻。郑州市疫情防控取得如此重大战略成果，广大社区功不可没。郑州市的做法主要是以下几方面。

（一）切实加强对社区疫情防控的组织领导和工作指导

郑州市委、市政府坚决贯彻习近平总书记关于“守住社区这道防线”的重要指示，把社区疫情防控作为全市疫情防控的基础和关键环节来抓，明确提出在农村实现“以村保乡、以乡保县”，在城市“以小区保社区、以社区保城市”的总体防控思路，强调要坚持底线思维，以最严格的管控措施盯紧看牢，突出抓好居民小区、交通卡口等重点地区，坚决打赢这场疫情防控阻击战。各区和街道办事处主要负责人要深入一线靠前指挥，带队值守重要卡点重点部位、24 小时领导带班制度，及时发声指导、及时掌握疫情、及时采取行动，帮助社区解决疫情防控工作中遇到的困难和问题，组织协调社区干部、社区工作者、物业、志愿者等多方力量，紧盯返郑人员和居家隔离人员两大重点群体，加强对城市无主管楼院的管理，为做好社区疫情防控奠定基础。

为充实和加强社区一线疫情防控力量，市委抽调市直机关干部下沉到社区，与社区党组织一道团结带领居民群众群防群控。全市 79 个市直单位共下沉党员干部 15700 多人，其中县处级干部 1258 人，平均每天有 4500 多人下沉到市内 6 区、70 个街道、518 个社区、1211 座楼院卡口参与 24 小时值班执勤，充当居民楼院的“守夜人”①。这些下沉党员干部每天坚持到岗到位、履职尽责，指导一线开展工作，充分发挥表率和引领作用，配合协助街道社区、物业等单位开展入户排查、重要卡点值守、重点部位消杀等工作②。

（二）建立健全多元主体的疫情防控组织体系

为构建坚固的阻击疫情防线，全市各社区整合物业、楼栋、志愿者等力量和资源，以社区干部、社区民警为骨干，以社区卫生服务中心和医务人员为支撑，以网格为疫情防控单元，组建由物业、居民和志愿者等参与的专兼职结合的疫情防控工作专班，合理排班，24 小时轮岗值守，突出管好外来入住人员的居家隔离。建立社区居委会、业委会、物业公司协同联动机制，三方既分工明确、各司其职，又彼此协同、相互配合，形成了联防联控、群防群治的强大合力。

为把各项疫情防控政策举措落实到位，郑州市要求按照“谁主管谁负责”原则，各单位对本部门疫情防控工作负主体责任，克服麻痹思想和侥幸心理，坚决贯彻落实疫情防控各项要求，与相关部门密切配合，将本单位各

---

① 《郑州万名市直机关党员干部下沉社区勇当“逆行者”》，中原新闻网，2020 年 3 月 16 日。

② 《郑州万名市直机关党员干部下沉社区勇当“逆行者”》，中原新闻网，2020 年 3 月 16 日。

项联防、联控措施落地、落细、落实，真正做到守土有责、守土负责、守土尽责。各社区建立明确的疫情防控责任制，责任落实到人、联系到户，强化疫情防控政策措施和相关知识宣传，严格执行居住小区封闭式管理，强化对密切接触者和发热者管控以及小区外来人员与车辆的管控，督促社区居民严格遵守防护规范，强化地毯式排查，把有关排查举措要求落实到网格、精准到单元，做到社区逐家逐户、卡口逐车逐人、企业建档立卡、单位一人一表，确保疫情防控全覆盖无盲区，确保一个不漏、一处不放，坚决阻断疫情在社区的蔓延传播。

（三）在党建引领下筑牢社区疫情防线

党的领导是我们制度的最大优势，充分发挥党的领导核心作用是战胜各种风险挑战的根本保证。新冠肺炎疫情发生后，习近平总书记鲜明地提出，要“让党旗在防控疫情斗争第一线高高飘扬”①。为贯彻落实习近平总书记重要指示精神，切实加强党对疫情防控工作的领导，市委及时发出通知，号召全市各级党委（党组）把党的政治优势、组织优势、密切联系群众优势转化为疫情防控的强大政治优势，坚决打好、打赢疫情防控阻击战；号召全市基层党组织要充分发挥战斗堡垒作用，构筑起群防群治的严密防线；号召全市共产党员要充分发挥先锋模范作用，坚定站在疫情防控第一线。

一个党组织就是一座堡垒，一名党员就是一面旗帜。面对疫情蔓延严峻形势，全市各社区闻令而动，广大党员干部不惧风险、冲锋在前，一个个临时党支部在疫情防控一线建立，一支支党员志愿服务队迅即组建，机关、企事业单位党组织纷纷到所在社区报到，在职党员踊跃到居住地社区报到，主动参与抗疫，发挥战斗堡垒作用和先锋模范作用。许多社区还通过建立区域化党建联盟、设立党员先锋岗、开展党员志愿服务等，落实防控措施，构筑坚固的防控战斗堡垒。疫情形势最严峻时，马寨镇成立有25支党员先锋队，每天24小时工作值班，坚决把牢各社区、楼院的疫情防控“大门”②。惠济区在各社区等

① 《习近平作出重要指示　要求各级党组织和广大党员干部：团结带领广大人民群众坚决贯彻落实党中央决策部署　紧紧依靠人民群众坚决打赢疫情防控阻击战》，《人民日报》2020年1月28日。

② 二七区马寨镇：《彰显文明力量把牢疫情防控基层关》，郑州文明网，2020年2月21日。

疫情防控卡口一线，共成立临时党支部56个、295个临时党小组，覆盖到376个疫情防控卡口①。

（四）依靠创新打赢疫情防控阻击战

创新是引领发展的第一动力，也是打赢疫情防控阻击战的重要支撑。为有力抗击新冠肺炎疫情，郑州市积极鼓励各社区加强和创新疫情防控举措。一是着力推动疫情防控重心向基层下移。牢固树立大抓基层的鲜明导向，将大批机关干部、防控资源和各种服务下沉到各社区，为强化社区疫情防控提供有力保障。二是依托区域化党建筑牢社区防线。发挥社区党组织轴心作用，统筹辖区内机关事业单位、非公企业、社会组织等驻区单位资源和力量，落实联防、联控措施，合力构筑严密的社区防线。三是大胆创新社区疫情防控模式。如金水区探索形成“四级五色”社区防控模式：以社区为重点的五色标记，对社区住户细分出“重点关注户、居家隔离户、非疫区返郑无症状户、未离郑无症状户、空户”五户，分别以红橙黄绿白“五色”区分标记，并以党旗、星星对党员、楼栋长等志愿者进行标注，构建以“楼组保楼院、楼院保社区、社区保街道、街道保城区”的四级防控管理体系，收到良好效果。

科学技术是人类战胜重大疫情的有力武器。依靠科技创新阻击新冠肺炎疫情，是郑州市防控实践的鲜明特点。疫情防控阻击战打响后，郑州市充分利用大数据、人工智能、人脸识别等现代科技手段，构建一体化疫情防控数据平台，并针对防控关键环节开发了钉钉疫情摸排系统、发热门诊登记系统和疫情态势分析系统，既实现了社区疫情防控智能化，为群防群治、联防联治提供了有力科技支撑，又有效降低了社区防疫一线工作人员的感染风险。

三　加强特大型城市社区疫情防控的对策建议

这次新冠肺炎疫情，是对我国特大型城市治理体系和治理能力的一次大考。这次大考既有力彰显了我国特大型城市疫情防控的特点和优势，积累了宝

---

① 郑州市惠济区：《突出党建引领　织密筑牢“疫情防控网”》，人民网－中国共产党新闻网，2020年2月10日。

贵经验，也暴露了存在的短板和弱项，有些深刻教训值得认真总结。加强城市社区重大疫情防控体系建设，对于夯实特大型城市疫情防控基层基础，提高城市应对重大公共卫生事件的能力，增强城市韧性，都具有十分重要的意义。基于郑州及其他特大型城市的经验，应从以下几个方面加强社区疫情防控。

（一）坚持规划引领，加快推进韧性社区建设

社区是应对城市危机的基本单元，也是韧性城市网络的联结纽带。构筑韧性城市，增强特大型城市韧性，需要着力加强韧性社区建设，夯实增强特大型城市韧性的基层基础。新冠肺炎疫情防控实践表明，社区是疫情联防联控、群防群控的关键防线，也是特大型城市疫情防控的薄弱环节和影响城市韧性的主要短板。面对突如其来的疫情，许多城市社区都出现了基础设施、人员配置与管理能力不足等难题。尤其值得注意的是，许多特大型城市这些年都建设了一批高密度、超高层住宅区，人居环境品质欠佳。老旧小区现存规模大，涉及人口多、任务重[①]。有专家指出，城市中有两类地带防控难度之大尤为明显：一是“三高”地带，即建筑物密度高、居民小区楼层高、各类人员聚集度高的地带；二是“三差”地带，即社区老、道路窄、环境乱的地带[②]。这些短板和弱项严重制约了城市社区的韧性建设，给社区乃至整个城市疫情防控造成严重影响。

推进韧性社区建设，应坚持规划引领。目前，一些城市社区韧性不足，抵御重大公共卫生事件冲击的能力不强，从根本上说，是源于城市规划不尽科学，“城市规划在城市发展中起着重要引领作用。”[③] 推进韧性社区建设，增强城市社区韧性，首先就要搞好规划，提高规划的前瞻性、科学性。要坚定贯彻以人民为中心的发展思想，遵循“人民城市为人民”的核心理念，按照“把握好战略定位、空间格局、要素配置”的要求，着力完善城市社区人居功能，

① 熊丽：《增强城市发展韧性：提高城市应对重大公共卫生事件能力》，《经济日报》2020 年 6 月 26 日。

② 范恒山：《疫情冲击视角下的新型城镇化的推进方向与特大城市建设格局》，中国网/中国发展门户网，2020 年 7 月 10 日。

③ 习近平：《立足提高治理能力抓好城市规划建设　着眼精彩非凡卓越筹办好北京冬奥会》，《人民日报》2017 年 2 月 25 日。

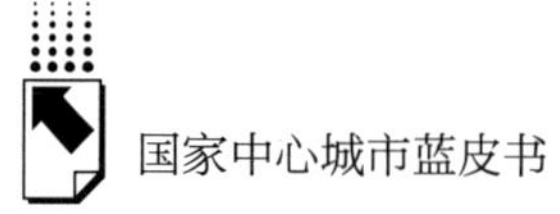

改善社区人居空间环境，优化社区要素配置，使社区人居环境质量和居民满意度有一个大的提升。应高度重视社区公共空间在重大疫情防控中的重要作用，牢固树立“全周期管理”意识，着力提升社区的应急管理能力。功能过于单一的社区系统，其抗风险能力往往比较脆弱。应加快推进复合社区建设，致力于实现社区功能的多样性。冗余度与模块化能够在多样的要素和部件提供相同、相似或者备份功能时得以实现，通过跨越时间、地理位置和多样的系统来分散风险①。因此，推进韧性社区建设，必须着力增强城市社区基础设施建设的冗余度与模块化特征。

（二）坚持服务导向，积极培育各类社区社会组织

社区社会组织是我国城市基层治理中不可或缺的重要力量。它们平时为社区居民提供志愿服务，而在重大公共卫生事件发生时，则成为社区疫情联防、联控体系中的一支重要力量。新冠肺炎疫情发生后，国内各特大型城市社区的社会组织闻令而动，积极投入到对防疫宣传、排查、盯防、卡点执勤、资源链接等项工作中去，在社区疫情联防、联控中发挥了不可替代的独特作用。但由于社区社会组织在我国发展起步较晚、培育扶持政策不够健全等原因，这些社会组织还存在着发育不良、居民参与度不高、服务能力不强等问题，一定程度上影响和制约了其在社区疫情防控中的作用发挥。习近平总书记高度重视社区社会组织建设，强调：“加强社区治理体系建设，推动社会治理重心向基层下移，发挥社会组织作用，实现政府治理和社会调节、居民自治良性互动。”②

加强社区社会组织建设，首先要着力改变一些基层干部对社区社会组织政治上缺乏信任、工作上支持不够的现状。应通过教育引导使这些同志认识到，社区社会组织作为与社区居民联系最为紧密的组织形式，在城市治理中不仅可以弥补政府与市场的不足，而且还具有连接社区居民与基层政府的桥梁纽带职能，在引导社区居民参与社区治理中发挥重要作用，从而增强培育和发展社区社会组织的自觉性和主动性。政府有关部门要积极作为，有效降低社区社会组

① 杰克·埃亨、秦越、刘海龙：《从安全防御到安全无忧：新城市世界的可持续性和韧性》，《国际城市规划》2015 年第 2 期。

② 中央党史和文献研究院：《十九大以来重要文献选编》，中央文献出版社，2019，第 35 页。

织准入门槛，支持、鼓励其发展。将社区社会组织纳入城市社会治理发展规划，纳入社区重大公共卫生事件治理体系。依托街道综合服务中心和社区服务站等设施，建立社区社会组织综合服务平台，为社区社会组织提供组织运作、活动场地、活动经费、人才队伍等方面支持。注重发挥社区、社会组织、社会工作者、社区志愿者联动机制协同作用，进一步强化社区网格化防控体系。切实加强党对社区社会组织的领导，强化政府对社区社会组织的管理和监督，确保社区社会组织有序健康发展。

（三）坚持问题导向，进一步强化社区党组织领导核心作用

有效应对重大疫情，关键在党。作为社区联防、联控体系的领导核心，社区党组织发挥战斗堡垒作用，直接决定着社区疫情防控的成效。新冠肺炎疫情发生后，许多特大型城市的社区党组织冲锋在前，组织和带领社区党员干部战斗在疫情防控第一线，在打赢疫情防控阻击战中发挥了“定海神针”和战斗堡垒作用。同时也要看到，也有个别社区党组织贯彻执行党中央疫情防控部署消极应付、推诿扯皮，少数党员干部表现不尽如人意：“有的不敢担当、不愿负责，畏首畏尾，什么都等上面部署，不推就不动；有的疲疲沓沓、拖拖拉拉，情况弄不清、工作没思路；有的敷衍应付、作风漂浮，工作抓而不细、抓而不实，仍然在搞形式主义、官僚主义；有的百般推脱、左躲右闪，甚至临阵脱逃。”① 这些情况表明，个别社区党组织和少数党员干部在思想作风、领导作风、工作作风上还存在突出问题，社区党组织建设亟待进一步加强。

要坚决贯彻落实新时代党的建设总要求和新时代党的组织路线，坚持问题导向，以提升组织力为重点，突出政治功能，着力解决社区党组织弱化、虚化、边缘化等突出问题，尽快补齐党组织领导社区治理的各种短板。要加强对城市基层党建工作的组织领导，把城市社区党建纳入整体工作部署和党建总体规划，压实领导责任。要教育引导社区党员干部旗帜鲜明讲政治，增强“四个意识”，坚定“四个自信”，做到“两个维护”。要选优配强社区党组织领导班子，整体优化提升社区党组织带头人队伍。要着力强化市、区、街道、社区

---

① 习近平：《在统筹推进新冠肺炎疫情防控和经济社会发展工作部署会议上的讲话》，《人民日报》2020 年 2 月 24 日。

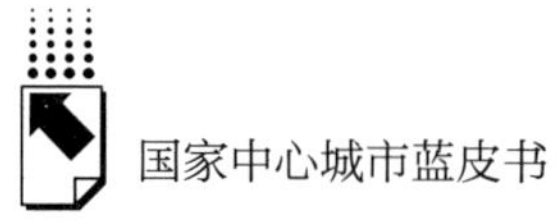

党组织四级联动，推进街道社区党建、单位党建、行业党建互联互动，扩大新兴领域党建有效覆盖，增强社区党建整体效应。要坚决反对形式主义和官僚主义，改进社区干部作风，进一步密切社区党组织同居民群众的血肉联系。

（四）坚持法治思维，着力提升社区治理法治化水平

法律是治国之重器，法治是国家和社会治理的重要依托。推进社区治理法治化，是建设法治国家、法治政府、法治社会的基石。推进社区治理法治化，是有序应对重大公共卫生事件的重要保障，对于构筑坚固的城市社区疫情防线、确保居民生命安全和身体健康具有重要意义。新冠肺炎疫情暴发初期，个别地方在疫情防控中出现过一些违背法治精神的乱象：防控措施失当、侵犯公民合法权益者有之，拒不服从居家隔离规定、组织参与聚集性活动者有之，制假售假、哄抬物价者有之，造谣传谣、散布虚假信息者有之，拦截防疫物资、殴打伤害防控人员者有之，等等。所有这些乱象，都是有损、妨碍甚至破坏疫情防控的违法行为。疫情防控应当依靠科学，更要依靠法治。只有在法治轨道上统筹推进，才能确保疫情防控有序、有力。构牢城市社区疫情防线，推进社区治理法治化刻不容缓。

要充分认识依法防控疫情的重大意义，进一步增强运用法治思维和法治方式开展疫情防控工作的自觉性。“疫情防控越是到最吃劲的时候，越要坚持依法防控，在法治轨道上统筹推进各项防控工作，保障疫情防控工作顺利开展。”① 推进社区治理法治化，应从立法、执法、司法、守法各环节发力，全面提高依法防控、依法治理能力，为疫情防控工作提供有力法治保障。制定和实施社区疫情防控方案，必须做到于法有据。要系统总结新冠肺炎疫情社区防控基本经验，及时将其经验成果上升为法规制度，弥补疫情社区防控的法律法规漏洞。要严格执行疫情防控和应急处置法律法规，严格依法实施防控措施，严厉打击各种妨碍和破坏社区疫情防控的违法行为，进一步强化对危害疫情防控行为执法、司法力度。依法做好疫情报告和发布工作，按照法定内容、程序、方式、时限及时准确报告疫情信息。要着力加强城市社区疫情防控法治宣

① 《习近平主持召开中央全面依法治国委员会第三次会议强调：全面提高依法防控依法治理能力 为疫情防控提供有力法治保障》，《人民日报》2020 年 2 月 6 日。

传，引导广大社区居民增强法治意识，依法支持配合疫情防控工作。要依法保障社区居民的知情权、建议权、监督权，充分调动其依法参与社区疫情防控的积极性、主动性和创造性。

参考文献

《习近平关于防范风险挑战、应对突发事件论述摘编》，中央文献出版社，2020。

习近平：《在全国抗击新冠肺炎疫情表彰大会上的讲话》，《人民日报》2020 年 9 月 9 日。

附　　录

Appendixes

B.28
附录一　2019年及2020年上半年国家中心城市主要统计数据汇总

2019 年九个国家中心城市主要统计数据汇总

指标	单位	北京	天津	上海	广州	重庆	成都	武汉	郑州	西安
年末常住人口数	万人	2153.6	1561.8	2428.1	1530.6	3124.3	1658.1	1121.2	1035.2	1020.4
城镇化率	%	86.6	83.5	88.1	86.5	66.8	74.4	80.5	74.6	74.6
地区生产总值	亿元	35371	14104	38155	23629	23606	17013	16223	11590	9321
同比增长	%	6.1	4.8	6.0	6.8	6.3	7.8	7.4	6.5	7.0
人均 GDP	元	164000	90306	157300	156427	75828	103386	145545	113139	92256

续表

指标	单位	北京	天津	上海	广州	重庆	成都	武汉	郑州	西安
第二产业生产增加值	亿元	5715	4969	10299	6454	9497	5245	5989	4617	3167
第三产业生产增加值	亿元	29543	8950	27752	16923	12558	11156	9855	6832	5875
第三产业占比	%	83.5	63.5	72.7	71.6	53.2	64.4	60.8	59.0	63.0
全社会固定资产投资增长率	%	-2.4	13.9	5.1	16.5	5.7	10	9.8	2.8	1.1
社会消费品零售总额	亿元	12270	5516	13497	9978	9533	7478	7450	4672	4938
消费价格指数	%	102.3	102.7	102.5	103	102.7	102.8	103.2	103.1	102.7
地方财政一般公共预算收入	亿元	5817.1	2410.3	7165.1	1697.2	2134.9	1483.0	1564.1	1222.5	702.6
地方财政一般公共预算支出	亿元	7408.3	3508.7	8179.3	2865.1	4847.8	2006.8	2237.1	1910.6	1248.0
金融机构本外币存款余额	亿元	171062.3	31788.8	132820.3	59131.2	39483.2	39828.0	28658.9	23356.1	23340.8
金融机构本外币贷款余额	亿元	76875.6	36141.3	79843.0	56701.8	37105.0	36464.4	32114.3	25364.3	22436.7
进出口总值	亿元	28663.5	7346.0	34046.8	9995.8	5792.8	5822.7	2440.2	4129.9	3243.1
实际利用外资投资额	亿美元	142.1	47.3	190.5	71.4	103.1	79.2	123.1	44.1	70.6
入境国际旅游人次	万人次	376.9	198.3	897.2	899.4	411.3	380.2	239.2	55.4	198.3
客运总量	万人次	72149	19600	22238	49820	63558	24579	25371	14842	26300

续表

指标	单位	北京	天津	上海	广州	重庆	成都	武汉	郑州	西安
货运总量	万吨	24463	56941	109609	136165	112765	31377	67555	30426	27400
城市轨道交通运营里程	公里	699	204	705	515	329	341	389	163	161
人均公园绿地面积	平方米	16.40	12.50	8.40	17.30	17.14	15.70	10.19	13.00	9.98
卫生机构数量	个	11311	5964	5610	4162	21058	12121	6497	4999	7011
国家级高新技术产业开发区、经济技术开发区总数	个	4	7	8	4	7	2	3	2	4
重点高等院校数（“211”“985”高校）	个	26	4	10	4	2	5	7	1	6
普通高等院校数	个	93	57	64	82	65	57	83	62	63
普通高等学校在校生数	万人	95	61	53	127	91	96	116	111	87
专利授权量	万项	13.20	5.78	10.06	10.48	4.39	5.08	3.93	3.37	3.41
城乡居民人均可支配收入	元	67757	42404	69442	60153	28920	39503	46010	35942	34064
城镇居民人均可支配收入	元	73849	46119	73615	65052	37939	45878	51706	42087	41850
农村居民人均可支配收入	元	28928	24804	33195	28868	15133	24357	24776	23536	14588

注：广州市城乡居民人均可支配收入由城镇与乡村按城镇化比例推算所得；西安市入境国际旅游人次根据陕西省数据同比核算，武汉市数据为出入境总人次。

2020 年上半年九个国家中心城市主要统计数据汇总

指标	单位	北京	天津	上海	广州	重庆	成都	武汉	郑州	西安
地区生产总值	亿元	16205.6	6309	17357	10968	11210	8299	—	5460	4575
同比增长	%	-3.2	-3.9	-2.6	-2.7	0.8	0.6	-19.5	-0.2	2.8
第二产业生产增加值	亿元	2405	2027	4257	2838	4408	2565	-21.9	2099	1520
第三产业生产增加值	亿元	13760	4213	13066	8014	6192	5519	-18.2	3292	2949
第三产业占比	%	84.9	66.8	75.3	73.1	55.2	66.5	—	60.3	64.5
全社会固定资产投资增长率	%	-1.5	-4	6.7	1.5	0.2	4.1	-48.5	3.2	12.8
社会消费品零售总额	亿元	5973	—	6947	4232	5307	3692	2396	2307	2086
社会消费品零售增长率	%	-16.3	-21.7	-11.2	-10.4	-7.2	-7.7	-34.4	-11.6	-13.3
消费价格指数	%	102.8	103.2	102.7	103.5	103.7	104.3	104.4	103.6	103
进出口总值	亿元	11287.0	3456.3	15813.9	4253.6	2759.2	3230.9	1037.9	1583.5	1661.1
实际利用外资投资额	亿美元	66.0	25.3	102.8	41.5	40.1	35.4	—	15.0	34.0
城乡居民人均可支配收入	元	34573	22067	36577	—	15735	21449	—	—	—
城镇居民人均可支配收入	元	37560	24140	38459	35156	20747	24563	—	—	—
农村居民人均可支配收入	元	15536	12269	19908	16073	7989	14007	—	—	—

续表

指标	单位	北京	天津	上海	广州	重庆	成都	武汉	郑州	西安
地方财政一般公共预算收入	亿元	2823.6	960.6	3935.6	817.1	1053.5	746.5	1259.6	635.2	380.2
地方财政一般公共预算支出	亿元	3692.7	1381.2	3774.1	1344.8	2166.1	1046.5	1087.5	827.1	665.0
客运总量	万人次	14043	—	4410	-44.3	—	6214	—	—	—
货运总量	万吨	9873	—	65285	-12.5	—	12185	—	—	—

注：实际利用外资：北京、郑州、西安为1~5月的数据；成都按平均汇率换算计量单位。

B.29

附录二　中共中央国务院及地方相关政策文件汇编

一　国家层面

1.《长江三角洲区域一体化发展规划纲要》

——中共中央、国务院印发长江三角洲区域一体化发展规划纲要，2019年12月1日。

《纲要》提出，提升上海服务功能。面向全球、面向未来，提升上海城市能级和核心竞争力，引领长三角一体化发展。围绕国际经济、金融、贸易、航运和科技创新"五个中心"建设，着力提升上海大都市综合经济实力、金融资源配置功能、贸易枢纽功能、航运高端服务功能和科技创新策源能力，有序疏解一般制造等非大都市核心功能。形成有影响力的上海服务、上海制造、上海购物、上海文化"四大品牌"，推动上海品牌和管理模式全面输出，为长三角高质量发展和参与国际竞争提供服务。

《纲要》提出，推动都市圈同城化。以基础设施一体化和公共服务一卡通为着力点，加快南京、杭州、合肥、苏锡常、宁波都市圈建设，提升都市圈同城化水平。统一规划建设都市圈内路、水、电、气、邮、信息等基础设施，加强中心城市与都市圈内其他城市的市域和城际铁路、道路交通、毗邻地区公交线路对接，构建快速便捷都市通勤圈。实现都市圈内教育、医疗、文化等优质服务资源一卡通共享，扩大公共服务辐射半径，打造优质生活空间。推动中心城市非核心功能向周边城市（镇）疏解，在有条件的地方打造功能疏解承载地。推动都市圈内新型城市建设，打造功能复合、智慧互联、绿色低碳、开放包容的未来城市。

《纲要》提出，推进都市圈协调联动。加强都市圈间合作互动，高水平打造长三角世界级城市群。推动上海与近沪区域及苏锡常都市圈联动发展，构建上海大都市圈。加强南京都市圈与合肥都市圈协同发展，打造东中部区域协调发展的典范。推动杭州都市圈与宁波都市圈的紧密对接和分工合作，实现杭绍甬一体化。建设宁杭生态经济带，强化南京都市圈与杭州都市圈协调联动。加强淮河生态经济带、大运河文化带建设，发展环太湖生态文化旅游，促进都市圈联动发展。加强都市圈间重大基础设施统筹规划，加快大通道、大枢纽建设，提高城际铁路、高速公路的路网密度。加快建立都市圈间重大事项协调推进机制，探索协同治理新模式。

2. 中央经济工作会议

——2019 年 12 月 10 ~ 12 日，中央经济工作会议在北京召开。

会议指出，坚定不移贯彻新发展理念。理念是行动的先导。新时代抓发展，必须更加突出发展理念，坚定不移贯彻创新、协调、绿色、开放、共享的新发展理念，推动高质量发展。各级党委和政府必须适应我国发展进入新阶段、社会主要矛盾发生变化的必然要求，紧紧扭住新发展理念推动发展，把注意力集中到解决各种不平衡不充分的问题上。要树立全面、整体的观念，遵循经济社会发展规律，重大政策出台和调整要进行综合影响评估，切实抓好政策落实，坚决杜绝形形色色的形式主义、官僚主义。要把坚持贯彻新发展理念作为检验各级领导干部的一个重要尺度。

会议指出，着力推动高质量发展。要坚持巩固、增强、提升、畅通的方针，以创新驱动和改革开放为两个轮子，全面提高经济整体竞争力，加快现代化经济体系建设。要狠抓农业生产保障供给，加快农业供给侧结构性改革，带动农民增收和乡村振兴。要加快恢复生猪生产，做到保供稳价。要深化科技体制改革，加快科技成果转化应用，加快提升企业技术创新能力，发挥国有企业在技术创新中的积极作用，健全鼓励支持基础研究、原始创新的体制机制，完善科技人才发现、培养、激励机制。要支持战略性产业发展，支持加大设备更新和技改投入，推进传统制造业优化升级。要落实减税降费政策，降低企业用电、用气、物流等成本，有序推进“僵尸企业”处置。要健全体制机制，打造一批有国际竞争力的先进制造业集群，提升产业基础能力和产业链现代化水平。要大力发展数字经济。要更多依靠市场机制和现代科技创新推动服务业发展，推动生产性服务业向专业化和价值链高端延伸，推动生活性服务业向高品质和多样化升级。要重视解决好“一老一小”问题，加快建设养老服务体系，支持社会力量发展普惠托育服务，推动旅游业高质量发展，推进体育健身产业市场化发展。要着眼国家长远发展，加强战略性、网络型基础设施建设，推进川藏铁路等重大项目建设，稳步推进通信网络建设，加快自然灾害防治重大工程实施，加强市政管网、城市停车场、冷链物流等建设，加快农村公路、信息、水利等设施建设。要加快落实区域发展战略，完善区域政策和空间布局，发挥各地比较优势，构建全国高质量发展的新动力源，推进京津冀协同发展、长三角一体化发展、粤港澳大湾区建设，打造世界级创新平台和增长极。要扎实推进雄安新区建设，落实长江经济带共抓大保护措施，推动黄河流域生态保护和高质量发展。要提高中心城市和城市群综合承载能力。

3.《推动形成优势互补高质量发展的区域经济布局》

——2019 年 12 月 16 日第 24 期《求是》杂志。文章为 2019 年 8 月 26 日，中共中央总书记、国家主席、中央军委主席习近平在中央财经委员会第五次会议上讲话的一部分。

文章指出，总的来看，我国经济发展的空间结构正在发生深刻变化，中心城市和城市群正在成为承载发展要素的主要空间形式。我们必须适应新形势，谋划区域协调发展新思路。

文章指出，新形势下促进区域协调发展，总的思路是：按照客观经济规律调整完善区域政策体系，发挥各地区比较优势，促进各类要素合理流动和高效集聚，增强创新发展动力，加快构建高质量发展的动力系统，增强中心城市和城市群等经济发展优势区域的经济和人口承载能力，增强其他地区在保障粮食安全、生态安全、边疆安全等方面的功能，形成优势互补、高质量发展的区域经济布局。

文章指出，保障民生底线。区域协调发展的基本要求是实现基本公共服务均等化，基础设施通达程度比较均衡。要完善土地、户籍、转移支付等配套政策，提高城市群承载能力，促进迁移人口稳定落户。促进迁移人口落户要克服形式主义，真抓实干，保证迁得出、落得下。要确保承担安全、生态等战略功能的区域基本公共服务均等化。

文章指出，改革土地管理制度。要加快改革土地管理制度，建设用地资源向中心城市和重点城市群倾斜。在国土空间规划、农村土地确权颁证基本完成的前提下，城乡建设用地供应指标使用应更多由省级政府统筹负责。要使优势地区有更大发展空间。

4.《黄河流域生态保护和高质量发展规划纲要》

——2020 年 8 月 31 日，中共中央总书记习近平主持召开中共中央政治局会议审议通过。

会议指出，黄河是中华民族的母亲河，要把黄河流域生态保护和高质量发展作为事关中华民族伟大复兴的千秋大计，贯彻新发展理念，遵循自然规律和客观规律，统筹推进山水林田湖草沙综合治理、系统治理、源头治理，改善黄河流域生态环境，优化水资源配置，促进全流域高质量发展，改善人民群众生活，保护传承弘扬黄河文化，让黄河成为造福人民的幸福河。

会议强调，要因地制宜、分类施策、尊重规律，改善黄河流域生态环境。要大力推进黄河水资源集约节约利用，把水资源作为最大的刚性约束，以节约用水扩大发展空间。要着眼长远减少黄河水旱灾害，加强科学研究，完善防灾减灾体系，提高应对各类灾害能力。要采取有效举措推动黄河流域高质量发展，加快新旧动能转换，建设特色优势现代产业体系，优化城市发展格局，推进乡村振兴。要大力保护和弘扬黄河文化，延续历史文脉，挖掘时代价值，坚定文化自信。要以抓铁有痕、踏石留印的作风推动各项工作落实，加强统筹协调，落实沿黄各省区和有关部门主体责任，加快制定实施具体规划、实施方案和政策体系，努力在“十四五”期间取得明显进展。

二　地方层面

5.《关于支持郑州建设国家中心城市的若干意见》

——中共河南省委、河南省人民政府关于支持郑州建设国家中心城市的若干意见。豫发〔2019〕18 号文，2019 年 6 月 24 日。

《意见》提出，持续落实习近平总书记视察指导河南时的重要讲话精神和在参加十三届全国人大二次会议河南代表团审议时的重要讲话精神，加大政策支持力度，破除体制机制障碍，把郑州打造成为我省参与全球竞争、集聚高端资源的战略平台，形成我省的核心增长极。加快推进郑州“三中心一枢纽一门户”建设，进一步扩大对外开放，激发内生动力，建设具有创新活力、人文魅力、生态智慧、开放包容的国家中心城市，引领带动中原城市群乃至中部地区高质量发展。

《意见》提出，提升综合承载能力。支持2035年郑州新一轮国土空间规划编制报批。争取国家支持符合条件的县（市）撤县（市）设区。支持开展智慧城市、城市设计、城市地下空间综合开发利用、城市生活垃圾分类、清洁取暖、利用集体建设用地建设租赁住房等国家试点。支持郑州黄河中央湿地公园、中华生物园等建设。建设心血管、脑血管、肿瘤、儿童医疗、器官移植、中医骨伤等国家区域医疗中心。

6.《2020年山东省政府工作报告》

——2020年1月18日在山东省第十三届人民代表大会第三次会议上通过。

《报告》提出，打造具有全球影响力的山东半岛城市群。出台省会经济圈、胶东经济圈、鲁南经济圈三大经济圈一体化发展指导意见，落实主体功能区战略，实施差别化扶持政策，引导各地优势互补、错位发展。支持济南、青岛建设国家中心城市，培育发展济南都市圈、青岛都市圈，着力提升综合承载力、辐射带动力、创新引领力、人才集聚力，在服务国家区域战略中谋取主动、增强能级、赢得优势。以更大力度推进突破菏泽，加快鲁西崛起。分级分类推进新型智慧城市建设，争创国家城乡融合发展试验区。

7.《中共重庆市委关于立足“四个优势”发挥“三个作用”加快推动成渝地区双城经济圈建设的决定》

——2020年4月15日，中国共产党重庆市第五届委员会第八次全体会议审议通过。

全会指出，推动成渝地区双城经济圈建设，是以习近平同志为核心的党中央着眼全局和长远发展作出的战略部署，是形成高质量发展重要增长极、优化国家区域经济布局的战略决策，是打造内陆开放战略高地、优化国家对外开放格局的重大行动，是保护长江上游和西部地区生态环境、维护国家生态安全的必然要求。建设成渝地区双城经济圈，使成渝地区战略地位凸显、战略空间拓展、战略潜能释放，蕴含着“补齐短板、打牢基础”“优化结构、加快升级”“深化创新、增添动力”“扩大开放、拓展空间”“绿色发展、倒逼转型”的新机遇。全市各级党组织和广大党员干部要提高政治站位、战略站位，增强“四个意识”、坚定“四个自信”、做到“两个维护”，牢牢把握这一战略机遇期，努力在推动成渝地区双城经济圈建设实践中勇于担当、积极作为，唱好

“双城记”、建好经济圈，着力打造高质量发展重要增长极。

全会强调，建设成渝地区双城经济圈，最根本的是集中精力办好自己的事情，最关键的是同心合力办好合作的事情。要全面贯彻落实习近平总书记对重庆提出的重要指示要求，立足区位优势、产业优势、生态优势、体制优势，坚决打好三大攻坚战，深入实施“八项行动计划”，推动成渝地区双城经济圈建设走深走实，努力在推进新时代西部大开发中发挥支撑作用、在推进共建“一带一路”中发挥带动作用、在推进长江经济带绿色发展中发挥示范作用。要处理好服务国家战略全局与增强自身发展能力、解决当前突出问题与打牢长远发展基础、市场驱动与政府引导、突出特色与整合优势、成渝“双核”带动与区域协调联动、成渝地区双城经济圈建设与市域内“一区两群”协调发展的关系，切实把成渝地区双城经济圈建设工作要求贯彻落实到重庆发展的全过程各方面。

8.《关于建设西安国家中心城市的意见》

——陕西省委、省政府关于建设西安国家中心城市的意见。陕发〔2020〕5号文，2020年6月5日。

《意见》提出，到2025年，西安创新环境、开放环境、宜居环境、营商环境、法治环境明显提升，综合经济实力和发展活力全面提高，地区生产总值达到1.4万亿元，进出口总值达到800亿美元，研发经费投入支出占GDP比重保持在5%以上。到2030年，西安“三中心两高地一枢纽”建设取得实质性进展，基本实现社会主义现代化目标加快推进，参与国际竞争的核心竞争力大幅增强。

《意见》提出，多轴线、多组团、多中心推进城市建设，提高辐射带动能力。加强城市规划建设，提高城市治理现代化水平，建设宜居城市、韧性城市、智能城市。推进西咸一体化发展，支持西咸新区创新城市发展方式，加快建设西咸都市圈。

9.《中共四川省委关于深入贯彻习近平总书记重要讲话精神、加快推动成渝地区双城经济圈建设的决定》

——2020年7月10日，中国共产党四川省第十一届委员会第七次全体会议审议通过。

全会指出，推动成渝地区双城经济圈建设，是党中央着眼“两个大局”、打造带动全国高质量发展重要增长极的战略决策，有利于推动形成优势互补高质量发展的区域经济布局，助推形成陆海内外联动、东西双向互济的对外开放新格局，更好服务中华民族伟大复兴的战略全局；是深化川渝合作、促进区域优势互补协同共兴的战略举措，有利于强化重庆和成都两个中心城市的带动作用，推动空间布局整体优化、功能体系整体完善、发展能级整体提升，形成双核驱动、全域共兴的协同发展新格局；是加快建设经济强省、推动治蜀兴川再上新台阶的战略引领，必将有力推动我省完善基础设施新布局、塑造区域协同新格局、构建现代产业新体系、培育创新驱动新优势、形成全面开放新态势、迈入绿色发展新阶段，深刻改变四川区域能级和发展格局，显著提升在全国大局中的战略位势。这一战略，是四川在“两个一百年”奋斗目标历史交汇期迎来的重大机遇，其战略牵引力、政策推动力和发展支撑力前所未有。必须坚持新发展理念，坚持高质量发展，坚持以供给侧结构性改革为主线，尊重客观规律，发挥比较优势，着力推进成渝地区统筹发展，着力强化中心城市带动作用，着力深化市场化改革、高水平开放和引领性创新，促进产业、人口及各类生产要素合理流动和高效集聚，推动在西部形成高质量发展的重要增长极，建设具有全国影响力的重要经济中心、科技创新中心、改革开放新高地、高品质生活宜居地。

全会指出，推动成渝地区双城经济圈建设，必须聚焦“一极两中心两地”的目标定位。在西部形成高质量发展的重要增长极是统揽性目标，要强化承接国家重大生产力布局功能，做大经济总量、提高发展质量、提升全局分量，不断增强要素集聚力、产业支撑力、创新驱动力、开放引领力和民生保障力，在新时代推进西部大开发形成新格局中更好发挥支撑带动作用。“两中心两地”是支撑性定位，要着力建设具有全国影响力的重要经济中心，强化经济承载和辐射带动功能，突出新型工业化和新型城镇化双轮驱动，构建高端引领、优势凸显的现代产业体系和功能完备、集群发展的现代城镇体系；着力建设具有全国影响力的科技创新中心，强化创新资源集聚和转化功能，推动形成多元化创新主体、高强度研发投入、大规模知识转移、多场景创新应用，打造科技创新策源地、产业创新应用场和开放创新示范区；着力建设改革开放新高地，强化改革集成和开放门户功能，抓好市场化改革和制度型开放，打造重大改革先行地和支撑“一带一路”建设、长江经济带发展的战略性枢纽；着力建设高品质生活宜居地，强化人口吸纳和综合服务功能，促进公共服务资源合理配置和普惠共享，实现经济与社会相互协调、自然与人文相融共生、高质量发展与高品质生活相得益彰。

B.30
附录三　国家中心城市建设大事记

1. 2019 年 8 月 26 日，中共中央总书记、国家主席、中央军委主席、中央财经委员会主任习近平主持召开中央财经委员会第五次会议，研究推动形成优势互补高质量发展的区域经济布局问题、提升产业基础能力和产业链水平问题，强调要根据各地区的条件，走合理分工、优化发展的路子，落实主体功能区战略，完善空间治理，形成优势互补、高质量发展的区域经济布局。要充分发挥集中力量办大事的制度优势和超大规模的市场优势，打好产业基础高级化、产业链现代化的攻坚战。

2. 2019 年 9 月 17 ~ 18 日，中共中央总书记、国家主席、中央军委主席习近平在郑州考察，主持召开黄河流域生态保护和高质量发展座谈会并发表重要讲话，强调要坚持绿水青山就是金山银山的理念，坚持生态优先、绿色发展，以水而定、量水而行，因地制宜、分类施策，上下游、干支流、左右岸统筹谋划，共同抓好大保护，协同推进大治理，着力加强生态保护治理、保障黄河长治久安、促进全流域高质量发展、改善人民群众生活、保护传承弘扬黄河文化，让黄河成为造福人民的幸福河。

3. 2019 年 9 月 23 日，成都市人民政府印发《成都市融入“一带一路”建设三年行动计划（2019—2021 年）》，提出未来三年的目标——立体多向战略通道基本形成、开放型经济质量和水平全面提升、城市国际交往能力显著增强。

4. 2019 年 9 月 23 日，中国共产党武汉市委十三届八次全体（扩大）会议审议通过《中共武汉市委关于落实促进中部地区崛起战略　推动高质量发展的实施意见》，加快建设新一线城市和国家中心城市，努力在中部地区崛起中发挥引擎作用。

5. 2019 年 9 月 27 日，西安市人民政府印发《西安市人民政府关于深化中国（陕西）自由贸易试验区西安区域改革创新若干措施的通知》，全面建设高质量高水平自贸试验区，支持中国（陕西）自贸试验区西安区域深化改革创新。

6. 2019 年 9 月 30 日，天津市人民政府印发《关于支持中国（天津）自由贸易试验区创新发展的措施》，强化服务京津冀协同发展的联动支撑作用，依托京津冀协同发展工作机制，推动自贸试验区与京津冀优势园区的产业化合作，共同打造协同开放的载体。

7. 2019 年 10 月 16 日，北京市人民政府印发《关于新时代深化科技体制改革加快推进全国科技创新中心建设的若干政策措施》，以增强全国科技创新中心建设动力为主线，聚焦全市科技创新重点领域和关键环节，分五个部分提出 30 条改革措施。

8. 2019 年 10 月 23 日，《国家中心城市建设报告（2019）》中英文版在郑州发布，以“国家中心城市建设与区域协调发展”为主题，客观地评估了 2018 年国家中心城市的现状水平和发展态势，全面地反映了北京、上海、天津、重庆、广州、成都、武汉、郑州、西安 9 个城市在承担国家中心城市建设使命和区域协调发展方面的探索与实践。

9. 2019 年 10 月 26 日，国家发展改革委印发《长三角生态绿色一体化发展示范区总体方案》，由总体要求、定位和目标、率先探索将生态优势转化为经济社会发展优势、率先探索区域生态绿色一体化发展制度创新、加快重大改革系统集成和改革试点经验共享共用、强化实施保障等 6 个部分组成，明确了 45 条具体任务。

10. 2019 年 11 月 2～3 日，中共中央总书记、国家主席、中央军委主席习近平在上海市考察，深入上海杨浦滨江、古北社区，就贯彻落实党的十九届四中全会精神、城市公共空间规划建设、社区治理和服务等进行调研。

11. 2019 年 11 月 7 日，武汉市人民政府印发《武汉市人民政府关于推进重点产业高质量发展的意见》，加快建设一批重大科技基础设施和重大前沿技术研发平台，加快“卡脖子”核心技术攻关，提升关键领域自主创新能力，努力把武汉建设成为综合性国家产业创新中心、全国重要先进制造业中心、全国融合发展先行区和全国绿色发展示范区。

12. 2019 年 11 月 14 日，郑州市人民政府印发《郑州市老旧小区综合改造工程实施方案》，计划到 2021 年 6 月底前，全面完成市内五区老旧小区综合改造。

13. 2019 年 11 月 14 日，郑州市人民政府印发《郑州市关于进一步改进城

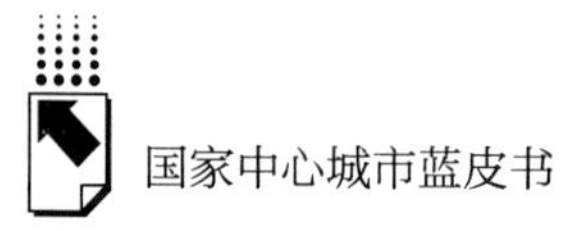

市精细化管理实施方案》，提出用两到三年时间，实现城市建管水平根本性改变，在全国特大城市当中有较好的形象，赢得较高的、广泛的认同。

14. 2019 年 11 月 20 日，北京市人民政府印发《北京市进一步加快推进城乡水环境治理工作三年行动方案（2019 年 7 月至 2022 年 6 月）》，提出到 2022 年底，全市污水处理率达到 97% 以上。

15. 2019 年 12 月 1 日，中共中央、国务院印发了《长江三角洲区域一体化发展规划纲要》，提出到 2025 年，长三角一体化发展将取得实质性进展，在科创产业、基础设施、生态环境、公共服务等领域基本实现一体化发展。

16. 2019 年 12 月 6 日，重庆市人民政府印发《重庆市加快推动 5G 发展行动计划（2019—2022 年）》，争取到 2022 年，基本形成 5G 发展生态体系，5G 网络覆盖能力处于全国第一梯队，产业创新能力强劲、核心竞争优势突出，5G 应用成效显著，成为全国 5G 创新发展引领区和千亿级 5G 产业集聚带。

17. 2019 年 12 月 10 ~ 12 日，中央经济工作会议总结 2019 年经济工作，分析当前经济形势，部署 2020 年经济工作，明确提出了提高中心城市和城市群综合承载能力的战略任务。

18. 2019 年 12 月 16 日，《求是》杂志发表中共中央总书记、国家主席、中央军委主席习近平重要文章《推动形成优势互补高质量发展的区域经济布局》，强调要根据各地区的条件，走合理分工、优化发展的路子，落实主体功能区战略，完善空间治理，形成优势互补、高质量发展的区域经济布局。

19. 2019 年 12 月 25 日，郑州市人民政府印发《郑州市对接海上“丝绸之路”发展扶持办法》，加快建设“郑州港”内陆启运港，通过海铁、海公等多式联运方式让港口功能向“郑州港”平移，助推郑州高水平开放高质量发展。

20. 2019 年 12 月 29 日，天津市人民政府印发《健康天津行动实施方案》，提出到 2030 年，健康生活方式得到普及，人均健康预期寿命显著提高，全民健康素养水平大幅提升。

21. 2019 年 12 月 30 日，中国共产党郑州市第十一届委员会第十一次全体会议讨论通过了《中共郑州市委关于深入学习贯彻习近平总书记视察河南重要讲话精神的意见》，强调要深入学习贯彻习近平总书记系列重要讲话精神，以强烈的政治责任感扛起使命、把准方向、交好答卷。

22. 2020 年 1 月 3 日，中共中央总书记、国家主席、中央军委主席、中央财经委员会主任习近平主持召开中央财经委员会第六次会议，研究黄河流域生态保护和高质量发展问题、推动成渝地区双城经济圈建设问题，强调黄河流域必须下大气力进行大保护、大治理，走生态保护和高质量发展的路子；要推动成渝地区双城经济圈建设，在西部形成高质量发展的重要增长极。

23. 2020 年 1 月 3 日，郑州市人民政府印发《郑州市关于完善促进消费体制机制实施方案》，顺应居民消费提质转型升级新趋势，创新公共服务提供方式，健全基本公共服务制度体系，完善促进消费体制机制，切实增强消费对经济发展的基础性作用。

24. 2020 年 1 月 3 日，中国共产党西安市第十三届委员会第十次全体会议总结 2019 年工作，分析形势，安排 2020 年任务，提出要高举习近平新时代中国特色社会主义思想伟大旗帜，牢记嘱托再前进、低调务实不张扬、埋头苦干开新局，拿出实实在在的举措，一个时间节点一个时间节点往前推进，以钉钉子精神全面抓好落实，全面加快西安国家中心城市和具有历史文化特色的国际化大都市建设步伐，奋力谱写新时代追赶超越新篇章。

25. 2020 年 1 月 5 日，济南市委经济工作暨“四个中心”建设推进大会发布《济南建设国家中心城市指标体系》和《济南建设国家中心城市三年行动计划（2020—2022 年）》，明确到 2022 年，城市能级大幅提升，辐射引领作用明显增强，国家中心城市建设取得显著成效。城市功能不断完善，综合承载能力不断增强，综合性交通枢纽地位显著提高，济南都市圈一体化建设取得重大进展，初步形成以济南为核心的黄河下游城市群，中心城市的国际影响力和竞争力明显提升。

26. 2020 年 1 月 5 日，沈阳市第十六届人民代表大会第三次会议通过的《2020 年沈阳市政府工作报告》，指出要着力提升城市发展能级，加快推动沈阳从区域中心城市向国家中心城市迈进，争取早日纳入国家中心城市体系，不断开创振兴发展新局面。

27. 2020 年 1 月 14 日，郑州市人民政府印发《郑州市加快数字经济发展实施方案（2020—2022 年）》，提出到 2022 年，全市数字经济规模达到 5000 亿元以上，占生产总值比重达到 40% 以上，实现一年突破、二年看齐、三年领先，在人工智能、信息安全、共享经济、数字化制造业、数字化服务业等部分领域达到全国领先总体目标。

28. 2020年1月18日，山东省第十三届人民代表大会第三次会议通过的《2020年山东省政府工作报告》，指出支持济南、青岛建设国家中心城市，培育发展济南都市圈、青岛都市圈，着力提升综合承载力、辐射带动力、创新引领力、人才集聚力，在服务国家区域战略中谋取主动、增强能级、赢得优势。

29. 2020年1月31日，天津市人民政府出台《天津市人民政府关于加快推进5G发展的实施意见》，全面推进网络强市建设，加快构建战略性新兴产业体系，全面助力"天津智港"建设。

30. 2020年2月6日，成都市人民政府印发《有效应对疫情稳定经济运行20条政策措施》，从六个方面多管齐下，全力打赢疫情防控阻击战，全力维护城市正常经济社会秩序。

31. 2020年2月8日，西安市人民政府印发《关于有效应对疫情促进经济平稳发展的若干措施（暂行）》，21条措施减成本、扩投资、稳就业、促发展，一系列政策"组合拳"帮企业"轻装上阵"。

32. 2020年2月22日，广州市人民政府印发《广州市加快生物医药产业发展若干规定（修订）》，从原来17条修订为22条，由总则、提升创新研发能力、完善临床研究服务体系、推进创新成果产业化和强化产业支撑保障5部分内容组成。

33. 2020年3月4日，广州市人民政府印发《广州市坚决打赢新冠肺炎疫情防控阻击战努力实现全年经济社会发展目标任务的若干措施》，在抓好疫情防控中推进改革发展稳定各项工作，努力把疫情影响降至最低，推动经济高质量发展，提高城市治理体系和治理能力现代化水平，奋力夺取疫情防控和实现全年经济社会发展目标"双胜利"，进一步增强粤港澳大湾区区域发展核心引擎功能，加快实现老城市新活力、"四个出新出彩"。

34. 2020年3月10日，中共中央总书记、国家主席、中央军委主席习近平考察湖北和武汉新冠肺炎疫情防控工作，看望慰问奋战在一线的广大医务工作者、解放军指战员、社区工作者、公安干警、基层干部、下沉干部、志愿者和患者群众、社区居民。

35. 2020年3月24日，郑州市人民政府印发《郑州市2020年水生态建设实施方案》，加快推进生态郑州建设，建设人水和谐美丽郑州，着力构建与国家中心城市相匹配的流域生态系统。

36. 2020年4月2日，广州市人民政府印发《广州市加快服务贸易和服务外包发展的实施意见》，深化服务贸易创新发展试点和加快服务外包示范城市建设，全面增强广州国际商贸中心功能。

37. 2020年4月2日，广州市人民政府印发《广州市加快打造数字经济创新引领型城市的若干措施》，不断完善数字经济生态体系，探索形成体制机制创新成果，进一步激发市场活力，塑造广州品牌，高质量打造数字经济产业标杆，实现“补短板，强弱项，固优势”，乘数字经济发展大势，推动广州城市综合实力再上新台阶。

38. 2020年4月10日，重庆市人民政府印发《关于新形势下推动服务业高质量发展的意见》，围绕成渝地区双城经济圈建设打造具有全国影响力的重要经济中心、科技创新中心、改革开放新高地、高品质生活宜居地，推动内陆国际金融中心、国际消费中心城市、西部设计之都、中国软件名城、国际知名文化旅游目的地、内陆国际物流枢纽、西部健康服务领先城市建设取得显著成效，初步建成国家级现代服务经济中心。

39. 2020年4月10日，陕西省人民政府和中国民用航空局印发《西安国际航空枢纽战略规划》，提出到21世纪中叶，建成具有全球影响力的重要国际航空枢纽。

40. 2020年4月15日，中国共产党重庆市第五届委员会第八次全体会议审议通过《中共重庆市委关于立足“四个优势”发挥“三个作用”加快推动成渝地区双城经济圈建设的决定》，加快推动成渝地区双城经济圈建设，坚决打赢脱贫攻坚战，切实把总书记殷殷嘱托全面落实在重庆大地上。

41. 2020年4月22日，中共中央总书记、国家主席、中央军委主席习近平在西安考察调研，到陕西汽车控股集团有限公司、西安交通大学、大唐不夜城步行街，了解企业复工复产和社会生活秩序恢复等情况。

42. 2020年4月24日，重庆市人民政府印发《重庆市促进大健康产业高质量发展行动计划（2020—2025年）》，提出到2025年，基本形成内涵丰富、结构合理的健康产业体系，优质健康资源覆盖面有效扩大，健康技术研发和转化能力大幅提升，公共健康、公共卫生应急管理体系更加健全，人民群众获得感显著增强，形成一批具有较强带动作用的大健康产业集群，成为全市重要支柱产业，基本建成全国大健康产业融合发展先行区，努力将重庆打造成国家医学名城、西部医疗高地、国家重要医药基地和国际知名康养胜地。

43. 2020 年 4 月 28 日，四川省人民政府发布关于同意设立成都东部新区的批复文件，批复同意设立成都东部新区，规划面积 729 平方公里，空间范围包括简阳市所辖的 13 个镇（街道）所属行政区域。

44. 2020 年 5 月 14 日，中国共产党西安市第十三届委员会第十一次全体会议审议通过《中共西安市委关于深入学习贯彻习近平总书记来陕考察重要讲话奋力谱写西安新时代追赶超越新篇章的决定》，指出要按照习近平总书记指引的方向砥砺前进，将奋力谱写新时代追赶超越新篇章作为重大政治责任、重大历史使命和重大现实考验，立足新方位、开创新局面，贯彻新要求、扛起新使命，彰显新担当、展现新作为，交出奋力谱写西安新时代追赶超越新篇章的优秀答卷，以实际行动增强“四个意识”、坚定“四个自信”、做到“两个维护”。

45. 2020 年 5 月 15 日，郑州市人民政府印发《健康郑州行动实施方案》，聚焦当前广大人民群众面临的主要健康问题和影响因素，从政府、社会、个人（家庭）3 个层面协同推进，通过普及健康知识、参与健康行动、提供健康服务，实现促进全民健康的目标。

46. 2020 年 5 月 16 日，中国共产党北京市第十二届委员会第十三次全体会议审议通过了《关于加强首都公共卫生应急管理体系建设的若干意见》，强调要大力加强首都公共卫生应急管理体系建设，为保障人民群众生命安全和身体健康、维护首都安全、建设国际一流的和谐宜居之都提供有力支撑。

47. 2020 年 5 月 18 日，郑州市人民政府印发《郑州市优化市场监督营商环境若干措施》，汇集了推进企业准入准营高效率、提升企业知识产权高价值、助推企业创新发展高质量、提升郑州市场主体高信用、推进郑州营商活动低成本五个方面的创新，特别是在下放权限、简化流程、缩短审批时限上跨度较大。

48. 2020 年 6 月 5 日，陕西省委、省政府印发《关于建设西安国家中心城市的意见》，进一步明确了西安建设国家中心城市的总体定位、目标要求和重点任务。

49. 2020 年 6 月 18 日，重庆市人民政府印发《重庆市新型基础设施重大项目建设行动方案（2020—2022 年）》，提出到 2022 年，基本建成以新型网络为基础、智能计算为支撑、信息安全为保障、转型促进为导向、融合应用为重点、基础科研为引领、产业创新为驱动的新型基础设施体系，基础设施泛在通用、智能协同、开放共享水平全面提升，打造全国领先的新一代信息基础支持体系，筑牢超大城市智慧治理底座、高质量发展基石。

50. 2020 年 6 月 23 日，中国共产党上海市第十一届委员会第九次全体会议审议通过了《中共上海市委关于深入贯彻落实“人民城市人民建，人民城市为人民”重要理念，谱写新时代人民城市新篇章的意见》，以共建为根本动力，以共治为重要方式，以共享为最终目的，努力打造人人都有人生出彩机会的城市、人人都能有序参与治理的城市、人人都能享有品质生活的城市、人人都能切实感受温度的城市、人人都能拥有归属认同的城市，奋力开拓人民城市建设的新境界。

51. 2020 年 7 月 10 日，中国共产党四川省第十一届委员会第七次全体会议审议通过了《中共四川省委关于深入贯彻习近平总书记重要讲话精神、加快推动成渝地区双城经济圈建设的决定》，强调着力推进成渝地区统筹发展，着力强化中心城市带动作用，着力深化市场化改革、高水平开放、引领性创新，并围绕“一极两中心两地”目标定位明确了功能支撑和主攻方向。

52. 2020 年 7 月 15 日，中国共产党成都市第十三届委员会第七次全体会议通过了《中共成都市委关于坚定贯彻成渝地区双城经济圈建设战略部署加快建设高质量发展增长极和动力源的决定》，讨论了《成都建设践行新发展理念的公园城市示范区总体方案（讨论稿）》，清晰阐明了融入“双循环”、唱好“双城记”“怎么看”“怎么干”等重大问题。

53. 2020 年 8 月 21 日，中共中央、国务院同意《首都功能核心区控制性详细规划（街区层面）（2018—2035 年）》的请示，对首都规划建设具有重要意义。

54. 2020 年 8 月 21 日，由全球化与世界城市研究网络编制的全球城市分级排名——《世界城市名册 2020》正式出炉。郑州和西安是首次晋升为 Beta - 城市。

55. 2020 年 8 月 29 日，中共广州市委第十一届第十一次全会审议通过《关于深化城市更新工作推进高质量发展的实施意见》《广州市深化城市更新工作推进高质量发展的工作方案》《关于推进广州人工智能与数字经济试验区高质量发展的若干意见》，推动广州全面建成小康社会，以更实举措服务“一核一带一区”建设，以更高质量实现老城市新活力、“四个出新出彩”。

56. 2020年8月30日，由人民日报社指导、环球时报社主办的“第二届中国国际化营商环境高峰论坛暨《2020中国城市营商环境投资评估报告》发布会”在北京举行。《报告》显示，标杆城市分别为：上海、北京、广州、深圳、成都、苏州、重庆、天津、杭州、长沙、沈阳、济南、大连、武汉、西安、威海、南京、宁波、郑州、福州。

57. 2020年8月31日，中共中央总书记习近平主持召开中共中央政治局会议，会议审议通过了《黄河流域生态保护和高质量发展规划纲要》，指出黄河是中华民族的母亲河，要把黄河流域生态保护和高质量发展作为事关中华民族伟大复兴的千秋大计，贯彻新发展理念，遵循自然规律和客观规律，统筹推进山水林田湖草沙综合治理、系统治理、源头治理，改善黄河流域生态环境，优化水资源配置，促进全流域高质量发展，改善人民群众生活，保护传承弘扬黄河文化，让黄河成为造福人民的幸福河。

58. 2020年9月3日，河南省中原城市圈建设工作领导小组办公室印发《2020年郑州都市圈一体化发展工作要点》，提出郑州与开封、新乡、焦作、许昌“五城”联合抓好“一体系五工程”，书写2020年“联考卷”答案。

S 基本子库
SUB DATABASE

中国社会发展数据库（下设 12 个子库）

整合国内外中国社会发展研究成果，汇聚独家统计数据、深度分析报告，涉及社会、人口、政治、教育、法律等 12 个领域，为了解中国社会发展动态、跟踪社会核心热点、分析社会发展趋势提供一站式资源搜索和数据服务。

中国经济发展数据库（下设 12 个子库）

围绕国内外中国经济发展主题研究报告、学术资讯、基础数据等资料构建，内容涵盖宏观经济、农业经济、工业经济、产业经济等 12 个重点经济领域，为实时掌控经济运行态势、把握经济发展规律、洞察经济形势、进行经济决策提供参考和依据。

中国行业发展数据库（下设 17 个子库）

以中国国民经济行业分类为依据，覆盖金融业、旅游、医疗卫生、交通运输、能源矿产等 100 多个行业，跟踪分析国民经济相关行业市场运行状况和政策导向，汇集行业发展前沿资讯，为投资、从业及各种经济决策提供理论基础和实践指导。

中国区域发展数据库（下设 6 个子库）

对中国特定区域内的经济、社会、文化等领域现状与发展情况进行深度分析和预测，研究层级至县及县以下行政区，涉及地区、区域经济体、城市、农村等不同维度，为地方经济社会宏观态势研究、发展经验研究、案例分析提供数据服务。

中国文化传媒数据库（下设 18 个子库）

汇聚文化传媒领域专家观点、热点资讯，梳理国内外中国文化发展相关学术研究成果、一手统计数据，涵盖文化产业、新闻传播、电影娱乐、文学艺术、群众文化等 18 个重点研究领域。为文化传媒研究提供相关数据、研究报告和综合分析服务。

世界经济与国际关系数据库（下设 6 个子库）

立足“皮书系列”世界经济、国际关系相关学术资源，整合世界经济、国际政治、世界文化与科技、全球性问题、国际组织与国际法、区域研究 6 大领域研究成果，为世界经济与国际关系研究提供全方位数据分析，为决策和形势研判提供参考。

法律声明